O BRASIL EM DOIS TEMPOS

HISTÓRIA, PENSAMENTO SOCIAL E TEMPO PRESENTE

Eliana de Freitas Dutra (Org.)

O BRASIL EM DOIS TEMPOS

HISTÓRIA, PENSAMENTO SOCIAL E TEMPO PRESENTE

autêntica

Copyright © 2013 Os autores
Copyright © 2013 Autêntica Editora

Todos os direitos reservados pela Autêntica Editora. Nenhuma parte desta publicação poderá ser reproduzida, seja por meios mecânicos, eletrônicos, seja via cópia xerográfica, sem a autorização prévia da Editora.

EDITORA RESPONSÁVEL
Rejane Dias

TRADUÇÃO
Fernando Scheibe
(Rumo ao fim dos nacionalismos literários?
Internet, edição digital e novas literaturas-mundo
no século XXI)

Guilherme João de Freitas Teixeira
(Os intelectuais franceses: um objeto para a
história do tempo presente?)

Vera Chacham
(O regime moderno de historicidade posto à
prova pelas duas Guerras Mundiais;
Biografias paralelas: reflexões em torno de
Hannah Arendt e Siegfried Kracauer)

PREPARAÇÃO
Priscila Justina

REVISÃO
Priscila Justina
Lívia Martins

PROJETO GRÁFICO E DIAGRAMAÇÃO
Ricardo Furtado

CAPA
Alberto Bittencourt
(sobre imagem de thatsmytur/stock.xchng)

Dados Internacionais de Catalogação na Publicação (CIP)
(Câmara Brasileira do Livro, SP, Brasil)

O Brasil em dois tempos : história, pensamento social e tempo presente / organizadora Eliana de Freitas Dutra. -- 1. ed. -- Belo Horizonte : Autêntica Editora, 2013.

Vários autores.

ISBN 978-85-8217-127-1

1. Brasil - Condições econômicas 2. Brasil - Condições sociais 3. Brasil - História 4. Brasil - Historiografia I. Dutra, Eliana de Freitas.

13-13091   CDD-981

Índices para catálogo sistemático:
1. Brasil : História social 981

AUTÊNTICA EDITORA LTDA.

Belo Horizonte
Rua Aimorés, 981, 8º andar . Funcionários
30140-071 . Belo Horizonte . MG
Tel.: (55 31) 3214-5700

Televendas: 0800 283 13 22
www.autenticaeditora.com.br

São Paulo
Av. Paulista, 2.073, Conjunto Nacional, Horsa I
23º andar, Conj. 2301 . Cerqueira César
01311-940 . São Paulo . SP
Tel.: (55 11) 3034-4468

Sumário

Apresentação..9

Regimes de historicidade – trânsitos............................13

O regime moderno de historicidade
posto à prova pelas duas Guerras Mundiais
François Hartog 15

Escrita da história e tempo presente
na historiografia brasileira
Temístocles Cezar 29

História e Historiadores na Coleção Brasiliana:
o presentismo como perspectiva?
Eliana de Freitas Dutra 47

Editores, livros e coleções – dos monumentos
da nacionalidade às novas mídias:
qual política para o futuro?....................................77

Rumo ao fim dos nacionalismos literários? Internet, edição
digital e novas literaturas – mundo no século XXI
Jean-Yves Mollier...79

Coleções e publicações documentais no Brasil:
estratégias e temporalidades – 1930-1990
Ivana Parrela...91

Brasiliana segunda fase: percurso editorial
de uma coleção que sintetiza o Brasil (1956-1993)
Giselle Martins Venancio 109

Intelectuais e tempo presente – artífices do poder ou da alteridade? 127

Os intelectuais franceses: um objeto para
a história do tempo presente?
Jean-François Sirinelli 129

A biblioteca de Viriato Corrêa: incursões sobre
a leitura e a escrita de um intelectual brasileiro
Ângela de Castro Gomes 143

Brasil e Hispano-América: representações e trocas
intelectuais
Kátia Gerab Baggio 167

Mundo público e escrita biográfica ontem e hoje ..185

Biografias paralelas: reflexões em torno de
Hannah Arendt e Siegfried Kracauer
Sabina Loriga 187

Escrever biografias no Brasil hoje:
entre inovações e modelos tradicionais
Benito Bisso Schmidt 205

Biografia monumento: Machado de Assis
na Coleção Brasiliana
Letícia Julião 219

Natureza e território na escrita nacional e os desafios do mundo global 233

A natureza de uma região: a Amazônia da
Era Vargas à Era Verde
Seth Garfield 235

Territórios em disputa: escritos geográficos e
cartografias brasilianas
Maria do Carmo Andrade Gomes 255

Panoramas litorâneos, fronteiras e interiores brasilianos:
Mello Leitão e os itinerários viajantes
Regina Horta Duarte 279

Cultura e identidades – passado e futuro do Brasil mestiço 299

Da mestiçagem à diferença: nexos transnacionais
da formação nacional no Brasil
Sérgio Costa 301

Mito de excepcionalidade?
O caso da nação miscigenada brasileira
Monica Grin 321

Três pensadores e uma nação mestiça na Coleção Brasiliana
Eduardo França Paiva 341

Direitos ancestrais indígenas, mediações culturais
e horizontes políticos do presente
Gabriela Pellegrino Soares 357

Os autores 371

Apresentação

Este livro é fruto de discussões realizadas no interior de um grupo de pesquisa que, articulado em torno de um quase monumento da história intelectual e editorial brasileira, a Coleção Brasileira, abriu várias frentes temáticas sobre a historiografia brasileira, o pensamento social no Brasil, a história dos intelectuais, dos homens de ciência e das edições. Esse desdobramento se deu a partir da lógica interna e do movimento da Coleção, e também pela sua capacidade de desvendar parte do dinamismo da vida cultural e política do Brasil nas quatro primeiras décadas da República.

Lançada há 82 anos, essa Coleção, uma das mais importantes do Brasil, destinava-se a produzir um conhecimento sistemático e um pensamento crítico sobre o Brasil. Os seus vínculos com o presente histórico dos anos 1930 e 1940 nos parecem inequívocos. Um deles é a sua contribuição para a compreensão histórica da formação de um domínio público no Brasil republicano. Assim é que o perfil nacionalista da coleção; seu projeto político e intelectual, qual seja apontar rumos e perspectivas para a nação, a civilização e a modernização do Estado no Brasil; sua organização, seu projeto de unidade, sua coerência; as escolhas das suas séries temáticas; a seleção dos títulos e autores chancelados pela ciência, convergem todos para afirmação do espaço público. Afinal, a Coleção visava não só difundir um padrão cognitivo para a compreensão do Brasil – com base no conhecimento da história, da cultura, da formação nacional – mas, sobretudo, propiciar diagnósticos precisos sobre a realidade brasileira de forma a subsidiar projetos políticos e políticas públicas. Ao fazê-lo, a Coleção Brasiliana pensada como uma metáfora da nação participou da constituição do "público" como uma instância de crítica, e de um novo público fundado pela comunicação e discussão instauradas entre estudiosos das coisas do Brasil, intelectuais e homens públicos pertencentes a uma mesma comunidade de leitores. A formação de uma cultura da leitura, como parte de uma pedagogia da nacionalidade; a definição de um estilo de trabalho intelectual, definido na relação das obras – sejam elas do passado ou do presente – com as questões políticas e culturais da época, com os campos do conhecimento científico constituídos, ou em constituição, e com os projetos de intervenção pública que mobilizavam o debate político, apontam para certa concepção de espaço público e para formas estratégicas de sua consolidação. Estas pressupõem, em qualquer tempo, tanto o valor da opinião pública quanto do conceito de bem público, os quais não ficaram alheios ao programa da Coleção Brasiliana.

Daí, a ideia de reunir historiadores e pesquisadores de áreas afins no campo das ciências humanas, de forma a refletir sobre o papel da Coleção Brasiliana no Brasil dos anos 1930-1940 resgatando sua contribuição à historiografia brasileira e à cultura historiográfica no Brasil, recuperando seus autores, interlocutores, obras e temas à luz dos projetos de intervenção no presente histórico brasileiro naquelas décadas. Por essa via buscamos examinar sua potencialidade para a reavaliação do momento atual brasileiro nas suas pautas político-sociais e perspectivas de futuro e, a um só tempo, visamos assegurar a ampliação de sua visitação temática e demonstrar a legitimidade da Coleção Brasiliana enquanto objeto de história capaz de contribuir, ontem e hoje, para o conhecimento dos nexos do passado com o presente e o futuro da história brasileira.

O tema de fundo do livro diz respeito ao questionamento de possíveis elementos residuais no tempo presente. De um lado, o projeto da Coleção Brasiliana, com sua relação com a temporalidade histórica e sua perspectiva historiográfica; o investimento político nos livros e na leitura; a atuação dos intelectuais. Esses elementos são abordados no interior das três primeiras seções do livro, quais sejam: "Regimes de historicidade: trânsitos"; "Editores, livros e coleções: dos monumentos da nacionalidade às novas mídias: qual política para o futuro?"; e "Intelectuais e tempo presente: artífices do poder ou da alteridade?".

De outro, a problematização da permanência de alguns dos seus grandes eixos temáticos, a exemplo do papel das biografias no mundo público; do conhecimento e da proteção do território nacional, da natureza e do meio ambiente; da formação social brasileira, nos seus aspectos étnicos e raciais, os quais, em conjunto, se relacionaram com a natureza do espaço público em jogo nos anos 1930-1940. Temas esses contemplados nas três últimas seções, a saber, "Mundo público e escrita biográfica ontem e hoje"; "Natureza e território na escrita nacional e os desafios do mundo global; e "Cultura e identidades. Passado e futuro do Brasil mestiço".

Os participantes internacionais foram convidados a refletir sobre questões teóricas maiores, contudo, pertinentes para a compreensão do projeto histórico, intelectual e editorial da Coleção Brasiliana, bem como sobre o estado da arte dos temas na atualidade. Por seu turno os convidados nacionais e demais participantes, ainda que na mesma linha de interrogações, direcionaram suas análises, uns para as interfaces temáticas no Brasil e América Latina, e outros para o interior da própria Coleção.

Este livro pretendeu ainda dar continuidade e fomentar diálogos, parcerias e cooperações acadêmicas entre pesquisadores da UFMG e da École des Hautes Études en Sciences Sociales (EHESS); do Centre d'Histoire da Fondation Nationales des Sciences Politiques (Sciences PO); do Centre d'Histoire Culturelle des Societés Contemporaines (CHCSC) da Université de Versailhes; do History Departament of the University of Austin, Texas, EUA; do Lateinamerika (Instituto de América Latina) da Freie Universität Berlin; e de outras instituições federais brasileiras.

Agradecemos o apoio do CNPq, da CAPES, da FAPEMIG, e da UFMG através da Pró-Reitoria de Extensão, da direção da Faculdade de Filosofia e Ciências Humanas, e do Programa de Pós-Graduação em História, bem como dos jovens doutores, doutorandos, mestrandos e bolsistas do projeto Brasiliana. Sem esse suporte os debates realizados e este livro não teriam sido possíveis.

Eliana de Freitas Dutra

Regimes de historicidade – trânsitos

O regime moderno de historicidade posto à prova pelas duas Guerras Mundiais

François Hartog

Em se tratando do tempo, nunca temos acesso senão às experiências dele, de que tudo, na verdade, em uma cultura, desde que a interroguemos sob esse ângulo, pode fornecer um índice ou um testemunho: da produção intelectual mais elaborada, com os maiores refinamentos reflexivos, até o objeto mais comum da vida cotidiana. Das experiências, passa-se às formas e aos modos de temporalidades, que são elaborações, produzidas pelos próprios contemporâneos para se orientar no tempo, o seu: para percebê-lo e dizê-lo, com suas palavras e seus conceitos, suas imagens e suas narrativas, mobilizando, enfim, todos os recursos de sua cultura passada e presente. Para lutar contra ele, suprimi-lo, dominá-lo ou afirmá-lo, a fim de se utilizar dele segundo os objetivos que são fixados e em função das crenças que são as suas. Entre os pontos de referência, os primeiros são as categorias do passado, do presente e do futuro, dos quais, segundo as épocas e os lugares, variaram os conteúdos assim como as maneiras de articulá-los: suas fronteiras.

Até aí, nenhum regime de historicidade! A noção que propus intervém, de fato, *ex post*, ela é um artefato (HARTOG, 2012). Regime: a palavra remete ao regime alimentar (*regimen* em latim, *diaita* em grego), ao regime político (*politeia*), ao regime dos ventos ou ainda ao regime de um motor. São metáforas evocando domínios bastante diferentes mas que têm ao menos, em comum, o fato de organizarem-se em torno de noções de mais e de menos, de grau, de mistura, de composto e de equilíbrio sempre provisório ou instável. Um regime de historicidade não é mais do que uma forma de engrenar passado, presente e futuro ou de compor um misto das três categorias, justamente como se falava, na teoria política grega, de constituição mista (misturando aristocracia, oligarquia e democracia, sendo de fato dominante um dos três componentes). O regime de historicidade não é assim uma realidade dada. Nem diretamente observável nem consignada nos almanaques dos contemporâneos; ele é construído pelo historiador. Ele não deve ser assimilado às instâncias de outrora: um regime vindo suceder mecanicamente a um outro, descido do céu ou vindo da terra. Ele não coincide com as épocas (no sentido de Bossuet ou de Condorcet) e não se calca de forma alguma nas grandes entidades incertas e vagas que são as civilizações. É um artefato validado por sua capacidade heurística. Noção, categoria formal, ele pode ser situado do mesmo lado do tipo-ideal weberiano. Conforme domine a categoria do passado, do futuro ou do presente, está bem claro que a ordem do tempo que resulta dele não será a mesma. Assim sendo, certos comportamentos, certas ações, certas formas de historiografias são mais possíveis do que outras, mais ou menos em sintonia do que outras, inatuais ou oportunas. Como categoria (sem conteúdo), que pode tornar mais inteligíveis as experiências do tempo, nada o confina somente ao mundo europeu ou ocidental. Ele possui, ao contrário, vocação para ser um instrumento comparatista: ele o é por construção.

O uso que proponho dele pode ser ora amplo, ora restrito: macro ou micro-histórico. Ele pode ser um artefato para esclarecer a biografia de um personagem histórico (como Napoleão, que se encontra entre o regime moderno, trazido pela Revolução, e o regime antigo, simbolizado pela opção pelo império e pelo casamento com Marie-Louise da Áustria) ou aquela de um homem comum; com ele pode-se atravessar uma grande obra (literária ou outra), tal como as *Mémoires d'outre-tombe* ["Memórias de além-túmulo"] de Chateaubriand (em que ele se apresenta como o "nadador que mergulhou entre as duas margens do rio do tempo"); pode-se questionar a arquitetura de uma cidade, ontem e hoje, ou ainda comparar as grandes escansões da relação com o tempo de diferentes sociedades, próximas ou distantes. E, a cada vez, pela atenção dada aos momentos de crise do tempo às suas expressões, visa-se a produzir mais inteligibilidade.

Pelo que se caracteriza o regime moderno de historicidade? Pelo predomínio da categoria do futuro, por um afastamento crescente entre o campo de experiência e o horizonte de expectativa (se retomarmos as metacategorias desenvolvidas pelo historiador alemão Reinhart Koselleck [1990, p. 307-329]). O futuro é o *telos*. É dele que vem a luz que esclarece o passado. O tempo não é mais simples princípio de classificação, mas ator, operador de uma história processo, que é o outro nome ou o nome verdadeiro do progresso. Essa história, que os homens fazem, é percebida como que se acelerando. Então se crê na História: crença difusa ou refletida, mas compartilhada. Acredita-se também que os homens fazem a História. Tocqueville é quem, em 1840, deu-lhe a formulação mais clara. "Quando o passado não esclarece mais o futuro, escreve, o espírito caminha nas trevas" (KOSELLECK, 1990, p. 47-48). Com essas palavras, ele anuncia o fim do antigo regime de historicidade (quando a luz vinha do passado) e produz, ao mesmo tempo, a fórmula do regime moderno, ou seja a chave de inteligibilidade do mundo a partir de 1789, quando a partir de então é o futuro que esclarece o passado. Dessa forma, o espírito não caminha mais nas trevas.[1]

Como esse regime moderno atravessa o período 1914-1945, nomeado, por Raymond Aron, a Guerra de Trinta Anos e, por outros, o suicídio da Europa? Essa é a questão que eu gostaria de examinar. Nós podemos, com efeito, conciliar a visão das ruínas, das devastações, as mortes aos milhões, os desaparecidos, as gerações destruídas com a ideia do progresso? Certamente, após as destruições, vêm as reconstruções, os progressos das economias, os ganhos de produtividade, o aumento do nível de vida, as exigências das modernizações, e a valorização do moderno enquanto tal. Sem falar, após 1945, da instalação da Guerra Fria e da competição entre o leste e o oeste, com sua corrida armamentista e revoluções técnicas. A aceleração se faz particularmente sensível (ROSA, 2005).

O que quer dizer, nessas condições, acreditar na História, cuja evidência cada vez mais imperiosa se impôs ao longo de todo o século 19? É preciso evidentemente distinguir entre as experiências do tempo dos vencedores e dos vencidos, dos antigos vencedores que se tornam vencidos, entre o tempo que se instala nas ditaduras e aquele que tem curso nas democracias, entre o tempo dos novos atores (os Estados Unidos e a União Soviética) e aquele dos outros. Claramente, entre uns e outros, as posições, as expectativas, os medos, os pesares não são idênticos, assim como não podem ser idênticas as relações estabelecidas entre passado, presente e futuro. Certamente, existe um tempo universal mas (independentemente das defasagens horárias) não se lê a mesma hora em Berlim, em Moscou, em Roma ou em Paris. Disso tudo, o regime moderno não poderia sair ileso.

Coloca-se portanto uma questão preliminar: a noção conserva a pertinência mínima para abraçar experiências do tempo tão diferentes, histórias tão perturbadas, situações tão diversas? Ou não passa de uma palavra vazia, incluindo somente abstrações imprecisas? É o que tentaremos verificar. Uma primeira resposta seria: ele é como esse navio, emblema da

---

[1] Segundo uma fórmula do escritor Julien Gracq, "a História é uma intimação dirigida do Futuro ao Contemporâneo" (HARTOG, 2012, p. 146).

cidade de Paris, com sua divisa: *fluctuat nec mergitur*! Fustigado pelas ondas, ele escapa ao naufrágio. Além disso, desde antes da Guerra de 1914, ele conheceu reorientações e reformulações que o tornaram mais capaz para atravessar as crises e as agitações. Porque, ao lado do progresso, se impôs uma outra figura, que dele deriva até poder substituí-lo: a da revolução, que é concebida como estágio do progresso e mesmo como além do progresso e, em todo caso, como lugar de inteligibilidade da História. Ao mesmo tempo, a produção da dimensão propriamente econômica dos fenômenos, o reconhecimento de uma história profundamente escandida por modos de produção e lutas de classes, as reflexões sobre as crises econômicas, e, em breve, a aparição de uma história econômica e social conduzem aos estudos dos ritmos profundos das sociedades. Se existe progresso, ele vem de longe, não é contínuo e não se confunde com o que é imediatamente visível. Enfim, o regime moderno adquiriu espessura ou profundidade; o tempo que o constitui não é mais monolítico. O esquema de Condorcet se complexificou.

Antes de 1914

Os homens fazem a História. Essa proposição, que se tornou banal, é o resultado de uma longa evolução iniciada na Renascença, produzida pela visão do homem como ator: ele faz e se faz. Para que se pudesse crer na história, era ainda necessário que o tempo se tornasse, por sua vez, um ator. O que ocorreu no final do século XVIII. Do encontro e da interação entre esses dois atores, o primeiro tentando dominar o segundo ou se servir dele, resultava a história efetiva. A expressão, provavelmente a mais emblemática do que poderíamos chamar a versão vigorosa e otimista do regime moderno, se manifesta na Exposição Universal de 1900, com seu Palácio da Eletricidade, brilhando com todas as suas luzes na noite. Fascinado pelo salão dos dínamos, o historiador americano Henry Adams o visita por longas horas. Sob um modo mais discursivo, os escritos do socialista Jean Jaurès participam dessa mesma versão, exprimindo com eloquência sua filosofia do tempo, que se encontra em sua forma de escrever a história (ele é o autor de *História socialista da Revolução Francesa*) e, bem evidentemente, na sua concepção da ação política. Face aos seus adversários conservadores, ele reivindica a verdadeira "fidelidade" ao passado por essa fórmula: "é indo na direção do mar que o rio é fiel à sua fonte". E no que diz respeito à história: "é admirável ver como a grande força histórica [a Revolução] que ergueu um mundo novo abriu ao mesmo tempo a compreensão dos mundos antigos". Quanto ao presente: "ele não é senão um momento da humanidade que caminha"; assim "nada de admiração exagerada" por ele, já que "a França se dirige a uma plena claridade que ela ainda não alcançou, mas cujo pressentimento está em seu pensamento" (JAURÈS, 2010, p. 210, 240, 250). Assim o futuro, como aprofundamento e realização da Revolução, é bem o que anima e dá sentido ao passado, como ao presente.

Progresso e revolução caminham lado a lado. No caso da França, a revolução está a um só tempo atrás, pois ela já teve lugar, e adiante: a ser retomada. Seu fracasso significou, para uns, que era necessário concluí-la a fim de fechá-la; para outros, que era necessário, ao contrário, relançá-la para ultrapassar sua fase burguesa. Em parte, ela foi a ocasião de reativar e de transportar o antigo e potente esquema cristão do tempo, que escandia o *já* e o *ainda não*: ela aconteceu, assim como o Redentor *já* veio, mas não está tudo *ainda* realizado, longe disso. Sobre esse esquema virão se enxertar variantes que se distanciarão mais ou menos dele.

Concebida como um desenvolvimento lógico, a revolução é dirigida e trazida pelo futuro, em conformidade com a ideia de Lassale, para quem "as revoluções se fazem, não as fazemos" ou de Kautsky, para quem "nós caminhamos em direção a uma era de revolução da qual não podemos precisar a chegada", sem excluir o messianismo de Bebel anunciando aos seus auditores de 1891 que "pouca gente presente nessa sala viverá estes dias" (GAUCHET, 2010, p. 99, 86). Com a interpretação leninista, por outro lado, alguma coisa muda na relação com o tempo. Para acontecer, a revolução deve dar um salto para fora do presente, sob a ação de uma vanguarda revolucionária. Abrem-se então um outro tempo e um novo futuro, promessas de um domínio completo do destino: acelera-se o fim do velho mundo. Pode-se apressar o fim, perguntavam-se as primeiras comunidades cristãs?

Como os historiadores franceses, contemporâneos da instauração da Terceira República, se posicionam com relação ao futurismo da história? São eles seus zelosos propagadores? Seguramente, eles acreditam na História e ambicionam mostrar seus progressos. Péguy, que os critica duramente, não cessa de reprovar-lhes de tê-la feito "a mestra do seu mundo", eles que, por sua preocupação de exaustividade, não ambicionam nada menos do que duplicar o real, arrogando-se assim um verdadeiro poder (divino) de criação. Seguramente, eles acreditam que se pode fazer a história, mas tudo se passa como se, em suas práticas, eles se esforçassem por dissociar história e futuro, quando na verdade a dimensão do futuro se encontra no centro do conceito moderno de história. Quanto mais eles reivindicam fazer uma história científica, mais eles são, com efeito, conduzidos a colocar a ênfase sobre o passado e a insistir sobre o necessário corte entre o passado e o presente. Só há história científica do passado, repetem eles constantemente, e o historiador deve, de alguma forma, se ausentar de si mesmo, ou seja, se abstrair do presente (HARTOG, 2001). Colocando a ênfase no métodos – de fato, a crítica das fontes –, eles não demorarão a ser caricaturados com o apelido de positivistas por seus detratores mais jovens. Lucien Febvre não deixará de observar que de fato esta história "não era senão uma deificação do presente com o auxílio do passado, mas que ela se recusava a vê-lo, a dizê-lo" (FEBVRE, 1992, p. 9). O passado tende, em suma, a se sobrepor ao futuro. Se a inteligibilidade vem sempre do futuro, não se faz muito caso disso, ou melhor, faz-se como se o passado falasse sozinho, ao passo que a República é concebida como devendo ser o regime definitivo de uma nação "realizada". Em certo sentido, a história está terminada.

Mas a crise do caso Dreyfus, que os divide profundamente, vem repentinamente complicar as coisas. Ela mostra, mesmo aos que prefeririam não ver, que o método crítico não pode ser tudo (pois *dreyfusards* e *antidreyfusards* o reivindicam igualmente). Ao obrigar um certo número dentre eles a sair de seus gabinetes de trabalho, ela faz, além do mais, explodir o corte entre passado e presente. O método pode também ter algo a dizer nos conflitos do presente. De fato, o caso Dreyfus desempenhou um papel na emergência de uma história contemporânea. Ele mostra, enfim, que a República não era tão segura quanto se havia podido acreditar.

Após 1918

A Grande Guerra acarreta questionamentos múltiplos e profundos nas relações com o tempo e provoca um desses momentos de interrupção que Hannah Arendt denominou de brechas (*gaps*) no tempo. Em primeiro lugar, o que se torna a crença comum na História? Desde 1919, Paul Valéry responde com sua prosopopeia, rapidamente famosa, sobre a decadência da Europa: "Nós, civilizações, nós sabemos agora que nós somos mortais [...] Nós vemos agora que o abismo da história é bem grande para todo o mundo". Dessa ruína resulta que é tão difícil "reconstituir" o passado como "construir" o futuro: "o profeta está no mesmo saco que o historiador. Deixemo-los lá" (VALÉRY, 1957, p. 991). A história faliu, essa história diplomática, acadêmica à *la* Bismarck, a única conhecida por Valéry, que pretendia prever, fundada sobre o precedente e se vangloriando de poder dar lições, aquela que pensava "em um amanhã, mas não em um amanhã que jamais tivesse se apresentado" (VALÉRY, 1957, p. 918). Um pouco mais tarde, em 1931, ele opõe à história repleta de eventos políticos uma outra, que não existe, onde encontrariam lugar "fenômenos consideráveis" "tornados imperceptíveis pela lentidão de sua produção" (VALÉRY, 1960, p. 918-919). Para aqueles que, como o futuro historiador Henri-Irénée Marrou, "nasciam para a vida do espírito no dia seguinte das grandes carnificinas de 1914-1918", "uma ilusão se havia dissipado para sempre – a crença confortável e ingênua em um progresso linear e contínuo que justificava a civilização ocidental como a última etapa alcançada pela evolução da humanidade" (MARROU, 1968, p. 15).

Paralelamente ao que Valéry analisou como "crise do espírito", a Alemanha foi vítima da "crise do historismo": fenômeno cultural complexo, anterior à guerra mas precipitado por ela, e cujas expressões foram múltiplas. Do ponto de vista das temporalidades, as críticas de Walter Benjamin contra o tempo homogêneo, linear e vazio e seu apelo a um tempo messiânico tornaram-se as mais conhecidas.[2] O apelo a um outro tempo histórico, aquele de uma conjunção fulgurante entre um momento do presente e um momento do passado, é também uma fé em uma outra história que convida a atar de outro modo presente e passado, sem para tanto renunciar à ideia de revolução, bem ao contrário. Dentro dessa constelação, o futuro, mas um futuro transfigurado, permanece a categoria reitora, atribuindo a devida importância à simultaneidade do não simultâneo, que é uma outra grande modalidade de relação com o tempo. Da força da ideia de revolução, testemunha também, mas em sentido contrário, o oximoro "revolução conservadora", forjado nesses anos, e que é uma singularidade da época de Weimar. Trata-se, com efeito, de mobilizar a força atual do conceito de revolução para recriar livremente um passado que nunca existiu. Contra a tirania do futuro (e seus malefícios), a solução é voltar-se para o passado (e seus benefícios), operando "uma dupla radicalização passadista e futurista" que age como uma dupla desorientação (GAUCHET, 2010, p. 425).

Uma outra crítica ou, pelo menos, uma clara insatisfação com relação ao tempo moderno se exprime por um lugar novo reconhecido à memória, fora da história (aquela dos historiadores) ou em uma referência crítica a ela. Ao lado de Proust, de Bergson, de Benjamin novamente (com seu conceito d'*Eingedenken*), há o começo de uma sociologia da memória, desenvolvida por Maurice Halbwachs de 1920 até sua morte em 1944, no período mesmo que a Guerra de 1914 precipitou as transformações da sociedade. Para ele, toda memória coletiva tem "como suporte um grupo limitado no espaço e no tempo". Cada grupo tendo "sua duração própria", não existe tempo universal e único. Considerada a partir da memória, a história só pode se encontrar em posição de

---

[2] Walter Benjamin em suas teses *Sobre o conceito de história* (1940).

exterioridade. Seus praticantes estabeleceram aliás que ela começava lá onde acabava a memória. Halbwachs não diz outra coisa, mas insiste sobre o hiato que as separa. A memória coletiva se liga às semelhanças, a história, procedendo por atalhos, faz salientar as diferenças. Ela "extrai as transformações da duração". A memória está em um contínuo. Após as crises, ela se emprega a "religar o fio da continuidade" e, mesmo se "a ilusão" não dura, pelo menos durante algum tempo, "imagina-se que nada mudou" (HALBWACHS, 1997, p. 166, 164).

A partir da Universidade de Strasbourg, que volta a ser francesa, há, enfim, a resposta historiadora, profissional, dos fundadores dos Annales. Antes de tudo, é preciso começar por romper com todas as instrumentalizações das quais a história vinha, nos dois campos, sendo objeto, para poder almejar "um esforço de análise verdadeiramente desinteressado". Essa é a primeira resposta, ao mesmo tempo ética e metodológica, de Lucien Febvre se interrogando em voz alta, em 1919, sobre seu direito de "fazer a história" em um mundo "em ruínas" (FEBVRE, 1920, p. 4). Por outro lado, impelida pela jovem Sociologia, uma história econômica e social, atenta a outras escansões do tempo, havia começado a reivindicar um lugar. Desde 1903, François Simiand havia convidado os historiadores a se desviar do acidental e do individual para se ligar ao regular, ao repetitivo e ao coletivo (SIMIAND, 1960).[3] Alguns se engajaram na história dos preços. Ernest Labrousse termina seu *Esquisse du mouvement des prix et des revenus en France au XVIIIe siècle* em 1932. É a partir da explicitação das regularidades que se recoloca a questão da mudança histórica. A Revolução teria intervindo como resultante de todos os movimentos da conjuntura ou ela seria o produto de um tempo anormal? Aí novamente, como rearticular as fronteiras do tempo?

Em seu *Adresse aux lecteurs*, Bloch e Febvre anunciam, em 1929, sua vontade de lutar contra o "divórcio" entre os historiadores "que aplicam aos documentos do passado seus bons velhos métodos" e os homens "engajados no estudo das sociedades e das economias contemporâneas". Sem renegar as especializações, é preciso favorecer a circulação entre o passado e o presente, pois "o futuro da história econômica depende disso, e também a justa compreensão dos fatos que amanhã serão a história" (BLOCH; FEBVRE, 1929, s/p). Além disso, uma certa familiaridade com a história ajuda a convencer que o mais próximo (no tempo) não é necessariamente o mais explicativo. O combate principal se dirige contra o corte

---

[3] Artigo publicado em 1903 na *Revue de Synthèse* e republicado em 1960 em *Annales, Economies, Société, Civilisations.*

entre passado e presente, transformado em *credo* da história metódica, mas, ao fazer isso, eles não pretendem mais, como o fundador da *Revue Historique* em 1876, contribuir "para a grandeza da pátria e do progresso do gênero humano." (Monod, 1876, p. 38).[4] Em suma, o futuro parece ter-se eclipsado, ao menos do espaço da ciência. Se ele permanece, sob a figura do progresso, um valor para o cidadão, o historiador (republicano) não faz dele a fonte de sua reflexão ou o princípio de inteligibilidade da história. Certamente, trabalha-se para tornar permeável a fronteira entre o passado e o presente: é o interesse bem entendido do historiador como do sociólogo e do economista; se reconhece e se assume a presença do historiador na história. Mas continua-se a se fugir do anacronismo como da peste e recusa-se toda postura de profeta.

Reveladora é também a atitude de Raymond Aron, que publica, em 1938, *L'introduction à la philosophie de l'histoire* ("A introdução à filosofia da história"). Ali ele critica ferozmente a história positivista e coloca em dúvida, senão a realidade, ao menos "a regularidade do progresso" (Aron, 1986, p. 182). Sobretudo, fortalecido por sua experiência alemã, ele conhece o historismo e a crise que ele atravessa. Para ele, o historismo é definido como "a filosofia do relativismo". Corresponde a "uma época incerta dela mesma", a "uma sociedade sem futuro", e se traduz pela "substituição do mito do futuro pelo mito do progresso". "No lugar do otimismo seguro de que o futuro valerá mais que o presente, se expande uma espécie de pessimismo ou de agnosticismo". Contra o fatalismo, ele defende a ideia que "o passado depende do saber" e "o futuro da vontade". Assim, ele não deve "ser observado e sim criado" (Aron, 1986, p. 377, 432). Ele partirá para Londres, em junho de 1940, para reunir-se aos franceses livres em torno do general De Gaulle. Também para ele, o historiador está na história, e não há dúvida de que existe uma história, com frequência trágica, e escolhas a fazer. O homem tem uma história ou, melhor, "é uma história inacabada" (Aron, 2010, p. 179). O fatalismo revela-se, na realidade, como o simétrico invertido do otimismo do futuro. O signo se inverte, mas a estrutura própria do regime moderno de historicidade permanece: a força indiscutível do futuro.

Após 1945

O que pensar, para retomar o qualificativo de Aron, do *inacabamento* dessa história após 1945? Face à amplitude de uma questão que

---

[4] Editorial do número 1 da *Revue Historique*.

nossas gerações ainda não resolveram, eu me limitarei a algumas observações. O que acontece com a crença na História e no tempo como progresso? Houve a consciência, forte, de que uma nova brecha (*gap*) tinha se aberto no tempo. Em *O mundo de ontem*, redigido antes do seu suicídio no Brasil em 1942, Stefan Zweig testemunhava rupturas: "entre nosso hoje em dia, nosso ontem e nosso ante-ontem, todos os pontos estão rompidos". "Nossa herança não está precedida de nenhum testamento", é a fórmula paradoxal, forjada pelo poeta René Char em *Feullets d'Hypnos*, publicado em 1946, onde ele procurava traduzir o que tinha sido a experiência da Resistência. Arendt retomou-a, porque para ela, esse aforismo, por seu lado "abrupto", dava conta desse momento em que se cava uma distância entre passado e futuro: estranho espaço de entremeio onde os atores "tomam consciência de um intervalo no tempo que é inteiramente determinado pelas coisas que não são mais e pelas coisas que não são ainda" (ARENDT, 1972, p. 19). Ao indicar ao herdeiro o que será legitimamente seu, o testamento é, com efeito, uma operação sobre o tempo: "ele designa um passado ao futuro". Ele nomeia, indica onde está o "tesouro" e o que ele contém (ARENDT, 1972, p. 14). O simples fluxo do devir torna-se tempo contínuo, escandido entre passado e futuro. Faz-se tradição, no sentido próprio. Ela aproxima a fórmula da frase de Tocqueville sobre o passado não esclarecendo mais o futuro.

A luz pode ainda vir do futuro? Para me limitar aos historiadores, dos quais nós vimos que já anteriormente tinham tomado seu distanciamento em relação à versão otimista do regime de historicidade? Sintomáticas, a esse respeito, são as posições de dois dentre eles que vão se tornar muito próximos nesses anos do pós-guerra: Lucien Febvre e Fernand Braudel? Em 1946, Febvre lança o *manifeste des Annales nouvelles* ("manifesto dos novos Annales"), com um título muito claro, "Face ao vento", e um novo subtítulo para a revista: *Economias, sociedades, civilizações*. Ali ele sublinhava que se tinha a partir de então entrado em um mundo "em estado de instabilidade definitiva", em que as ruínas eram imensas; mas onde havia "mais do que as ruínas, e mais grave: essa prodigiosa aceleração da velocidade que, fazendo colidirem os continentes, abolindo os oceanos, suprimindo os desertos, coloca em contato brusco grupos humanos carregados de eletricidades contrárias". A urgência, sob pena de nada mais compreender no mundo mundializado de amanhã, de hoje já, "está em olhar, não para trás, na direção que acabava de acontecer, mas diante de si, adiante". "Acabou o mundo de ontem. Acabou para sempre. Se nós franceses temos uma chance de sair disso – é compreendendo, mais rápido e melhor do que outros, esta verdade evidente. À deriva, abandonando o navio, eu lhes digo, nadem com vontade". Explicar "o mundo ao mundo", responder as questões do homem de hoje, tal é, pois, a tarefa do historiador que enfrenta o vento. Quanto ao passado, trata-se apenas de "compreender bem em que ele se diferencia do presente".[5]

Três anos mais tarde, em um artigo significativamente intitulado "Vers une autre histoire", que é também uma passagem de bastão entre ele e Braudel, Febvre reitera a necessária abertura para o mundo e o futuro faz a defesa de uma história que não se deixa aniquilar pelo passado, organizando-o ao contrário "para impedi-lo de pesar demais sobre os ombros" dos vivos. "Esquecer é uma necessidade para os grupos, para as sociedades que desejam viver" (FEBVRE, 1920, p. 436-437). O futuro está ali, ele bate na janela, fazer frente a ele se liga a uma operação de sobrevivência, que é também a única forma de dar novamente sentido à prática da história.

No mesmo ano, Braudel publica *La Méditerranée et le monde méditerranéen à l'époque de Philippe II*. Longamente preparado antes da Guerra, retomado durante seus anos de cativeiro, o livro-manifesto de uma "história estrutural" aparece finalmente em 1949. Ele não se pronuncia diretamente nem sobre o período recente nem sobre a força determinante do futuro. Mas sabe-se bem que o autor é "pouco solicitado pelo acontecimento" e que o estabelecimento em níveis das três temporalidades dá o papel principal à longa duração, a essas "coberturas de história lenta" que estão "no limite do movediço". Assim, à "orgulhosa fala unilateral de Treitschke, 'Os homens fazem a história', ele opõe "a história faz também os homens e forma seu destino" e, ao mesmo tempo, limita suas responsabilidades (BRAUDEL, 1969, p. 21). Eles têm pouco domínio sobre ela. Se os pontos de partida de Febvre e de Braudel diferem em relação ao tempo da história, eles estão de acordo em evitar o passado recente e se encontram na ideia de que para um "mundo novo" é necessária uma "nova história": aquela da civilização para um, aquela da longa duração para o outro e, – porque não?–, a longa duração das civilizações.

De sua parte, Claude Lévi-Strauss, ao publicar em 1952 *Raça e história*, parte igualmente das civilizações, as quais devem ser vistas menos como escalonadas no tempo do que estendidas no espaço. Recusando o

---

[5] Nota da tradutora: esse trecho da tradução deve muito à tradução do livro *Regimes de historicidade*, do mesmo autor e publicado pela mesma editora – pois dele fiz a revisão técnica.

evolucionismo comum, ele convida a fazer com que o progresso passe de "categoria universal" à de um "modo particular de existência próprio da nossa sociedade". No curso de suas intervenções, ele não faz mais do que colocar fortemente em questão o regime moderno de historicidade (LEVI-STRAUSS, 1958, p. 368). Ele fará o mesmo com a distinção, elaborada um pouco mais tarde, entre as sociedades *quentes* e as sociedades *frias*, cujo alcance, como ele sempre sustentou, é teórico. Se algumas foram modeladas por essa temporalização (futurista) da história e ainda fizeram dela um princípio de desenvolvimento, outras não, ou não ainda, é certo que todas são igualmente sociedades dentro da história e sociedades produtoras de história, contudo com modos de estar no tempo diferentes. É uma forma de revisitar ou de nuançar o relativismo.

Entretanto, nesses anos, o progresso e a História continuam sua marcha, e a toda velocidade. *Hiroshima* é inicialmente apresentada na imprensa francesa uma façanha técnica! A Revolução está ali, ameaça ou promessa, em todo caso vitoriosa. Os vencedores da guerra fazem a história e partilham o mundo. Reconstrução, modernização, planificação são as palavras de ordem que dão ao futuro o papel principal. Slogans indicam que a marcha adiante dos países foi retomada: o *Avenir radieux*, sempre à frente, o Milagre Alemão, os Trinta Gloriosos (já com uma tonalidade retrospectiva). O conjunto é orquestrado pela Guerra Fria, a ameaça nuclear e a corrida (entre outras, armamentista), que se torna imperativa para os dois campos. Essa é uma das vertentes do progresso, a outra logo será a aparição da sociedade de consumo.

Assim, entre o tempo das ciências sociais e o tempo da sociedade (mesmo se a palavra é muito genérica), a história é a de uma divergência. De forma alguma nova, a distância cresceu ao longo do período até culminar, nos anos 1960, com o estruturalismo, que será criticado por seus adversários, justamente, como uma recusa da história e um esquecimento do tempo. Com o seguinte paradoxo: quanto mais as sociedades vivem sob um modo futurista e fazem a experiência de uma aceleração crescente, mais as jovens ciências humanas, a começar pela história, preocupam-se com sistemas, estruturas, com uma história lenta ou quase imóvel. Mesmo se na universidade em geral, esquemas evolucionistas, mais ou menos difusos, permanecem ativos (e até bem ativos em diversos marxismos). Mas quando, após 1968, a Revolução desaparece ou acaba de desaparecer do horizonte, o futurismo (aquele vindo do Iluminismo) recua fortemente e o presente (no espaço deixado livre) vai progressivamente se impor como a categoria dominante, enquanto o passado se obscurece. E a *História*, inevitavelmente, perde sua evidência, antes de ser questionada pela *Memória*.

Referências

ARENDT, Hannah. *La crise de la culture*. Paris: Gallimard, 1972.

ARON, Raymond. *Introduction à la philosophie de l'histoire*. Paris: Gallimard, 1986.

ARON, Raymond. *Mémoires*. Édition intégrale. Paris: Robert Laffont, 2010.

BLOCH, Marc; FEBVRE, Lucien. À nos lecteurs. *Annales d'Histoire Économique et Sociale*, n. 1, 1929.

BRAUDEL, Fernand. *Ecrits sur l'histoire*. Paris: Flammarion, 1969.

FEBVRE, Lucien. *Combats pour l'histoire*. Paris: Armand Colin, 1992.

FEBVRE, Lucien. Face au vent. Manifeste des "Annales" nouvelles. In : FEBVRE, Lucien. *Combats pour l'histoire*, Paris: Armand Colin, 1992.

FEBVRE, Lucien. L'histoire dans le monde en ruines. *Revue de synthèse historique*, t. xxx-1, n. 88, p. 1-15, fév. 1920.

GAUCHET, Marcel. *A l'épreuve des totalitarismes*. Paris: Gallimard, 2010.

HALBWACHS, Maurice. *La mémoire collective*. Paris: Albin Michel, 1997.

HARTOG, François. *Le XIXe siècle et l'histoire: le cas Fustel de Coulanges*. Paris: Seuil, 2001. (Points Histoire).

HARTOG, François. *Régimes d'historicité, Présentisme et Expériences du temps*. ed. aum. Paris: Points-Seuil, 2012.

HARTOG, François. Sur la notion de régime d'historicité. Entretien avec François Hartog. In: DELACROIX, Christian; DOSSE, François; GARCIA, Patrick (Dir.). *Historicités*. Paris: La Découverte, 2009. p. 133-149.

JAURÈS, Jean. *Discours et conférences*. Paris: Flammarion, 2010.

KOSELLECK, Reinhart. *Le futur passé*. Paris: Ecole des Hautes Etudes en Sciences Sociales, 1990.

LÉVI-STRAUSS, Claude. *Anthropologie structurale*. Paris: Plon, 1958.

MARROU, Henri-Irénée. *Théologie de l'histoire*. Paris: Seuil, 1968.

MONOD, Gabriel. Du progrès des études en France depuis le XVIème siècle. *Revue Historique*, n. 1, p. 5-38, 1876.

ROSA, Hartmut. *Beschleunigung. Die Veränderung der Zeitstrukturen in der Moderne*, Francfort; Berlin: Suhrkamp, 2005.

SIMIAND, François. Méthode historique et science sociale. *Annales, Economies, Société, Civilisations*, n. 1, p. 83-119, 1960.

VALÉRY, Paul. *La crise de l'esprit*. Paris: Gallimard, 1957. Bibliothèque de la Pléiade. (Œuvres, 1).

VALÉRY, Paul. *Regards sur le monde actuel*. Paris: Gallimard, 1960. Bibliothèque de la Pléiade. (Œuvres, 1).

Escrita da história e tempo presente na historiografia brasileira

Temístocles Cezar

> *O passado (se não o li algures, faça de conta que a minha*
> *experiência o diz agora), o passado é ainda a melhor*
> *parte do presente – na minha idade, entenda-se.*
>
> Machado de Assis, "A Joaquim Nabuco", 1902.

I.

O objetivo deste ensaio é o de propor um breve voo sobre a historiografia brasileira. Um deslocamento, sincrônico e diacrônico, entre os séculos XIX e XX, logo sujeito a intempéries e a pousos imprevistos. O ponto de partida é esse instrumento teórico-metodológico que François Hartog chama de *regimes de historicidade*, o de chegada, o *tempo presente* na historiografia brasileira.[1] Durante a travessia, outra noção impôs-se: *regime de historiografia*. Ao meu ver, mais adequada para se pensar a relação entre uma temporalidade determinada e a escrita da história. Essa expressão, emprestada do antropólogo Gérard Lenclud, remete a um campo aparentemente mais específico do ofício do historiador ou de como se deve fazer a história. À aparência corresponde, no entanto, uma variação de formas de reflexão e de escrita que lhe destitui de toda especificidade disciplinar. Assim, um regime de historiografia se assenta sobre uma

---

[1] Sobre a noção de regime de historicidade, ver, de Hartog: *Régimes d'historicité, présentisme et expérience du temps* (2003; ver também o novo prefácio para a edição de 2012); e "Sur la notion de régime d'historicité. Entretien avec François Hartog", citado em Delacroix, Dosse e Garcia (2009). Para um comentário acerca da obra de Hartog, especialmente, sobre o presentismo e os críticos da noção, ver Nicolazzi (2010).

base, "não necessariamente de mármore", que seria o entrecruzamento de regimes de historicidade (LENCLUD, 2006).

O tempo presente, categoria atuante na historiografia brasileira, tem uma trajetória marcada pela descontinuidade e, em especial no século XIX, por certa invisibilidade, o que não o impede de se constituir em um dos discursos fundadores de historicidade. Ele participa, desse modo, de um regime de historiografia que atravessa diferentes e confluentes regimes de historicidade sem se mostrar de todo, como uma estrutura dissimulada, porém indutora e constitutiva da ideia de tempo na história no Brasil.

Mesmo hoje, em pleno reinado da história do tempo presente, impressiona a ausência de discussão (com honrosas exceções) sobre a condição presentista que caracteriza parte considerável da historiografia contemporânea, tanto a brasileira como a estrangeira. Os historiadores e todos aqueles que escrevem ou que vivem, profissionalmente ou não, do presente ou do imediato não se preocupam, em geral, com as formas de sua construção e de sua imposição. Ou seja, o presente, que participou em vários regimes de historiografia como figura velada, mesmo quando obtém legitimidade acadêmica, manifestada em seu próprio nome – *história do tempo presente* –, não se permite aparecer inteiro, como se sua visibilidade, paradoxalmente, afrontasse e reduzisse a evidência da história do atual (HARTOG, 2005).

II.

Talvez não seja um exagero afirmar que José Bonifácio de Andrada e Silva, o patriarca da Independência do Brasil, pelo menos para certa historiografia que se inicia ainda no século XIX, tivera um destino semelhante àquele de René Chateaubriand: vivera retido entre dois mundos, ou entre dois regimes de historicidade, o antigo e o moderno. Enquanto Luiz Costa Lima vê no entrelaçamento de vida e obra do francês um dos efeitos mais surpreendentes de 1789, a escrita da história como descontinuidade (LIMA, 2006, p. 125), Valdei Lopes de Araujo nota no brasileiro uma sensibilidade às transformações ocorridas na Europa no final do século XVIII. Porém, ele não consegue, em função do contexto social e político, converter as condições do saber emergente em gestos realizáveis: "Bonifácio não esperava encontrar, no passado, muitos exemplos edificantes", pois sua "crença na existência de leis e de causas históricas e uma compreensão geral da história da humanidade como progresso" o empurravam para uma perspectiva moderna. Para ele o passado e o presente ainda estavam "incomodamente próximos". Quando, após 1822, a situação política não se mostrava mais tão promissora para Bonifácio e sua geração, ficou "cada vez mais difícil acreditar que o futuro estava à disposição ou mesmo sendo construído no presente" (ARAÚJO, 2008, p. 39, 74, 78-79).

Um passado que se aprofunda e um futuro em fuga, nos anos que se seguem à independência política brasileira, segundo Valdei Araujo, teriam retirado do presente sua "espessura e autoridade", transformando-o em "apenas mais um ponto em um longo processo histórico cuja imagem total não estava mais disponível". O passado, que se distancia e que, em decorrência, torna-se histórico, não é uma ordem do tempo desconhecida. Já o futuro em fuga é um diagnóstico que implica "novas operações cronológicas, em que uma idéia de desenvolvimento progressivo começa a movimentar o quadro". Sobra para o presente uma condição diminuída, contraída, sem força epistemológica, "apenas um momento" (p. 99).

Sem querer contestar a sedutora hipótese de Valdei Araujo, meu propósito é relacioná-la a outra possibilidade teórica: a ideia do futuro em fuga como metáfora musical, inspiração que encontrei ao ler as considerações de Agostinho sobre a relação entre tempo e música (AUGUSTIN, 1946, p. 305, 509, 101-105).[2] Como estilo de composição a fuga caracteriza-se pela polifonia de contrapontos imitativos de um tema principal. O futuro em fuga, como uma sonata de expectativas, não deixa de ser uma medida do alcance das várias vozes do presente e de uma projeção mimética que se supunha superior às formas antecedentes. Todavia, o presente por mais efêmero que seja é o modulador de suas próprias fugas e de suas diversas variações. Se ele não é mais, se é fugaz, ele é vivido, sentido, apropriado como gerúndio, como sendo, como movimento. O presente pode não ser o fiel da balança entre os regimes de historicidade antigo e moderno, em disputa permanente na historiografia brasileira, mas é nele que se concentra a experiência direta da existência de um indivíduo ou de uma sociedade. Em suma, ao passado insatisfatório ou distante, ao futuro em fuga, emerge o presente em sua plenitude também fugidia, motivo de sua aparente falta de visibilidade, mas, igualmente, de sua *atualidade*, unidade de tempo que move a engrenagem oculta do nosso regime de historiografia desde o século XIX, se não antes.

Valdei Araujo tem razão, portanto, ao afirmar que o interesse histórico é, para Bonifácio em uma primeira fase, "mais uma atualização do

---

[2] Agradeço ao colega Alfredo Storck pela indicação precisa.

que uma reconstrução do passado. Do passado [continua o historiador] não interessa tudo integralmente, mas apenas seus princípios e verdades que foram soterradas pelo tempo". Assim sendo, "a tarefa do historiador é reconhecer e restaurar, fazer funcionar novamente um princípio emperrado ou contaminado, usá-lo e adaptá-lo às necessidades do século". Esse esforço, conclui Araújo, "aproxima o passado do presente de tal forma que ele se torna disponível, (sendo) mais uma ação *contra* o tempo do que no tempo" (ARAUJO, 2008, p. 30, grifo do original).

Embora o substantivo *atualização* não esteja dicionarizado na primeira metade do século XIX, suas variações linguísticas como *atual* ou *atualidade* o estão, e constituem parte da rede conceitual na qual o presente e o contemporâneo deixam de ser aparentes, ofuscam-se, sendo válido inclusive para a literatura, como em Machado de Assis.[3] Assim, a meu ver, não se trata de uma ação *contra* o tempo, quase no sentido de Nietzsche na sua *II consideração intempestiva*, mas de um discurso que deve ser tratado como uma prática dispersa, que se cruza, às vezes se justapõe, e que, também, eventualmente, ignora o presente, surgindo aqui e ali com outro nome (NIETZSCHE, 1988; FOUCAULT, 1971, p. 54-55). Desse modo, no decorrer do século XIX, no Brasil, encontraremos no regime de historiografia mais o *atual*, a *atualidade* e o deslizamento para o *moderno*, do que o presente e o contemporâneo.[4]

III.

Passando do indivíduo à instituição, ou de Bonifácio à primeira geração que funda o Instituto Histórico e Geográfico Brasileiro (IHGB) em 1838, o voo é curto e turbulento.[5] No citado e recitado *Discurso*

---

[3] Ver *Diccionario da lingua portugueza composto pelo padre Rafael Bluteau, reformado, e accrescentado por Antonio de Moraes Silva*, (1789, p. 23-24). De Machado de Assis, nesse sentido, inclusive observando-se atentamente os títulos e datas: "O passado, o presente e o futuro da literatura (1858)"; "Notícia da atual literatura brasileira. Instinto de nacionalidade (1873)"; "A nova geração (1879)"; *Obra completa*, v. 3, respectivamente, p. 785-789, 801-809, 809-836.

[4] "Moderno" encontra-se dicionarizado, embora de modo muito limitado, apenas como "recente"e "novo" (SILVA; BLUTEAU, 1789, t. II, p. 89).

[5] Como o plano de voo é limitado deixo propositalmente para outro momento a análise de obras tais quais a do Visconde de Cairú, *História dos principais sucessos políticos do Império do Brasil*, publicada entre 1825 e 1830, em 4 volumes, e as de Alphonse de Beauchamp, *Histoire du Brésil, depuis as découverte jusqu'à 1810*, publicada em 1815 e sua *L'indépendance de l'empire du Brésil*, de 1824, obras marcadas

de inauguração da casa, o cônego Januário da Cunha Barbosa planta a semente presentista:

> O coração do verdadeiro patriota Brasileiro aperta-se dentro no peito, quando vê relatados desfiguradamente até mesmo os modernos fatos da nossa gloriosa independência. Ainda estão eles ao alcance de nossas vistas, porque apenas 16 anos se tem passado dessa época memorável da nossa moderna história, e já muitos se vão obliterando na memória daqueles, a quem mais interessam, só porque tem sido escritos sem a imparcialidade e necessário critério, que devem sempre formar o caráter de um verídico historiador. (BARBOSA, 1839, p. 10-11)

Não há uma restrição *a priori* à história moderna, entendida como um presente ainda perceptível a olho nu. Contudo, o problema é que ela vinha sendo realizada de modo equivocado, ou seja, sem imparcialidade e critério, o que cria embaraços à memória recente e à visão, ambas operando em um mesmo espaço cognitivo, no qual o tempo pode ser um fator positivo, desde que o historiador faça o seu trabalho com correção, ou negativo, um devorador de documentos e de memórias.[6]

Em 1841, Barbosa ressalta que um dos projetos do IHGB é o de "seguir a marcha gloriosa" do governo monárquico através do registro de seus atos (BARBOSA, 1841, p. 537). Nesse sentido, um pouco antes, em 17 de agosto de 1840, fora aprovada a proposta de criação de um livro intitulado *Crônica do Sr. Dom Pedro II*. Uma comissão composta por três membros ficaria encarregada de reunir os fatos mais notáveis ocorridos durante cada ano para "os apresentar de seis em seis meses em sessão da sociedade, e serem transcritos no dito livro, na parte e pela forma que esta determinar, procedendo-se de maneira que sempre a história de um

---

por inúmeras polêmicas, entre as quais se destacam as de fundo presentistas. Sobre Cairú, ver as leituras mais recentes de Bruno Diniz, "Cairu e o primeiro esboço de uma história geral do Brasil independente", de 2009, e Valdei Lopes Araujo, "Cairu e a emergência da consciência historiográfica no Brasil (1800-1830), de 2011. Na mesma perspectiva sobre Beauchamp ver, de Bruno Franco Medeiros, *Plagiário, à maneira de todos os historiadores. Alphonse de Beauchamp e a escrita da história na França nas primeiras décadas do século XIX*, de 2011, principalmente as páginas 46 a 106.

[6] Procurei analisar com mais profundidade esse "Discurso" em "Lições sobre a escrita da história: as primeiras escolhas do IHGB. A historiografia brasileira entre os antigos e os modernos" (NEVES; GUIMARÃES; GONÇALVES; GONTIJO, 2011, p. 93-124).

ano fique consignada na *Crônica* dentro do seguinte" (*Revista do IHGB*, 1848, p. 257). Não obstante, o plano, nesse molde, jamais foi executado. Oito anos depois, em 1848, ele é retomado. Para viabilizá-lo seriam criadas duas comissões. Uma delas destinada a historiar os anos de 1840 a 1847, e a outra dedicada especialmente ao ano em curso. Não encontrei, entretanto, indícios da concretização desses projetos.[7] O certo é que no ano seguinte, na sessão de 15 de dezembro de 1849, o imperador toma a palavra, reconhece o trabalho que o instituto realizou sobre as "gerações passadas" e reivindica um lugar na história: "torneis aquela (geração) a que pertenço digna realmente dos elogios da posteridade" (*Revista do IHGB*, 1849, p. 552). Ou seja, não permitam que o presente escape para um futuro incerto sem uma devida historicização!

Joaquim Manoel de Macedo, então secretário do IHGB, no relatório anual das atividades da instituição de 1852, observa que a recuperação da "nossa tão recente antiguidade", conquanto imprescindível e inevitável, não deve "sacrificar o presente ao passado", mas "ir daguerreotipando a atualidade" em suas obras. *Daguerreotipar*, verbo cuja modernidade serve para ilustrar os registros do tempo presente, demonstra também o esforço de perspectivação dos letrados oitocentistas: "herdeira dos prejuízos do passado a atualidade condenava o literato a uma luta desabrida para chegar à conquista de sua posição, e abatia o poeta com o desprezo", sentencia Barbosa.[8] Como ver o atual, como escrever sobre ele, sem tomar posição no presente, destituído de um ponto de vista ou sem uma perspectiva? (KOSELLECK, 2006, p. 175-178).[9]

IV.

Segundo Lúcia Guimarães, em que pese os membros do IHGB não terem realizado estudos sistemáticos sobre o presente, existiam referências à atualidade disseminadas, principalmente, nos discursos pronunciados nas cerimônias de aniversário do instituto, nas reuniões e nas representações, nos relatórios anuais ou mesmo nas biografias e necrológios que

---

[7] Para uma análise detalhada ver sobre o tema ver a dissertação de mestrado de TIBURSKI, Eliete Lúcia. "Escrita da História e Tempo Presente no Brasil Oitocentista", PPG em História, UFRGS, 2011.

[8] "Relatório do Primeiro Secretário Interino", *Revista do IHGB*, 1852, p. 480-482, 511-512.

[9] Valdei Araujo também chama a atenção para a perspectivação entre os letrados brasileiros (2008, p. 99).

os associados redigiam (Guimarães, 1995, p. 531-532). Certamente, se foram publicados, então haviam sido autorizados pelas comissões que os analisavam e concluíam que não colocavam em perigo as concepções de história ou de política em disputa no IHGB.

Todavia, isso não impediu que esses trabalhos constituíssem, à revelia do proponente e do avaliador, noções de história cujos efeitos eram imprevistos. Quando um problema de história imediata colocava-se, quer dizer, quando ele adquiria uma condição que lhe permitisse ser reconhecido no lugar de onde emergia, as regras de produção dessa história eram as mesmas aplicadas para se representar o passado: em princípio ou teoricamente, pesquisas feitas a partir de fontes rigorosas e de um narrador objetivo. Existiam, por certo, singularidades: as fontes mais abundantes são submetidas a uma seleção mais rigorosa e a objetividade cede espaço aos deslocamentos retóricos da testemunha. O historiador deveria exprimir cuidadosamente suas opiniões pessoais, pois os atores da história estariam em grande parte vivos e prontos à contestação. A narração de um episódio muito próximo fazia emergir concepções que se relacionam às preocupações atuais da historiografia, como o *dever de memória* e a *responsabilidade do historiador*.

Houve, no entanto, várias tentativas de se capturar ou de se controlar o presente de modo mais intenso. Um exemplo interessante é o da proposta da *arca do sigilo*.[10] Trata-se de sugestão apresentada pelo sócio Francisco Freire Allemão, quadro destacado do IHGB, para que fosse instituída na casa uma arca dentro da qual seriam guardados documentosquesomente deveriam ser divulgados depois de passado certo período (*Revista do IHGB*, 1847, p. 567). O relatório da comissão do IHGB encarregada de exarar o parecer acerca da proposição "reconhece máxima utilidade de haver um deposito particular para os escritos cuja publicação não se deve fazer antes de um tempo determinado" (*Revista do IHGB*, 1850, p. 133-134). A determinação desse tempo não foi fixada. A questão mais premente era a de mostrar que havia

> escritos certamente muito úteis e preciosos para a história de um país, cuja imediata impressão pode acarretar, além de grandes desgostos a seus autores, incalculáveis perturbações, e comprometer não só a paz interna, como a externa; e outros, que envolvendo

---

[10] Procurei discutir, brevemente, o "conteúdo" da *arca do sigilo* em "Presentismo, memória e poesia. Noções da escrita da história no Brasil oitocentista" (CEZAR, 2004).

personalidade contemporâneas e descarnando os fatos, ou divulgando segredos, trariam um sem número de inimizades e deslocações pessoais, mormente em épocas de transição, e num país como o nosso, onde as bases de uma longa experiência não podem ainda frutificar, e onde a tolerância das nações velhas ainda não chegou (*Revista do IHGB*, 1850, p. 133).

A *arca*, não significa necessariamente um veto à história do tempo presente. Para alguns, entretanto, ela refletia a ausência de maturidade, política e epistemológica, requerida para se escrever sobre seu próprio tempo.

Além disso, havia outro problema: a imprensa. Em tempos de turbulência, de acordo ainda com a comissão "a imprensa não satisfaz o historiador", pois ela escreve com "muita paixão". Cada facção sustenta sua própria versão, desfigurando os fatos. A imprensa brasileira "roça em torno da verdade, mas argutamente; depois de encarar os fatos os descreve segundo a face do prisma de suas conveniências, e segundo o resultado da balança política dos acontecimentos". Não há outra solução a não ser esperar, pois "o tempo reforma e emenda as razões" (*Revista do IHGB*, 1850, p. 134).

O drama de tomar partido e de manter a objetividade do conhecimento, características da modernidade, sinalizam para uma aporia, pelo menos no caso brasileiro. Como sair do impasse? Os historiadores não tiveram alternativa senão administrar metodologicamente o perspectivismo histórico: ora procurando afastar-se o máximo possível da atualidade, sobretudo, daquela mais imediata, aproximando-se de um ideal científico de distinção entre o sujeito e objeto da pesquisa; ora instaurando no presente procedimentos de contenção. A *arca* seria um deles, mas o principal é a delimitação das fontes. É preciso prudência, pois "os atos públicos do governo não bastam ao historiador", uma vez que sua "emanação" pode ser produto do mero interesse político ocasional ou de uma indeterminação contextual. De qualquer modo, o armazenamento de fontes contemporâneas poderia ter um papel pedagógico porque o temor da "divulgação de crimes documentados" faria com que muitos homens pensassem antes de agir: "eles seriam, portanto, levados a evitar o mundo "pernicioso" e um "temporário individualismo" e a procurar o domínio da razão. Depósito da "consciência íntima de muitos escritores" que assim não levariam para a "sepultura verdades essenciais à história do país", a *arca* funcionaria como um "juiz póstumo" do presente (*Revista do IHGB*, 1850, p. 134).

Enfim, a *arca* seria, concomitantemente, luz e censura, e ao tentar disciplinar o uso das fontes, ela seria também um fator inibidor à investigação presentista. Em outro sentido, ela marca igualmente a oposição entre o *sigilo* ou *segredo* e a *opinião pública*. Reinhart Koselleck mostra que essa relação não é uma anomalia na constituição do saber historiográfico: "como forma particular de exterior e de interior, a oposição entre segredo e público pertence às condições de possibilidade estruturais de qualquer história". Com efeito, conclui o historiador alemão, "toda história está submetida a uma coação de tempo; e, para aliviar e compensar esta pressão, a fronteira entre aquilo que é secreto e aquilo que é público deve ser sempre redefinida e mantida" (KOSELLECK, 1997, p. 189). Aquilo que é válido para a cultura histórica alemã na metade do século XIX, também o é para o caso brasileiro: "a doutrina do perspectivismo histórico [escreve KOSELLECK] certamente ajudou a cunhar a historicidade do mundo moderno, mas a disputa entre os defensores da objetividade e os representantes da parcialidade dividiu o campo, sem que isso prejudicasse a grande contribuição de ambos os lados para os estudos historiográficos". Ranke, por intuir que o presente imediato acabaria por impedir o conhecimento, estaria no primeiro grupo; e Droysen, que escrevia para compreender seu presente, no segundo (KOSELLECK, 2006, p. 184).[11] A luta, em nossos dias, pela abertura dos arquivos da ditadura militar parece muito distante desse debate?

As manifestações do presente no século XIX foram múltiplas. Francisco Adolfo de Varnhagen escreveu, não sem dificuldades, uma *História da Independência*, obra póstuma publicada apenas em 1916, na qual ataca frontalmente Bonifácio, que conhecera quando era criança, e nunca lhe perdoara por ter criticado a competência profissional de seu pai, a quem, por sinal, nosso moderno historiador não se inibiu em dedicar um capítulo da sua *História geral do Brasil*! (VARNHAGEN, 1916).[12] Varnhagen também propôs na sua *História das lutas com os holandeses no Brasil*, de 1871, um paralelo desse embate ocorrido no século XVII com a Guerra do Paraguai (VARNHAGEN, 1872, p. 12). Se lá o presente não apenas corrige o passado como o moraliza, aqui o velho *topos* de Cícero se apresenta e o passado ensina o presente. Incoerência teórica e metodológica do historiador? Não, apenas variações do regime de historiografia nas águas dos regimes de historicidade que compunham o oceano de possibilidades da história do século XIX.[13]

---

[11] Sobre Droysen, ver Assis (2009). Agradeço ao autor a gentileza de me enviar o artigo.

[12] Procurei estudar esse tema em "Em nome do pai, mas não do patriarca: ensaio sobre os limites da imparcialidade na obra de Varnhagen" (CEZAR, 2005).

[13] Um voo tão breve não poderia comportar uma análise dos dicionários do século XIX, mas isto não impede que reconheça a relevância dos mesmos como

V.

Não estava previsto em meu voo um pouso em Capistrano de Abreu.[14] Há muito nevoeiro ainda. Essa nebulosidade, todavia, não é suficiente para encobrir uma pista presentista em sua obra. Não poderíamos perceber, no esforço intelectual do historiador em estabelecer um sentido histórico para os primeiros três séculos do Brasil, uma busca desde o presente? Isto é, a teleologia contida na premissa de que o passado colonial representa um caminho, se não inexorável, ao menos um rumo, incipiente mas definitivo, à conscientização de um sentimento nacional, cuja expressão é o rompimento com a metrópole, não parece sinalizar para uma expectativa processual retilínea?

> Cinco grupos etnográficos, ligados pela comunidade ativa da língua e passiva da religião, moldados pelas condições ambientes de cinco regiões diversas, tendo riquezas naturais da terra um entusiasmo estrepitoso, sentindo pelo português aversão ou desprezo, não se prezando, porém, uns aos outros de modo particular – eis em suma ao que se reduziu a obra de três séculos (ABREU, 1963, p. 228).

Desse modo, Capistrano de Abreu conclui seu *Capítulos de história colonial*. Por um lado, ele consolida a abordagem dos historiadores oitocentistas, por outro, inaugura a ideia do passado colonial como condição de uma posteridade implicada e articulada a um sentido prévio. A historiografia tributária de Capistrano de Abreu será marcada pelo desdobramento epistemológico dessas noções: de historiador a historiador o passado colonial se movimentará em bloco em direção ao presente.[15]

---

expressões da modificação do conceito de história no período. João Paulo Pimenta e Valdei Araujo Lopes já iniciaram essa análise de modo muito pertinente em "História" (2009).

[14] Bem como em muitos outros, desde Silvio Romero, passando por Tristão de Alencar Araripe e José Veríssimo a Paulo Prado, *À margem da história republicana*, coletânea publicada em 1924, poderia ser incluída nesta lista sem problema.

[15] Esse argumento me foi sugerido pela leitura do inteligente ensaio de Jean Marcel de Carvalho França, "Os sentidos da colonização", em que se mapeia a tendência à teleologia conceitual de parte considerável da historiografia brasileira desde o século XIX, caracterizada, sobretudo, pela busca de um *sentido* tanto para o processo de colonização em si quanto para os caminhos que a civilização brasileira trilhou desde então. A análise é válida para Gilberto Freyre e Caio

Em meu bilhete, também não constavam escalas em Euclides da Cunha, Gilberto Freyre, nem em Caio Prado Jr., algo muito pretensioso em viagem tão abreviada. No entanto, gostaria de registrar que nos três, de maneira diferente, o presente está seriamente implicado. Em *Os sertões*, desde o início: "a campanha de Canudos tem por isto [pelo esmagamento das raças fracas pelas raças fortes] o significado inegável de um primeiro assalto, em luta talvez longa [...] Além disso, mal unidos àqueles extraordinários patrícios pelo solo em parte desconhecido, deles todos nos separa uma coordenação histórica – o tempo. Aquela campanha lembra um refluxo para o passado ['um recuo prodigioso no tempo – dirá em outra parte do livro]. E foi, na significação integral da palavra, um crime" (CUNHA, 1979, p. XXIX, 382). Um crime realizado pelo presente sobre uma terra ignota refugiada no passado.

Quanto à *Casa grande & senzala*, se por um lado a obra expressa, segundo Ricardo Benzaquen de Araújo, uma atitude "não apenas sobre mas acima de tudo *contra* o seu tempo, o preconceito e a marginalização nele embutidos" (ARAÚJO, 2005, p. 174, grifo do autor), o que nesse caso significa ser "particularmente contra os seus pares", por outro, de acordo com Fernando Nicolazzi, "entre o passado estudado e o presente em que se estuda não há uma distância absoluta; é como se um tempo homogêneo perfizesse a história ali ensejada" (NICOLAZZI, 2011, p. 104).

Já em a *Formação do Brasil contemporâneo*, publicado em 1942, Caio Prado Jr. ressalta o vínculo indissolúvel entre o passado colonial e imperial que seriam os períodos-chave para a explicação de sua contemporaneidade:

> nele se contém o passado que nos fez; alcança-se aí o instante em que os elementos constitutivos da nossa nacionalidade organizados e acumulados desde o início da colonização, desabrocham e se completam. Entra-se na fase propriamente do Brasil contemporâneo, erigido sobre aquela base. (PRADO JR., 1976, p. 9)

Entretanto, o contemporâneo, diferentemente do atual do século XIX que abriga em si a possibilidade do progresso, não significa necessariamente avanço, mas o diagnóstico de que "o passado, aquele passado colonial, aí ainda está, e bem saliente; em parte, é certo, modificado, mas presente em traços que não se deixam iludir". Não é assim surpreendente que os depoimentos dos viajantes que visitaram o Brasil no século XIX

Prado Jr. Agradeço a gentileza do autor em me passar uma primeira versão desse importante artigo.

"são frequentemente de flagrante atualidade". Quem percorrer o Brasil de hoje, início dos anos 1940, ficará surpreendido com aspectos que imaginavam existir apenas nos livros de história: são traduções de "fatos profundos [que nos cercam por todos os lados] e não apenas reminiscências anacrônicas" (PRADO JR., 1976, p. 13). O contemporâneo como resultado da longa duração auxilia à interpretação marxista do presente, no melhor estilo *historia magistra vitae*; o futuro do Brasil ainda não está apto, como em Marx, a fornecer exemplos e lições.

VI.

Meu plano de voo prevê ainda rápidas incursões em outros projetos historiográficos, como a *História geral da civilização brasileira*, organizada inicialmente por Sérgio Buarque de Holanda, no começo dos anos 1960, e, principalmente, na *História da vida privada no Brasil*, dirigida por Fernando Novais, no final dos anos 1990 e que mais diretamente relaciona-se com a perspectiva analítica deste ensaio. Enquanto o primeiro é um empreendimento bem-sucedido, resguardadas todas as desigualdades provenientes de um trabalho dessa magnitude realizado em equipe, e consolidador de uma cronologia, que eu chamaria de *civilizacional*, que vai do contexto do descobrimento do Brasil a 1964, o limite do contemporâneo mais definido, acredito, pela questão política do país, do que por uma epistemologia que temia avançar ao presente; o segundo projeto mimético em relação ao similar francês nasce com um problema congênito: o diagnóstico de que não há noção de privado no Brasil Colônia. "Conceitualmente, vida privada contrapõe-se a 'vida pública', e pressupõe o Estado moderno como critério de delimitação; por conseguinte, a rigor, só seria possível uma história da vida privada a partir do século XIX, quando se vai encerrando a era das revoluções liberais", explica o coordenador geral da obra, Fernando Novais, no primeiro volume (NOVAIS, 1997, p. 9). Reconstrui-la implica em "tentar surpreender um processo em gestação, na sua própria constituição e especificidade". Desse modo, evitar-se-ia o "anacronismo subjacente a expressões como 'Brasil Colônia', 'período colonial da história do Brasil' etc." Novais não quer "fazer a história desse período como se os protagonistas que a viveram soubessem que a Colônia iria se constituir, no século XIX, num estado nacional". De fato, quem sabe são eles, os historiadores, e somos nós, os leitores. O germe da *intimidade* não está, portanto, em uma entidade chamada "Brasil", mas em uma estrutura mais ampla: o antigo sistema colonial. Nele, "a privacidade vai abrindo caminho não só em contraponto com a formação do Estado, mas ainda com a gestação da nacionalidade" (p. 17).

A inexistência da noção de privado não é um impedimento para que se recomponha, para que se apanhe *in fieri*, como faz E. Thompson analogamente com a formação da classe trabalhadora inglesa, "a pré-história da vida privada" (p. 10). O objetivo é o de reter e reivindicar o conceito de privado através da reconstrução de seus elementos formadores, que embora dispersos estão lá, no passado. Uma das alternativas foi confundir vida privada e cotidiano que "se entretecem durante todo este volume", explica Laura de Melo e Sousa na conclusão da obra, "e às vezes é difícil separá-los justamente por ser rarefeito o espaço específico de privacidade" (SOUZA, 1997, p. 443). Os historiadores captam de seu mundo os embriões do que se constituirá como presente. Independentemente de essa abordagem teleológica ser teórica ou metodologicamente certa ou errada, frágil ou consistente, trata-se, no meu modo de ver, antes de tudo de uma crença, de uma *constante*, que visa organizar, "sistematizar", a linha entre a anterioridade e a atualidade evitando desse modo a dispersão e a fratura de seus discursos constituintes.[16]

No quarto e último volume, sugestivamente subintitulado "Contrastes da intimidade contemporânea" (observe que o *moderno* já não conota o atual), a organizadora do volume, Lilia Moritz Schwarcz, explica que

> sua aparente vantagem é, na verdade, uma grande armadilha. De um lado, o "presente" parece estar diante de nós e as imagens se multiplicam, seja lá qual for a temática selecionada. De outro, porém, sobre o contemporâneo "todo mundo tem o que dizer" e se reconhece, ou não, nas análises dos especialistas. (SCHWARCZ, 1998, p. 7)

O prefácio indica com presteza a invasão presentista que parecia, naquele momento, escapar às metodologias usuais dos historiadores. A sensação era de que a história como disciplina estava, em 1998, imobilizada ou perplexa diante da falta de controle sobre o fenômeno que, um pouco mais tarde, François Hartog chamou de a "tirania do instante e da estagnação de um presente perpétuo" (HARTOG, 2012, p. 13 [o novo prefácio]).

A saída foi alterar de algum modo o perfil dos colaboradores, dos capítulos e do material ilustrativo em si. Em primeiro lugar, na

---

[16] Para a ideia de uma *constante* epistemológica, ver França (1997).

seleção dos autores deste volume, preferiu-se uma equipe mais interdisciplinar – composta de cientistas políticos, antropólogos, sociólogos, economistas, demógrafos, jornalistas e historiadores – já que poucos profissionais da área vêm se dedicando, de forma prioritária, à análise da "história imediata". (SCHWARCZ, 1998, p. 7)

Se hoje, 2012, é uma evidência a presença dos historiadores no campo de estudo sobre a atualidade, o mesmo não acontecia na ocasião da apresentação desse quarto volume, pelo menos para seus editores. Daí uma "opção deliberada" pelo "caráter mais ensaístico dos capítulos". É como se o presente não pudesse ser apreendido cientificamente, mas apenas através de "ensaios", que em linguagem acadêmica pode significar uma análise aberta, permeável, esquiva, no limite efêmera e, principalmente, suscetível à subjetividade do autor. Afinal o problema do presente, convertido em nosso tempo contemporâneo, se altera com uma velocidade tal que tentar captá-lo é como querer absorver e entender o confinamento presentista do *real time*.

A obra busca "estranhar um passado que não é tão afastado mas cuja memória já começa a fraquejar". Do mesmo modo que Januário da Cunha Barbosa percebeu o início da amnésia social em relação à Independência do Brasil transcorridos tão somente dezesseis anos, Schwarcz nota também um apagamento do passado recente. Diferentemente do cônego que concentra sua energia em aperfeiçoar o método histórico, esta reconhece suas limitações e amplia seu espectro multidisciplinar como alternativa para minimizar sua insuficiência explicativa. Em função dessas circunstâncias a própria noção de *privacidade* precisa ser reavaliada. Se antes não tínhamos privacidade, doravante temos muita. Assim, é preciso entender o papel das novas mídias e tecnologias invasivas da intimidade que simultaneamente desafiam e irrompem a monotonia da longa duração. Nesse sentido, a transição da modernidade à contemporaneidade no Brasil teria ocorrido, para a autora, "a partir dos anos 30, com Getúlio Vargas, talvez o grande símbolo de como fazer da política a introdução do privado na vida pública e da vida pública no privado. O seu limite final esbarra nas incertezas do momento presente, de quem ninguém, por certo, é dono" (SCHWARCZ, 1998, p. 10). Se, por um lado, a simbolização reservada ao getulismo parece exagerada, embora a autora preserve-se marcando a hesitação com a probabilidade indicada pelo *talvez*, por outro, as incertezas presentistas e sua aparente falta de proprietários mais do que uma constatação exprime, penso eu, um desejo, uma expectativa de liberdade. Espero que Schwarcz esteja correta.

Por fim, no segundo volume da *História da vida privada no Brasil*, dedicado, basicamente ao século XIX, o organizador, Luiz Felipe de Alencastro, sem muita preocupação teórica, mas com a erudição aliada a um tipo de objetividade que escapa à maior parte dos historiadores, termina o livro a partir da análise de uma fotografia, datada de 1860, também presente em *Casa grande & senzala*, na qual vemos uma escrava, com cabelos que embranqueciam, sentada tendo ao lado uma criança branca: "Uma união – escreve o autor – fundada no amor presente e na violência pregressa. Na violência que fendeu a alma da escrava, abrindo o espaço afetivo que está sendo invadido pelo filho de seu senhor. Quase todo o Brasil – conclui – cabe nessa foto" (ALENCASTRO, 1997, p. 438-440). Nesse presente, eu acrescentaria.

Encerro por aqui meu voo, pelo menos por enquanto. Nessa viagem, incompleta e oscilante, deparei-me com formas de apreensão do presente pela historiografia brasileira que merecem mais pesquisa e meditação. É preciso explorar com maior rigor as diferenças e as similitudes entre os regimes de historicidade e o de historiografia. Por ora, o que temos é a constatação de que se no século XIX e boa parte do século XX um e outro não coincidiam necessariamente, hoje a confluência parece evidente. O presente, o presentismo, são os vetores dessa convergência. Não se trata mais apenas de uma projeção presentista da mente do historiador, segundo pensavam Collingwood e Croce, ou de insurgência memorial – o passado é a melhor parte do presente – de acordo com a ironia de Machado de Assis; agora a questão é outra (CROCE, 1989; COLLINGWOOD, 1993). A superposição de regimes, sua quase identidade, reflete diferentes configurações intelectuais: social e politicamente mais opacas e imprevisíveis; cultural e linguisticamente mais alegóricas e instáveis. Passar do "estranhamento do que ocorre hoje", como diria Michel de Certeau (1995, p. 62), à sua compreensão é, finalmente, nosso desafio.

Referências

ABREU, Capistrano de. *Capítulos de história colonial (1500-1800)*. Brasília: Editora UnB, 1963.

ALENCASTRO, Luiz Felipe de. Epílogo. In: SOUZA, Laura de Mello e; NOVAIS, Fernando A. (Org.). *História da vida privada no Brasil. Cotidiano e vida privada na América portuguesa*. São Paulo: Companhia das Letras, 1997. v. 2, p. 438-440.

ARAÚJO, Ricardo Benzaquen de. *Guerra e paz*. Casa-grande & senzala *e a obra de Gilberto Freyre nos anos 30*. São Paulo: Editora 34, 2005.

ARAUJO, Valdei Lopes de. *A experiência do tempo. Conceitos e narrativas na formação nacional brasileira (1813-1845)*. São Paulo: Hucitec, 2008.

ARAUJO, Valdei Lopes de. Cairu e a emergência da consciência historiográfica no Brasil (1800-1830). In: NEVES, Lúcia Maria Bastos Pereira das; GUIMARÃES, Lúcia Maria Paschoal; GONÇALVES, Márcia de Almeida; GONTIJO, Rebeca. *Estudos de historiografia brasileira*. Rio de Janeiro: FGV, 2011. p. 75-92.

ASSIS, Arthur. The "History of the present" within Droysen's Theory of history. In: GENS, Jean-Claude (Dir.). *L'avènement du paradigme herménéutique dans les sciences humaines*. Argenteuil: Le Cercle Herméneutique, 2009. p. 89-108.

ASSIS, Machado de. *A nova geração*. Rio de Janeiro: Nova Aguilar, 2006. p. 809-836. (Obra Completa, 3).

ASSIS, Machado de. *Epistolário*. Rio de Janeiro: Nova Aguilar, 2006. (Obra Completa, 3).

ASSIS, Machado de. *Notícia da atual literatura brasileira. Instinto de nacionalidade.* Rio de Janeiro: Nova Aguilar, 2006. p. 801-809. (Obra Completa, 3).

ASSIS, Machado de. *O passado, o presente e o futuro da literatura*. Rio de Janeiro: Nova Aguilar, 2006. p. 785-789. (Obra Completa, 3).

AUGUSTIN, Saint. Œuvres de Saint Augustin. *VII. Dialogues philosophiques. IV. La musique*. Bruges: Desclès, 1946.

BARBOSA, Januário da Cunha. Discurso. *Revista do IHGB*. Rio de Janeiro, p. 9-18, 1839.

BARBOSA, Januário da Cunha. Relatório dos trabalhos do Instituto durante o terceiro ano social. *Revista do IHGB*, Rio de Janeiro, p. 521-537, 1841.

CERTEAU, Michel de. *L'écriture de l'histoire*. Paris: Gallimard, 1975.

CEZAR, Temístocles. Em nome do pai, mas não do patriarca: ensaio sobre os limites da imparcialidade na obra de Varnhagen. *História*, São Paulo, v. 24, n. 2, p. 207-240, 2005.

CEZAR, Temístocles. Lições sobre a escrita da história: as primeiras escolhas do IHGB. A historiografia brasileira entre os antigos e os modernos. In: NEVES, Lúcia Maria Bastos Pereira das; GUIMARÃES, Lúcia Maria Paschoal. ; GONÇALVES, Márcia de Almeida; GONTIJO, Rebeca. *Estudos de historiografia brasileira*. Rio de Janeiro: FGV, 2011. p. 93-124.

COLLINGWOOD, Robin G. *The Idea of History*. Oxford (UK): Clarendon, 1993.

CROCE, Benedetto. *Teoria e storia della storiografia*. Milano: Adelphi, 1989.

CUNHA, Euclides da. *Os sertões*. Rio de Janeiro: Francisco Alves, 1979.

DINIZ, Bruno. Cairu e o primeiro esboço de uma história geral do Brasil independente. *História da Historiografia*, n. 2, p. 260-266, 2009.

FOUCAULT, Michel. *L'ordre du discours*. Paris: Gallimard, 1971.

FRANÇA, Susani Lemos (Org.). *Questões que incomodam o historiador*. São Paulo: Alameda, 2013.

FREYRE, Gilberto. *Casa grande & senzala*. São Paulo: Global, 2004.

GUIMARÃES, Lúcia M. Paschoal. Debaixo da imediata proteção de Sua Majestade Imperial: O Instituto Histórico e Geográfico Brasileiro (1838-1889). *Revista do IHGB*, p. 459-613, 1995.

HARTOG, François. Évidence de l'histoire. Ce que voient les historiens. Paris: EHESS, 2005.

HARTOG, François. Présentisme plein ou par défaut? In: HARTOG, François. *Régimes d'historicité. Présentisme et expérience du temps*. Paris: Seuil, 2012.

HARTOG, François. *Régimes d'historicité, présentisme et expérience du temps*. Paris: Seuil, 2003.

HARTOG, François. Sur la notion de régime d'historicité. Entretien avec François Hartog. In: DELACROIX, Christian; DOSSE, François; GARCIA, Patrick (Dir.). *Historicités*. Paris: La Découverte, 2009. p. 133-149.

KOSELLECK, Reinhart. Ponto de vista, perspectiva e temporalidade. In: KOSELLECK, Reinhart. *Futuro passado. Contribuição à semântica dos tempos históricos*. Rio de Janeiro: Editora Contraponto/PUC-Rio, 2006, p. 160-188.

KOSELLECK, Reinhart. Théorie de l'histoire et herméneutique. In: KOSELLECK, Reinhart. *L'expérience de l'histoire*. Paris: Gallimard/Seuil, 1997.

LENCLUD, Gérard. Traversées dans le temps. *Annales*, n. 5, p. 1073-1075, 2006.

LIMA, Luiz Costa. *História, ficção, literatura*. São Paulo: Companhia das Letras, 2006.

MEDEIROS, Bruno Franco. *Plagiário, à maneira de todos os historiadores. Alphonse de Beauchamp e a escrita da história na França nas primeiras décadas do século XIX*. 2011. Dissertação (Mestrado em História Social) – Programa de Pós-Graduação em História Social, Universidade de São Paulo, São Paulo, 2011.

NICOLAZZI, Fernando. A história entre tempos: François Hartog e a conjuntura historiográfica contemporânea. *História: Questões & Debates*, n. 53, p. 229-257, jul-dez. 2010.

NICOLAZZI, Fernando. *Um estilo de história*: a viagem, a memória, o ensaio. Sobre *Casa-grande & senzala* e a representação do passado. São Paulo: Editora UNESP, 2011.

NIETZSCHE, Friedrich. *Seconde considération intempestive. De l'utilité et de l'incovénient des études historiques pour la vie*. Paris: Flammarion, 1988.

NOVAIS, Fernando A. Condições da privacidade na colônia. In: SOUZA, Laura de Mello e; NOVAIS, Fernando A. (Org.). *História da vida privada no Brasil*. Cotidiano e vida privada na América portuguesa. São Paulo: Companhia das Letras, 1997. v. 1, p. 13-39.

NOVAIS, Fernando A. Prefácio. In: SOUZA, Laura de Mello e; NOVAIS, Fernando A. (Org.). *História da vida privada no Brasil*. Cotidiano e vida privada na América portuguesa. São Paulo: Companhia das Letras, 1997. v. 1.

PIMENTA, João Paulo; ARAÚJO, Valdei Lopes de. História. In: FERES JÚNIOR, João (Org.). *Léxico da história dos conceitos políticos do Brasil*. Belo Horizonte: Editora UFMG, 2009. p. 119-140.

PRADO JR., Caio. *Formação do Brasil contemporâneo*. São Paulo: Brasiliense, 1976.

REVISTA DO IHGB. Rio de Janeiro, 1848.

REVISTA DO IHGB. Rio de Janeiro, n. 15, 1852.

REVISTA DO IHGB. Rio de Janeiro, n. 12, 1852.

SCHWARCZ, Lilia Moritz. Introdução. Sobre semelhanças e diferenças. In: SCHWARCZ, Lilia Moritz. *História da vida privada no Brasil*. Contrastes da intimidade contemporânea. São Paulo: Companhia das Letras, 2007. v. 4, p. 7-10.

BLUTEAU, Rafael. SILVA, Antônio de Morais. *Diccionario da lingua portugueza composto pelo padre Rafael Bluteau, reformado, e accrescentado por Antonio de Moraes Silva*. Lisboa: Officina de Simão Thaddeo Ferreira, 1789. 2 t.

SOUZA, Laura de Mello e. Conclusão. In: SOUZA, Laura de Mello e; NOVAIS, Fernando A. (Org.). *História da vida privada no Brasil*. Cotidiano e vida privada na América portuguesa. São Paulo: Companhia das Letras, 1997. v. 1, p. 439-445.

TIBURSKI, Eliete Lúcia. *Escrita da história e tempo presente no Brasil Oitocentista*. 2011. Dissertação (Mestrado em História) – Programa de Pós-Graduação em História, Universidade Federal do Rio Grande do Sul, Porto Alegre, 2011.

VARNHAGEN, Francisco Adolfo de. Historia da Independência do Brasil, até ao reconhecimento pela antiga metrópole, compreendendo, separadamente, a dos sucessos ocorridos em algumas províncias até essa data. *Revista do IHGB*, Rio de Janeiro, p. 5-598, 1916-1917.

VARNHAGEN, Francisco Adolfo de. *Historia das luctas com os Hollandezes no Brazil, desde 1624 a 1652*. Lisboa: Typographia de Castro Irmão, 1872.

História e Historiadores Coleção Brasiliana: o presentismo como perspectiva?

Eliana de Freitas Dutra

A História como projeto

O escritor Jorge Luis Borges, que fez das suas inquietações e interrogações metafísicas sobre o tempo matéria de belo exercício poético, dizia que o tempo joga um xadrez sem peças e que só perduram no tempo as coisas que não foram do tempo (Borges, 1989, p. 471). Fazendo do tempo o seu objeto formal, seu problema, os historiadores, de sua parte, não se cansam de se interrogar sobre o tempo, embora não como substância, mas sobre as formas históricas de sua experiência, sua construção, sua apreensão social, as quais atuam como peças que se movimentam em diversas configurações possíveis, para além dos limites do tabuleiro de xadrez. Nesse movimento, o da história, o que conta é justamente a duração e as relações, no tempo, intratempo e dentro do tempo.

Assim, com essa chave, é que neste texto nos dispusemos a tentar pensar no Brasil dos anos 1930-1940, no interior da Coleção Brasiliana. O sentido buscado pela acumulação de obras e autores na subsérie dedicada à História, na sua relação com o tempo, bem como a narrativa implícita nessa ordem de livros estrategicamente concebida pelo seu editor e mentor, o intelectual e educador Fernando de Azevedo, sociólogo de formação. Nosso intuito é de resgatar sua contribuição à historiografia brasileira e à cultura historiográfica no Brasil, tomando-a enquanto objeto de história, capaz de contribuir, ontem e hoje, para o conhecimento dos nexos do passado com o presente e o futuro da história brasileira.

Aqui, buscaremos compreender as razões da recuperação e do acolhimento de certos temas e obras que integram a subsérie História da Brasiliana; seu projeto de unidade e sua possível coerência; seus interlocutores no domínio da disciplina história, as práticas historiográficas que legitimaram as formas do discurso histórico e o endossaram;

as representações do passado que elaboraram e as potencialidades de sua utilização; bem como sua relação com projetos de intervenção no presente histórico brasileiro nas décadas de 1930 e 1940.

Entretanto, uma reflexão prévia se impõe: a das motivações do editor Fernando de Azevedo ao criar a Brasiliana, quinta série de um grande projeto editorial intitulado Biblioteca Pedagógica Brasileira. Afinal, de posse de um diagnóstico sobre o ambiente intelectual e político no Brasil dos anos 1930, diagnóstico esse elaborado e compartilhado através de fértil interlocução intelectual que já vinha realizando desde os anos 1920 – com destaque para suas correspondências com intelectuais ativos na cena pública de então, a exemplo de Vicente Licínio Cardoso, Frota Pessoa, Monteiro Lobato, Lourenço Filho, Anísio Teixeira, Venâncio Filho entre vários outros – é que a Coleção foi por ele criada. E é impossível separar a sua história de engajamento intelectual, seja como educador, seja como editor do programa de publicações em história na subsérie que vamos aqui parcialmente analisar, a qual, como de resto todo o projeto da Biblioteca Pedagógica por ele concebida e dirigida se constituiu, a exemplo do que nos lembra Carlos Altamirano (2010, p. 23) sobre os empreendimentos editoriais, "um suporte de inscrição e circulação do discurso intelectual". Assim, é que em uma carta à escritora Cecília Meirelles relembrando a associação entre a Reforma Educacional e a criação da Biblioteca Pedagógica, Fernando de Azevedo afirma:"

> À campanha da Imprensa em favor do movimento educacional é necessária, pois, a ação intelectual, pelo livro. O jornal agita e propaga, o livro penetra e fixa. É o livro que fica mais tempo nas mãos do leitor... Daí a idéia da Biblioteca Pedagógica Brasileira. É um novo apelo a todos os esforços renovadores já dissociados e dispersos, para que se congreguem e possam fazer gravitar a massa em torno de suas verdadeiras elites, multiplicando nessa imensa zona de sombra os pontos luminosos.[1]

É no interior desse discurso, de uma elite que se vê como uma vanguarda cultural e política, que a Coleção Brasiliana e suas várias seções, dentre elas a de História, tiveram lugar.

Em 1938, quando a Coleção ainda comemora o lançamento do seu centésimo volume, encontramos no *Annuário Brasileiro de Literatura*

---

[1] Carta de Fernando Azevedo a Cecília Meirelles sobre a Reforma Educacional e a Biblioteca Pedagógica Brasileira. Seção de manuscritos da Biblioteca Nacional, 26, 4, 16, 1932.

o seguinte texto publicitário oficial da Companhia Editora Nacional sobre a Coleção– em perfeita sintonia com as manifestações posteriores de Azevedo sobre a Coleção, e que certamente contou com a sua zelosa aprovação, e também em coerência com suas memórias (AZEVEDO, 1971) – o qual, nos diz:

> Todos os que se dedicam a estudos em nosso país eram unânimes em reconhecer as imensas dificuldades criadas para as suas investigações pela raridade de obras de informações e consultas muitas já esgotadas outras por traduzir, quase todas dispersas. A Companhia Editora Nacional propor-se a coligir essas obras, reeditá-las ou traduzi-las e a promover e estimular a produção desse gênero [estudos brasileiros], reunindo em uma série não só os livros clássicos e os novos trabalhos sobre o Brasil e seus problemas, como todo o material de valor documentário. (COMPANHIA EDITORA NACIONAL, 1938, p. 303)

De fato não é possível pensar a Brasiliana e suas subséries, a exemplo da de história, sem considerar as muitas interfaces da Coleção com os patamares do conhecimento científico, as concepções e definições conceituais em vigor nos diferentes domínios do conhecimento, e a institucionalização de uma política científica no Brasil dos anos 1930, os muitos deslocamentos ocorridos em meio às tentativas de melhor demarcar os campos de conhecimento. Isso porque estava em curso nesses anos um processo de especialização da atividade intelectual que punha em questão as qualificações tanto do trabalho cultural quanto do trabalho científico no qual Azevedo foi um dos autores principais. A Coleção Brasiliana e sua série História foram tributárias da forma como ele concebia a ciência.

No seu texto de introdução ao manifesto de 1932 pela Educação Nova, reverberam as inquietações de formação que estiveram na base de criação da Biblioteca Pedagógica, quais sejam: o fato de o povo brasileiro ser ainda um povo em formação; "sem lastro de tradições e de cultura"; marcado pela falta de disciplina mental, agravada pela falta de um "aparelho de cultura", tal como o da cultura universitária que o preparasse para o enfrentamento dos problemas em um contexto, como o daqueles anos 1930 em que a ciência era a grande aliada na "direção dos negócios públicos". Segundo ele

> A incoerência, a superficialidade e a flutuação em que se manifesta a indisciplina mental, constituem, entre nós, os traços característicos da literatura científica e especialmente política e social,

em que se contam raras e sem repercussão obras substanciosas como as de Alberto Torres e Oliveira Vianna, nutridas de idéias e de fatos, enriquecidas de observações diretas e retemperadas nas correntes do pensamento moderno. É que a cultura, como a ciência, exige uma iniciação. Não se improvisa o observador, o espírito científico. (AZEVEDO, 1958a, p. 46)

Vale a pena escutá-lo em suas exposições sobre a concepção da Coleção Brasiliana. Numa delas, em 1954, quando não mais era editor da Brasiliana, e em um momento de balanço – do que foi realizado por ele como editor – e reflexão pedagógica em torno do tema da introdução ao conhecimento do Brasil, ele nos diz:

> É que conhecíamos ainda muito pouco o nosso país e a preo-
> cupação em geral, que vinha desde a colônia, (salvo exceções
> mais notáveis quanto mais raras) era antes exaltar-lhe as glórias
> e as grandezas do que alcançar uma visão clara de suas duras
> realidades e penetrar-lhe os problemas fundamentais [...] Com-
> prazia-se essa mentalidade, já felizmente superada em enaltecer
> o país, sobretudo nas suas paisagens geográficas e nelas destacar,
> no mais forte relevo, o volume e o curso de nossos rios, suas
> formidáveis cachoeiras, nossas montanhas alcantiladas, a vastidão
> territorial, sem compreender que tudo o que se tinha por maior,
> mais grandioso – a começar pela imensidão das superfícies, que
> constituía antes um obstáculo à marcha da civilização, mais um
> desafio à inteligência do homem, ao seu esforço e à sua técnica
> do que uma fonte de vaidade ou motivo de orgulho. Certamente,
> cronistas do século XVI e XVII, naturalistas e viajantes estran-
> geiros, cujas obras constituíam ainda privilégio de iniciados e
> só então começavam a ser traduzidas e reeditadas; historiadores
> do século XIX, como Varnhagen, ou pensadores como Tavares
> Bastos; e, em nosso século, mestres da altura de Capistrano de
> Abreu, João Ribeiro, Pandiá Calógeras, Manuel Bonfim, Celso
> Garcia e Afonso de Taunay, entre outros escritores, vigorosos e
> de espírito crítico e de lucidez de vistas, como Sílvio Romero e
> Euclides da Cunha, as expedições de Rondon, o desbravador dos
> sertões – já haviam projetado e lançavam sobre o Brasil –, esse
> desconhecido, uma claridade viva, reduzindo à categoria seca de
> problemas grande parte desse material com que se alimentavam
> as nossas efusões sentimentais e os nosso sonhos de grandeza.
> Mas numerosos pontos (geográficos, estratégicos, históricos

sociais e culturais) constituíam ainda, apesar de tudo, pela sua obscuridade territórios de difícil penetração, em que mal se percebiam clareiras na selva densa de generalizações apressadas, de concepções simplistas e primárias, de idéias vagas e confusas [...] Nestes últimos cinqüenta anos e, mais particularmente no segundo quartel deste século, desenvolveu-se numa reação contra aquela mentalidade retórica, um dos movimentos mais fecundos para o conhecimento do Brasil, quer pela publicação de testamentos [...] quer pela reedição de obras antigas e pelas traduções de obras estrangeiras sobre o país, quer pelas coleções de estudos brasileiros que se seguiram, a longos intervalos, à Brasiliana, [...] quer ainda pelo número e pela qualidade de pesquisadores que surgiram, nos vários domínios da economia e da política, da sociologia e da antropologia cultural". (AZEVEDO, 1958b, p. 15-16)

Dessas manifestações de Azevedo o que podemos apreender é que o projeto intelectual da Coleção buscava estabelecer um padrão cognitivo científico para a compreensão e releitura do Brasil, o qual pudesse ser uma espécie de bússola para orientar o correto e eficiente caminho na procura de alternativas viáveis para a sua modernidade cultural e econômica. Sobretudo, visava propiciar diagnósticos precisos e bem fundamentados sobre a realidade brasileira, para o quê o conhecimento de sua história e de sua formação seriam condições precípuas. Como veremos à frente, à história seria delegada a tarefa de afiançar o conhecimento e a adequada definição das características particulares do Brasil. A questão de fundo nesse projeto ainda era, sem dúvida, a crença no papel determinante que as Ciências Sociais poderiam jogar na configuração de um imaginário nacional e de uma identidade coletiva no Brasil.

Afinal não nos esqueçamos que a identidade nacional foi a forma organizadora por excelência do discurso histórico no século XIX e continuava a sê-lo nos primórdios do século XX.

Nos anos 1930, entretanto, a expectativa de um projeto intelectual como o da Brasiliana, em particular no tocante aos historiadores, era menos vê-los tão somente como artesães da identidade nacional, encarregados da elaboração de narrativas capazes de recuperar a genealogia da nação e de reunir os brasileiros em torno de um passado comum, e mais de revisar com "material de valor documentário", como queria Azevedo, a história da nação, permitindo, por conseguinte, que ela fosse refeita, com o instrumento da ciência, de forma a adquirir uma configuração plena e verdadeira.

Essa revisão foi condição para a realização de projetos políticos que acalentavam modificações de maior ou menor profundidade na sociedade brasileira. Assim é que os nomes acima citados, a exemplo de Capistrano de Abreu, João Ribeiro, Tavares Bastos, Manuel Bonfim, Sílvio Romero e Euclides da Cunha, são autores que Fernando de Azevedo considerava chancelados pela ciência, ou nela iniciados, e suas obras, seja pelo seu lugar na tradição da ciência histórica, seja pela ousadia e inovação de suas ideias, convergiriam, em última instância, para a ação destinada a uma atuação construtora no espaço público do presente daqueles anos 1930. Nessa condição eles foram convocados na subsérie História, como veremos, enquanto autores, ou prefaciadores, interlocutores, inspiradores dos autores publicados, ou mesmo emprestando seu argumento de autoridade em outras obras da série, conquanto objetos de citação.

Afinal, em que pese suas diferenças de orientação política, de formação, de concepção sobre a história, eles foram referências-chave no processo de construção de alternativas para os problemas do mundo público e na constituição de um campo científico e disciplinar da História no Brasil e das Ciências Sociais em um momento particular. Aquele da transição no interior da disciplina histórica, marcado pela incipiente especialização dos campos de conhecimento, pela prevalência de fronteiras tênues, por vezes imprecisas, entre o ensaio e a obra histórica e a emergência dos primeiros passos dados na direção da construção e institucionalização de uma estrutura e cultura universitárias.

Adeptos da ideia moderna de história, uns, das novas teorias sociológicas e antropológicas, outros, os intelectuais acima mencionados, bem como vários outros cujas obras integram a Coleção, são invocados e mobilizados por um projeto intelectual e editorial de cuja instrumentalidade – enquanto parte de um arsenal científico para repensar o país e refundar a moderna sociedade brasileira – Azevedo e seus parceiros intelectuais contemporâneos, os quais constituíam um núcleo da *intelligentsia* brasileira nos anos 1930 – estavam seguros e otimistas. Não por acaso, poucos anos após a criação da Brasiliana, surge, em 1936, outro projeto editorial que com objetivos similares foi igualmente fundamental para os rumos da vida intelectual do país e o destino dos estudos históricos e o futuro da historiografia, qual seja a Coleção Documentos Brasileiros (FRANZINI, 2010),[2] publicada pela editora José Olympio e dirigida por

---

[2] Esse autor sugere, na linha de uma diferenciação das duas coleções, o fato de a Documentos Brasileiros tomar o "documento" como a base de um conhecimento verdadeiro sobre o país. Malgrado as diferenças nas dimensões dos projetos e

Gilberto Freyre, uma das grandes figuras do mundo científico e intelectual brasileiro nos anos 1930.

História, história social, história econômica, sociologia, sociologia histórica, antropologia vão ser, doravante, termos invocados na sua autoridade científica e vão emprestar legitimidade a uma ordem de livros, de autores, de temas e títulos, do passado e do presente, os quais parecem guardar a chave do segredo da história pátria, das sínteses da formação social do país, e dos avanços do seu mundo público.

Guiados então por esses propósitos, os quais foram encarnados e assumidos por Fernando de Azevedo, e pela questão de até que ponto esses autores publicados, republicados, invocados teriam induzido o pensamento histórico daqueles anos a algum tipo de especificidade, nosso ponto de partida foi, num primeiro momento, resgatar a listagem das obras da subsérie História enquanto um conjunto, tal como organizadas pela editora responsável pelas edições da Brasiliana, no caso a Companhia Editora Nacional. Nos interessamos, em particular, pelas obras publicadas entre 1931-1946, período em que a Coleção foi dirigida por Fernando de Azevedo e integrou um projeto político não de um só homem, mas de uma rede de intelectuais e homens públicos. De posse dessa lista pudemos verificar a sequência das sucessivas edições e, em seguida, buscamos organizá-las em eixos temáticos que nos pareceram mais evidentes para então proceder a à leitura das mesmas, antecedidas dos seus prefácios, apresentações, e as notas explicativas dos autores e dos comentadores.

Dados os limites deste texto, decidimos nos ater preferencialmente a esses últimos, ou seja, aos paratextos:[3] os prefácios, apresentações, comentários e notas explicativas – cujas distinções entre si nem sempre são claras e não é incomum serem escritos pelo próprio autor – com algumas incursões eventuais e/ou pontuais nos conteúdos, ou seja, no interior de algumas obras mais emblemáticas da subsérie História, porquanto as consideramos capazes de nos fornecer algumas pistas, seja sobre esse

---

a grande variedade das subséries da Brasiliana, que tencionavam cumprir boa parte dos campos de conhecimento, participando assim da sua constituição, não me parece que esse ponto as difira. Ambas veem na ciência, e na investigação empírica, o instrumento por excelência para a reflexão e o conhecimento do Brasil.

[3] Os quais, segundo Gérard Genette (2009, p. 9) são produções que cercam e prolongam o texto "exatamente para apresentá-lo, no sentido habitual do verbo, mas também em seu sentido mais forte para torná-lo presente, para garantir sua presença no mundo, a 'recepção' e seu consumo".

"lugar de transação" (GENETTE, 2009, p. 10) do autor com seus leitores, no tocante à recepção do texto, no seu desejo de sugerir, autorizar uma certa leitura da obra; seja sobre o que se concebia sobre a história e sua forma escrita; seja sobre a articulação de temporalidades, melhor dizendo das relações entre passado, presente e futuro que subjazem, silenciosamente, ao conjunto das obras escolhidas.

Uma tentativa taxonômica de agrupar as obras que os catálogos da Brasiliana filiam à História, de forma a buscar a chave do seu paradigma de acumulação,[4] nos leva a vislumbrar alguns conjuntos temáticos principais que condensam o maior número de títulos publicados. São eles: a formação histórica e social brasileira; o povoamento, a ocupação e a expansão territorial, sendo estes dois os mais expressivos em número e variedade de títulos; as memórias de viagem dos cronistas do período colonial; o domínio holandês no Brasil; a história do Império, retroagindo à presença da corte, passando pela Independência e com ênfase no segundo reinado; as guerras e revoluções. Em menor número a história militar e as artes no Brasil, esta com apenas dois títulos.

Em meio a um conjunto tão vasto optamos, neste texto, por realizar algumas incursões parciais em dois deles: a formação histórico-social e as memórias de viagens dos cronistas do período colonial. A ideia é pensar o que esses conjuntos nos aportam do ponto de vista da epistemologia da história. Que relações podem ser estabelecidas entre eles? Podem esses conjuntos temáticos, e suas obras, serem tomados como um objeto narrativo?

Historiografia da formação social

A escolha por buscar as publicações da subsérie História, entre 1913-1946, cuja ênfase foi colocada na formação social, se justifica também pela maior factibilidade de, por essa via, se aclarar a forma como Azevedo ao agrupar e assim construir nexos entre autores e obras, concebia a ciência e a ciência histórica. Entre os autores e obras voltados para a formação histórica e social brasileira encontramos autores como Oliveira Vianna, *A evolução do povo brasileiro*; Vicente Licínio Cardoso, À margem da história do Brasil (segunda edição); Manuel Bonfim, *O Brasil* (em edição organizada e compilada por Carlos Maul); Gilberto Freyre, *Sobrados e mucambos – decadência patriarcal e rural no Brasil*; Pedro

---

[4] Tomado em conjunto com os princípios de seleção, ordem, e coerência, tal como sugerido por Jacob (2001).

Calmon, com três obras, *História da civilização brasileira, História social do Brasil,* (em três tomos) e *História do Brasil: primeiro tomo: "As origens" –1500-1600;* Pandiá Calógeras, *Formação histórica do Brasil;* Evaristo de Morais, *A escravidão africana no Brasil.* Já entre os cronistas do período colonial temos Gabriel Soares de Sousa, com *Tratado descritivo do Brasil em 1587; Tratados da terra e gente do Brasil* do Padre Fernão Cardim; e *Descobrimento do rio Amazonas,* de Gaspar de Carvajal, Alonso de Rojas e Cristóbal de Acuña.[5]

Esse grupo de obras sobre a formação brasileira caracteriza-se por se debruçar sobre as origens raciais e culturais do povo brasileiro, seja para apontar os males e/ou as mutações, acomodações, as plasticidades da raça; seja para recuperar suas qualidades e características próprias; as causas da miséria e dos vários desequilíbrios nacionais e as vias para sua superação; para fortalecer os laços de patriotismo e civismo. Nessas incursões seus autores pretendem dar legitimidade científica aos historiadores, no passado e no presente e densidade analítica à escrita da história colocando-a no rumo certo. O ensaio foi a forma preferencialmente escolhida importando mais as práticas de análise do que "os estreitos pontos de vista e as ânsias de conclusão" (FREYRE, 1936, p. 26), tal como enfatizado por Gilberto Freyre ao defender um texto em aberto, mas nem por isso menos comprometido intelectualmente, menos objetivo e passível de método e técnica. Vamos nos deter aqui em algumas dessas obras, as quais terão uma função metonímica neste texto. Não sem antes, porém, ressaltar que dentre seus autores, no tocante às suas formações profissionais de origem, Oliveira Vianna, Pedro Calmon e Evaristo de Moraes eram advogados; Vicente Licínio Cardoso e Pandiá Calógeras, engenheiros; Manuel Bonfim, médico e educador; Gilberto Freyre, sociólogo e antropólogo. Esses homens, bem como vários outros autores da Brasiliana, tal como já dissemos em outro texto, "transitam entre a imprensa; o incipiente sistema universitário; os museus; o Instituto Histórico e Geográfico Brasileiro (IHGB); e, na quase totalidade, nos órgãos da administração pública federal, sejam em postos nos ministérios ou nas várias comissões de estudo e de implementação de políticas públicas do período" (DUTRA, 2006, p. 309). Na sua vinculação essencial com as questões da nacionalidade, a identidade nacional, o conhecimento e a compreensão do Brasil, e na sua adesão ao cientificismo, pretendem afirmar os paradigmas do pensamento social do período, se valendo, e

---

[5] Registre-se que, dado os limites deste texto, apenas alguns autores serão objeto de atenção.

por vezes até entrelaçando, práticas e instrumentos teórico-conceituais então em voga, oriundos da Etnologia, Sociologia, Biologia, Geografia e também da História. Esta valorizada pela potencialidade de renovação capaz de torná-la compatível com o estudo do social. Assim é que em 1933 são publicados, praticamente em bloco, os livros de Oliveira Vianna, *A evolução do povo brasileiro*, em segunda edição, e pela primeira vez na Brasiliana; e as primeiras edições de *À margem da história do Brasil*, de Vicente Licínio Cardoso, *História da civilização brasileira*, de Pedro Calmon, e *A escravidão negra,* de Evaristo de Moraes. É interessante ver esses homens – que se autodenominam historiadores alguns, e que, na sua totalidade, são reconhecidos como tal no interior da subsérie História da Brasiliana, também pelo IHGB, que acolhe muitos deles entre seus membros, e pela posteridade – às voltas com a história.

Oliveira Vianna nos dá alguns indicadores preciosos da sua visão do que deveria ser a prática da história, na introdução do seu livro *Evolução do povo brasileiro*, publicado em segunda e terceira edição pela Brasiliana, em especial na parte introdutória dividida e intitulada como *O moderno conceito de evolução social e Utilidade dos estudos brasileiros* (VIANNA, 1938).[6] De saída, o autor, ao se alinhar com as novas teses da ciência, plurais no tocante às linhas da evolução e contra o "uniformismo, unilateralismo e fatalismo" da antigas teorias evolucionistas, enfatiza o que chamou de "espírito de liberdade que está presidindo a investigação científica contemporânea". Na sequência, depois citar o pensador Gabriel Trade, segundo ele pioneiro na crítica das leis gerais da evolução, e de saudar a ousadia da ideia de "acaso histórico" formulada por Henri Berr – criador da *Revue de Synthèse Historique* – no seu livro *A síntese histórica* – citado na edição de 1911 –, Oliveira Vianna lança a hipótese de que não existiriam grupos humanos afins, tal como demonstrado por "ideias recentes" trazidas pela Geografia, pela Anthrophogeografia, pela Anthroposociologia, e pela crítica histórica. É digno de destaque as interfaces assinaladas por Vianna entre as áreas de conhecimento, aliás tão ao gosto do que foi o plano dos primeiros Annales, e a designação da história como "crítica histórica", num claro uso metonímico do que seria a essência da nova ciência histórica. Nessas interfaces parece se localizar a própria formação híbrida, erudita e os interesses diversificados do teórico Oliveira Vianna. E não por acaso, Henry Berr[7] foi um dos autores que, preocupado com

---

[6] Terceira edição, publicada pela Companhia Editora Nacional. A segunda edição publicada pela Brasiliana é de 1933.

[7] Sobre Henri Berr ver Schiavinatto (1992-1993).

os arranjos e composições particulares formadores do que seria específico e próprio de cada sociedade, bem como da psicologia social dos povos, não só secundou assim sua defesa da ideia de síntese histórica – enquanto o conjunto das especificidades de cada povo, que no futuro permitiria se falar de sínteses mais globais – como influenciou o chamado nacionalismo dos pioneiros da escola dos Annales, citados por Vianna.

Entre outros tópicos interessantes, depois de dizer que recusou a validade analítica para a compreensão da evolução nacional das teorias do evolucionismo spenceriano, tal como teria feito Sílvio Romero; também a teoria filogenética de Haeckel, como teria feito Fausto Cardoso; e a lei dos três estados de Comte, como faziam os positivistas sistemáticos, ele afirma que tomar o "nosso povo", o "nosso grupo nacional" – com suas peculiaridades – como ponto de partida, era a melhor solução. E se coincidências houvesse com as leis gerais, melhor seria para a ciência e para nós. Em seguida, ele nos fala da dupla utilidade dos estudos históricos: fornecer elementos para a futura síntese geral para a obra comum da ciência e, com o conhecimento integral das leis que presidem a nossa formação, preparar as bases de uma política objetiva e experimental. Uma política orgânica resultante das "condições específicas da nossa estrutura social e nossa mentalidade coletiva", que corrigisse pela ação disciplinar de uma organização política centralizadora e unitária os inconvenientes da nossa formação herdados da herança colonial. Nesse ponto ele define um conceito de história, e para tal dá razão aos historiadores alemães, Ranke e Mommsen, que segundo ele fizeram da história não a mestra da vida, como queria Cícero, "mas a mãe e mestra da política", pois sem o conhecimento dos povos não há política reformadora". Nesse ponto fala mais alto o pragmatismo que Vianna via como um complemento fundamental à prática da história e à sua necessária relação com o presente. Ao falar dos métodos de escrever história ele diz se diferenciar do que chama de "método secular" daqueles que "limitavam-se nas suas narrações a enfileirar secamente os fatos históricos ano a ano". Nisso que ele chama de mostruário de museu não haveria lugar primeiro, para o povo, sobre o qual, no caso brasileiro, atuariam os "aparentes criadores de história", ou seja, as autoridades despachadas da Metrópole, e, segundo ele, não haveria lugar para o meio físico, onde se moveriam os povos. Sem isso a história seria parcial, e essa seria, no seu entender, a principal insuficiência das maneiras dos nossos velhos historiadores, pois narravam os acontecimentos, descreviam as ações dos seus personagens, "como se eles agissem sem dependência do meio social em que se movem e do meio físico que os envolve." Ele ao contrário teria buscado trazer para a história o que ela tem de vivo e humano, "a reserva de vida latente nos nossos arquivos, contida nos códices empoeirados dos nosso arquivos e nas páginas dos velhos cronistas coloniais" reintegrando a ela fatores esquecidos, por meio do método objetivo e com vantagens da exegese histórica. O que fica como ideias-força do seu método é a sua ênfase na importância para a história dos métodos das modernas Ciências Sociais, com sua crença na objetividade alcançada no trabalho com base em fatos e dados – o que já foi assinalado como sendo uma das suas afinidades com Taine (BRESCIANI, 2005, p. 177) – o fortalecimento da história na sua aproximação à Sociologia, esta sim capaz de definir os fatores determinantes da nossa evolução nacional; as leis que comandam o presente; a negação das ideias preconcebidas. E, segundo suas palavras, não lhe movia "nenhuma preocupação de Escola, nenhuma limitação de doutrina, apenas o "desejo de ver as coisas tal como são e dizê-las realmente como as vi".

Aqui é interessante fazer um parêntesis para recuperar o prefácio de Freyre, em *Sobrados e mocambos*, onde as diferenças entre os autores não os impedem se colocar de acordo sobre esse ponto. Nele Freyre reivindica "a humildade diante dos fatos [...] ao lado do sentido mais humano e menos doutrinário das coisas" e como os franciscanos se propõe a salvar as verdades da história "das duras estratificações dos dogmas, como das rápidas dissoluções em extravagâncias do momento" (FREYRE, 1936, p. 27).[8]

Nos seus prefácios às edições do seu livro na Brasiliana – em particular no da primeira de 1933 e da segunda de 1938 – Oliveira Vianna reitera seu método de pesquisa de análise das interações entre fatores múltiplos: étnicos, geográficos, histórico, econômicos, e no caso brasileiro "o estudo do nosso povo no tríplice aspecto: da sua sociedade, da sua raça e das suas instituições políticas". Não sem antes enfatizar a importância da escola geográfica de Vidal de la Blache e os estudos de Demangeon, a opção pelos trabalhos monográficos, tal como o dos discípulos da escola de Le Play, com suas análises particularistas das várias influências sobre cada agregado humano, sendo este o objeto imediato da ciência social, em lugar da busca das leis gerais da evolução humana. Ao justificar esse patamar de estudos, que antecederia as grandes sínteses gerais da evolução do homem e das sociedades, ele busca a autoridade de Lucien Febvre, partidário como diz, do "possibilismo" de La Blache contra o determinismo de Ratzel, no livro *A terra e a evolução humana*.

---

[8] Sobre o uso do ensaio como escrita da história, ver o excelente trabalho de Nicolazzi (2011).

Sua invocação de Lucien Febvre, numa tentativa de diálogo, é sinal claro de que não lhe era estranha a nova cultura que se forjava nos domínios da historiografia e tampouco "a essencial preocupação do presente" dos fundadores dos Annales transformada posteriormente "num duplo movimento: do passado para o presente e do presente para o passado" (HARTOG, 2013, p. 145).[9]

No entendimento da ciência histórica na obra aqui em questão, cuja primeira edição é de 1923, há uma diferença de tonalidade, e de grau, das suas considerações sobre a história feitas em 1924, quando de sua posse no IHGB. Nessa ocasião,[10] o autor avança não só definindo a história como um conhecimento conjectural disciplinado, sem prejuízo da crítica histórica e da sua cientificidade, mas, sobretudo, como "obra artística" que não dispensaria o recurso à poesia e ficção. Razão pela qual seria "um domínio procurado por todos os espíritos, dos mais variados feitios, das mais variadas especialidades. Homens de ciência, homens de arte, homens de letras, homens de guerra, homens de Estado, todos encontram nas obras históricas um interesse, uma sedução, um fascínio" (VIANNA, 1924). Na publicação em segunda edição do seu livro, agora em tempos de construção de especialidades científicas, ele diz nada ter modificado da edição original, nem no tocante ao seu pensamento, nem nas conclusões. Dessa forma, ficam reforçadas as suas identificações e afinidades com os propósitos mais científicos que poéticos do sociólogo Fernando de Azevedo para as articulações e a acumulação das obras da Coleção Brasiliana, incluída aí a subsérie História.

Grandes sintonias aproximam as reflexões de Vianna com as de Vicente Licínio Cardoso. Autor conhecido, sobretudo, pela direção do célebre livro À *margem da história da República*, livro de balanço das questões nacionais após a implantação da República, o que já foi chamado de "exame de consciência republicano", em que movido por forte decepção com os rumos do Brasil mobilizou um grupo de intelectuais para, segundo suas palavras, definir um programa de regeneração nacional. Positivista fervoroso, com uma visão organicista da sociedade brasileira, defensor da coesão e unidade nacional, nacionalista convicto, seu diagnóstico dos problemas do Brasil em muito se aproximava dos de Oliveira Vianna: a

---

[9] José Murilo de Carvalho, num ensaio sobre Oliveira Vianna, aponta as aberturas da visão de história do autor, e sua meta-história, ao qual "estava muito distante da prática historiográfica dos seus colegas do Instituto Histórico". Ver Carvalho (1998a) e também Gomes (2009).

[10] Tal como apontado por Carvalho (1998b).

imitação, e por conseguinte, a artificialidade das instituições, dos valores e da cultura brasileiros. Seu receituário: um melhor conhecimento histórico do país e das suas especificidades e formação social, a transformação da República em uma República verdadeiramente brasileira. O livro seu que a Brasiliana publica em primeira edição, aliás edição póstuma, tem um título muito parecido com o do anterior: *As margens da história* (CARDOSO, 1933),[11] prefaciado pelo próprio autor. É bastante sintomática a utilização da metáfora da margem por Vicente Licínio no título dessa obra, a qual, como todas de sua autoria, vem precedida de uma advertência ao leitor de que não dá importância à grafia e aos vocábulos, embora apresente suas ideias na grafia usada pelos autores e pela imprensa. Nesse texto de advertência, o autor defende uma reforma ortográfica simplificada a qual seria inestimável

> em um país onde os analfabetos constituem a minoria apavorante dos milhões para humilhação de uma minoria letrada [...] As considerações etimológicas devem ceder às exigências do utilitarismo. O prazer de uma pequena casta de letrados deve ser sacrificado pelo serviço prestado a uma grande maioria a educar, a instruir, a socializar ou a nacionalizar (p. 11)

Nessa obra, de crítica histórica e política, Vicente Licínio procura resgatar para "dentro" da história do Brasil o que no seu entender foi deixado às margens por historiadores, intelectuais e homens públicos: acidentes geográficos, personagens, acontecimentos. Chama a atenção a análise emblemática – para a compreensão da sua posição – que empreende do rio São Francisco. Esse é o grande ator que ele reivindica para a história que constrói sobre o Império, na qual inclui personagens e pautas importantes que ficaram nas margens desse importante período da história do Brasil, tais como o domínio espanhol no Brasil; o padre Diogo Antônio Feijó, que ele chama de "fantasma do Segundo Império; e o próprio Segundo Império. Esse foi revisitado através de diferentes temas, como da educação sempre negligenciada; da federalização necessária, cuja defesa por Tavares Bastos o teria levado do centro para a margem; as insuficiências da opinião pública, que não compreendeu a obra de Feijó em nome da consolidação da autoridade civil, do respeito à lei e à autoridade, necessárias ao bom governo, como tentado por Feijó; da construção ideal de uma economia oficial descartada com o isolamento

---

[11] Livro póstumo. Esse livro teve ainda teve outras edições pela Brasiliana, sendo que a segunda, de 1938, foi ainda sob a égide de Fernando de Azevedo na Coleção.

e a marginalização de Mauá; da insuficiência funcional dos órgãos do corpo social brasileiro cuja identificação crítica realizada por Alberto Torres responderia pela sua "segregação criminosa"(p. 186) através dos quais ele aprofunda a sua visão de história e da história do Brasil. Partidário de uma abordagem organicista da história pela via da evolução de homens e instituições na sua integração com o meio físico, que nomeia de *fator histórico geográfico*, nosso autor, depois de pagar um tributo ao grande geógrafo brasileiro da virada do século, Theodoro Sampaio, que teria feito, no seu entender, uma descrição notável do rio São Francisco, parte de uma frase que diz que o rio São Francisco é rio sem história, para dizer que ela definiria

> como nenhuma outra a ignorância rebelde e perigosa em que temos incidido sobre nossas próprias coisas [...] sendo lastimável que ainda hoje procuremos nas velhas páginas de Saint Hilaire... notícias do Brasil... Alheamo-nos dessa terra. Criamos a extravagância de um exílio subjetivo que dela nos afasta [...] (p. 24)

Viajantes como Saint-Hilaire, Von Martius, Spix, Burton, Halfeld, e outros monopolizariam, segundo ele, as notícias sobre o São Francisco. Num diálogo com Euclides da Cunha, e Alberto Rangel, nos seus escritos sobre a Amazônia, e com Capistrano de Abreu e João Ribeiro, os únicos historiadores no seu entender que distinguiram o rio São Francisco pelo seu papel no povoamento e na interiorização do Brasil, e que João Ribeiro qualificou como "o grande caminho da civilização brasileira", e Capistrano de Abreu de "condensador de gente" ao longo do seu vale durante o século XVIII, Vicente Licínio nos diz que o São Francisco "Rio era sem história. Porque de fato não há história sem seqüência, e do povoamento e penetração do Vale do S. Francisco ficaram-nos apenas depoimentos isolados, dados escassos, detalhes insignificantes" (p. 27).

Nessa sua reivindicação instituinte da narrativa e da temporalização histórica, e na ausência das mesmas, Vicente Licínio reclama da magreza da documentação, dos descuidos e abandono dos arquivos e dos cartórios nos sertões do Brasil, e apela a outros traços capazes de testemunhar a história do rio: "os templos abandonados, as paisagens arruinadas das povoações daqueles sertões, que indicam, provavelmente, uma penetração missionária muito mais larga do que aquela medrosamente compendiada pela história". Esses seriam, no seu dizer, "marcos mudos". "Templos vetustos que assombram pela energia humilde dos missionários que cruzou [...] com a ousadia arrogante dos bandeirantes paulistas" (p. 28).

Rio sem história, ele repete, e acrescenta: "De fato não há como segui-la no emaranhado desconexo de dados isolados, sem datas que se superponham ou referências que se completam"(p. 29). Isso apesar da existência de provas robustas da habitação da região, do largo comércio feito por suas águas. Esquecido na República, o descobrimento oficial do São Francisco teria ocorrido durante a monarquia com as missões de Eschwege, Saint-Hilaire, Orville D'Derby, Von Martius e Spix, Burton, Gardner, Theodoro Sampaio, Euclides da Cunha.

A história, porém, ele registra, esqueceu a geografia. O relato dos historiadores, sobre o povoamento do São Francisco – aliás, ele insiste nesse ponto e coloca sempre uma ênfase no relato dos historiadores, como se esse condensasse a negação do estatuto científico da história – teria sido minguadamente bordado num tecido composto de vazios", e menor ainda teria sido o interesse pelo rio nos escritos da nossa evolução social. Mas o que o assombra mesmo foi o silêncio de Varnhagen, Pereira da Silva, Mello Moraes, Joaquim Nabuco, Elisée Reclus, sendo que o descaso desse último tê-lo-ia impedido de perceber a função unificadora do rio. E anos mais tarde teria se passado o mesmo com Rocha Pombo, Calógeras, Basílio de Magalhães, Sílvio Romero, Oliveira Lima, Alberto Torres, e mesmo Oliveira Vianna, muito embora esses homens tenham realizado estudos sobre a penetração do território, elaborado explicações sobre nossa evolução social e política, "através dos *eventos do passado*". Esse termo, também recorrente no seu texto, quase pejorativo, sugere a condição de segundo plano da história e sua pouca ou nenhuma positividade enquanto saber científico. O grande lamento de Licínio Cardoso é o desconhecimento da "função histórica" do rio São Francisco, a qual, no nosso entender, é também uma grande metáfora do desconhecimento da função do conhecimento histórico e de sua utilidade. A centralização coesiva do Império de nada teria valido, segundo ele, sem o tablado geográfico sobre o qual o trono representou sua "função histórica", ou seja, sem o rio São Francisco, como base física da unidade do Império, como fator histórico e geográfico responsável por contrabalançar nossa unidade étnica, social e política nos primeiros séculos de nossa evolução.

Seu mergulho nas várias margens da história do Brasil, aqui anteriormente mencionadas, reforça sua tese acerca da política e do mundo público, assinalando a carência brasileira de "críticos orgânicos e espíritos construtores", dizendo:

> No Brasil. A terra é grande demais. Empequenece o homem; depois esgota-o. Não há continuidade da seiva, não há ritmo de vida, não há seqüência de energia [...] não há ordem: é por demais violento

o atrito passivo da simultaneidade de espaços vários e diferenciados dentro de um mesmo tempo. Não há pêndulo regulador que mantenha o equilíbrio; nenhum volante que se sustente por si mesmo. E desse modo o acelerado de alguns órgãos, em contraste com o movimento retardado de outras peças do organismo, bem define a situação caótica do sistema por inteiro. O Brasil é de fato, o símbolo concreto de todas as nossas riquezas em potencial para o futuro. Ele é, porém, o símbolo vivo de todas as nossas dificuldades, gravíssimas e tenebrosas, do presente. (p. 187-188)

Nessa perspectiva organicista, maquínica, qual deve ser o papel da escrita da história? Vicente Licínio não hesita: a explicação e não a fabricação de elogios "ou depósito sebento de críticas póstumas [...] decompor o passado com a experiência do presente, animado o espírito pela crença no futuro". Para isso e para a adequada crítica ao Império de maneira a construir o presente e o futuro da República.

Embora distante do positivismo ilustrado de Oliveira Vianna[12] e do positivismo mais ortodoxo de Vicente Licínio Cardoso,[13] outros autores a exemplo de Pedro Calmon, vão endossar o recurso à Sociologia.

No livro que mais o celebrizou, *História da civilização brasileira* (1937),[14] é interessante observar o que o autor nos diz no prefácio da primeira e da terceira edição. Em 1933, ano da primeira edição, o prefácio, curto, trata de definir o livro como uma "nova síntese da História do Brasil: história social, econômica, administrativa e política. A História da Civilização Brasileira." Esta expressaria o conjunto, a reunião de várias individualidades históricas: o homem; a terra; o trabalho e a riqueza; a fé; a cultura, ou seja, a civilização portuguesa com sua concepção de cidade e a prática das letras e artes; o Estado, com a administração, a justiça, e a política. Esta última, das manifestações nativistas ao fim período colonial, da fundação do Império do Brasil à proclamação e consolidação da República, seria o reino do exercício e do confronto dos interesses maiores e legítimos da nação. Diferenciando o seu livro de um compêndio ou um tratado, Pedro Calmon indica os destinatários da obra: os estudantes dos cursos superiores e os professores que se aproveitariam

---

[12] Tal como designado por Bresciani (2005, p. 163).

[13] Sobre esse ponto ver Guimarães (2007, p. 329-350).

[14] Essa é a terceira edição. A primeira é de 1933, a segunda de 1935, e a quarta de 1940. Todas essas edições tendo Fernando de Azevedo à frente da Coleção Brasiliana.

das suas remissões bibliográficas. Afinal sua obra, interessada na utilidade do conhecimento dos fatos do passado, se inseria, segundo afirma, "dentro de um espírito científico que, nas escolas já dirige o conhecimento moderno" (CALMON, 1933, s/p), portanto "fora da cronologia e da onomástica, dos sincronismos e das tábuas dos velhos epítomes". Esse conhecimento moderno teria, como lugares do seu exercício, tal como indica o autor, o Colégio Pedro II, com seu programa de curso e o Museu Nacional, onde o autor era o responsável, ele mesmo, em 1932, por um curso de extensão universitária. A salientar, que ambos os espaços foram lugares de enunciação e difusão do discurso historiográfico um, e do discurso científico,[15] outro, do final do Oitocentos às primeiras décadas da República.

Já no prefácio à terceira edição, ao fazer menção ao ensino da história brasileira, e ao sucesso do seu livro no ensino secundário, o que se depreende facilmente pelas suas consecutivas edições, tradução para o espanhol e publicação que inaugura, na Argentina, a Biblioteca de Autores Brasileiros, com prefácio do historiador Ricardo Levene, Pedro Calmon afirma:

> Felizmente já não persistimos na lamentável rotina em que vivia este ensino, estranho às conquistas e novidades da ciência social desprendido de suas realidades, fiel aos métodos arcaicos, infestados de velhas crônicas, das frias nomenclaturas, das minuciosas datas e pitorescos pormenores, cuja trama escondia [...] o conjunto amplamente humano da evolução nacional. (CALMON, 1937, s/p)

A história, assim, afastada desses moldes, asseguraria o conhecimento e a compreensão do passado responsáveis pela consciência da singularidade da sua formação social e da grandeza do destino do povo brasileiro, bastando-lhe "o sincero retrospecto de sua lenta elaboração, essa sociologia dos tempos idos, o vasto e tão vário painel do seu crescimento aflito e heróico." (CALMON, 1937, s/p) Essa perspectiva sociológica afirmada nos seus prefácios, no nosso entender, é uma das marcas fortes da história proposta por Pedro Calmon, a qual é admitida mesmo por aqueles que nela identificam "a índole hermenêutica e historista de seu interesse histórico"[16] e o "historismo romântico alemão, sobretudo de Herder [...] (REIS, 2006). Ainda que, na prática, ela não se realize plenamente, é com ela que ele deseja ser identificado.

[15] Ver, entre outros, Duarte (2010) e Capanema (2006).
[16] Ver Wehling (2003; 1990).

No prefácio à segunda edição do primeiro tomo da *História social do Brasil*,[17] intitulado "Espírito da sociedade colonial", Calmon enfatiza ter realizado uma História brasileira "fora das linhas clássicas da cronologia, da seriação de acontecimentos, dos compêndios escolares e da classificação corrente". Ao demarcar sua distância das formas até então predominantes de se fazer a História, ele acrescenta:

> fizemos à margem da explicação desse passado, um ensaio de sociologia histórica, um balanço das forças econômicas, um estudo da vida intelectual, um cálculo de fatores morais, uma teoria de pinturas de costumes, uma seqüência de quadros pitorescos, análise e síntese dos quatro séculos da História do Brasil. (CALMON, 1941, s/p)[18]

É interessante verificar os argumentos de Pedro Calmon, na sua linha de abordagem da História, nas suas apresentações nos três tomos da sua *História social do Brasil* e a relação que estabelece entre essa obra e a *História da civilização brasileira*. Enquanto esta estava destinada à realização de uma síntese da evolução brasileira, aquela estava destinada às verificações históricas dos "principais aspectos da formação nacional" consolidados no período colonial, o que teria engendrado um tipo específico, "inconfundível de família, de povo e de nação" (CALMON, 1935, s/p). Essa tentativa de descrição das origens do Brasil e o esforço de explicação, bem ao gosto dos românticos, do que Calmon nomeia de "espírito da sociedade colonial" teriam se escudado, segundo o autor, em procedimentos de crítica de fontes, de exame e comparação de fatos.

No segundo tomo, intitulado "Espírito da sociedade imperial", o autor adverte ter se utilizado do mesmo método de análise, que ele denomina de "apreciação sintética da evolução do Brasil" tomando em conjunto diferentes painéis e retratos da vida social, econômica e política, na forma de um novo ensaio escrito com a destinação de tornar compreensível a sociologia da pátria. A sociologia é chave da diferenciação do seu autorretrato como historiador que pretende dar novos rumos às tradicionais narrativas históricas sobre o Brasil imperial, das quais ele se vale, articulando-as, porém, com outras interpretações

---

[17] Esse livro teve três edições durante o período em que Fernando de Azevedo coordenou a Coleção Brasiliana: 1935, 1937 e 1941.

[18] Duas palavras. Calmon, Pedro. *História Social do Brasil. 1º Tomo. "Espírito da Sociedade Colonial". Brasiliana, V. 40.* São Paulo: Companhia Editora Nacional, 1941 (3ª edição), s/p.

que ele diz sugerir e expor ao desdobrar o que chama de "fontes da verdade". A ideia de exposição da linha interpretativa e o novo olhar sobre a documentação sugerem no mínimo sua afinidade analítica com os mestres da sociologia então em voga no Brasil da época. Não por acaso ele dialoga com autores como Gilberto Freyre, Oliveira Vianna, Capistrano de Abreu, Euclides da Cunha, expoentes e conhecedores da literatura sociológica, antropológica e cientificista do período, bem com historiadores do IHGB e membros do meio científico e literário como Afrânio Peixoto, Alberto Rangel, João Ribeiro, Alcântara Machado, Paulo Prado e outros. As narrativas tradicionais, das quais ele não vai descurar, sem contudo ser complacente, comparecem nas obras de nossos cronistas e primeiros historiadores, como Gabriel Soares de Souza, Frei Vicente Salvador, Rocha Pitta, Fernão Cardim, e os vários viajantes que andaram por essas plagas e, é claro, também Varnhagen, Rodolfo Garcia, Robert Southey, Taunay, entre tantos outros, e os clássicos como Joaquim Nabuco, Tavares Bastos, Rebouças. Essa plêiade de autores é invocada em contraste com uma apurada pesquisa documental. É digno de nota, aliás, a sua nota explicativa que precede o segundo tomo da sua *História do Brasil* (CALMON, 1941, v. 2, s/p). Volume escrito como síntese de fatos do século XVII brasileiro, cujo objetivo seria "o balanço das fontes" e a revisão de material impresso existente, de forma a, afiançado com a nova documentação, corrigir os velhos cronistas no que "lhes abona ou destrói a narrativa". Enfim, o que Calmon buscou, nessa, e nas suas demais obras, foi estabelecer uma versão, que define como "sincera e verdadeira do passado nacional", com os novos autores e instrumentos analíticos disponíveis, que lhe municiaram de um conceito como o de evolução, já apontado como o conceito-chave da sua interpretação (REIS, 2006, p. 37), e especialmente instrumentalizado pela Sociologia.

E é na condição de obra de sociologia e cultura que a sua *História social do Brasil* é vista por alguns de seus resenhistas à época. Assim é que na *Revista do Brasil*[19] o segundo tomo, "Espírito da Sociedade Imperial", é saudado como obra de cultura nacional. E na seção "Escritores e livros", da *Revista Fon-Fon*,[20] o tomo "O espírito da sociologia colonial" a obra é valorizada como sendo de pensamento e de observação aguda, de pesquisa paciente, enfim como "tendo todas as qualidades de uma sociologia" bem na linha da autoimagem que o autor constrói para si, enquanto instrumento de legitimação num contexto de definição das

---

[19] Livros. *Revista do Brasil*, setembro, 1949, ano 3, n. 27.

[20] Escritores e Livros. *Revista Fon-Fon*, n. 14, 06 de abril, 1935, p. 14.

áreas de conhecimento científico, nas notas introdutórias e explicativas que redige para seus livros.

O regime de verdade da sua escrita da História se afirma, declarativamente, na sua intenção de produzir uma obra afastada dos regionalismos, do personalismo da crítica, e no seu compromisso com o "interesse informativo e realista de uma reportagem, e com a tolerante serenidade das narrações". Fazer História, nessa perspectiva que acredita ser de imparcialidade, é narrar a verdade do passado com minuciosa pesquisa, com procedimentos científicos, que com sua verve literária, ele localiza na "coincidência dos traços, na conjugação das cores, na combinação dos retratos, na austeridade e na autoridade dos relatos". Assim, a escrita desse passado, essa imagem delineada, que se acredita autêntica deveria, entretanto, servir à consciência da realidade nacional alertando e suscitando meditações no presente. Muito embora acredite que quanto mais próximo do presente mais inexato seria o panorama traçado, o autor assume os riscos da escrita de uma história mais próxima do contemporâneo no seu texto de explicação no terceiro tomo da *História social*. No volume dedicado à evolução nacional na República, Calmon salienta a diferença desse tomo dos dois anteriores, porquanto voltado não mais à compreensão da formação brasileira e sim às movimentações ainda vivas de novas forças políticas, ao entendimento do "sentido desse regime e como o país o entendeu".

Daí, sua advertência de que

> a proximidade dos fatos prejudica-lhes o julgamento. Não há definitiva história de contemporâneos. Não é junto da montanha que se terá a impressão de sua grandeza. O tempo dá a perspectiva [...] Involuntariamente, somos induzidos a pensar como os da nossa geração. Quantos preconceitos dela não se insinuam e agasalham em sentenças que julgamos extremes de paixão, limpas de insidioso subjetivismo, imparciais, incontestáveis? (CALMON, 1940, s/p)

Nesse ponto vale ressaltar que as "paixões" dos contemporâneos e suas "prevenções" são tópicas do discurso dos historiadores da formação social. Também Evaristo de Moraes (1933), em *A escravidão africana no Brasil*, na sua introdução a essa obra – que ele denomina de "ensaio de vulgarização" – intitulada "O 'porque' desta obra", ao ressaltar seu objetivo de realização de uma retrospectiva da escravidão, enquanto regime que teria atravessado "três séculos, findando sob os olhos da geração contemporânea ao advento da República", ressalta a falta de serenidade, a predominância das paixões, os preconceitos exacerbados no confronto com as autoridades públicas dispostas a "evitar o inevitável". Daí, conclui suas explicações, retomando a perspectiva da *historia magistra vitae*, dizendo que o conhecimento histórico produzido no seu livro poderia servir "para meditação proveitosa de quem queira, com as lições do passado, prevenir os males do futuro".

Pedro Calmon, no entanto, ao se aventurar pelo período republicano permite que a expectativa de que o presente possa ampliar, modificar e utilizar o conhecimento do seu passado, acabe por falar mais alto, ainda que por uma linha mais suave, não necessariamente carregada de um "retraimento sobre o presente" e tampouco marcada pelo "ponto de vista do presente acerca de si mesmo",[21] tal como parece querer se afirmar na perspectiva de um dos autores que foi uma de suas referências importantes: João Ribeiro. Este no seu discurso de posse no IHGB é enfático ao dizer que

> a própria História é uma contínua substituição de idéias e fatos. Ao grado do presente, todo o passado se transforma [...] O presente é quem governa o passado e que fabrica e compõe nos arquivos a genealogia que lhe convém. A verdade, corrente hoje, sabe buscar, onde os há verossímeis, os seus fantasmas prediletos de antanho [...] E assim, o presente modela e esculpe o seu passado, levanta dos túmulos os seus heróis e constrói com as suas vaidades ou a sua filosofia a hipótese do mundo antigo. A imparcialidade pode ser imoral: nós temos a obrigação de justificar o presente, de fundar a Ética da atualidade [...] Isto não é falsificar por vanglória nem deturpar por jactância. É estender ao passado as mais nobres ambições do presente. (RIBEIRO, 1915, p. 617-618)

Um lugar na história do Brasil

O que teria alinhado esses ensaios de interpretação histórica na mesma subsérie História, integrada também pelas memórias de viagem e escritos dos cronistas coloniais? Entre essas publicações oriundas de escritos do período colonial vamos nos deter aqui no *Tratado descritivo do Brasil em 1587*, de Gabriel Soares de Sousa (1938), e também no *Tratados da terra e gente do Brasil*, do Padre Fernão Cardim (1939).

---

[21] Características do regime de historicidade presentista, na definição de Hartog (2013, p. 251).

A obra de Gabriel Soares de Souza que contou com uma terceira edição na Brasiliana em 1938, acrescida dos comentários realizados no passado, em 1851, por Francisco Adolfo Varnhagen, o Visconde de Porto Seguro, e endereçada ao IHGB – indicado como "Instituto Histórico do Brasil" – e de um aditamento com notícias tiradas da segunda edição da obra de Varnhagen, *História geral do Brasil*, de 1877. Também aqui, nesse vai e vem entre diferentes momentos do passado, uma história da historiografia se constrói nessas edições. Afinal foi Varnhagen o historiador responsável pela organização de uma edição crítica, intitulada *Reflexões críticas,* do livro de Gabriel Soares de Souza, em 1851, e pelo trabalho de *restauração* da obra, expressão usada pelo próprio Varnhagen para designar seu trabalho de aproximação da versão original desaparecida. Esse tratado, escrito, é bom que se lembre, por um protagonista da colonização portuguesa no Brasil, se tornou um dos principais registros históricos sobre o Brasil colonial, contemplando as minuciosas descrições da baía de Todos-os-Santos, as expedições pelo território, a aventura na busca das minas diamantíferas, os apontamentos botânicos, os registros etnográficos e os culturais sobre a vida indígena, com suas lendas e mitos. Na avaliação de Varnhagen, no texto de 1851 endereçado ao IHGB, a obra de Gabriel Soares de Souza é "um monumento à civilização, colonização, letras e ciências do Brasil". No texto aditado, também acrescentado à edição da Brasiliana, Varnhagen salientava que "como produção literária, a obra de Soares é precisamente o escrito mais produto (*sic*) do próprio exame, observação e pensar, e até diremos enciclopédico da literatura portuguesa do período".

São suas observações como corógrafo, topógrafo, fitólogo e etnógrafo que encantaram Varnhagen, que escreveu:

> Causa pasmo como a atenção de um só homem pôde ocupar-se de tantas coisas que, juntas, se vêem raramente – como as que contém na sua obra, que trata a um tempo, em relação ao Brasil, de geografia, de história, de topografia, de hidrografia, da agricultura entrópica, de horticultura brasileira, de matéria médica indígena, das madeiras de construção e da marcenaria, da zoologia em todos os ramos, de economia administrativa e até de mineralogia! (VARNHAGEN, 1938, p. 23)

É a condição de "obra monumento", como qualificada por Varnhagen, que, portanto, guarda e perpetua um passado, preservando-o para o conhecimento capaz de reinventá-lo; é a capacidade da obra de reunir as realidades do meio social com a realidade do meio físico e ainda os costumes e mentalidades dos grupos, no que foi afiançada pela autoridade de Varnhagen. Afinal, como já foi assinalado,[22] foram os poetas e historiadores que, no Brasil do século XIX, no seu afã de "invenção de uma essência nacional", se empenharam em converter as narrativas de viagem em "fontes credíveis". Daí terem feito de Gabriel Soares de Souza um "paradigma da fonte histórica" para recriar o espaço, com suas noções cartográficas e sua corografia, e o tempo das origens e de sua evolução. E é também pela sua condição de produto de exame, observação e pensamento, essenciais à obra da ciência e pela sua especificidade de registro, realizado por Gabriel Soares de Souza com o fito de instrumentalizar sua ação colonizadora, que a nosso ver qualificaram essa obra para integrar a subsérie da Brasiliana, dando sentido à sua publicação no mesmo programa historiográfico em que constam as obras de Vianna e Vicente Licínio e Pedro Calmon.

Não por acaso Almir de Andrade, então diretor da *Revista Cultura Política*, publicada pelo Departamento de Imprensa e Propaganda do Estado Novo, o DIP, em resenha para a *Revista do Brasil*, como que imbuído de uma inquietação de tipo presentista, não poupa palavras de elogio à obra de Gabriel Soares de Souza, que ele lê a partir do que quer ver realizado e valorizado num presente no qual encontra-se particularmente engajado, e a partir das categorias e conceitos de sua época. Assim, *O tratado descritivo* é apontado como o documento

> mais definitivo da nossa *literatura social* do século XVI. É obra de estrutura sólida, com um método de exposição que supera o de todas as similares da época colonial e que serviu de base a muitos dos nossos melhores cronistas e historiadores– Jaboatão, o padre Casal, Southey, Martius, Varnhagen, etc.[...] Sua obra é um testemunho honestíssimo, e sobretudo, de uma **objetividade de conceitos, inacessível às paixões e aos exageros** tão comuns em outros autores de sua época– comuns especialmente nos jesuítas. Ele tem auxiliado enormemente os trabalhos de todos os historiadores da nossa evolução colonial. E será de maior auxílio ainda aos **modernos sociólogos do Brasil** – porque encarna um espírito observador sereno e sincero, cujas investigações penetraram nos menores detalhes da vida brasileira. (ANDRADE, 1939, p. 108-109, grifos meus)

---

[22] Tal como feito de forma exemplar por Cézar (2002).

Nesse alinhamento com os procedimentos vistos como próprios das ciências e da Sociologia, a observação, a perspicácia, a minúcia e a firmeza das descrições presentes na obra de Gabriel Soares de Souza, e que superariam, segundo Almir de Andrade, as de Jean de Léry e Fernão Cardim, são tomadas como portando no passado uma espécie de signo do futuro, transformado no presente daqueles anos 1930 e 1940 que descobrem nas Ciências Sociais um instrumento para o verdadeiro – e bom – conhecimento do Brasil.

Por sua vez, ainda segundo nosso entendimento, será a questão da compreensão da colonização como um "fenômeno histórico" de cuja compreensão dependeria nosso presente e nosso futuro, um dos elementos a dar coerência à publicação, na Brasiliana, da obra *Tratados da terra e gente do Brasil* do Padre Fernão Cardim, uma reedição com introdução de Rodolfo Garcia e notas de Capistrano de Abreu e Batista Pereira. Obra resultante da reunião de três escritos quinhentistas do clérigo jesuíta, *Do clima, da terra e dos indios*; *Do princípio e origem dos indios do Brasil e de seus costumes, adoração e ceremonias*; e *Narrativa epistolar de uma missão jesuítica*, reunidas com o título de *Tratados da terra do Brasil*, cuja primeira edição portuguesa data de 1925, por iniciativa de Rodolfo Garcia, Capistrano de Abreu e Afrânio Peixoto. A obra foi anteriormente objeto de uma edição parcial organizada por Capistrano de Abreu em 1881, para a célebre Exposição de História do Brasil.[23]

Essa obra é valorizada pelo prefaciador, sobretudo, por conter depoimentos de uma "testemunha presencial". Esse testemunho, avalizado pela visão, tal como em Heródoto, seria a fonte histórica para a compreensão do *fenômeno* da primeira colonização do país, segundo as palavras do prefaciador Rodolfo Garcia. Segundo ele, no prefácio aqui mencionado, Fernão Cardim, junto com Padre Antônio Vieira e José de Anchieta formaram uma tríade que presidiu a fundação da nacionalidade brasileira, e

> foi um dos precursores da nossa História[que ele escreve com H maiúsculo, portanto como conhecimento] quando ainda o Brasil, por assim dizer, não tinha história [com h minúsculo]: por isso mesmo [...] a sua história é antes natural que civil, ou uma e outra coisa ao mesmo tempo. Nela há o geógrafo que estuda a terra, suas divisões, seu clima, suas condições de habitabilidade; o etnógrafo que descreve os aborígines, seus usos, costumes e

---

[23] Sobre a Exposição de 1888 e seu respectivo catálogo, ver Dutra (2005).

cerimônias; o zoólogo e o botânico, igualmente aparelhados para o exame da fauna e da flora desconhecida; mas há também o historiador, decerto, que discorre sobre as missões dos jesuítas, seus colégios suas residências, o estado da capitania, seus habitantes, e suas produções, o progresso ou a decadência da colônia, e suas causas, sobre a vida enfim, daquela sociedade nascente, de que participava. (GARCIA, 1939, s/p)

As várias aptidões de Fernão Cardim, aqui mencionadas, sugerem a pertinência do contato entre vários tipos de conhecimento, necessários à compreensão não dos eventos ou dos fatos, segundo a linguagem ainda corriqueira à época, no *métier* dos historiadores, mas dos fenômenos, expressão do jargão científico que então se disseminava.

Rodolfo Garcia abre espaço no seu prefácio às palavras de Afrânio Peixoto que na nota introdutória da primeira edição da obra, em 1925, afirma ser a edição da obra de Fernão Cardim uma prova do "reconhecimento à essas missões jesuíticas, que educaram os primeiros Brasileiros e, para os de todos os tempos deixaram memórias desse passado nos seus escritos, cartas e narrativas" (PEIXOTO *apud* GARCIA, 1939, s/p).

E, ao mencionar que Cardim foi um elo na cadeia a que pertenceram os padres Anchieta e Antônio Vieira, se instalando entre os dois, tendo auxiliado a ambos, afirma:

> Estes passos são simbólicos da obra do padre Fernão Cardim: cuidado, trato, amor de um Brasil que ia passar, e morrer, legados ao Brasil da posteridade, que esse, passando sucessivamente, nunca morrerá, e há de guardar entre as suas memórias saudosas e fiéis estes *Tratados da terra e da gente do Brasil*. (PEIXOTO *apud* GARCIA, 1939, s/p)

Aqui, a reflexão de Afrânio Peixoto nos leva a pensar nas reflexões de Koselleck (1990) sobre um futuro passado. Esse autor nos fala de um momento como de uma antecipação do futuro para o presente pelos homens do passado, no caso representados por Fernão Cardim. Ao redefinir aquele passado como um presente ele reescreve um passado e um futuro. Assim é que essas reedições, como um texto histórico, comportam uma espécie de futuro passado, pois recupera um passado que convém às suas alternativas de um presente possível e desejável.

Na acumulação e escolha das obras e na composição editorial dessa subsérie notamos como traços mais evidentes – em meio a convivências, sobreposições e imbricações de diferentes maneiras de lidar com a História e articular do tempo – as quais participaram da redefinição de um fazer historiográfico nos anos 1930-1940 – a presença de opções preferenciais em que o passado é reorientado pelo presente e transformado com o aval da ciência e da afirmação de um novo regime de verdade. Também a busca de uma síntese histórica, que se traduz como o conjunto dos aspectos geográficos, econômicos, sociais políticos; a invocação de autores, categorias e procedimentos sociológicos para autorizar o advento da história como ciência do social. Na sua transição para a universidade, enquanto seu lugar institucional, a História não ousou dispensar as contribuições da Sociologia.

Enfim, a organização dessa subsérie fez com que essas obras fizessem parte de um determinado presente, aquele do Brasil dos anos 1930-1940, e constituíssem a seu modo uma narrativa da história brasileira, em que no lugar dos lances com o bispo, a rainha, a torre e o cavalo do jogo de xadrez, o tempo é ocupado e construído com outras apostas na busca de outros resultados: contra os males da retórica a reflexão e a inteligibilidade da ciência; contra os males da nossa formação social e indisciplina mental, os benefícios da educação; contra a imitação das instituições do estrangeiro as especificidades brasileiras e os atributos de uma elite, com sua cor local; contra os males de uma artificialidade cultural, a riqueza multicultural brasileira, fechando as apostas no xeque-mate: a suposta realidade de uma "civilização brasileira".

Referências

ALTAMIRANO, Carlos. Élites culturales en el siglo XX latinoamericano. In: ALTAMIRANO, Carlos (Dir.). *História de los intelectuales em América Latina*. Buenos Aires: Katz, 2010. v. 2, p. 23.

ANDRADE, Almir. *Revista do Brasil*, ano II, n. 8, fev. 1939. Livros, p. 108-109.

AZEVEDO, Fernando. *A educação entre dois mundos*. São Paulo: Melhoramentos, 1958.

AZEVEDO, Fernando. *História de minha vida*. Rio de Janeiro: José Olympio, 1971.

AZEVEDO, Fernando. Para a análise e interpretação do Brasil: diretrizes e fatos de referência. In: AZEVEDO, Fernando. *A educação entre dois mundos*. São Paulo: Melhoramentos, 1958. Série XVI.

AZEVEDO, Fernando. Carta de Fernando Azevedo a Cecília Meirelles sobre a Reforma Educacional e a Biblioteca Pedagógica Brasileira. Rio de Janeiro, seção de manuscritos da Biblioteca Nacional. Manuscrito, 1932.

BORGES, Jorge Luis. Estancia del retiro; Eternidades. In: BORGES, Jorge Luis. *El oro de los tigres*. Buenos Aires: Emecé, 1989. (Obras Completas, 1).

BRESCIANI, Stella Martins. O charme da ciência e a sedução da objetividade. Oliveira Vianna entre intérpretes do Brasil. São Paulo: Editora UNESP, 2005.

CALMON, Pedro. Duas palavras. In: CALMON, Pedro. *História social do Brasil*. 3. ed. São Paulo: Companhia Editora Nacional, 1941. t. 1: Espírito da sociedade colonial. (Brasiliana, 40). s/p.

CALMON, Pedro. Duas palavras. In: CALMON, Pedro. *História da civilização brasileira*. 1. ed. São Paulo: Companhia Editora Nacional, 1941. (Brasiliana, 40). s/p.

CALMON, Pedro. Duas palavras sobre a 3ª edição. In: CALMON, Pedro. *História da civilização brasileira*. São Paulo: Companhia Editora Nacional, 1937. (Brasiliana, 14). s/p.

CALMON, Pedro. Escritores e livros. *Revista Fon Fon*, n. 14, 6 abr. 1935.

CALMON, Pedro. Explicação da 1ª edição. In: CALMON, Pedro. *História da civilização brasileira*. 1. ed. São Paulo: Companhia Editora Nacional, 1933. (Brasiliana, 14). s/p.

CALMON, Pedro. Explicação. In: Calmon, Pedro. *História social do Brasil*. 1. ed. São Paulo: Companhia Editora Nacional, 1935. t. 1: Espírito da sociedade colonial. (Brasiliana, 40). s/p.

CALMON, Pedro. Explicação. In: CALMON, Pedro. *História social do Brasil*. 2. ed. 1940. t. 3: A época republicana. (Brasiliana, 173). s/p.

CALMON, Pedro. Explicação. In: CALMON, Pedro. *História do Brasil*. 1. ed. Rio de Janeiro: Companhia Editora Nacional, 1941. v. 2: A formação 1600-1700. (Brasiliana, 176A).

CALMON, Pedro. *História da civilização brasileira*. 3. ed. São Paulo: Companhia Editora Nacional, 1937. (Brasiliana, 14).

CALMON, Pedro. *História social do Brasil*. Espírito da Sociedade Colonial. São Paulo: Companhia Editora Nacional. (Brasiliana, 40). t. 1.

CALMON, Pedro. *Revista do Brasil*, ano 3, n. 27, set. 1949. Livros, s/p.

CAPANEMA, Carolina Marotta. A natureza no projeto de construção de um Brasil Moderno e a obra de Alberto José de Sampaio. 2006. Dissertação (Mestrado em História) – Faculdade de Filosofia e Ciências Humanas, Universidade Federal de Minas Gerais, Belo Horizonte, 2006.

CARDIM, Fernão. *Tratados da terra e gente do Brasil*. 1. ed. São Paulo: Companhia Editora Nacional, 1939. (Brasiliana, 168).

CARDOSO, Vicente Licínio. Às margens da história do Brasil. 1. ed. São Paulo: Companhia Editora Nacional, 1933. (Brasiliana, 13).

CARVALHO, José Murilo. A utopia de Oliveira Vianna. In: CARVALHO, José Murilo. *Pontos e bordados*. *Escritos de história e política*. Belo Horizonte: Editora UFMG, 1998a.

CARVALHO, José Murilo. *Pontos e bordados*. *Escritos de história e política*. Belo Horizonte: Editora UFMG, 1998b.

CÉZAR, Temístocles Correa. *L'Écriture de l'Histoire au Brésil au XIXe siécle*. Essai sur une rhétorique de la nacionalité. Les cas Varnhagen. 2002. Thèse (Doctorat) – EHESS, Paris, 2002.

COMPANHIA EDITORA NACIONAL. A Coleção Brasiliana comemora seu 100 volume! *Annuário Brasileiro de Literatura*, n. 2, p. 303, 1938.

DUARTE, Regina Horta. *A biologia militante. O museu nacional, especialização científica, divulgação do conhecimento e práticas políticas no Brasil – 1926-1945*. Belo Horizonte: Editora UFMG, 2010.

DUTRA, Eliana de Freitas. A nação nos livros. A biblioteca ideal na Coleção Brasiliana. In: DUTRA, Eliana de Freitas; MOLLIER, Jean-Yves (Org.). *Política, nação e edição. O lugar dos impressos na construção da vida política*. São Paulo: Annablume, 2006.

DUTRA, Eliana de Freitas. A tela imortal. O Catálogo da Exposição de História do Brasil de 1881. *Anais do Museu Histórico Nacional*, v. 37, p. 159-179, 2005.

FRANZINI, Fábio. À sombra das palmeiras: *a Coleção Documentos Brasileiros e as transformações da historiografia nacional (1936-1959)*. Rio de Janeiro: Casa de Rui Barbosa, 2010.

FREYRE, Gilberto. Prefácio. In: FREYRE, Gilberto. *Sobrados e mocambos*. 1. ed. São Paulo: Companhia Editora Nacional, 1936. (Brasiliana, 64).

PEIXOTO, Afrânio apud GARCIA, Fernando. Introdução. In: CARDIM, Fernão. *Tratados da terra e gente do Brasil*. 1. ed. São Paulo: Companhia Editora Nacional, 1939. (Brasiliana, 168). [s.p.].

GARCIA, Fernando. Introdução. In: CARDIM, Fernão. *Tratados da terra e gente do Brasil*. 1. ed. São Paulo: Companhia Editora Nacional, 1939. (Brasiliana, 168). [s.p.].

GENETTE, Gérard. *Paratextos editoriais*. São Paulo: Ateliê Editorial, 2009.

GOMES, Ângela Maria de Castro. Oliveira Vianna e as Ciências Sociais. In: GOMES, Ângela Maria de Castro. *A República, a história e o IHGB*. Belo Horizonte: Argumentum, 2009. p. 73-81.

HARTOG, François. *Regimes de historicidade. Presentismo e experiências do tempo*. Belo Horizonte: Autêntica, 2013.

JACOB, Christian. Rassembler la mémoire. Réfléxions sur l' histoire des bibliothéques. *Diogène*, Paris: PUF, n. 196, p. 53-76, oct.-déc. 2001.

KOSELLECK, Reinhart. *Le futur passe. Contribution à la sémantique des temps historiques*. Paris: Éditions de l' EHESS, 1990.

MORAES, Evaristo. A *escravidão africana no Brasil. Das origens à extinção*. 1. ed. São Paulo: Companhia Editora Nacional, 1933.(Brasiliana, 23).

NICOLAZZI, Fernando. *Um estilo de história. A viagem, a memória: sobre* Casa-grande & senzala *e a representação do passado*. São Paulo: Editora UNESP, 2011.

REIS, José Carlos. *As identidades do Brasil. De Calmon a Bonfim. A favor do Brasil: direita ou esquerda?* Rio de Janeiro: Editora FGV, 2006. v. 2

RIBEIRO, João. Discurso de posse. *Revista do IHGB*, t. LXXVIII, pt. II, p. 617-618, 1915.

SCHIAVINATTO, Iara. Henri Berr: a história como vida e valor. *Revista Brasileira de História*, São Paulo, v. 13, n. 25-26, p. 105-120, set. 1992–ago. 1993.

GUIMARÃES, Lúcia Maria Paschoal. Vicente Licínio Cardoso: um projecto positivista para regenerar a república brasileira. In: CANCINO, Hugo; DE LA MORA, Rogelio (Org.). *Ideas, intelectuales y paradigmas en América Latina*. 1850-2000. p. 329-350.

SOUZA, Gabriel Soares de. *Tratado descritivo do Brasil em 1587*. 3. ed. São Paulo: Companhia Editora Nacional, 1938. (Brasiliana, 117).

VARNHAGEN, Francisco Adolfo de. Aditamento. Algumas notícias biográficas acerca de Gabriel Soares de Souza, tiradas da 2ª edição da História Geral do Brasil, do editor Visconde de Porto Seguro. In: SOUZA, Gabriel Soares de. *Tratado descritivo do Brasil em 1587*. 3. ed. São Paulo: Companhia Editora Nacional, 1938. (Brasiliana, 117).

VIANNA, Oliveira. Discurso de posse no IHGB. *Revista do IHGB*, t. 96, v. 150, p. 433-446, 1924.

VIANNA, Oliveira. *Evolução do povo brasileiro*. 3. ed. São Paulo: Companhia Editora Nacional, 1938. (Brasiliana, 10).

WEHLING, Arno. A história em Pedro Calmon. Uma perspectiva historista na Historiografia Brasileira. *Revista do IHGB*, Rio de Janeiro, v. 160, n. 404, p. 605-612, jul.-set. 1990.

WEHLING, Arno. Pedro Calmon e a tradição hermenêutica na historiografia brasileira. *Revista do IHGB*, Rio de Janeiro, v. 164, n. 420, p. 87-91, jul.-set. 2003.

Editores, livros e coleções – dos monumentos da nacionalidade às novas mídias:
qual política para o futuro?

Rumo ao fim dos nacionalismos literários? Internet, edição digital e novas literaturas-mundo no século XXI

Jean-Yves Mollier

Surgido nas últimas décadas do século XX, o conceito de *World Literature* recupera a noção cara a Goethe de *Weltliteratur* (GOETHE, 1827 *apud* BERMAN, 1984, p. 92-93; *apud* CASANOVA, 1999, p. 27), reduzindo-a, no entanto, ao espaço literário anglófono, que inclui escritores de expressão inglesa da Índia (Salman Rushdie), do Caribe (Shiva Naipaul) e do resto do mundo (Don DeLillo). Mais recente, a ideia de "literatura-mundo em francês" (PORRA, 2008, p. 33-54) pretende tirar lições do domínio do inglês sobre o mercado mundial das traduções – 44,7% em 1980-89, 59,1% em 1990-1999, mais de 60% desde então (SAPIRO, 2008, p. 70) – para lhe opor uma configuração mais simbólica, inspirada em parte pelo exemplo espanhol, totalmente descentrado e nem um pouco submisso ao arbítrio madrileno. O prêmio Nobel de literatura atribuído a Mario Vargas Llosa em 2010 consagra assim um autor que escreve em castelhano, mas que é tão apreciado em seu país natal, o Peru, quanto na Argentina, no Chile, ou na França, por muito tempo sua terra de eleição. Se o árabe e o chinês mandarim, assim como o híndi, não parecem, por enquanto, prontos para entrar nessa competição, é possível ver na Coleção Sindbad, da editora francesa Actes Sud, o esboço de um território sem fronteiras que inclui os melhores narradores: dos egípcios Naguib Mahfouz (*Os filhos de nosso bairro*), Sonallah Ibrahim (*Warda*) e Alaa El Aswany (*O edifício Yacoubian*) ao libanês Elias Khoury (*Porta do sol*) ou ao palestino Mahmoud Darwich (*Na última noite nesta terra*). Da parte da lusofonia, há muito tempo que a língua portuguesa foi renovada, reabastecida, pode-se dizer, dinamizada pela contribuição brasileira, e Jorge Amado nada tem a invejar a Fernando Pessoa, sendo que os escritores originários de Angola, de Guiné-Bissau ou de Moçambique já entraram com tudo nessa bacia linguística, ela também em busca de novos equilíbrios.

Traduzir autores para sua língua pode parecer inicialmente o indício de uma abertura ao mundo, mas Blaise Wilfert-Portal mostrou, em sua tese consagrada ao nacionalismo cultural francês dos anos 1885-1930, que essa relação não era automática e que, até pelo contrário, em certas circunstâncias, o resultado obtido era oposto àquele que se supunha erroneamente decorrer mecanicamente da alta das importações literárias (WILFERT-PORTAL, 2003). Desse ponto de vista, a trajetória do editor parisiense Albert Savine, eminente tradutor do espanhol, do catalão e do inglês para as edições Stock, mas igualmente criador da "Biblioteca antissemita" em 1890, quatro anos antes de acrescentar uma "Biblioteca cosmopolita", aberta a Ibsen e a Tolstoi, à sua "Biblioteca sociológica" em que publicava os anarquistas (MOLLIER, 2009, p. 239-245), é um exemplo eloquente. Partidário acérrimo de Drumont e das teses do nacionalismo mais fechado, católico ultraconservador e monarquista, era ao mesmo tempo um excelente conhecedor das literaturas da Europa do Norte e do Sul e aconselhava os clientes de sua livraria a lerem Bakunin e Louise Michel. Logo se vê, a complexidade de um tal percurso proíbe qualquer julgamento peremptório e evitaremos concluir que a taxa ínfima de traduções das outras línguas para o inglês – 2 a 3% na Grã-Bretanha e nos Estados Unidos – prova definitivamente a incapacidade desses países de aprender o que quer que seja de seus vizinhos. Se é verdade, como comprovam os arquivos das grandes fundações americanas, que a expansão de sua língua foi preparada há muito tempo pelos patrões das empresas mais influentes, com Andrew Carnegie e John D. Rockfeller na primeira fila (TOURNÈS, 2010),não é menos certo que a obra realizada por eles na área médica e epidemiológica é impressionante (TOURNÈS, 2011). Discípulos do liberalismo mais selvagem, mas filantropos, esses "barões ladrões", como os chamavam seus contemporâneos, serviam os interesses de seu país, numa visão de mundo que podemos qualificar de imperialista, mas desejavam o desenvolvimento das outras nações, o que não lhes parecia incompatível e os levou a investir maciçamente no domínio cultural, como testemunham hoje, pelo mundo afora, a rede das bibliotecas Carnegie ou a dos museus Guggenheim.

Na era da Internet, da digitalização acelerada pelo Google dos conteúdos das mais belas bibliotecas de pesquisa do mundo – 15 milhões de objetos já escaneados – a progressão da língua mais "central" continuará a se exercer em detrimento dos outros idiomas, o alemão e o francês (com cerca de 10% do butim) bem à frente do russo, em franca decadência desde 1991, o italiano e o espanhol contentando-se com menos de

3% do mercado (Sapiro, 2008)? É provável que a empresa instalada em Mountain View, na Califórnia, não pretenda partilhar a receita publicitária que arrecada com parceiros estrangeiros, mas, na web, assistimos a um movimento diametralmente oposto ao precedente, com o inglês recuando constantemente nas trocas epistolares e línguas ditas "periféricas", como o chinês, o híndi e o árabe, progredindo bastante rápido à medida que os habitantes do planeta se equipam com computadores e outros produtos derivados das novas tecnologias da informação e da comunicação. O exemplo japonês das *keitai shosetsu,* novelas escritas para serem difundidas e lidas em telefones celulares, também se inscreve nessa corrente já que, fortalecido pelo sucesso mundial de seus mangás, esse país viu 25 milhões de seus habitantes lerem o romance intitulado *Koizora* antes mesmo de sua chegada às livrarias em 2008. Se esse despertar fulgurante de uma ficção feita para circular em iPhones e outros androides se generalizar, poderemos talvez assistir a fenômenos capazes de redistribuir parcialmente as cartas. Todavia, a substituição de um nacionalismo cultural por outro não resolveria a questão colocada já no início do século XIX quando Goethe, alguns anos depois da "batalha das nações" em Iena, expressava seu desejo de uma autêntica literatura mundial perpetuamente enriquecida pelas contribuições vindas de todos os continentes.

Dos impérios coloniais aos espaços culturais atuais

Talvez não seja por acaso que o nigeriano Chinua Achebe, considerado o inventor do romance africano moderno, tenha sido também um dos adeptos mais virulentos do rechaço ao modelo literário e linguístico ocidental, enquanto seus homólogos algerianos, marroquinos ou tunisianos, Kateb Yacine, Driss Chraïbi ou Tahar Ben Jelloun jamais cortaram as amarras com a língua do colonizador... Ao escrever *Arrow of God* ("A flecha de Deus"), um conto ibo inspirado na tradição africana, Chinua Achebe preparava o terreno para um questionamento das normas estéticas impostas pela Inglaterra. Mesmo se seu outro romance, *Things Fall Apart* ("O mundo se despedaça") é considerado hoje um dos grandes clássicos da literatura universal, sua obra abriu o caminho tomado pelo queniano Ngugi wa Thiong'o que solicitou, em 1968, o fechamento do departamento de inglês da universidade de Nairóbi (Lazarus, 2006). *A contrario*, a descolonização do ex-império francês nunca acarretou movimentos tão violentos, tão devastadores, e mesmo seus opositores políticos mais convictos, Aimé Césaire no tempo em que militava no Partido comunista francês, ou o camaronense Mongo Béti, autor do *Pobre Cristo de Bomba* e do sulfuroso panfleto, *Main basse sur le Cameroun. Autopsie d'une décolonisation* ("Pilhagem de Camarões. Autópsia de uma descolonização"), nunca foram partidários da secessão linguística (MOLLIER, 2008). Concordando nesse aspecto com o senegalense Léopold Sédar Senghor, eles se diziam persuadidos de que a língua francesa não era propriedade exclusiva dos franceses nativos da metrópole, mas que a negritude a enriquecera consideravelmente, o que antecipava a reivindicação de uma "literatura-mundo em francês", lançada com estrondo em março de 2007 por um grupo de escritores encabeçados por Maryse Condé, Edouard Glissant, Amin Maalouf e Alain Mabanckou, com a cumplicidade de Erik Orsenna (da Academia francesa) e de Jean Rouaud (Prêmio Goncourt).

Vários observadores o notaram e escreveram em março de 2007: o manifesto dos escritores a favor de uma "literatura-mundo em francês" sofre de um certo número de contradições. A principal reside numa confusão entre a "Francofonia", instituição que reúne países pouco ou muito francófonos – o Vietnã é membro, mas não a Argélia – e a "francofonia", ou seja, o espaço informal ocupado por todos aqueles que escolheram se exprimir em francês, seja ele sua língua materna, segunda, ou simplesmente uma língua aprendida na escola. Desse território puramente simbólico fazem parte autores tão diferentes quanto Cioran, Ionesco, Kundera ou Bernard Dadié, Sembène Ousmane, Camara Laye, Jean Malonga e Mongo Béti, todos esses africanos que, quando do desabamento do império colonial francês, decidiram continuar escrevendo em francês e publicando em Paris, em vez de em Dakar ou Alger, as duas capitais que poderiam ter se erigido como novos centros de uma francofonia liberada da tutela imperial (MOLLIER, 1994). Se esses escritores tomaram um caminho bem diferente daquele aberto a facão pelos quenianos e nigerianos, é porque o império cultural francês nunca coincidiu verdadeiramente com as fronteiras do império colonial e chegou mesmo a conquistar pacificamente fortes posições na América do Sul, precisamente lá onde não precisara nem de soldados nem de missionários para se estabelecer (MOLLIER, 2001). Frantz Fanon podia denunciar em alto e bom tom as abominações cometidas pelo exército francês na Argélia e as devastações psicológicas que acarretavam: fazia-o em sua língua materna (FANON, 1961), assim como seu compatriota do Haiti, Jacques Roumain (1972), autor de um extraordinário poema intitulado *Sales nègres* ("Negros sujos") em que convocava todos os negros, índios, indochineses, judeus e proletários a se unirem e derrubarem o velho mundo.

Outros impérios culturais se edificaram pelo mundo, mas conheceram destinos diversos, um dos últimos, o da Rússia, acabou soçobrando nas ruínas da União Soviética, prova de que não basta pretender-se portador de um projeto liberador – o apelo lançado aos povos do Oriente em Baku, em setembro de 1920, incontestavelmente o era – para conservar por longo tempo as posições provisoriamente adquiridas. A Espanha quase perdeu as suas depois das derrotas sucessivas sofridas em 1898, mas, país multilíngue, evitou transformar o castelhano em língua imposta a golpes de "símbolo" (BÂ, 2002), de "chapéus de burro" ou de palmatória. Mesmo se, com Franco, essa tentação centralizadora e niveladora existiu, a ausência de uma academia lefigerante em matéria de língua e o desejo de recuperar, graças ao antigo império da América Latina, uma parte da influência perdida, permitiram conservar quase intacta a bacia linguística lentamente formada entre o fim do século XV e o do XIX. Fora as Filipinas, que renunciaram à língua do colonizador, os outros territórios continuam a cultivar o castelhano, e basta passear em Santiago do Chile, Caracas, Bogotá ou Buenos Aires para compreender que a língua dita "espanhola" integra sem problemas todos os particularismos que ninguém ousaria qualificar de "barbarismos" e ainda menos de "idiotismos". E o que é mais: ela já é a segunda língua mais falada nos Estados-Unidos e bem poderia, amanhã ou depois, desenvolver-se de maneira a recobrir o traçado do antigo império mexicano, sinal de que os "filhos de Sanchez" estão prestes a ter sua revanche sobre os *gringos* que os expulsaram para o sul do rio Grande.[1]

Internet, edição digital e as novas literaturas-mundo

Abrindo o ciberespaço a todos aqueles que possuem ou alugam uma conexão internet, os fabricantes de computadores e de telefones celulares, de tablets e de outros androides estão redistribuindo virtualmente as cartas da dominação do inglês no mundo. Por certo, já o vimos, as cifras fornecidas pelo *Index translationum* da UNESCO atestam uma progressão constante dessa língua nas trocas de direitos autorais e de traduções desde o fim da Segunda Guerra mundial. A *Buchmesse*, a Feira do livro de Francfort, verifica a cada ano o peso esmagador dos grupos americanos e ingleses – ou anglo-holandeses – em matéria de edição, mas o que menos gente sabe é que o maior salão do livro é

---

[1] Vale lembrar que a publicação do livro do antropólogo americano Oscar Lewis intitulado *The Children of Sanchez* provocou uma onda de protestos no México em 1964 quando apareceu a tradução em espanhol, e que a campanha na imprensa contra o argentino Arnaldo Orfila Raynal, diretor do Fondo de Cultura Económica, resultou na demissão deste. A esse respeito, ver Sorá (2011).

o de Pequim, o segundo o do Cairo e que as Bienais de São Paulo e do Rio de Janeiro são igualmente a ocasião de cessões significativas. Isso quer dizer que, neste momento, a China já se prepara para batalhas culturais que ela parecia ter negligenciado até aqui em proveito de bens mais tangíveis. Ao decidir digitalizar sozinha, sem apelar ao Google, a totalidade de seu patrimônio – mais de 75% dos manuscritos, estampas e livros já estavam escaneados em 2010 – ela se coloca numa posição de expectativa que poderia lhe permitir um dia conquistar, com sua língua oficial, o chinês mandarim, uma visibilidade que nem tinha cogitado em exigir desde que inventou aquilo que chamou de "socialismo de mercado". Talvez isso não passe pela afirmação de uma literatura-mundo em mandarim porque seus emigrantes abandonam rapidamente sua língua materna, mas, se as comunidades que vivem nos Estados-Unidos, no Canadá, na Austrália, na Europa, ou alhures, se revelarem sensíveis aos acentos nacionalistas dos dirigentes de Pequim em matéria de defesa da língua e de uma cultura liberada das referências obrigatórias ao marxismo impostas por Mao, as coisas podem mudar de uma hora para a outra.

As revoluções que sacudiram o mundo árabe em 2011 não culminaram na definição de um programa cultural, mas a ideia de um espaço comum, estruturado pela religião – já que o Corão continua sempre sendo recitado nessa língua –, poderia também germinar e tentar voltar a dar à "nação árabe" um pouco do brilho que perdeu. Não é algo simples nem fácil de realizar porque ao lado do árabe literário, a língua do profeta e dos letrados, o árabe dialetal separa mais do que une, mas um "árabe mediano" ou "médio" veio à luz através das mídias audiovisuais (JACQUEMOND, 2003) e é por esse viés que uma literatura comum, unindo os escritores que vivem no continente africano ao norte do Saara e do Sahel, poderia vir à luz, sob a condição de que as populações desses países vejam seu nível de vida evoluir num sentido positivo. Na medida em que os intelectuais libaneses, assim como certos sírios e egípcios, já são acostumados a circular no interior de três espaços culturais distintos, francófono, anglófono e arabófono, e bebem nessas três fontes há muito tempo, eles poderiam ser os pioneiros de uma literatura-mundo liberada de ancoragens territoriais e de ranços nacionalistas. Esse já e o caso dos romances de Mahfouz, impregnado de Balzac e de Zola, mas sabemos que ele quase foi assassinado por seus compatriotas que o acusam de difundir o ateísmo. Em *Warda*, Sonallah Ibrahim compôs um afresco que reconstitui finamente, mas com humor, os combates laicos e religiosos que ensanguentaram o Oriente Médio na segunda metade do século XX, e outros escritores originários dessas regiões se revelam capazes de afrontar os limites do universo tradicional a que outrora se subordinavam. Traficantes de cultura, autores abertos ao mundo, falando e lendo ao menos três línguas centrais, eles prefiguram o que poderia ser, com a ajuda da web, um espaço arabófono não fechado sobre si mesmo.

É óbvio que nem os integralistas nem os fundamentalistas de todos os credos estão dispostos a deixar o campo livre a esses grandes intelectuais que podemos cruzar no Salão do Livro de Beirute ou encontrar nos Estados-Unidos e na Europa, assim como seus homólogos turcos não desejam abandonar aos escritores laicos, como Yachar Kemal ou Nazim Hikmet, a quem a nacionalidade turca acaba de ser devolvida *post mortem*, a direção dos espíritos. A prisão recente de Ahmet Sik, e a destruição, em sua casa e em sua editora, dos arquivos eletrônicos que continham o texto de O *exército do imã*, um *roman à clef* que desvela os bastidores do partido no poder, o AKP, e suas ligações com a comunidade político-religiosa fundada pelo controverso Fethullah Güllen (MOLLIER, 2012), fazem temer um sério recuo dos ideais postulados por Kemal Atatürk no início do século XX. O mesmo acontece com o Irã atual, mergulhado numa repressão severa, embora a última eleição presidencial parecesse anunciar as mudanças esperadas nas ruas. Alhures, notadamente nos Estados Unidos, onde o movimento dos *Tea Party* parece querer reatar com o obscurantismo da época das bruxas de Salem e onde uma caçadora de ursos imagina possuir as qualidades necessárias para dirigir uma das maiores potências do mundo, tampouco vemos os intelectuais se mobilizarem para exigir a supressão do *Patriot Act* e o retorno ao *Habeas corpus*, suspenso de fato desde 11 de setembro de 2011. Mesmo a Europa, que sempre gostou de dar lições de moral, não foi poupada por esses fenômenos, e a crise em que se vê mergulhada favorece mais o fechamento do que a abertura aos outros, o que pode nos deixar céticos quanto às perspectivas oferecidas à humanidade neste início de século XXI.

Literaturas refundadas graças às novas tecnologias?

Se é lícito vislumbrar modificações profundas na literatura em razão das potencialidades dos novos instrumentos de que os escritores dispõem, não é fácil estabelecer uma ligação direta disso com sua eventual saída das fronteiras nacionais. Assim, podemos ter por certo que a união íntima entre o texto, a imagem, o som, o relevo – e por que não, amanhã, como previa Aldous Huxley em *Admirável mundo novo*, os sentidos do olfato e do tato? – acarretará o nascimento de novos gêneros artísticos que somos incapazes de designar visto que o vocabulário que utilizamos permanece prisioneiro dos esquemas antigos. Vivendo no coração daquilo que foi nomeado "corte epistemológico" no fim dos anos 1960, teremos que esperar que novos conceitos sejam forjados para encontrar a denominação adequada a essas experimentações transformadas em formas ou gêneros codificados de agora em diante. O *keitai shosetsu* é um deles, que durará ou não, mas outros logo aparecerão, dispondo de facilidades extraordinárias para atingir públicos múltiplos já que a colocação *on--line*, gratuita ou paga, suprimirá os intermediários que retardavam a publicação na época do papel. Aproveitando os recursos da hipermídia e aqueles ligados à interatividade, autores como Jean-Pierre Balpe ou Jacques Jouet na França (MOLLIER, 2011) exploram com entusiasmo esses domínios tentando romper os grilhões que sufocavam o romance e a poesia desde que Mallarmé para esta e a geração dos Claude Simon, Alain Robbe-Grillet e Nathalie Sarraute para aquele tinham tentado explodi-los. No entanto, não sabemos o que sairá desses laboratórios e se os novos horizontes de expectativa dos leitores – o termo é impróprio, mas mais elegante do que consumidores – do século XXI corresponderão a essas produções artísticas.

Quanto àquilo que nos interessa aqui, vê-se que é difícil encontrar uma ligação entre a aparente abertura de espírito que a atividade de internauta supõe e a superação dos nacionalismos literários que provocaram tantas devastações ao longo dos séculos XIX e XX. Os trabalhos de Anne-Marie Thiesse e de Didier Francfort puseram isto em evidência: as línguas e as culturas, as literaturas, a música, o canto e a poesia serviram em muitos casos para separar os homens e não para uni-los, já que o abuso nacionalista praticamente não tem limites nesse domínio (THIESSE, 2001; FRANCFORT, 2004). A consulta dos *sites* disponíveis na internet sobre o caso Dreyfus é edificante: a tese da culpabilidade do capitão é sobrerrepresentada quando sabemos que sua inocência é inconteste, e o mesmo acontece com o genocídio dos judeus entre 1940 e 1944: o negacionismo fez da *web* o seu maior nicho sem que os historiadores profissionais consigam impor suas provas. Se examinamos a questão do darwinismo e do criacionismo, temos mais ou menos as mesmas chances de ver os desenvolvimentos científicos afogados sob a massa dos argumentos irracionais, e esses exemplos evidentemente não são os únicos que podemos invocar a propósito dos sites que tratam dessas questões. Se juntamos a isso o fato de que as redes sociais não são mais irrepreensíveis em matéria de liberdade de expressão do que as ferramentas de pesquisa, frequentemente complacentes com seus patrocinadores, percebe-se que o porvir não é obrigatoriamente radioso. Assim, vimos recentemente um internauta ter seu acesso ao Facebook negado por ter usado como papel de parede o quadro de Gustave Courbet, *A origem do mundo*, hoje livremente exposto no Museu d'Orsay em Paris. Outro navegador impenitente, Wael Ghonim, um jovem egípcio engajado na luta contra a ditadura imposta por Moubarak, viu seu site interditado pela mesma empresa dirigida por Mark Zuckerberg sob o pretexto de que estava fazendo política. A rede social que está na origem da imensa fortuna do jovem lobo californiano juntava-se assim ao Google cuja complacência para com as autoridades chinesas, antes que a opinião pública americana o obrigasse a voltar atrás e se apresentar como o cavaleiro branco da luta contra a censura, é bem conhecida.

Dispor de ferramentas e de meios tecnológicos não basta portanto para modificar fundamentalmente sua relação com o mundo. Afinal, os brasileiros alfabetizados e cultivados do Rio de Janeiro já em 1842 recebiam, poucas semanas após seu lançamento em Paris, os romances de Alexandre Dumas, pai, em francês e em castelhano, graças ao *Correo de Ultramar*, impresso na França e expedido por via marítima a todos os grandes portos da América do Sul. O que a internet muda, portanto, não é tanto a velocidade de comunicação quanto a ampliação quase ao infinito do leitorado. Lá onde apenas as elites urbanas do século XIX podiam ter acesso às obras primas da cultura universal, notadamente por intermédio de seu abonamento ao *Gabinete Real* do Rio ou de um outro gabinete de leitura aberto em Lima ou em Valparaíso, hoje qualquer pessoa que disponha de uma conexão com a web pode ter o mesmo benefício. A responsabilidade dos escritores aumenta assim e foi isso que levou Pierre Bourdieu a se engajar na criação de um Parlamento dos escritores quando autores argelinos, após o *fatwa* iraniano pronunciado contra Salman Rushdie, se viram ameaçados de morte. A experiência não parece ter dado frutos e a instituição, abrigada subsequentemente numa série de grandes capitais, acabou fechando suas portas e entregando seus arquivos ao IMEC, sinal evidente de um fracasso que era fácil prever. Isso não impede que o aumento exponencial das traduções no mercado da edição – mais de 75 mil títulos cada ano desde 2000 – e a possibilidade de ler, em arquivos eletrônicos ou diretamente no site dos autores, obras recém escritas, dê ensejo hoje em dia a uma circulação muito maior das criações do espírito. Um escritor bantu ou bengali, para usarmos dois exemplos de regiões pobres, tem portanto muito mais chance do que antes de ter acesso a um imensa biblioteca, material ou virtual, a fim de alimentar seu imaginário e de ampliar a diversidade das culturas do mundo.

Assim como um Pablo Picasso se impôs, como muitos outros pintores, longas sessões nos museus a fim de aprender as técnicas dos mestres do passado antes de produzir sua obra pessoal, e sempre possuiu seu próprio museu a fim de permanecer em contato permanente com os pintores mortos ou vivos de que gostava, da mesma forma, um Victor Hugo dispunha, em Guernesey, de uma imensa biblioteca que o munia para continuar a dominar sua época. Graças às novas tecnologias da informação e da comunicação, os escritores veem suas possibilidades de estar à escuta dos mil rumores do universo multiplicadas e é por esse viés que a obrigação de pertencer a uma literatura-mundo, ela mesma em estreita relação com as outras, pode levá-los a abandonar uma visão estreitamente nacional ou continental do mundo. Se ainda se pode reler *Dom Quixote* mais de quatrocentos anos depois de sua publicação, ou mesmo reimprimi-lo numa edição de um milhão de exemplares para distribuí-lo nos *barrios* de Caracas, é porque Cervantes eliminou o que era demasiado estreitamente castelhano em seu romance e atingiu esse grau de universalidade que faz com que uma obra viva fazendo esquecer onde nasceu. Transformados em *Alejandro* Dumas, *Eugenio* Sue e *Pablo* Féval, os três grandes romancistas dos anos 1850-1870 tinham de certo modo soltado as amarras que os retinham no velho mundo e aberto o caminho para uma acolhida sul-americana que de fato aconteceu.

Levando cada autor a ampliar seu campo de visão ao penetrar totalmente no interior de um espaço muito mais vasto, livre da tentação de se referir a um centro, e sem outras fronteiras além daquelas traçadas por todos aqueles que escolhem falar e ler sua língua, as literaturas-mundo são provavelmente o melhor e mais rápido meio para cativar um público ampliado. Essa é a chave do sucesso do romance de Mario Vargas Llosa, *Travessuras da menina má* cuja intriga se situa sucessivamente em Lima, Paris, Havana, Londres, Tóquio e na África. Arrastado pelo turbilhão da vida, à velocidade dos jatos supersônicos ou do rock, o leitor é mantido em suspense, preso a essa heroína que, como Manon Lescaut do abade Prévost, só pode provocar a infelicidade do herói, mas que este não pode se impedir de amar mesmo maldizendo-a a cada instante. Imenso leitor, devorador de bibliotecas, falante de várias línguas – o espanhol, o português, o inglês, o francês, o italiano – diplomata cosmopolita, Mario Vargas Llosa não escreve para os moradores dos bairros nobres de Lima nem unicamente para os peruanos, mas, desde o início, para esse continente simbólico formado pela galáxia literária ou literatura-mundo em castelhano a que ele pertence. Ela própria, totalmente aberta a outros sistemas solares, as literaturas de expressão inglesa, francesa, portuguesa, italiana, alemã ou russa, e em conexão permanente com elas, garantindo-lhe acesso fácil ao universal, e é o que explica, sem dúvida, a decisão dos jurados suecos que lhe atribuíram, em 2010, o prêmio Nobel de literatura. O que é verdade para o escritor sul-americano mais conhecido hoje, era-o também para Jorge Amado quando este deixava seus leitores do mundo inteiro com vontade de se lançarem ao Brasil para descobrir a *Bahia de todos os santos* que ele amava tanto, mas integrava a uma visão não particularista, não regionalista, e ainda menos nacionalista da antiga capital do país, o que lhe abriu as portas da imortalidade.

Victor Hugo e Émile Zola para a França, Charles Dickens para a Grã-Bretanha, Goethe e Schiller para a Alemanha, Dostoiévski e Tolstói para a Rússia, e tantos outros, abriram o caminho para uma superação do ideal nacional no século XIX. A leitura de *Guerra e paz* certamente não contribui para que gostemos do regime tsarista e a pintura da Londres profunda não pode acarretar uma deriva imperial ou vitoriana. Isso torna irrisória a reescrita atual do grande romance de Mark Twain, *Hucleberry Finn*, que os editores politicamente corretos pretendem purgar de expressões como *negro* ou *nigger* que lhe davam todo seu sabor. Assim como um marfinense ou um senegalense de hoje não precisa que se faça preceder a reedição do álbum *Tintim no Congo* de um prefácio para avisá-lo do racismo dessa história em quadrinho do início dos anos 1930, assim também o leitor de Mark Twain é em princípio inteligente o suficiente para se lembrar de que, se *A cabana do pai Tomás* encontrou tanta audiência em 1852, é porque a escravidão ainda assolava os Estados Unidos. Gabriel García Márquez levou os europeus a descobrirem as literaturas sul-americanas quando *Cem anos de solidão* foi traduzido para o francês em 1968. Outros escritores serviram, como o colombiano mais célebre da atualidade, de embaixadores para suas literaturas, mas restam ainda muitos esforços a fazer para que as recomendações da UNESCO em matéria de respeito à diversidade cultural entrem realmente na vida cotidiana. Apesar do trabalho notável das edições Sindbad, continuado pela Actes Sud, as literaturas de expressão árabe não são suficientemente difundidas na França, não mais do que aquelas da África negra, embora traduzidas pelas edições Présence Africaine. A Ásia, com exceção do Japão e, um pouco, da Coreia do Sul, não existe verdadeiramente nas livrarias e nas bibliotecas, o que é prejudicial para os leitores de um país que, no entanto, traduz muito mais do que a maioria dos outros países desenvolvidos. De fato, é multiplicando as traduções mais diversas que teremos a chance de ver os escritores de cada país beberem em fontes múltiplas, já que o ofício de ladrões de palavras os prepara, por definição, para entregar seu butim àqueles que os acompanham em suas viagens, ajudando assim a condição humana a sair de si mesma e a esquecer um pouco os limites de seu invólucro material.

Referências

BÂ, Amadou Hampaté. *Amkoullel, l'enfant Peul*. Arles: Actes Sud, 2002.(Babel).

FANON, Frantz. *Les damnés de la terre*. Paris: Maspero, 1961.

FRANCFORT, Didier. *Le chant des nations: musiques et cultures en Europe, 1870-1914*. Paris: Hachette Littérature, 2004.

GOETHE, Johann Wolfgang von. Carta a Carlyle, 1827*apud* BERMAN, Antoine. *L'épreuve de l'étranger: culture et traduction dans l'Allemagne romantique*. Paris: Gallimard, 1984. p. 92-93.

GOETHE, Johann Wolfgang von. Carta a Carlyle, 1827 *apud* CASANOVA, Pascale. *La république mondiale des lettres*. Paris: Seuil, 1999. p. 27.

MOLLIER, Jean-Yves. Les éditeurs français face à l'Affaire. In: MANCERON, Gilles; NAQUET, Emmanuel. *Etre dreyfusard hier et aujourd'hui*. Rennes: PUR, 2009. p. 239-245.

MOLLIER, Jean-Yves. Os poderes do livro. *Revista Livro*, São Paulo, n. 2, 2012.

MOLLIER, Jean-Yves. Paris capitale éditoriale des mondes étrangers. In: MARÈS, Antoine; MILZA, Pierre (Org.). *Le Paris des étrangers depuis 1945*. Paris: Publications de la Sorbonne, 1994. p. 373-394.

PORRA, Véronique. "Pour une littérature-monde en français": les limites d'un discours utopique. *Intercâmbio*: Revue d'Études Françaises, Porto, v. 1, p. 33-54, 2008.

ROUMAIN, Jacques. Sales nègres. In: ROUMAIN, Jacques. *La montagne ensorcelée*. Paris: Les Editeurs Français Réunis, 1972. p. 241-247.

SAPIRO, Gisèle. *Translatio*: Le marché de la traduction en France à l'heure de la mondialisation. Paris: CNRS Editions, 2008.

THIESSE, Anne-Marie. *La création des identités nationales: Europe XVIIIe-XXe siècles*. Paris: Éditions du Seuil, 2001. (Points Histoire).

TOURNÈS, Ludovic. *L'argent de l'influence: les fondations américaines et leurs réseaux européens*. Paris: Autrement, 2010.

TOURNÈS, Ludovic. *Sciences de l'homme et politique: Les fondations philanthropiques américaines en France au XXe siècle*. Paris: Classiques Garnier, 2011.

WILFERT-PORTAL, Blaise. *Paris, la France et le reste…: importations littéraires et nationalisme culturel en France, 1885-1930*. 606 f. Thèse (Doctorat en Histoire) – Université Panthéon-Sorbonne (Paris I), 2003.

Coleções e publicações documentais no Brasil: estratégias e temporalidades – 1930-1990

Ivana Parrela

Alguns antecedentes sobre a constituição de arquivos e de políticas de publicação de documentos

Na primeira metade do século XIX, os Arquivos Nacionais franceses, sob a administração de Jules Michellet, estabeleceram uma metodologia de tratamento de seus acervos arquivísticos que se tornaria um princípio para organização dos arquivos em todo o mundo, denominado de "respeito aos fundos".[1]

Por outra parte, o mesmo período também é marcado pelo desenvolvimento do positivismo de matriz alemã, que preconizava a verificação documental, como método a serviço da análise histórica. Tal postura contribuiu para que os arquivos adquirissem uma posição instrumental frente à Diplomática e a Paleografia, disciplinas que ascendiam desde o final do século XVIII. Nesse período, muitos daqueles que trabalhavam em arquivos assumiam como denominação de seu ofício a expressão "diplomática prática". Em Portugal, o ensino da Diplomática afirma-se a partir da criação de aula na Universidade de Coimbra, em 1796,[2] o que passa a constituir a formação obrigatória para aqueles que pretendiam desenvolver trabalhos nesses arquivos.

---

[1] A discussão se tornou mais amplamente conhecida no Brasil por meio de Michel Duchein (1982-1986).

[2] Armando B. Malheiro Silva *et al.* (1998, p. 108), ao historiarem o período sob o ponto de vista da consolidação da Arquivística, apontam ainda a criação de outros cursos similares em Nápoles (1811), Florença (1857), Paris (1821) e Madri (1856).

Esses investimentos na formação dos corpos técnicos das instituições arquivísticas podem ser considerados tributários do movimento de renovação da historiografia europeia, marcado por uma forte valorização das fontes históricas e da pesquisa em arquivos. Desse modo, se antes os Arquivos eram usados de modo instrumental em favor da Política ou do Direito, os investimentos na constituição de arquivos eram agora vistos como imprescindíveis ao trabalho histórico. Não por acaso, a maior preocupação da École des Chartes era com a formação de um arquivista-paleógrafo, que torna-se referência para os cursos citados acima.

Além da importância dos documentos para o apoio à administração, seu valor histórico tornava-se mais notável a partir da acumulação das grandes massas documentais recolhidas aos arquivos. Mas, como tornar esses acervos inteligíveis aos potenciais pesquisadores?

É possível vislumbrar ao longo do século XIX um progressivo esforço de identificação desses acervos e regulamentação dos serviços para o seu tratamento. O que implicaria no trabalho de preparação de repertórios e inventários de fontes, na publicação de documentos considerados essenciais para a escrita da História e, por fim, na abertura dos próprios arquivos à consulta pública. Acesso que, no Brasil, só se daria de modo regular a partir do século XX.

Os investimentos na transcrição e publicação de documentos do século XIX acompanhavam essas discussões desde os primeiros momentos e, na falta do acesso direto às fontes, esse era um debate essencial. Eles podem ser exemplarmente analisados a partir das empreitadas desenvolvidas na Alemanha, que inspiraram publicações desse tipo em vários países, a partir de 1819, quando se buscou construir uma *Monumenta Germaniae*. Um grupo de filólogos e historiadores, como Theodor Mommsen, Henrich Leo, Walter Vogel e outros, construíram um plano editorial[3] que dividia a coleção em cinco grupos: *Scriptores, Leges, Diplomata, Epistolae e Antiquitates*. O lema da Sociedade que orquestrava os trabalhos resumia bem os propósitos da coleção: *Sanctus amor patriae dat animum!*

Em Portugal, os trabalhos foram coordenados por Alexandre Herculano, sob os auspícios da Academia de Ciências, que percorreu igrejas, dentre outras instituições, em busca de documentos a serem publicados

---

[3] No entanto, esse continua sendo até hoje um problema fundamental nas publicações de documentos: a falta de um plano editorial de longo prazo e a definição clara dos critérios editoriais. Nesse texto, não nos dedicaremos a um debate sobre as escolhas técnicas para as publicações citadas, ou mesmo, a uma distinção dos critérios utilizados em cada exemplo citado pela exiguidade de nosso espaço.

na *Portugaliae Monumenta Historica*.[4]Ação que acabou por determinar a incorporação de registros das igrejas e corporações religiosas ao Arquivo Nacional da Torre do Tombo, a partir de 1862. A regulamentação dessa medida, por meio de um decreto, exigia a rápida transferência de todos os documentos anteriores ao século XVII ao Arquivo. O que desrespeitava o princípio de respeito à ordem original, tão discutido nos arquivos naqueles anos, e provocava uma irremediável desagregação de muitos arquivos ao impossibilitar a identificação da sua lógica de acumulação. Desse modo, passavam a constituir coleções dentro dos arquivos e não mais séries dentro de um fundo.

No Brasil, em 10 de janeiro de 1825, um decreto recomendava a remessa de documentos de Portugal necessários para a escrita da história do Brasil. De acordo com José Honório Rodrigues, a decisão teve origem na demanda feita por D. Pedro I a José da Silva Lisboa, Visconde de Cairu, de escrever a *História dos principais sucessos políticos do Império do Brasil*, desde 1821. Para isso, a obrigação era de enviar cópias autênticas e não os originais portugueses (RODRIGUES, 1952, p. 61, nota 61). O que acreditamos que tenha motivado diversas missões aos arquivos e bibliotecas europeias, como as empreendidas por Ramiz Galvão nos anos 1870, Antonio Gonçalves Dias, ou ainda, Francisco Adolfo Varnhagen. No entanto, ainda não se abordava a questão da publicação na íntegra de todos esses documentos.

Em 1838, o Instituto Histórico e Geográfico Brasileiro (IHGB) assumiu, antes das instituições públicas devotadas à guarda de acervos, a tarefa de publicar documentos necessários à escrita da história. Desde a sua criação em 1838, no mesmo ano de criação do Arquivo Público do Império, o Instituto discutiu a seleção e transcrição desses acervos como uma função fundamental em seu trabalho, que também iria constituir um dos pilares do seu periódico.[5]

Apesar de ter sido grande o empenho dos administradores do Arquivo e Biblioteca Pública para editar volumes com documentação de interesse para a história, só conseguiriam fazê-lo no fim do século XIX. Em seu relatório de 1882, Machado Portela, diretor do Arquivo

---

[4] A *Portugaliae Monumenta Historica* de Herculano seguia o modelo alemão da *Monumenta Germaniae,* que J.H. Pertz começara a publicar em 1826. No mesmo período, na França, eram publicados os *Documents inédits de l'histoire de France* (SILVA *et al.*, 1998, p. 112).

[5] Sobre a trajetória do IHGB e sua política de publicação de documentos, ver especialmente Guimarães (1988; 2002) e Cezar (2004).

Público do Império, ponderava que o "Brasil não é somente o Rio de Janeiro" e, daí advinha a justificativa de se criar um Anuário do Arquivo Público, para "a publicação de muitos documentos históricos que aqui existem inéditos coisa é cuja utilidade ninguém contestará".[6] Em 1886, o Arquivo Nacional (AN) lançou a série mais tarde intitulada Publicações Históricas, e a Biblioteca Nacional se dedicou à publicação dos Documentos Históricos.

Desse modo, entre as instituições públicas brasileiras, somente na última década do século XIX é que teríamos investimentos sistemáticos na publicação de documentos.

No entanto, mesmo nessas investidas, persistiam críticas muito próximas daquelas formuladas pelo Barão Homem de Melo, em 1860, ao Instituto Histórico, ou seja, faltava:

> a coleção, sistematizada em um corpo regular, dos documentos da nossa história [...] Os documentos de nossa história estão esparsos aqui e ali, em vários arquivos, em trabalhos diversos, em publicações avulsas, em memórias especiais ou em códices ignorados. Não há deles uma coleção ordenada, que possa servir ao historiador [...][7]

Como exemplos das investidas dos arquivos estaduais, criados em fins do século XIX, destacamos as experiências de São Paulo e de Minas Gerais, que optam por privilegiar a publicação de documentos, logo que entraram em atividade.

Em 1894, o arquivo do estado de São Paulo dá início à *Publicação oficial de documentos interessantes para a história e costumes de São Paulo*, cujo primeiro volume foi dedicado à publicação de "A Bernarda", de Francisco Ignácio, que narra acontecimentos na cidade de São Paulo em 23 de maio de 1822. Em seu "Aviso ao leitor", o diretor do Arquivo, Toledo Piza, começa por apresentar a trajetória do documento até chegar às suas mãos na instituição, para em seguida explicar porque seria "interessante" a sua publicação "como um documento histórico do início da Independência em São Paulo". O diretor segue explicando não ter alterado coisa alguma no texto para não tirar a "originalidade do escrito", mas afirma

---

[6] Relatório do Arquivo Público de 1882, apresentado em 31 de março de 1883, citado por Castello Branco (1937, p. 104).

[7] Conforme "Necessidade de uma coleção sistemática de documentos da história do Brasil", de Homem de Melo (1860), publicado na *Revista do Instituto Histórico e Geográfico Brasileiro* em 1901.

ter acrescentado em forma de anexo documento importantes, que esclarecem o assunto, extraídos de outras publicações e documentos inéditos do Arquivo daquele estado (APM, 1903, p. 3).

Em 1895, seria criado em Minas Gerais o Arquivo Público Mineiro (APM), em meio a debates sobre a mudança da capital de Ouro Preto para Belo Horizonte. O que motivaria um tratamento distinto para os temas históricos e os acervos a serem recolhidos, que constituem as fontes para sua construção. Acreditamos que tal contexto tenha influenciado na organização da instituição, bem como temas históricos que se fizeram representar na escolha dos documentos recolhidos ou, até mesmo, na hierarquização das ações técnicas a serem priorizadas e na seleção de documentos a serem publicados. No entanto, uma questão instigante no caso deste Arquivo é pensar quais sobre as suas motivações para buscar determinados conjuntos documentais quando da criação do Arquivo em detrimento de outros e quais deveriam ser publicados.

No prefácio de suas *Efemérides mineiras*, Xavier da Veiga, criador do APM e seu idealizador fez várias referências a suas dificuldades para "coligir dados e documentos [...] colhidos em arquivos mais ou menos desordenados"(p. 47), o que justificava a acumulação de acervos em sua casa, que seriam posteriormente doados à instituição. Na "Cronologia mineira", presente na obra, percebe-se o "empenho patriótico" na construção do trabalho – que ele acreditava ser de utilidade pública e permanente para Minas Gerais e os mineiros –, assim como a lógica da constituição e do arranjo do acervo do APM. As *Efemérides* seriam a orientação inicial para o arranjo dos acervos da instituição e a ordenação necessária à escrita das efemérides sociais e políticas do estado futuramente.

A busca por tais motivações – ou melhor, pelos critérios que nortearam os recolhimentos e as aquisições do APM – permite vislumbrar uma estreita relação entre a organização do acervo documental da instituição e a obrigação de fundar e "redigir uma revista periódica" na qual se publicariam trabalhos históricos, biográficos, topográficos, estatísticos, etc., além de "escrever acerca dos acontecimentos, homens e coisas notáveis de Minas Gerais, como também documentos, composições literárias e memórias interessantes sobre os mesmos assuntos, inéditas ou não vulgarizadas".[8] Um trabalho não era visto desvinculado do outro

---

[8] Lei n. 126, art. 8°, 1895. Grifos nossos. Para visualizar toda a legislação de criação do APM – Lei e Regulamento de 1895, ver o primeiro número da revista (<http://www.siaapm.cultura.mg.gov.br/modules/rapm/brtacervo. php?cid=8&op=1>). Acesso em: 10 set. 2011.

nos primeiros momentos. Nas gestões seguintes, até os anos 1930, essa noção de que era necessário vincular os documentos recolhidos com a produção da história no APM persistiria.

Os recolhimentos e projetos de escrita da história estavam estreitamente relacionados à obrigação fundamental do diretor – fundar e redigir uma revista periódica, editada pela Imprensa Oficial –, que seria complementar ao primeiro trabalho histórico, mas, especialmente, que conferissem prestígio aos autores, como produtores autorizados para a escrita de uma versão "definitiva" da história de Minas Gerais, pelo espaço de *excelência* que o APM deveria ser. Para dar conta dessa atribuição, o APM criou uma rede de correspondentes para a *Revista do Arquivo Público Mineiro* (*RAPM*), lançada logo após a sua institucionalização, em 1896, que também foi importante para a captação de acervos em cidades do interior e para a produção das memórias locais. Mas a *RAPM* ia além do cumprimento dessas funções, pois se tornou espaço privilegiado ainda para *divulgar documentos interessantes*, assim como também fazia naqueles tempos o Arquivo Público de São Paulo e as instituições congêneres da capital, bem como para *publicar instrumentos de busca para o acervo do APM*, consolidando-se como o espaço respeitado do estado para a publicação de estudos históricos. Tais funções o periódico soube manter mesmo em períodos de crise.

O Arquivo Público Mineiro, em seus primeiros anos, privilegiava a publicação de documentos que dissessem respeito à posse de terras – como as Cartas de Sesmaria – e, ainda, aqueles documentos considerados como marcos fundadores dos principais municípios mineiros.

Além disso, um das primeiras ações do Arquivo visou apresentar aos mineiros, por meio de sua publicação, o documento intitulado *Discurso histórico e político sobre a sublevação que nas Minas houve no ano de 1720*. O documento foi comprado por David Campista, em concorrido leilão em Lisboa da Livraria do Conde de Linhares. O texto foi publicado entre os dias 5 e 19 de fevereiro de 1895, no jornal *Minas Gerais*, e em seguida, em brochura editada pela Imprensa Oficial do Estado (XAVIER DA VEIGA, 1898). No entanto, as separatas eram raras na política editorial do Arquivo. A vulgarização dos documentos continuou a ser atribuição da sua *Revista*.

Capistrano de Abreu, que fora funcionário da Biblioteca Nacional brasileira e já era reconhecido como nosso grande historiador em fins do século XIX, ao escrever a seu incansável copista em Portugal, Lino Assunção, resume bem o sentido de se copiar e publicar documentos naqueles anos: "a história do Brasil é um mundo e o que existe nos arquivos portugueses [é] um continente. Seria preciso passar muitos anos aí, sem ter outra coisa a fazer, para dar cabo da tarefa" (Capistrano *apud* Silveira, 1946, p. 113)

As publicações de documentos do século XX em dois tempos: anos 1930 e 1990

Em 1928, o Arquivo Nacional retomava a publicação de documentos com a série Documentos Históricos. O texto introdutório do primeiro número explicava:

> a publicação de documentos, ora iniciada pelo Arquivo não somente vem atender à necessidade de divulgá-los, tornando-os conhecidos e facilitando a sua consulta e estudo a todos os que se dedicam à investigação dos fatos de nossa história, mas também a conveniência de *subtrair o conteúdo desses valiosos papéis a ação destruidora das traças* [...] (AN, 1928, v. 1, grifo nosso)

O que retomava um dos principais argumentos para a transcrição de acervos dentro dos Arquivos: a cópia como medida de preservação de seu conteúdo informacional. Desde o primeiro *Plano provisório para o Regimento Interno do Arquivo Público do Império*,[9] de 1840, já havia recomendações para que "os papéis, que por qualquer motivo de ruína não estiverem em estado de serem conservados no Arquivo, serão nele substituídos por cópias extraídas dos mesmos papéis *ipsis verbis*, as quais, para serem autênticas, serão conferidas e subscritas pelo diretor".

O que nos leva a sugerir aqui que muitas transcrições feitas na Europa para instituições brasileiras, como as de Eduardo Castro e Almeida durante os muitos anos em que era também funcionário da instituição na qual trabalhava para o governo brasileiro, possam ter sido cópias daquelas feitas para salvar acervos por esses paleógrafos de carreira. Depois, apenas organizadas como repertório de fontes sobre o Brasil.

O texto exemplificava a importância dessa prática ao citar o diretor do Arquivo, em 1923, na "Introdução" ao volume XXI das *Publicações do Arquivo Nacional*, na qual o dirigente dizia que

---

[9] Conforme "Da ordem dos trabalhos, Art. 24", capítulo 3, do Plano Provisório para o Regimento interno do Arquivo Público do Império, citado por Branco (1937, p. 317).

os Autos da Devassa da Revolução de 1817, o mais significativo movimento que antecedeu à Independência, conservam-se inéditos e já não podem ser dados a estampa integralmente, porque dos 30 volumes, 13 foram reduzidos a pó pelas traças. A mesma sorte aguarda os Autos da Devassa da Inconfidência Mineira [...] (AN, 1928)

Nesse primeiro volume do novo periódico são publicados os papéis da "Provedoria da Fazenda Real de Santos". No entanto, o diretor do Arquivo Nacional alertava ainda que aqueles documentos não continham apenas dados referentes à administração da Capitania de São Paulo, mas eram complemento das Coleções que em São Paulo, Washington Luís, administrador que hoje empresta seu nome ao arquivo municipal, mandava publicar documentos dos arquivos da prefeitura e do estado.

Em São Paulo, no bojo das comemorações do primeiro centenário da independência do país, o museu criado pelo estado para lembrar o palco desses acontecimentos desde 1893 tornou-se a partir da década de 1920 um museu histórico. O seu diretor no período, Afonso de Escragnolle Taunay, iria lançar mão dos *Anais do Museu Paulista*, criado em 1922, para dar uma "identidade bandeirante" que julgava necessária a um estado agora hegemônico, fortalecido pelo café, pela imigração e pela industrialização. Nesse esforço memorial, o engenheiro politécnico convertido historiador iria publicar documentos e memórias históricas consideradas por ele como essenciais à identidade paulista.

Em 1934, aquela cidade ganharia outro periódico devotado à publicação de documentos históricos: a *Revista do Arquivo Municipal de São Paulo*. Nas páginas introdutórias do primeiro volume, o diretor explicava os objetivos daqueles anais

> destinados a vulgarizar, ao lado de trabalhos de bons autores, numerosos documentos antigos, relativos aos paulistas – e quase todos inéditos [...] esforço, que salvará para os coevos e porvindouros, a grande parte do acervo histórico que por um verdadeiro e inexplicável milagre, atravessando as vicissitudes dos séculos, ainda se conserva carinhosamente entesourada no Arquivo do Município. (RAPM, 1934, p. 5-6)

O diretor do Arquivo lembrava ainda que aquela deveria ser uma missão educativa, cívica e patriótica de quem procurava fazer alguma coisa por São Paulo e, por conseguinte, pelo Brasil (RAPM, 1934, p. 6). Bem alinhado a tais propósitos, Taunay seria o responsável pelo primeiro texto do periódico, sobre a história administrativa, intitulado "Cousas da governança da cidade" e que abria uma parte da revista denominada

"Literatura". Havia ainda outro texto, de autoria de Nuto Sant'Anna, que era apresentado como encarregado da Seção Histórica da Prefeitura da capital, denominado "Os papéis antigos do Arquivo Municipal de São Paulo" (SANT'ANNA, 1934, p. 27). Sant'Anna, naquele número inaugural, prefere traçar um histórico do acervo e do próprio Arquivo e destacar que "as suas peregrinas relíquias afrontaram e venceram todas as investidas" para ali chegarem a uma publicação que destacasse seu valor pragmático para a memória paulista. Nesse esforço parte de 1578, narrando uma sequência de mudanças de endereços, sinistros e roubos, como o do primeiro livro de atas por volta de 1880, ou "empréstimos eternos" de acervos, como o feito pelo diretor da Fábrica de Ferro de Ipanema, em 1821, como graves riscos que justificavam a publicação dos documentos do Arquivo. Documentos encarados como "relíquias", mas que eram percebidos como essenciais por seu valor não apenas probatório, mas pedagógico.

Em 1935, com o início da gestão de Fábio Prado na prefeitura, a revista ganharia nova linha editorial. Sob a batuta de Mário de Andrade, no novo Departamento de Cultura, que o Arquivo passa a integrar, o

> Arquivo histórico [...] renascerá das próprias cinzas, podendo, dentro em breve tempo, com seus manuscritos, suas galerias iconográficas, sua biblioteca, ser aberto à consulta pública, impondo-se, dentro de nossa civilização, não só como preciosa fonte de pesquisa, senão como verdadeiro centro de irradiação de cultura [...] (RAPM, 1934, p. 5, grifos nossos).

Com essa nova missão, a nosso ver, tornava-se injustificável que o acesso às "relíquias do arquivo" continuassem a se dar apenas pela publicação nas páginas de sua revista ou em meio às narrativas de alguns eleitos que tinham acesso às salas do Arquivo, como os membros do IHGB. Assim, de 1935 a 1938, a Revista do Arquivo Municipal tornava-se a verdadeiramente a revista do departamento de cultura e, com essa missão ampliada, minguavam as publicações de documentos e cresciam as publicações de textos sobre Sociologia, Etnografia, Demografia.[10]

Nos anos seguintes, alguns periódicos que durante anos haviam se dedicado à publicação de documentos históricos são interrompidos por longos períodos, a exemplo do que aconteceu com a Revista do Arquivo Público Mineiro, que encerra uma de suas fases em 1937 – o que acreditamos

---

[10] Sobre a importância da revista nesses anos e o abandono da proposta original de se publicar documentos, ver Raffaini (2001, p. 49 et seq.).

poder ser creditado a uma mudança nas preocupações das instituições de guarda com as questões de acesso às fontes, como havia acontecido no Arquivo da cidade de São Paulo. O que pode ser associado ainda à estruturação dos cursos universitários no país. O que, à primeira vista, deveria contribuir para maiores demandas por publicações de fontes. Mas acabaram por exigir maiores investimentos em espaços de pesquisa e, especialmente, mais bibliotecas. Situação que acreditamos que também possa ser vislumbrada nos casos das bibliotecas e arquivos públicos estaduais de Minas Gerais e São Paulo.

O que não significa dizer que as publicações de documentos tenham desaparecido por completo após os anos 1930. Ao contrário, nesse período é possível perceber o surgimento das primeiras proposições, por parte dos pesquisadores brasileiros, de construção de uma coleção da totalidade das fontes primárias de interesse para o Brasil em sua antiga metrópole, agora em novos suportes: os microfilmes. Localizamos as primeiras investidas nesse sentido nos trabalhos de Luiz Camillo, pesquisador que dedicou longos períodos de sua vida à produção de instrumentos de busca sobre o Brasil em acervos estrangeiros. Em 1937, Luiz Camillo sugeria ao então diretor do Arquivo Histórico Colonial português, Manuel Múrias, um plano de organização e microfilmagem de todas as fontes portuguesas para a nossa história, o que seria selecionado por investigadores brasileiros (PENNA, 2006, p. 128).[11]

Além disso, levantamos a hipótese de que outras instituições, além daquelas tradicionalmente responsáveis pela política de acervos no país, tenham tomado para si a missão de patrocinar tais publicações, devotando-se aos documentos monumentais.[12] Como nos casos da publicação da série Documentos dos Arquivos Portugueses que Importam ao Brasil, publicada entre os anos de 1944 e 1949, sob a organização do diretor do Arquivo de Évora, Luís da Silveira, no âmbito do Acordo Cultural celebrado pelos dois países em 1941. De acordo com Gisela Serrano, "nessa coleção, predomina o sentido de uma história luso–brasileira a ser ressignificada sob os preceitos do Acordo Cultural" (SERRANO, 2009, p. 45) por meio da transcrição dos documentos.

Existem ainda algumas publicações de documentos considerados relevantes ou fundadores e publicados em efemérides, como no caso da

---

[11] Conforme transcrição e análise de duas cartas de Luiz Camillo ao diretor do Arquivo, datadas de 6 de setembro de 1937, sobre tais demandas.

[12] Valendo lembrar aqui o trabalho de Le Goff (2003), sobre esse processo de monumentalização dos documentos.

publicação feita pela Assembleia Legislativa de Minas Gerais, em 1972, dos *Autos da devassa da Inconfidência Mineira*.

Além disso, merecem destaque as propostas de publicação de documentos e guias de fontes nas comemorações dos centenários da libertação dos escravos, da Proclamação da República e Bicentenário da Inconfidência Mineira, nos anos 1980. Esse último daria origem a um projeto de descrição dos documentos relativos a Minas Gerais existentes no Arquivo Histórico Ultramarino de Lisboa, sob a coordenação do professor Caio César Boschi, que acabaria por incentivar uma nova série de investimentos mais amplos, que incluíam agora, com o uso de novas tecnologias, a possibilidade de reprodução dos documentos e a extensão da proposta para todas as capitanias do período colonial, a custos infinitamente mais baixos que o das transcrições paleográficas do século XIX.

Ainda nos anos 1980, o Arquivo Nacional lança na gestão de Celina do Amaral Peixoto Moreira Franco, na série de Publicações Técnicas, um volume totalmente dedicado à publicação de documentos históricos (ARAÚJO, 1985), trabalhos que eram coordenados por Emanuel Araújo. O texto enfrentava desde as formas de publicação até as questões de ortografia de nomes próprios e de abreviaturas.

As publicações dos anos 1990: um retorno à publicação de documentos em série

A partir dos anos 1990, assistimos à constituição de uma série de grupos de pesquisas que iriam retomar uma linha de trabalho cara aos homens do século XIX: a identificação de acervos de interesse para a pesquisa histórica brasileira existentes em arquivos de várias partes do mundo e, em especial, da Europa. Esses grupos vão publicar catálogos, repertórios e guias de fontes documentais manuscritas até então pouco conhecidas ou desconhecidas.[13]

Com a melhoria das nossas condições de acesso às viagens, esses trabalhos contribuiriam ainda para uma ampliação dos estudos históricos, justamente, em um momento de crescimento dos cursos de pós-graduação em História, a exemplo do curso do Departamento desta Universidade, criado neste contexto, estas ações vão estimular as pesquisas no exterior. Além coincidir, com a produção de um maior número de trabalhos

---

[13] A título de exemplo citamos Jucá (1999), Figueiredo (1999), Boschi (1998) e Lopes (2000).

elaborados em programas de pesquisas no exterior, conforme demonstram pesquisas como a de Maria do Carmo Andrade Gomes (1994).

Boa parte das publicações citadas acima tem origem no Projeto Resgate de Documentação Histórica Barão do Rio Branco, ou Projeto Resgate, que foi criado institucionalmente em 1995, por meio de protocolo assinado entre as autoridades portuguesas e brasileiras no âmbito da Comissão Bilateral Luso-Brasileira de Salvaguarda e Divulgação do Patrimônio Documental (COLUSO). Tendo como objetivo principal disponibilizar documentos históricos relativos à história do Brasil existentes em arquivos de outros países, sobretudo Portugal e demais países europeus com os quais a nossa história colonial estava relacionada. A iniciativa bilateral Portugal/Brasil foi concebida no contexto das comemorações dos quinhentos anos do descobrimento.[14]

De acordo com os textos institucionais que divulgam o trabalho em meio eletrônico,[15] "o significado e importância da proposta residem no apoio à preservação da memória histórica nacional e na democratização do acesso ao patrimônio documental brasileiro". Por essa razão, não se pretendeu catalogar, microfilmar e digitalizar toda a documentação do Arquivo Histórico Ultramarino – AHU – primeiro acervo abordado pelos trabalhos – apenas àquelas relativas ao Brasil, que compreenderam a documentação avulsa, os códices e as coleções de cartografia e iconografia. As coleções de cartografia e iconografia sobre Brasil compreendem cartas geográficas e topográficas, plantas de fortes, fortalezas, casas de câmara, cadeias, igrejas, aldeias, vilas e cidades. Totalizam quase mil espécies, de acordo com o mesmo texto institucional.

As pesquisas que começaram motivadas pelas comemorações dos quinhentos anos do descobrimento do Brasil tiveram ampla participação da comunidade científica, de empresas privadas e de várias instituições estatais, nos dois lados do Atlântico (agências de fomento à pesquisa, universidades, secretarias de estado da cultura, prefeituras, fundações, arquivos estaduais, ministérios da cultura, da ciência e tecnologia e ministérios das relações exteriores, etc.). Mais de 110 instituições públicas e privadas, brasileiras e portuguesas, e mais de uma centena de

---

[14] A título de comparação, é necessário recuperar aqui a experiência de digitalização de acervos promovida pelos espanhóis no bojo das comemorações do 5º Centenário do Descobrimento da América. No entanto, nos anos 1980, ainda não dispúnhamos de tecnologia de reprodução de acervos em meio digital suficiente para tamanha investida.

[15] Texto de apresentação do projeto (<http://www.cmd.unb.br/resgate_ahu.php>).

pesquisadores desenvolveram iniciativa sem precedentes na preservação em meio digital dos suportes documentais da memória nacional.

Produziram-se reproduções de aproximadamente 150 mil documentos dos séculos XVI-XIX (cerca de 1,5 milhão de páginas manuscritas) relativos a dezoito capitanias da América portuguesa, depositados no AHU. Tais documentos foram descritos, classificados, microfilmados e digitalizados. Publicaram-se vinte catálogos em 27 volumes, quatro guias de fontes e 380 CD-ROM de documentos digitalizados. No Brasil, os arquivos estaduais receberam cópia microfilmada da documentação pertinente ao passado colonial de seus respectivos territórios e a Biblioteca Nacional acolheu toda a coleção de microfilmes.

Com a disseminação de novas tecnologias de reprodução e disponibilização dessas fontes, o Projeto Resgate se desdobrou na realização de uma nova etapa de disponibilização desses trabalhos pela Internet, o que ficou conhecido como o Projeto Resgate em Conteúdo Digital, desenvolvido pelo Centro de Memória Digital, em parceria com o Ministério da Cultura (MinC). O MinC já havia encampado a proposta desde 1996.

Em 2002, o MinC permitiu que o projeto fosse habilitado para captar recursos da Lei de Mecenato[16] e recebeu patrocínio integral da Petrobras. Em junho de 2003, o Ministro Gilberto Gil fez entrega solene da primeira edição do *kit* de CD-ROM do Projeto Resgate. Na primeira fase do projeto, que teve início em agosto de 2003 e encerrou-se em 2005, o *site* disponibilizou o conteúdo do primeiro *kit* de CD-ROM, que não compreendia a documentação das capitanias do Rio de Janeiro, da Bahia e de Pernambuco, e desenvolveu a primeira versão do portal, do banco de dados e do sistema de pesquisa e de visualização de imagens.

A segunda etapa dos trabalhos denominou-se Projeto Resgate em Conteúdo Digital e foi novamente contemplada pelo patrocínio da Petrobras, no biênio 2005-2006, agora por meio de edital Petrobras Cultural, e somente concluída em 2009. A documentação faltante foi incorporada na segunda versão do *kit* de CD-ROM, relativa aos acervos das capitanias de Bahia, Pernambuco e Rio de Janeiro, e desenvolveu nova versão do portal e do sistema de pesquisa e de visualização de imagens. As alterações resultaram em agilidade e economia do tempo na pesquisa e no *download* de imagens, o que constituía um dos principais problemas de acesso aos documentos e às informações do banco de dados nos primeiros anos.

---

[16] Por meio da Portaria n. 696, de 19 de dezembro de 2002.(<http://www.cmd.unb.br/ resgate_ahu.php>).

Segundo nos informa o projeto responsável pela digitalização,

> os documentos avulsos e códices tratados pertencem ao fundo do Conselho Ultramarino, que reúne documentação de várias instituições da administração central portuguesa e que cuidavam dos negócios ultramarinos, principalmente o Conselho Ultramarino (1643-1833) e a Secretaria de Estado da Marinha e Ultramar, criada em 1736. O fundo contém documentos desde o século XVI até 1833, pois o Conselho Ultramarino incorporou a documentação produzida e acumulada pelas instituições que o precederam na gestão dos negócios ultramarinos. Essas instituições foram principalmente o vedor da Fazenda da repartição da Índia, Brasil, Mina e Guiné, a Mesa da Fazenda (quando se reuniam os vedores da Fazenda), depois o Conselho da Fazenda até 1604, ano da criação do Conselho da Índia, que é extinto em 1614, em que assume novamente o Conselho da Fazenda até a criação do Conselho Ultramarino, em 1643.[17]

A pretensão era dar conta de toda a documentação avulsa da série Brasil, o que compreendeu o tratamento de 435 códices constantes do inventário de Alberto Iria (IRIA, 1966). Com o desenvolvimento dos trabalhos, percebeu-se que os códices relativos a todas as conquistas deveriam ser acrescentados, pois todos contêm registros de documentos sobre o Brasil. E, ainda, os códices que não constavam daquele inventário, o que elevava o trabalho para um total de 759 unidades. Ao alcançar tais números, o Projeto Resgate acreditou ter cumprido seus objetivos de resgatar "todos os códices" com interesse para o Brasil existente no AHU. Não entanto, é sabido que importantes lacunas sobre a documentação avulsa relativa ao Brasil ainda persistem. Pois facilmente se encontram documentos alusivos ao Brasil nas séries Correspondência da Região Atlântica (Ilhas da Madeira e dos Açores, lugares do norte da África, Guiné, Cabo Verde, São Tomé e Príncipe e Angola), ou na Correspondência do Reino, que inclui a do Conselho da Fazenda (até 1643), do Conselho Ultramarino (1643-1833) e da Secretaria de Estado da Marinha e do Ultramar (1736-1834) e a do Conselho da Índia (1604-1614), com os outros tribunais, secretarias e demais autoridades do Reino. As séries Correspondência de Moçambique, Índia, Macau e Timor também contêm documentos sobre Brasil que não foram explorados no Projeto.

---

[17] http://www.cmd.unb.br/resgate_ahu.php

Além disso, o Projeto se preocupou ainda com a construção da memória de sua própria empreitada: publicou dois números de uma revista denominada *História Digital* (2007; 2009)que constituem dossiês do Projeto Resgate e do Projeto Resgate em Conteúdo Digital, respectivamente.

Considerações finais

Nos primeiros anos do século XX, no Brasil, vários projetos pelo país publicaram documentos, mas não com a pretensão de tornar essa prática regular ou definidora de sua linha editorial, como alguns dos exemplos que foram citados na segunda parte do texto. O mais comum seriam as publicações comemorativas, como aquelas devotadas ao 1º Centenário da Independência. No entanto, é importante destacar as iniciativas como do Ministério das Relações Exteriores, na gestão do Barão do Rio Branco. No caso desse ministério, havia uma preocupação em somar esforços e complementar coleções, com acervos cujo domicílio documental era distinto, como ocorria com as publicações feitas em 1923, que destacavam em sua apresentação a complementaridade dos documentos apresentados nas obras com outras publicações do Arquivo e Biblioteca Nacional, o que constitui um distintivo para essas iniciativas, se comparadas àquelas do século XIX, apresentadas anteriormente.

Além disso, algumas das propostas desenvolvidas nos anos 1960 e 1990 já sugerem o uso de novas tecnologias de reprodução, além da simples transcrição, para dar conta de suas novas pretensões: reunir a totalidade das fontes existentes em determinados arquivos, estados, ou mesmo em países para a construção da história do Brasil ou de seus estados. O que, acreditamos, possa ser creditado ao surgimento de nossos cursos universitários, no primeiro momento, e à expansão dos cursos de pós-graduação, no segundo momento.

Nesses dois momentos analisados aqui, nos acompanhou a pergunta: por que publicar documentos? Porque a prática se mantém, mesmo após o refinamento dos processos de pesquisa por meio de metodologias complexas, que levam ao uso de séries documentais mais longas e/ou à consulta de uma variedade cada vez maior de tipos de fontes, ainda que tantas críticas tenham sido feitas à escola positivista e a como esta definia certa primazia ao documento no processo da escrita da história?

Talvez uma resposta possível, como nos sugere Elizabeth Kaplan (2002), seja que ao longo desse processo historiadores e arquivistas tenham deixado de "conversar" sobre os seus interesses e metodologias. Assim, arquivistas teriam continuado amantes dos métodos positivistas, produzindo trabalhos que pouco interessam ou não são facilmente compreendidos pelos historiadores. Acreditamos que seja um exemplo sintomático desse divórcio o fato de ao longo do século XX ter sido criado apenas quatro cursos de Arquivologia no país, enquanto dúzias de cursos de História se espalhavam por todos os seus estados.

Referências

ABREU, Capistrano de *apud* SILVEIRA, Luís da. Fontes da História do Brasil. In: ABREU, Capistrano de. *Cartas de Capistrano de Abreu a Lino Assunção.* Lisboa: Oficina Gráfica, 1946. v. 1

ARAÚJO, Emanuel. *Publicação de documentos históricos.* Rio de Janeiro: Arquivo Nacional, 1985.

ARCHIVO DO ESTADO DE SÃO PAULO. *Publicação official de documentos interessantes para a história e costumes de São Paulo.* 3. ed. São Paulo: Cardozo Filho &Comp. , 1903.

AN – ARCHIVO NACIONAL. *Documentos históricos.* Rio de Janeiro: Braggio & Reis, 1928. v. 1.

APM – ARCHIVO PÚBLICO MINEIRO. Lei 126, art. 8º. *Revista do Archivo Público Mineiro,* Ouro Preto, v. 1, n. 1, p. 175-196, jan.-mar. 1896. Disponível em:<http://www.siaapm.cultura.mg.gov.br/modules/rapm/brtacervo. php?cid=8&op=1>. Acesso em: 10 set. 2011.

BOSCHI, Caio Cesar (Org.). *Inventário dos manuscritos avulsos relativos a Minas Gerais existentes no Arquivo Histórico Ultramarino (Lisboa).* Belo Horizonte: Fundação João Pinheiro, Centro de Estudos Históricos e Culturais, 1998. 3 v.

HISTÓRICO do Projeto Resgate. Disponível em: <http://www.cmd.unb.br/ resgate_index.php>. Acesso em: 16 set. 2011.

CASTELLO BRANCO, Pandiá H. de Tautophoeus. Plano Provisório para o Regimento interno do Arquivo Público do Império. In: CASTELLO BRANCO, Pandiá H. de Tautophoeus. *Subsídios para a História do Arquivo Nacional: na comemoração do seu primeiro centenário, 1838-1938; o Arquivo no Império.* Rio de Janeiro: Oficinas Gráficas do Arquivo Nacional, 1937. p. 312-317.

CASTELLO BRANCO, Pandiá H. de Tautophoeus. *Subsídios para a História do Arquivo Nacional: na comemoração do seu primeiro centenário (1838-1938).* Rio de Janeiro: Oficinas Gráficas do Arquivo Nacional, 1937.

CEZAR, Temístocles. Lição sobre a escrita da história: historiografia e nação no Brasil do século XIX. *Diálogos,* Maringá, v. 8, n. 1, p. 11-29, 2004.

DUCHEIN, Michel. O respeito aos fundos em arquivística: princípios teóricos e problemas práticos. *Arquivo & Administração*, Rio de Janeiro, v. 10-14, n. 1, p. 14-33, abr. 1982-ago. 1986.

FIGUEIREDO, Arnaldo Estevão de (Org.). *Catálogo de verbetes dos documentos manuscritos avulsos da Capitania de Mato Grosso (1720-1827)*. Campo Grande: Editora UFMS, 1999.

GOMES, Maria do Carmo Alvarenga Andrade. *A produção do conhecimento histórico e o documento*: estudo da relação entre historiografia mineira e as fontes – 1979/1990. 199 f. Dissertação (Mestrado em Ciências XX) – Faculdade de XX, Universidade Federal de Minas Ferais, Belo Horizonte, 1994.

GUIMARÃES, Manoel Luís S. Nação e civilização nos trópicos: o Instituto Histórico e Geográfico e o projeto de uma História nacional. *Estudos Históricos*, Rio de Janeiro. n. 1, p. 5-24, 1988.

GUIMARÃES, Manoel Luís Salgado. Entre o amadorismo e o profissionalismo: as tensões da prática histórica no século XIX. *Topoi*, Rio de Janeiro, n. 5, p. 184-200, set. 2002.

HISTÓRIA DIGITAL. Brasília: Centro de Memória Digital, ano 2, n. 2, 2009.

HISTÓRIA DIGITAL. Brasília: Centro de Memória Digital, ano 1, n. 1, 2007.

HOMEM DE MELO, Francisco Inácio Marcondes. Necessidade de uma collecção systemática de documentos da História do Brazil. *Revista Trimestral do Instituto Histórico e Geográphico Brazileiro*, Rio de Janeiro, v. 64, parte 2, p. 149-151, 1901.

IRIA, Alberto. Inventário geral dos códices do Arquivo Histórico Ultramarino apenas referentes ao Brasil: fontes para a história luso-brasileira. *Studia*, Lisboa: Centro de Estudos Históricos Ultramarinos, n. 18, ago. 1966. Separata.

JUCÁ, Gisafran Nazareno Mota (Org.). *Catálogo de documentos manuscritos avulsos da Capitania do Ceará: (1618-1832)*. Fortaleza: Universidade Federal do Ceará, Fundação Demócrito Rocha, 1999.

KAPLAN, Elisabeth. Many Paths to Partial Truth: Archives, Anthropology and the Power of Representation. *Archival Science*, Netherlands, v. 2, n. 3-4, p. 209-220, 2002.

LE GOFF, Jacques. *História e memória*. Campinas: Editora da Unicamp, 2003.

LOPES, Fátima Martins (Org.). *Catálogo de documentos manuscritos avulsos da Capitania do Rio Grande do Norte (1623-1823)*. Natal: EDUFRN, 2000.

PENNA, Maria Luiza. *Luiz Camillo*: perfil intelectual. Belo Horizonte: Editora UFMG, 2006.

PROJETO Resgate no Arquivo Histórico Ultramarino. Disponível em: <http://www.cmd.unb.br/resgate_ahu.php>. Acesso em: 16 set. 2011.

RAFFAINI, Patrícia T. *Esculpindo a cultura na forma do Brasil*: o Departamento de Cultura de São Paulo (1935-1938). São Paulo: Humanitas/FFLCH,USP, 2001.

REVISTA DO ARQUIVO PÚBLICO MUNICIPAL. São Paulo: Diretoria do Protocolo e Arquivo da Prefeitura, 1934. Irregular. ISSN 0034-9216.

RODRIGUES, José Honório. *A pesquisa histórica no Brasil*. Rio de Janeiro: Departamento de Imprensa Nacional, 1952.

SANT'ANNA, Nuto. Os papéis antigos do Arquivo Municipal de São Paulo. *Revista do Arquivo Municipal*, São Paulo, v. 1, p. 25-28, jul. 1934.

SERRANO, Gisella de Amorim. *Caravelas de papel: a política editorial do acordo cultural luso-brasileiro de 1941 e o pan-lusitanismo (1941-1949)*. 2009. 316 f. Tese (Doutorado em História) – Faculdade de Filosofia e Ciências Humanas, Universidade Federal de Minas Gerais, Belo Horizonte, 2009.

SILVA, Armando B. Malheiro da et al. *Arquivística: teoria e prática de uma ciência da informação*. Porto: Afrontamento, 1998.

XAVIER DA VEIGA, José Pedro. Advertência. In: XAVIER DA VEIGA, José Pedro. *A Revolta de 1720 em Vila Rica*: Discurso histórico-político. Ouro Preto: Imprensa Oficial de Minas Gerais, 1898. p. 3-6.

Brasiliana segunda fase: percurso editorial de uma coleção que sintetiza o Brasil (1956-1993)

Giselle Martins Venancio

Os brasileiros estudiosos sabem disso.
O nome da Brasiliana consagra automaticamente uma produção.

Anônimo

A frase acima, encontrada em um documento do acervo de Américo Jacobina Lacombe, depositado na Casa de Rui Barbosa[1], foi provavelmente escrita por ele ao promover um balanço da produção intelectual brasileira publicada na Coleção Brasiliana, da Companhia Editora Nacional. Embora não esteja datado, esse documento, possivelmente, foi escrito no início dos anos 1980, pois seu autor faz referência às publicações da Brasiliana realizadas em parceria com a Universidade de São Paulo (USP) e com o Instituto Nacional do Livro (INL), o que efetivamente aconteceu ao longo dos anos 1970.[2] O documento em

---

[1] Arquivo Américo Jacobina Lacombe (AJL), pasta 291 (Companhia Editora Nacional, direção Brasiliana). Para evitar repetições constantes, utilizei as abreviaturas FCRB, para a Fundação Casa de Rui Barbosa, e AJL, para o acervo Américo Jacobina Lacombe, seguidas do número e do nome da pasta, conforme disponível nesse acervo.

[2] Informação corroborada por outro documento encontrado no acervo. Jorge Yunes, ao assumir a editora que daria continuidade à publicação da Coleção Brasiliana, no início dos anos 1980, fez publicar no jornal *O Estado de São Paulo*, em 8 de fevereiro de 1980, um artigo no qual afirmava: "a Brasiliana [...] é, pois, na plenitude do termo, um patrimônio nacional [...] marco definitivo da cultura brasileira. Foi o que bem compreendeu o INL que, fiel a sua missão de promoção da cultura, por seu instrumento privilegiado que é o livro, vem esclarecidamente patrocinando, sob a forma de co-edição, a publicação de várias obras da Brasiliana".

questão, além de estar sem data, encontra-se datilografado e também sem assinatura. Acredita-se, no entanto, que ele foi escrito por Lacombe, pois constam correções manuscritas feitas por ele. Como esse autor tinha por hábito datilografar e, posteriormente, corrigir a mão seus textos, é bastante seguro supor que o documento tenha sido escrito pelo próprio Lacombe.

Importante, porém, é considerar, como indica o texto, que a Coleção Brasiliana chegava, naquele momento, ao seu cinquentenário, reafirmando seu poder de conferir autenticidade e valor a produções intelectuais diversas. Criada em 1931, e inicialmente dirigida por Fernando de Azevedo, a coleção havia se tornado, ao longo de sua existência, um privilegiado espaço de difusão da produção intelectual sobre o Brasil, constituindo-se, como afirmou Gustavo Sorá, em uma biblioteca real e metafórica sobre o país. A Brasiliana, que tinha a pretensão de colocar à disposição de seus leitores, "de um só golpe de vista [...] toda a cultura nacional" (SORÁ, 2010, p. 28), tornou-se ao longo do tempo uma síntese do Brasil.

Publicada pela Companhia Editora Nacional no período de 1931 a 1993, a coleção viveu duas fases distintas: uma primeira, na qual foi dirigida por Fernando de Azevedo,[3] e uma segunda, a partir de 1956, quando foi publicada sob a coordenação de Américo Jacobina Lacombe.[4]

Assim, narrar a história de Lacombe à frente da Brasiliana, objetivo primordial deste texto, é revisar brevemente a história intelectual do país, mais especificamente de institucionalização e especialização

---

[3] Sobre a Brasiliana sob a direção de Fernando de Azevedo, ver Dutra (2006).

[4] Américo Jacobina Lacombe nasceu no Rio de Janeiro, em 1909, e morreu nessa mesma cidade em abril de 1993. Quando jovem estudou no Curso Jacobina, de propriedade de sua família, e, posteriormente, se transferiu para o Colégio Arnaldo em Belo Horizonte. Em 1927, iniciou o bacharelado na faculdade de Direito, formando-se em 1931. Nesse mesmo ano tornou-se secretário do Conselho Nacional de Educação, onde permaneceu até 1939, ano em que foi nomeado diretor da Casa de Rui Barbosa. Dirigiu a instituição por 54 anos, afastando-se apenas em dois momentos: quando foi Secretário de Educação e Cultura do antigo Distrito Federal, entre 1959 e 1960, na administração do prefeito Freire Alvim, e entre 1962 e 1963, quando presidiu a Casa do Brasil, em Paris. Lacombe foi ainda professor de História em vários colégios do Rio de Janeiro e na Pontifícia Universidade Católica e professor de História do Instituto Rio Branco (Itamarati), além de ter sido presidente do Instituto Histórico e Geográfico Brasileiro e, a partir de 1951, ter integrado a Comissão de Textos de História do Brasil do Ministério das Relações Exteriores. Sobre a biografia de Lacombe, ver Senna (1996) e Magalhães (1996).

das Ciências Sociais – lócus privilegiado da discussão sobre o Brasil – ao longo dos quase quarenta anos compreendidos entre 1956 e 1993. É também identificar o curso por meio do qual a coleção investiu-se da condição de representação de um valor cultural nacional, compreendendo os variados processos de monumentalização das obras nela publicadas, questão que envolve não apenas os autores dos livros, mas também os editores e críticos, entre outros agentes que exerceram variadas funções de mediadores dos artefatos culturais,[5] visto que estes sempre "existem no tempo e estão ligados a conflitos, negociações e apropriações pessoais e institucionais" (GREENBLATT, 1991, p. 244).

Américo Jacobina Lacombe se tornou diretor da Coleção Brasiliana, em 1956, notícia amplamente divulgada pelos jornais da época.[6] O lugar que ele passou a ocupar naquele momento era, certamente, desejado por muitos intelectuais brasileiros, pois na Companhia Editora Nacional, aos organizadores de coleções era atribuída a autoridade máxima, legitimadora da seleção de livros realizada, e responsável pela indicação dos títulos e autores (TOLEDO, 2010, p. 143). Nos 37 anos em que Lacombe dirigiu a coleção foram publicados 123 títulos, incluindo os 26 da série Brasiliana Grande Formato e dois da série especial.

No período inicial, sob a direção de Américo Jacobina Lacombe, houve um significativo incremento na produção da coleção. Entre 1957 e 1961, foram publicados 22 novos títulos, uma média de cinco por ano, o que evidencia, certamente, a boa fase da indústria editorial brasileira, garantida, entre outros fatores, pelo Decreto n. 25.442, de 3 de setembro de 1948 – posteriormente alterado para as Leis n. 842, de 4 de outubro de 1949, e n. 2.145, de 19 de setembro de 1953 – que taxava mais rigorosamente os livros impressos e editados fora do Brasil, favorecendo a ampliação do mercado editorial nacional.[7]

Os novos títulos da coleção eram, em sua maioria, estudos inéditos sobre a realidade brasileira, resultado concreto dos processos de

---

[5] Sobre mediação cultural, ver Heinich (2008).

[6] O arquivo de Lacombe guarda um número significativo de recortes de jornais de vários locais do Brasil que registram essa notícia.

[7] Glaucia Villas Bôas identifica o mesmo incremento da produção editorial na área de Ciências Sociais no período compreendido entre 1954 e 1959. No prefácio ao livro de Villas Bôas, José Murilo de Carvalho, no entanto, produz uma explicação um pouco diferente da desenvolvida neste texto. Segundo ele, "o período de JK representou na produção de livros de Ciências Sociais o mesmo que significou em outros campos, isto é, um momento de explosão de criatividade" (CARVALHO, 2007, p. 17).

reconfiguração do campo intelectual marcado por ações de institucionalização e especialização, particularmente das Ciências Sociais, em curso desde os anos 1930, que haviam reorganizado a posição de seus agentes, (re)definindo novos cânones e reposicionando autores referenciais.

Grande parte dos livros publicados entre 1956 e 1961 condensavam os primeiros resultados acadêmicos das instituições criadas no Brasil nos anos 1930,[8] especialmente aquelas estabelecidas em São Paulo, além das produções geradas pelo projeto financiado pela UNESCO que inaugurou, nos anos 1940 e 1950, os estudos sistemáticos sobre a situação racial no país.[9]

Sérgio Miceli (1989, p. 108) destaca que "os anos 50 assinalam [...] a primeira leva de teses e trabalhos acadêmicos da escola sociológica paulista, tanto de seus mentores estrangeiros (Pierson, Baldus, Willems, Bastide, Monberg, Lévi-Strauss, etc.) como da primeira geração de licenciados (Florestan Fernandes, Antonio Candido, etc.)". Essa produção se refletiu diretamente na Brasiliana, que publicou a segunda edição do livro *Brancos e negros em São Paulo: ensaio sociológico sobre aspectos da formação, manifestações atuais e efeitos do preconceito de cor na sociedade paulistana*, de Roger Bastide e Florestan Fernandes, em 1959; a primeira edição do livro *Cor e mobilidade social em Florianópolis*,[10] de Fernando Henrique Cardoso e Octavio Ianni, em 1960; e a primeira edição de *O candomblé na Bahia: rito nagô*, de Roger Bastide, em 1961.

Publicou também textos produzidos por autores referidos na história das Ciências Sociais no Brasil como "intelectuais polivalentes",[11]

---

[8] Os autores que abordam a questão da história das Ciências Sociais no Brasil são unânimes em identificar o período entre 1946 e 1964 como de consolidação dos estudos produzidos na Universidade de São Paulo e na Escola Livre de Sociologia e Política, bem como na Faculdade de Filosofia da Universidade do Brasil, instituições criadas nos anos 1930. Ver Vilhena (1997), Villas Bôas (2007) e Miceli (1989).

[9] Esse projeto contribui significativamente para o avanço dos estudos sociológicos no Brasil, como evidenciado no texto de Maio (1999).

[10] Esse livro é considerado por Marcos Chor Maio "o exemplo mais bem-acabado da influência do projeto UNESCO no processo de institucionalização das ciências sociais no Brasil". A investigação representava, segundo esse autor, "o primeiro resultado de maior vulto da cadeia de Sociologia I da Faculdade de Filosofia, Ciências e Letras da USP sob a coordenação de Florestan Fernandes" (MAIO, 1999, p. 152).

[11] Sobre o debate em torno da definição de intelectuais polivalentes, ver Vilhena (1997).

isto é, aqueles menos especializados que se caracterizavam pela formação frequentemente em direito, e por uma ampla produção intelectual que associava tanto ensaios historiográficos e/ou sociológicos quanto textos ficcionais ou literários. Esse é o caso, por exemplo, de Anísio Jobim, cujo livro *O Amazonas e sua história* foi publicado na coleção em 1957; de Aloisio Napoleão, com *Santos Dumont e a conquista do ar,* também de 1957, e Oswaldo Rodrigues Cabral, com o livro *João Maria: interpretação da campanha do Contestado,* de 1960.

Entretanto, a produção da Brasiliana no período não se limita apenas a esses dois grupos. Ela abriga também a produção originada pelo movimento de institucionalização dos estudos folclóricos[12] no Brasil em curso nos anos 1950. A Brasiliana publica, nesse momento, diversos estudos daqueles que eram vistos e se autorrepresentavam como folcloristas: *O quilombo dos Palmares,* de Edison Carneiro, em 1958, em segunda edição; *Muxarabis e balcões e outros ensaios,* de Estevão Pinto, também em 1958; a segunda edição de *Folclore goiano,* de José A. Teixeira, em 1959 e *Medicina rústica,* de Alceu Maynard, publicado em 1960, como o número 300 da Coleção Brasiliana.

Esse último livro talvez seja o mais paradigmático das disputas intelectuais em curso no interior da coleção no período. Sua publicação evidencia os conflitos travados entre os intelectuais originários das instituições acadêmicas paulistas e os demais grupos presentes na coleção, e manifesta a força do poder legitimador dos primeiros.

Logo após assumir a Brasiliana, em 1956, Américo Jacobina Lacombe decidiu realizar um concurso para escolher qual seria o título que deveria ser publicado no número 300 da coleção, e que marcaria também sua nova fase. Pelas normas estabelecidas pela Companhia Editora Nacional, o concurso deveria reunir textos que versassem sobre temas brasileiros e seria organizado juntamente com a Sociedade Paulista de Escritores. Ao vencedor, caberia além de um prêmio em dinheiro a inserção de seu livro na coleção.

Conforme previsto no regulamento, o júri do concurso seria composto por Jacobina Lacombe, diretor da Brasiliana, além de Aroldo de

---

[12] Nos anos 1950 houve um forte processo de organização e institucionalização dos estudos folclóricos no Brasil. Entretanto, em função das estratégias utilizadas por seus mentores e dos conflitos estabelecidos com alguns cientistas sociais, esses estudos acabaram, posteriormente e em grande medida, marginalizados no campo acadêmico (VILHENA, 1997).

Azevedo, Florestan Fernandes, Herbert Baldus e Yan de Almeida Prado,[13] indicados pela Sociedade Paulista de Escritores e indivíduos atuantes no campo intelectual paulistano de meados dos anos 1950.

Inscreveram-se no concurso dezessete trabalhos:[14]

Nome	Livro concorrente
Lucio Rosales	O visconde de Cairu
Alceu Maynard de Araújo	Medicina cabocla
Antonio Alonso Silvino Suanes	Os emboabas
Henrique Oscar Wiederspahn	A conquista e o povoamento do Rio Grande do Sul – paulistas, lagunistas, açorianos
Renato Soares de Toledo	Onde tem macuco
Edison Carneiro	A Insurreição Praieira
Milton Santos	O centro da cidade de Salvador – estudo geográfico
Affonso Rui de Souza	Dossier do marechal Pedro Labatut
Ranulfo A. Pereira da Silva	Albores da nacionalidade brasileira
Gabriel Ribeiro Soares Filho	Retratos contemporâneos
Vamireh Chacon de Albuquerque Nascimento	O Capibaribe e o Recife – uma etapa na história social do Nordeste do Brasil
Juvenal Portela Santos e Maynard de Góes	A poesia arquitetônica
Gentil de Azevedo	Visconde de Taunay
José Lopes de Andrade	Mobilidade e marginalidade do homem do nordeste
Lia Silva Jardim	Antonio Silva Jardim
Waldemar de Almeida Barbosa	A Inglaterra na história do Brasil
José de Oliveira Lima	História do Senado da câmara da cidade do Salvador

[13] Carta de Antonio d'Elia a Américo Jacobina Lacombe, de 24 de agosto de 1957. FCRB. AJL. Pasta Concurso Brasiliana 1957.

[14] A lista de concorrentes consta da carta de Antonio d'Elia a Américo Jacobina Lacombe. FCRB. AJL. Pasta Concurso Brasiliana 1957.

O surpreendente neste certame é que, depois de se reunir, a comissão julgadora decidiu não premiar nenhum dos trabalhos, medida que, possivelmente, desagradou a Lacombe, visto que ele tentou negociar o resultado com os outros membros de júri. Por sua solicitação,[15] a comissão julgadora se encontrou no dia 18 de novembro, na sede da Companhia Editora Nacional, em São Paulo, mas o resultado, antes anunciado, foi mantido.

A notícia da decisão da comissão julgadora repercutiu amplamente na imprensa nacional. Em matéria intitulada "Julgou o júri a Brasiliana, não julgou os concorrentes", o *Diário de São Paulo* de 24 de novembro de 1957 publicou uma longa entrevista com Florestan Fernandes que, em nome da comissão julgadora, tentava explicar o que havia acontecido no concurso:

> pela primeira vez – disse-nos o prof. Florestan Fernandes – cinco intelectuais, cinco especialistas na matéria, (pois eram cinco os julgadores), puderam manifestar a sua opinião sobre a Brasiliana. Não se tratava apenas de dar 50 contos (valor do premio) ao melhor trabalho apresentado. Neste caso, sempre haveria um melhor, mas a obra que escolhêssemos seria publicada como o 300º volume da coleção, abrindo uma fase nova da qual seria uma espécie de amostra [...] Achamos que não havia nenhum que merecesse a honraria. Mais ainda, achamos que a complacência de nossa parte inutilizaria o concurso – que começaria mal pois este ano o prêmio iria ser distribuído pela primeira vez e não atingiria o seu fim principal, que é justamente inaugurar uma fase nova na Brasiliana.[16]

Florestan Fernandes[17] aproveitava ainda a entrevista para afirmar que embora a Brasiliana prestasse "excepcionais serviços" à cultura nacional, ele acreditava que já era hora dos organizadores serem "mais rigorosos na seleção dos textos a publicar" e darem "mais coerência a lista de títulos" (*Diário de São Paulo*, 24 de novembro de 1957).[18]

---

[15] Ver a esse respeito a carta enviada por Antonio d'Elia a Américo Jacobina Lacombe, no dia 4 de novembro de 1957. FCRB. AJL. Pasta Concurso Brasiliana, 1957.

[16] FCRB. AJL. Pasta Brasiliana (direção da Coleção Brasiliana).

[17] É importante atentar para o lugar social ocupado por Florestan Fernandes naquele momento, em que a Escola Paulista de Sociologia se afirmava como aquela que estabelecia novos cânones para a disciplina. Ver Vilhena (1997) e Miceli (1989, p. 72-110).

[18] FCRB. AJL, pasta 291, Cia Editora Nacional (direção da Brasiliana)

A ausência de vencedores não fez com que a Companhia Editora Nacional desistisse da concessão do prêmio. No ano seguinte novamente foi aberto o concurso. Dessa vez, a seleção foi organizada pela União Brasileira de Escritores (UBE) e contou com Américo Jacobina Lacombe, Florestan Fernandes, Paulo Duarte, Sérgio Buarque de Holanda e Yan de Almeida Prado na comissão julgadora. Nesse ano, inscreveram-se apenas nove concorrentes:[19]

Autor	Título do livro
Manoel José de Miranda	*A foz do rio mar*
Haroldo Paranhos	*Os poetas da segunda geração romântica*
Ulisses Lins de Albuquerque	*Moxotó brabo*
Olímpio de Souza Andrade	*Euclides e "Os sertões"*
Edgard de Carvalho Neves	*Os sertões: autobiografia de um titã*
Alceu Maynard de Araújo	*Medicina rústica*
Maria Elvira Celestino	*O senador Zacarias e sua época*
Antonio Morais Sampaio	*Nhala seca*
Armando Dias Mendes	*Introdução ao Planejamento Regional Brasileiro*

O regulamento do concurso manteve-se o mesmo, com apenas uma pequena alteração: do parágrafo 1º do art. 1º, foi retirada a frase que informava que o texto premiado seria publicado no volume número 300 da coleção.[20] É interessante observar que o único concorrente que participou dos dois concursos, Alceu Maynard de Araújo, foi justamente o premiado. Embora não tenha sido possível identificar no acervo de Américo Jacobina Lacombe os pareceres da comissão julgadora sobre o resultado do concurso de 1958, o volume n. 300 da Brasiliana é exatamente *Medicina rústica*, de Maynard de Araújo, publicado em 1960. Na apresentação do volume, a Companhia Editora Nacional fez publicar uma nota que justifica a sua escolha:

---

[19] A lista de concorrentes consta da carta enviada por Antonio d'Elia a Americo Jacobina Lacombe, em 20 de setembro de 1958. FCRB. AJL Pasta Concurso Brasiliana 1957.

[20] Idem nota anterior.

A Coleção Brasiliana completa com ele [este volume] a sua tricentésima publicação. Escolheu-a cuidadosamente. Sem desfazer, nem sequer julgar os seus demais volumes, alguns dos quais são culminâncias de nossa cultura, considera especialmente neste trabalho, como representativo, o seu espírito objetivo e o seu caráter eminentemente prático [...] A premiação desta obra resultou de cuidadoso e rigoroso exame por parte de seleta comissão, e foi escolhida entre outros valiosos trabalhos inscritos em dois anos sucessivos ao concurso instituído por essa Editora. A vitória desse trabalho representa para a Editora que mantém essa veterana coleção uma satisfação indiscutível. Este livro resulta do amadurecimento de nossa mentalidade em face de nossos problemas. (MATOS, 1994, p. 181)

Talvez esse episódio reflita os indícios dos resultados negativos alcançados pelo movimento folclórico no *"front* universitário", como aponta Luis Rodolfo Vilhena (1997, p. 39-74), bem como os conflitos intelectuais no interior da coleção. Segundo Vilhena, o movimento folclórico queria buscar, naquele momento, um lugar próprio no espaço acadêmico, posição combatida veementemente por outros intelectuais, particularmente Florestan Fernandes, que passa a considerar essa área de estudos como pré-científica, contribuindo para sua marginalização no campo acadêmico. Por outro lado, embora fosse essa a posição de Florestan, e apesar de ele ter estado presente nas duas bancas sucessivas, o livro ao qual se atribuiu o prêmio foi escrito por um dos indivíduos ativos na produção dos estudos denominados folclóricos. É possível, assim, supor que o resultado do prêmio reflita a posição defendida por Lacombe, que naquele momento, como diretor da coleção, desfrutava de prestígio no interior da Companhia Editora Nacional.

As escolhas dos títulos a serem publicados, sem dúvida, revelam as disputas no interior da coleção. Assim, as ausências mais significativas que se fazem notar, entre os livros publicados na Brasiliana no período entre 1956 e 1961, são relacionadas aos autores marxistas[21] e aos livros produzidos pelos intelectuais do Instituto Superior de Estudos Brasileiros (ISEB), criado em 1955 e um dos mais concretos resultados do processo de institucionalização das Ciências Sociais no Brasil ao longo dos anos 1940 e 1950. Vinculado ao Ministério da Educação e localizado no Rio de Janeiro, o ISEB foi, ao lado da USP e da Faculdade

---

[21] Sobre os marxistas nas Brasilianas, ver Franzini (2011).

Nacional de Filosofia (FNFI), ao longo da segunda metade dos anos 1950, uma das instituições mais destacadas no campo intelectual das Ciências Sociais no Brasil. Reunindo um grupo de cientistas sociais – formado por Guerreiro Ramos, Álvaro Vieira Pinto, Roland Corbisier e Nelson Werneck Sodré[22] – que partilhavam o objetivo de elaborar um modelo de desenvolvimento para a sociedade brasileira, o ISEB assumiu a "necessidade de uma ideologia do desenvolvimento, sem a qual", na visão de seus membros, "não haveria um verdadeiro processo de mudança social" (OLIVEIRA, 2009, p. 252-253). Formularam, então, um tipo ideal desenvolvimentista, entendido como a possibilidade de inserção do país no sistema capitalista internacional (VELOSO, 1999, p. 181). Os textos dos isebianos são, pois, uma ausência marcante na Brasiliana, o que talvez tenha também resultado da ação de seu diretor que, ao que tudo indica, opunha-se intelectualmente à produção desse instituto.[23] Indícios dessa posição podem ser verificados em carta de Lacombe a Octalles Marcondes Ferreira ao defender a publicação do livro de um amigo:

> Também estou informado pelo Almeida Sales que está em exame pela Companhia a edição de um livro do meu amigo Mário Vieira de Melo sobre filosofia atual no Brasil. Conheço o livro que o Mario, meu contemporâneo da faculdade e hoje secretário da nossa embaixada junto à UNESCO. É um estudo sério e profundo, *contrário* à *corrente que hoje domina o iseb*. Não é um panfleto, mas um exame honesto das mistificações que têm parecido com o nome de filosofia[24]

---

[22] A participação de Nelson Werneck Sodré neste debate teve um lugar singular, pois, como auto-declarado intelectual marxista, Sodré buscou conciliar as teses isebianas com as marxistas. Como afirma Virgílio de Oliveira Filho (2006), "[f]azendo uma fusão entre marxistas e isebianos, Sodré insistiu na defesa da capitalização nacional, observando que, naquela etapa da revolução brasileira, o conflito capital – trabalho deverias ser adiado para um segundo momento". Assim, Sodré viveu uma fase isebiana nos anos 1950, só se afastando mais contundentemente dos ideais do ISEB nos anos 1960.

[23] No início dos anos 1960, outro episódio colocaria Nelson Werneck Sodré em oposição a Lacombe. O parecer feito por Lacombe sobre a coleção História Nova, organizada por Sodré para o MEC, fez com que esses dois intelectuais assumissem um conflito público de grandes proporções. Sobre o tema, ver Lourenço (2008) e Cunha e Cabral (2006).

[24] Cópia de carta de Américo Jacobina Lacombe a Octalles Marcondes Ferreira, natal de 1962. FCRB. AJL. Pasta 291 (Companhia Editora Nacional). Grifo meu.

No início dos anos 1960, novos acontecimentos conformariam o processo de edição dos livros da Brasiliana. Américo Jacobina Lacombe foi convidado para ocupar o cargo de presidente da Maison du Brésil, em Paris, casa fundada com o objetivo de abrigar os estudantes brasileiros que se dirigiam à capital francesa. A saída de Lacombe do Brasil coincidiu com um período de desaceleração do processo de publicação da coleção. Em 1962 nenhum título foi publicado, em 1963 apenas dois e em 1964, cinco.

O declínio do ritmo de publicações é, nesse período, simultâneo às dificuldades enfrentadas pela indústria do livro no Brasil. Nos governos de Jânio Quadros e João Goulart foi revogada a legislação, criada nos anos 1950, que dificultava a importação de livros, e estabelecidas novas leis fiscais que tornaram mais cara a importação de papel, ainda bastante necessária na indústria editorial brasileira. Em carta de janeiro de 1963, Octalles Ferreira escreve a Lacombe fazendo duras críticas à política cambial que havia sido posta em prática por Jânio Quadros:

> Nossos problemas editoriais realmente graças aos seguidos desgovernos com que temos contado só se agravaram ultimamente. Representou uma verdadeira calamidade para os nossos trabalhos a orientação que J. Q. imprimiu intempestivamente à nossa política cambial, orientação que hoje, representa um aumento de mais de 2000% no preço do nosso papel de impressão![25]

Embora ambos concordassem em relação às críticas aos sucessivos governos do início dos anos 1960, Lacombe e Ferreira pareciam discordar sobre questões mais específicas, como alguns aspectos editoriais referentes à coleção, o que talvez tenha ainda agravado o declínio de livros publicados pela Brasiliana no período entre 1961 e 1965. É seguro supor que esse período marcou também uma diminuição do prestígio de Jacobina Lacombe no interior da Brasiliana e da Companhia Editora Nacional, situação evidenciada pelo episódio do lançamento do livro Pereira Reis, *O colonialismo português e a conjuração mineira*. Em carta a Octalles Marcondes Ferreira, de 17 de novembro de 1963, Lacombe escreve severas críticas a esse livro e sugere sua retirada da coleção: "já que o livro está composto e o sr. deve ter compromissos a respeito dele, tomo a liberdade de sugerir sua publicação fora da Brasiliana".[26]

---

[25] Carta de Octalles Marcondes Ferreira a Américo Jacobina Lacombe, de 5 de janeiro de 1963. FCRB. AJL. Pasta 291 (Companhia Editora Nacional).

[26] Cópia de carta de Américo Jacobina Lacombe a Octalles Marcondes Ferreira, de 17 de novembro de 1963. FCRB. AJL. Pasta 291 (Companhia Editora Nacional).

Em resposta, Octalles propõe a Lacombe incluir o livro na coleção e publicar uma nota do diretor na qual este afirmasse não concordar com as teses defendidas pelo autor. Lacombe responde dizendo:

> com referência ao problema do livro anti-lusitano, não creio sinceramente que a publicação de um aviso prévio resolva a questão. Para não deixar mal o autor, ficará péssimo o diretor da coleção, pois o que ocorrerá a todos os leitores é que se o livro não é do gabarito exigido, não deveria nela ser incluído. Sou muito tolerante e disso me gabo, mas no caso não se trata de opiniões contrárias, mas de erros materiais e distorções. Além disso, há um outro inconveniente naquela solução: abrimos logicamente a porta para os livros de tese oposta. Em breve teremos outro caso aberto pelo mal precedente e a polêmica se instaura dentro da coleção. Creia que não sou birrento, mas defensor de meu único capital.[27]

Ao que tudo indica, no entanto, a situação não teve a solução proposta por Lacombe. No início de dezembro, responde Octalles:

> recebi sua carta de 5 do corrente, a propósito [...] do impasse criado com o livro sobre o colonialismo português [...] Quanto a sua sugestão sobre o problema do livro anti-lusitano, parece-me realmente a solução mais prática e mais viável. De modo que já remanejamos a numeração dos últimos volumes da Brasiliana a publicar, colocando o "colonialismo" sobre o número 319, e que, juntamente com o imediatamente anterior (318 Justiniano José da Rocha, de Elmano Cardim), ficará sob a responsabilidade do Ary da Matta. Até o número 317 (o livro do Prof. Carrato) e recomeçando no 320 (História da queda do Império de Heitor Lyra), a coleção será sua. Creio que assim está bem[28]

Assim, solucionava-se o impasse. Os volumes 318 e 319 sairiam sob a direção de Ary da Matta, funcionário do setor editorial da Companhia Editora Nacional e, a partir do número 320, a coleção voltaria a ser dirigida por Lacombe, pois este último se colocava contrário à publicação de "teses opostas" na coleção por ele dirigida.

---

[27] Cópia de carta de Américo Jacobina Lacombe a Octalles Marcondes Ferreira, de 28 de novembro de 1963. FCRB. AJL. Pasta 291 (Companhia Editora Nacional).

[28] Carta de Octalles Marcondes Ferreira a Américo Jacobina Lacombe, de 12 de dezembro de 1963. FCRB. AJL. Pasta 291 (Companhia Editora Nacional).

Ao longo da década, a situação realmente foi se tornando mais grave para o mercado editorial e livreiro e, particularmente, para a Brasiliana. Por esse motivo, seus editores, cada vez mais, buscavam mediadores que pudessem auxiliar a retomada das vendas e garantir a continuidade da coleção. Era preciso colocar a Brasiliana, novamente, no lugar prestigiado que ela sempre havia ocupado no mercado editorial brasileiro e os dirigentes da Companhia Editora Nacional consideravam que Lacombe deveria desempenhar essa função. Em carta de 17 de fevereiro de 1964, Thomaz Aquino, responsável pelo setor comercial da Companhia Editora Nacional, escreve a Américo solicitando que ele acionasse sua rede de sociabilidade intelectual em prol da Brasiliana:

> seria utilíssimo termos permanentemente conosco uma lista tão completa quanto possível de todos os críticos atuantes do país em condições de eventualmente auxiliar-nos na divulgação dos lançamentos da Brasiliana, mormente agora que estamos prestes a entrar em nova fase. Nossa lista é velha de muitos anos, desatualizada e incompleta.[29]

Mas era também importante editar novos títulos, principalmente daqueles autores que, experimentados na primeira fase da Brasiliana, resultaram em sucesso. Esse desejo é reafirmado por outra carta de Thomaz Aquino:

> há tempos o sr. sugeriu ao nosso big boss a publicação na Brasiliana de outros trabalhos de Roberto Simonsen, hoje totalmente esgotados [...] Particularmente, e mesmo diante [...] do pessimismo do Sr. Octalles com relação ao futuro, penso que se trata de empreendimento viável e, além do mais, importante. Gostaria assim de tomar contato físico com os volumes sugeridos a fim de poder pesar a extensão da coisa e o vulto do investimento [...][30]

Os projetos de reedição e a ação mais agressiva junto aos críticos, articulados por Lacombe e Thomaz Aquino, sob a direção de Octalles Ferreira, parecem ter tido bom resultado, pois a partir de 1965 a Brasiliana entrou numa nova fase de expansão. Nela, a publicação dos livros

[29] Carta de Thomaz Aquino para Américo Jacobina Lacombe, de 17 de fevereiro de 1964. FCRB. AJL. Pasta 291 (Companhia Editora Nacional).

[30] Carta de Thomaz Aquino de Queiroz (departamento editorial) para Américo Jacobina Lacombe, de 3 de fevereiro de 1964. FCRB. AJL. Pasta 291 (Companhia Editora Nacional).

foi muitas vezes promovida por coedições com o INL[31] ou com editoras universitárias, como a da USP.

A retomada da expansão da Brasiliana coincidiu com a volta de Lacombe ao Brasil e com sua ação mais direta sobre a organização da coleção. Esse é o período de maior ação de Jacobina Lacombe na coleção: ele atua não apenas como diretor, mas também como tradutor, prefaciador e apresentador dos volumes. Nessa fase, muito produtiva, porém bastante heterogênea em termos da seleção dos títulos do catálogo, destacam-se, na Brasiliana, livros como a reedição de *Os dois brasis*, de Jacques Lambert; *Visão do paraíso*, de Sérgio Buarque de Holanda, e *A idade de ouro do Brasil; dores de crescimento de uma sociedade colonial*, de Charles Boxer.

Seria, no entanto, a morte de Octalles Marcondes Ferreira, em 1973, bem como acontecimentos da história política do fim dos anos 1960 e da trajetória de Américo Jacobina Lacombe, que marcariam os primeiros tempos da coleção nos anos 1970. Com a saída de Octalles, e diante da impossibilidade de negociação com a editora José Olympio, que a princípio havia se interessado pela compra da Nacional, a editora passou às mãos do Banco Nacional de Desenvolvimento Econômico (BNDE) e foi indicado, para sua direção, um profissional de carreira desse banco, Ezio Távora, indivíduo que, ao que tudo indica, não possuía nenhuma trajetória no mercado editorial e livreiro.[32] Damasco Pena assumiu internamente o cargo de coordenador editorial e se tornou o interlocutor privilegiado de Lacombe na Nacional nesse período. Esse foi um tempo de economia, como evidencia a carta de Damasco Pena, escrita em 4 de agosto de 1976:

> agora em caráter de urgência: não se preocupe mais com orelhas para a "Brasiliana", pois, por motivos de economia, estamos sendo forçados a suprimi-las. As orelhas exigiam acabamento manual, o que encarecia; e, além disso, e antes disso, sempre deram menor

---

[31] Ao longo dos anos 70, a política de coedições estabelecida entre a Companhia Editora Nacional e o INL permitiu a coedição de cerca de 70 títulos. É importante destacar o papel de mediador exercido por Américo jacobina Lacombe neste processo, pois ele era, neste momento, parecerista do INL e atuava na análise das propostas de coedições do Instituto. Sobre esses aspectos, ver o acervo do INL, depositado na Fundação Biblioteca Nacional.

[32] Embora não se tenha encontrado nenhuma relação entre Ezio Távora e o mercado editorial, é possível supor que ele possuía algum prestígio no campo intelectual, pois Maria Arminda Arruda (1989, p. 287, 303) o identifica na lista de autores publicados na *Revista Brasileira de Ciências Sociais*, entre outros intelectuais da USP, do ISEB e de instituições públicas governamentais.

aproveitamento à folha de cartão, o que também encarecia! [...] já estamos a fazer livros sem orelhas (o que, aqui pra nós, e que ninguém nos ouça, é um alivio!)

Foi também um tempo de muitas coedições com secretarias de governo, universidades, com o INL e instituições públicas em geral, como é possível verificar numa outra carta de Damasco Pena para Lacombe, de 3 setembro de 1976, a respeito da publicação de um livro:

> Na hipótese da companhia vir a decidir-se pela publicação, teria que haver co-edição, por tratar-se de livro caro. Talvez fossem necessários, até, dois apoios para co-edição, que nos assegurassem a aquisição mínima de 4.000 (quatro mil) exemplares. Esses apoios poderiam ser o INL ou a Universidade da Bahia ou, ainda, o Conselho Federal de Cultura. Ficar-lhe-ia grato se pudesse, como se propôs fazer, adiantar entendimentos preliminares com os dirigentes daquelas entidades, pois já dispomos de orçamento preliminar, que indica o preço de capa de cr$ 95,00. As condições da co-edição seriam as usuais ou seja, aquisição de 4.000 exemplares (2.000 para cada entidade), com desconto de 30%.[33]

Sugeria-se, na carta, a solicitação de Lacombe como mediador junto aos membros do INL. Dele se cobrava agora mais uma ação: a de conseguir, com seu prestígio junto a dirigentes do órgão, financiamento para a coleção.

Esse foi ainda um tempo de desconfiança. Esses contatos e contratos com órgãos governamentais criavam dúvidas sobre a gestão financeira da editora, visto que eram tempos um pouco sombrios, nos quais as notícias no Brasil corriam condicionadas a interesses políticos bem específicos e havia muito pouco espaço para o controle da sociedade civil sobre as ações do governo. Em notícia publicada na *Folha de São Paulo*, em 10 de junho de 1976, o então presidente da Companhia Editora Nacional, Ezio Távora, se explica e expõe a situação da empresa:

> A Cia Editora Nacional está sendo gerida estritamente como empresa privada e como tal se encontra em excelente situação [...] Historiando os fatos, explica ele que o BNDE comprou por 150 milhões de cruzeiros, dos herdeiros de Octalles Marcondes Ferreira, a quase totalidade das ações da Cia. Conta o sr. Ezio que

---

[33] FCRB. AJL. Pasta 295 (Companhia Editora Nacional).

> o banco pretendeu com o negócio preservar a empresa, já que os herdeiros de Octalles Marcondes Ferreira não demonstraram interesse em dar seguimento às suas atividades [...] Garante [...] que jamais o BNDE colocou um centavo na editora Nacional, "empresa que nunca teve qualquer débito a curto, médio e longo prazo, e nem tem" [...] Defendendo-se da acusação de que a editora está produzindo cada dia menos livros, seu diretor-presidente conta que o volume físico de edições desse ano será 20% superior à de 1975. Quanto à transferência da companhia para outros interessados, diz [...] que o BNDE, que não quer se transformar em editor, está disposto a examinar propostas.

No início dos anos 1980, a editora seria novamente negociada para um grupo privado, o Instituto Brasileiro de Edições Pedagógicas (IBEP). Entretanto, nessa empresa a Coleção Brasiliana não sobreviveria por muito tempo. Nos anos 1980 e 1990, poucos títulos foram publicados e, em 1993, após a morte de Lacombe, seu mais ardente defensor desde os anos 1950, a Brasiliana deixaria de publicar novos títulos.

Porém, por sorte, os livros resistem ao tempo. A Brasiliana, coleção que chegou a ser identificada como o álbum de família da nacionalidade brasileira, guardada em arquivos e bibliotecas, continua permitindo aos leitores em geral e, particularmente aos historiadores, ler em seus catálogos, nas páginas de seus livros, nas orelhas, prefácios e textos, uma parte significativa das disputas intelectuais presentes na sociedade brasileira ao longo de praticamente todo o século XX.

Referências

ARRUDA, Maria Arminda do Nascimento. A modernidade possível: cientistas e ciências sociais em Minas Gerais. In: MICELI, Sérgio (Org.). *História das ciências sociais no Brasil*. São Paulo: Editora Revista dos Tribunais, 1989.

CARVALHO, José Murilo. A utopia de Oliveira Vianna. In: CARVALHO, José Murilo. *Pontos e bordados*. Escritos de História e Política. Belo Horizonte: Editora UFMG, 1998a.

CARVALHO, José Murilo. *Pontos e bordados*. Escritos de História e Política. Belo Horizonte: Editora UFMG, 1998.

CARVALHO, José Murilo de. Prefácio. In: VILLAS BÔAS, Glaucia. *A vocação das ciências sociais no Brasil*: um estudo da sua produção em livros no acervo da Biblioteca Nacional. 1945-1966. Rio de Janeiro: Biblioteca Nacional, 2007. p. 13-17.

CUNHA, Paulo; CABRAL, Fátima (Org.). *Nelson Werneck Sodré*: entre o sabre e a pena. São Paulo: Editora UNESP, 2006.

JULGOU o júri a Brasiliana, não julgou os concorrentes. *Diário de São Paulo*, São Paulo, 24 nov. 1957. Recorte de jornal.

DUTRA, Eliana Regina de Freitas. A nação nos livros: a biblioteca ideal na coleção Brasiliana. In: DUTRA, Eliana Regina; MOLLIER, Jean-Yves. *Política, nação e edição*: o lugar dos impressos na construção da vida política. Brasil, Europa e Américas nos séculos XVIII-XX. São Paulo: Annablume, 2006. p. 299-315.

FRANZINI, Fábio. Interpretações do Brasil, marxismo e coleções brasilianas: quando a ausência diz muito (1931-1959). Disponível em: <http://www.snh2011.anpuh.org/resources/anais/14/1300846039_ARQUIVO_Fabio_Franzini_Anpuh.pdf>. Acesso em: jan. 2012.

GOMES, Ângela Maria de Castro. Oliveira Vianna e as Ciências Sociais. In: GOMES, Ângela Maria de Castro. *A República, a História e o IHGG*. Belo Horizonte: Argumentum, 2009. p. 73-81.

GREENBLATT, Stephen. O novo historicismo: ressonância e encantamento. *Revista Estudos Históricos*, Rio de Janeiro, v. 4, n. 8, p. 244-261, 1991.

HEINICH, Nathalie. *A sociologia da arte*. Bauru: EDUSC, 2008.

LOURENÇO, Elaine. História nova do Brasil: revisitando uma obra polêmica. *Revista Brasileira de História*, São Paulo, v. 28, n. 56, p. 385-406, 2008.

MAGALHÃES, Rejane Mendes Moreira de Almeida. Américo Jacobina Lacombe. Cronologia da vida e da obra. In: LUSTOSA, Isabel. *Lacombe, narrador*. Rio de Janeiro: Fundação Casa de Rui Barbosa, 1996. (Papéis Avulsos, 24).

MAIO, Marcos Chor. O projeto UNESCO e a agenda das ciências sociais no Brasil dos anos 40 e 50. *Revista Brasileira de Ciências Sociais*, São Paulo, v. 14, n. 41, p. 141-158, out. 1999.

MATOS, Odilon Nogueira de. *O Brasil na "Brasiliana"*. Campinas: Pontifícia Universidade Católica de Campinas, 1994.

MICELI, Sérgio. Condicionantes do desenvolvimento das ciências sociais. In: MICELI, Sérgio (Org.). *História das ciências sociais no Brasil*. São Paulo: Vértice, 1989. v. 1, p. 72-110.

MICELI, Sérgio (Org.). *História das ciências sociais no Brasil*. São Paulo: Vértice, 1989. v. 1.

OLIVEIRA FILHO, Virgilio Roma de. A participação de Nelson Werneck Sodré no debate nacionalista da década de 1950. In: CUNHA, Paulo; CABRAL, Fátima (Org.). *Nelson Werneck Sodré*: entre o sabre e a pena. São Paulo: Editora UNESP, 2006. p. 245-263.

OLIVEIRA, Lucia Lippi. A sociologia de Guerreiro Ramos e seu tempo. In: BOTELHO, Andre; SCHWARCZ, Lilia. *Um enigma chamado Brasil*: *29 intérpretes e um país*. São Paulo: Companhia das Letras, 2009. p. 252-253.

SENNA, Homero. Vida e obra de Américo Jacobina Lacombe. In: SENNA, Homero. *Américo Jacobina Lacombe*. Rio de Janeiro: Fundação Casa de Rui Barbosa, 1996. (Papéis Avulsos, 28).

SORÁ, Gustavo. *Brasilianas*: *José Olympio e a gênese do mercado editorial brasileiro*. São Paulo: Edusp/Com-Arte, 2010.

TOLEDO, Maria Rita. A Companhia Editora Nacional e a política de editar coleções: entre a formação de leitor e o mercado de livros. In: ABREU, Márcia; BRAGANÇA, Aníbal (Org.). *Impresso no Brasil*: *dois séculos de livros brasileiros*. São Paulo: Editora UNESP; Rio de Janeiro: Biblioteca Nacional, 2010. p. 139-156.

VELOSO, Mariza; MADEIRA, Angélica. *Leituras brasileiras*: *itinerários no pensamento social e na literatura*. Rio de Janeiro: Paz e Terra, 1999.

VILHENA, Luis Rodolfo. A "marginalização" dos estudos de folclore no Brasil. In: VILHENA, Luis Rodolfo. *Projeto e missão*: *o movimento folclórico brasileiro, 1947-1964*. Rio de Janeiro: Funarte/FGV, 1997. p. 39-74.

VILHENA, Luis Rodolfo. *Projeto e missão*: *o movimento folclórico brasileiro, 1947-1964*. Rio de Janeiro: FGV/Funarte, 1997.

VILLAS BÓAS, Glaucia. *A vocação das ciências sociais no Brasil*. Rio de Janeiro: Biblioteca Nacional, 2007.

Intelectuais e tempo presente –
artífices do poder ou da alteridade?

Os intelectuais franceses: um objeto para a história do tempo presente?

Jean-François Sirinelli

Por que então essa tentativa de juntar, na mesma palestra, um objeto histórico – os intelectuais franceses – e um campo historiográfico, ou seja, a história do tempo presente? Por duas razões estreitamente imbricadas mediante as quais o estudo do objeto e a análise do campo se enriquecem aqui mutuamente. Por um lado, o período chamado de tempo presente foi o momento de uma crise profunda vivenciada por esses intelectuais; ora, a história dessa crise ainda está, em grande parte, por elaborar. Tratar-se-á, desse modo, em um primeiro passo, de evocar sucintamente seus diferentes sintomas e de sugerir pistas de investigação. Mas, além disso, através da história do brilho e, em seguida, da decadência dos intelectuais franceses, aparecem vários elementos da história da França do século XX, incluindo o peso e a marca de sucessivas guerras. Ademais, uma reflexão sobre essas guerras vai culminar, como veremos, na elucidação de uma linha de cume cronológica – a década de 1960 – que, paradoxalmente, tem a ver não tanto com o impacto das guerras, mas com seu desaparecimento. E a constatação da existência dessa linha de cume nos leva *de facto* a formular, de novo, a questão da história do tempo presente e de sua delimitação cronológica. Portanto, convirá, por outro lado – depois de termos evocado o brilho e, em seguida, o declínio dos intelectuais, – mostrar que o estudo dessa passagem de uma vertente para outra permite também, mais amplamente, contribuir para uma reflexão sobre a noção de história do tempo presente.

Grandeza e decadência dos intelectuais franceses?

No começo, ocorreu o caso (*affaire*) Dreyfus. De fato, nos últimos anos do século XIX, os homens e as mulheres da esfera cultural e intelectual abriram – por suas intervenções a favor ou contra a revisão do processo do capitão Dreyfus, condenado pela justiça militar francesa – um ciclo de compromisso dos letrados. O final do século XIX foi também na França, sem que tal concomitância tivesse sido uma coincidência, o momento de uma "revolução cultural silenciosa" (Jean-Yves Mollier),[1] uma vez que a sociedade francesa começou a ser impregnada maciçamente pelos textos impressos, seja o livro ou o jornal. Em tal contexto, os intelectuais adquirem uma real influência: posicionados por seu *status* de homens do impresso, no cerne da produção e da circulação das ideias – em que esta, daí em diante, ocorria simultaneamente de forma mais rápida e mais maciça –, eles tiveram a capacidade de manter seu lugar nos debates cívicos – na época, retransmitidos pelo impresso – e, assim, de exercer influência sobre a opinião de seus concidadãos. Alguns dos atores das paixões francesas do século XX – imprensa escrita, intelectuais, opinião pública – já estavam, portanto, reunidos desde o final do século precedente, na confluência de duas tendências respeitáveis dessa história francesa: o ciclo cultural do impresso com difusão bastante ampla e o advento político das "massas", promovidas pelo enraizamento de uma democracia representativa.

Esse ciclo do compromisso passou por fases muito densas antes de 1945, mas o período posterior à Segunda Guerra Mundial marcou sua aceleração. Jean-Paul Sartre foi, de fato, o teórico e, ao mesmo tempo, a personificação do dever de compromisso. E os intelectuais encontraram dois grandes combates em torno dos quais articularam seu compromisso: a Guerra Fria e a descolonização. A Segunda Guerra Mundial tinha abalado profundamente, com efeitos induzidos, as esferas de influência dos intelectuais de direita e de extrema-direita; além disso, essas décadas do pós-guerra foram, portanto, o momento da supremacia dos letrados de esquerda e de extrema-esquerda. Durante uns trinta anos, até meados da década de 1970, pode-se falar, sem grande exagero, da era dourada desses intelectuais: suas mobilizações foram impressionantes, seu eco foi real – mesmo que seja sempre difícil para um historiador avaliar precisamente determinada influência – e eles tiveram a sensação, talvez infundada, de influenciar o curso dos acontecimentos. Durante esse

---

[1] Para o desenvolvimento dessa ideia, ver Mollier (2008). (N. T.)

período, de qualquer modo, seus rostos se tornaram conhecidos dos contemporâneos; estes, também, tiveram a oportunidade de entender ou, no mínimo, escutar seus discursos.

Então, ocorreu o tempo da crise, a partir de meados da década de 1970. O diagnóstico da crise, na verdade, veio do próprio meio intelectual. Com efeito, no final do inverno [europeu] de 1987, foram publicados sucessivamente *La défaite de la pensée* de Alain Finkielkraut[2] e *Eloge des intellectuels* de Bernard-Henri Lévy.[3] O primeiro observava um "mal-estar na cultura" decorrente, em particular, da expansão do campo "supostamente cultural". Com certeza, esse relativismo cultural já se encontrava em ação, há algum tempo, mas daí em diante seus efeitos eram tanto mais perceptíveis pelo fato de que os homens e as mulheres de cultura davam-se conta diretamente do impacto no seu *status* e na sua influência: tal relativismo cultural e a concomitante progressão espetacular de uma cultura midiática que, gradualmente, promoviam novos líderes de opinião acabaram por confundir os contornos do movimento cultural que, até então, era constituído essencialmente por homens e mulheres oriundos da esfera do texto impresso. Em seu parecer, o fato de considerar que "todo o cultural é igual" redundava em um fenômeno de diluição da cultura e de seus atores; neste caso, daí em diante, o espectro cultural abrangia desde as artes chamadas maiores até *clips* de vídeo, passando pela história em quadrinhos, a publicidade e o rock. O diagnóstico endógeno era, portanto, o de um risco de perda de identidade.

A esse sentimento de perda acrescentava-se uma profunda crise ideológica, refletida perfeitamente pelo outro livro-sintoma do final desse inverno de 1987. De fato, a essa constatação de relativismo cultural e de emergência de novos líderes de opinião promovidos pela mídia, Bernard-Henri Levy adicionava, em *Elogio dos intelectuais*, o diagnóstico de uma grave confusão do ponto de vista ideológico: os intelectuais, atropelados por quem se tornara mais midiático do que eles, estavam nessa ocasião, para cúmulo, em via de perder seu papel de arautos das grandes controvérsias nacionais. A crise era, portanto, no que se referia ao diagnóstico de índole interna, igualmente ideológica.

Além disso, na encruzilhada dessas duas crises, o prognóstico vital estava em jogo: no mesmo livro, Bernard-Henri Lévy afirmava seu temor de que a espécie dos intelectuais estivesse correndo o risco de extinção "no final do século XX". O perigo era, portanto, algo semelhante a um

---

[2] *A derrota do pensamento* (1988). (N. T.).

[3] *Elogio dos intelectuais* (1988). (N. T.).

desastre ecológico que ameaçasse uma espécie, cujo ecossistema teria sido desestabilizado em poucos anos. O diagnóstico e o prognóstico se misturavam, assim, em uma sombria constatação que coloca ao historiador duas questões essenciais, mas de natureza diferente: no plano da abordagem histórica dos intelectuais franceses, será pertinente falar de crise a seu respeito, a partir das décadas 1970-1980? E, no caso de uma resposta afirmativa, a amplitude de tal crise terá sido assim tão forte que, na França no final do século XX, sejamos levados a falar do desaparecimento dos intelectuais?

Três grandes choques ideológicos

Para começar, consideremos uma realidade inegável: o surgimento de uma profunda crise ideológica no âmago do círculo intelectual francês, na segunda metade da década de 1970. De fato, trata-se de vários abalos sucessivos que conferem densidade e gravidade a essa crise; ao esquematizar uma realidade complexa – uma vez que ela envolveu diversos grupos sociais e diferentes gerações –, é possível distinguir três grandes choques.

Em primeiro lugar, o *efeito Soljenitsin* tornou-se operante a partir de 1974. Pode-se qualificar, assim, o eco multiforme encontrado, nessa data, na França, pelo livro *L'Archipel du goulag* (Alexandre Soljenitsin, 1974)[4] e o processo de questionamento ideológico do marxismo desencadeado por essa obra, não apenas para a direita na qual o germe antimarxista já existia há muito tempo, mas igualmente, daí em diante, para a esquerda. A forma mais visível desse questionamento foi o desenvolvimento, no decorrer dos anos seguintes, de uma reflexão antitotalitária que se acelerou pelo fato de terem ocorrido, nesse meio tempo, outros abalos.

Um segundo choque, de fato, tinha abalado os intelectuais de esquerda após a morte de Mao Tsé-Tung, em 1976. Essa morte desencadeou rapidamente na China uma reavaliação que, sem ter afetado diretamente a imagem do Grande Timoneiro, fomentou uma enorme confusão a respeito da imagem do país no exterior. Ora, essa imagem tinha sido, até então, muito positiva para numerosos intelectuais franceses; nesse caso, o ricochete provocado por essa confusão acabou enfraquecendo ainda mais as posições das principais ideologias globalizantes – e Pequim, após Moscou, tinha surgido como um dos epicentros de sua implementação política.

[4] *Arquipélago Gulag* (1976). (N. T.)

E é também da Ásia que veio, logo depois, o terceiro abalo para a *intelligentsia* de esquerda a qual, efetivamente, havia manifestado, em muitos casos, sua satisfação com a queda de Phnom Penh e, em seguida, de Saigon na primavera de 1975: "o imperialismo norte-americano" havia sido derrotado e, nesses acontecimentos, as legítimas lutas de libertação nacional tinham encontrado sua plena realização. Essa era, de qualquer modo, a análise comumente elaborada pela esquerda nesses meados da década. Mas, rapidamente, chegou o tempo dos *boat people*, esses refugiados que deixavam por mar o Vietnã comunista em condições muitas vezes dramáticas, enfrentando um grande número de perigos e encontrando-se na chegada, quando eles conseguiam sobreviver, em situações físicas e de saúde muito precárias. A constatação do número e do destino dessas pessoas acarretou numerosos questionamentos entre os intelectuais que tinham acreditado na emergência, em 1975, de uma era de liberdade e de justiça no Vietnã; por outro lado, ela incentivou um sentimento de ajuda humanitária de urgência a qual se tornou, muitas vezes, no substituto ou na válvula de escape para grandes compromissos ideológicos que, daí em diante, davam a impressão de ter sido atingidos pela vacuidade. E, em breve, a confusão de um grande número de intelectuais franceses ainda aumentou com a descoberta da tragédia cambojana: entre 1975 e 1978, cerca de 25% da população do Camboja havia sido assassinada, em nome da construção de um mundo novo, pelos Khmers Vermelhos.

Logo depois desses três abalos sucessivos, como se se tratasse das três pancadas de abertura para o ato da crise, o final dessa década representou, para um grande número de intelectuais franceses, uma sequência de "anos órfãos" (Jean-Claude Guillebaud, 1978).[5] Esses intelectuais, de fato, eram viúvos não só das grandes causas políticas que os haviam mobilizado no decorrer das décadas precedentes e, ainda recentemente, dos grandes modelos políticos que tinham suscitado o entusiasmo de certo número deles, mas também das ideologias – o marxismo-leninismo e suas diferentes variantes – as quais, além de terem subentendido essas causas, haviam servido de inspiração a esses modelos. Nesse momento que coincide com a transição entre as duas décadas – e, portanto, uma boa dezena de anos antes da reação em cadeia que resultou na implosão dos regimes comunistas na Europa Central e, em seguida, na Rússia – verificou-se, com certeza, na França, a eclosão de uma crise multifacetada, intelectual e política, tendo culminado em uma nítida mudança da configuração

---

[5] Referência ao livro desse jornalista – repórter do cotidiano parisiense, *Le Monde* – cujo título original é *Les années orphelines -1968-1978*. (N. T.)

ideológica que, durante vários decênios, havia prevalecido no seio dos círculos intelectuais de esquerda. Os sintomas dessa crise eram, então, numerosos e convergentes: declínio do marxismo, corrosão dos modelos revolucionários alternativos – que, à semelhança de Cuba ou da China, haviam assumido o revezamento da União Soviética quando a imagem desta se foi tornando confusa –, assim como reflexão aprofundada sobre o fenômeno totalitário, enquanto, paralelamente, a extrema-direita intelectual retomava certa força na paisagem ideológica na mesma época.

Os efeitos na esfera política de tal crise ideológica aumentaram, aliás, rapidamente no decorrer dos anos seguintes, como dá testemunho, por exemplo, o episódio do "silêncio dos intelectuais", durante o verão de 1983. Nesse ano, no final do mês de julho, o porta-voz do governo de Pierre Mauroy – o escritor, Max Gallo – lançou, em um artigo publicado no *Le Monde*, um debate sobre a aparente falta de entusiasmo de numerosos intelectuais de esquerda para apoiar o governo e, mais amplamente, a esquerda que havia chegado ao poder, desde maio de 1981.[6] No entanto, tal vitória de 1981 tinha sido historicamente importante: o evento foi batizado com o termo "alternância", na medida em que dava sequência a um quarto de século – precisamente, 23 anos – de presença da esquerda na oposição, desde o início da V República.[7] Considerando a importância política dessa "alternância", Max Gallo estava surpreendido com a relativa atonia dos intelectuais de esquerda nesses dois anos, opondo esse comportamento ao apoio manifestado por numerosos homens da cultura e da ciência ao *front populaire*,[8] em 1936: "Onde estão os Gide, os Malraux, os Alain, os Langevin de hoje?"

Se a palavra "silêncio" era, sem dúvida, exagerada para caracterizar a atitude dos intelectuais de esquerda entre 1981 e 1983, o debate lançado por Max Gallo acabou fornecendo assunto para os círculos culturais franceses, durante as semanas seguintes, e tal eco refletia perfeitamente

---

[6] Data em que o secretário geral do Partido Socialista, François Mitterrand, venceu as eleições presidenciais, tendo escolhido Pierre Mauroy para formar o governo. (N. T.)

[7] Regime em vigor na França, desde a promulgação da Constituição em 1958. (N. T.)

[8] Coalizão de esquerda, conduzida pelo socialista Léon Blum, que é majoritária nas eleições legislativas, em maio desse ano; por seu intermédio, são empreendidas reformas sociais importantes – por exemplo, férias pagas e semana de quarenta horas de trabalho. Sem ter conseguido, entre outros aspectos, controlar o desemprego, o líder socialista viu-se obrigado a pedir demissão em junho de 1937. (N. T.)

a crise ideológica que se tinha desenvolvido nesses ambientes a partir de meados da década de 1970 e que, em seguida, se amplificou rapidamente, contribuindo para corroer o lugar e a influência dos intelectuais no seio da sociedade francesa da década de 1980. Tanto mais que, ao mesmo tempo, como já sublinhamos, a esse tipo de depressão ideológica dos intelectuais de esquerda – até então, dominantes do ponto de vista estatístico na França e cuja crise, portanto, só poderia ter ampla repercussão –, acrescenta-se uma crise identitária ainda maior pelo fato de afetar, no que lhe diz respeito, toda a categoria.

Diante da concorrência, a partir daí, de pessoas com maior visibilidade e audiência do que eles, esses letrados se encontram, nesse momento, em uma espécie de situação de retraimento: além de seu presumido "silêncio", trata-se mais amplamente de sua perda de consistência em relação ao espelho social, assim como de eco no seio da sociedade. Eles devem enfrentar, portanto, não tanto seu suposto mutismo, mas outro fenômeno ainda muito mais preocupante para eles: o risco de sua diluição no olhar dos concidadãos.

Esses intelectuais franceses, que haviam marcado com sua presença o debate franco-francês, no decorrer dos decênios precedentes, estavam em via, de fato, de serem suplantados por pessoas mais midiáticas do que eles. Um episódio ocorrido no final da década de 1980 é revelador, nesse aspecto, da mutação em curso: o cantor e ator Yves Montand torna-se, durante algum tempo, uma personalidade de primeiro plano do debate político. Tal irrupção na ágora é duplamente significativa para ilustrar nossa reflexão. Esse personagem, de fato, tinha começado por manifestar, na década de 1950, uma simpatia pró-comunista; no entanto, trinta anos depois, ele se envolve em uma espécie de arrependimento relativamente a tal atração e, por suas intervenções públicas, torna-se uma das figuras proeminentes do antitotalitarismo. Tal evolução já era, em si, um dos sintomas do deslocamento operado, havia alguns anos, pela *intelligentsia* de esquerda. Mas essa evolução é, aqui, tanto mais simbólica que o eco encontrado pelas posições tomadas por Yves Montand foi, então, muito forte, precisamente porque elas eram retransmitidas pela imagem e pelo som, a tal ponto que se atribuiu ao interessado, nessa época, ambições presidenciais. Yves Montand tinha adquirido, aliás, uma parte dessa aura midiática ao apresentar, em fevereiro de 1984, um programa televisivo, intitulado *Vive la crise!* ("Viva a crise!"). A dimensão tomada pelo ator autoriza o historiador a falar, a esse respeito, de um momento Montand; momento que, de fato, aparece indiretamente como o sintoma do declínio da categoria dos intelectuais oriundos do mundo do texto impresso que, durante muito tempo, com suas tomadas de posição públicas e seus debates endógenos, tinham acompanhado as grandes vagas da história francesa. Daí em diante, esse acompanhamento vinha também – e, em breve, ainda com maior amplitude – de outras esferas culturais, oriundas do mundo da imagem e do som. Aliás, era sobremaneira revelador que, relativamente à natureza e às modalidades da crise, a reflexão a obter mais eco – em um país que estava em via de adquirir, com grande atraso, a consciência de tal crise – seja proveniente de alguém que, até então, tinha sido considerado um saltimbanco e cujo envolvimento, na década de 1950, havia sido, certamente, representativo da atração exercida, nessa época, pelo comunismo sobre os círculos culturais franceses, mas não tinha de modo algum suscitado um real interesse, nesse momento, em comparação com os compromissos dos escritores ou dos filósofos. Em um país atingido totalmente pela crise socioeconômica, desencadeada na década de 1970, o sinal de alarme era dado, daí em diante, por um homem da imagem e do som.

Os vinte anos decisivos, 1965-1985

Essa breve evocação tinha, em si mesma, sua razão de ser: de fato, uma questão histórica essencial consiste em analisar de que modo e em que ponto o século XX – que, na França, em muitos aspectos, havia sido *o* século dos intelectuais – se concluiu, sem dúvida, por uma crise profunda, tanto ideológica quanto identitária, mas certamente não por um desaparecimento dessa categoria. O definhamento de seu eco foi maciço, a mudança em seu seio foi profunda, mas a predição de Bernard-Henri Lévy permaneceu, em última análise, letra morta. O estudo desse declínio e desse eco constitui, portanto, uma questão histórica densa e complexa, exigindo uma resposta científica matizada.

Mas tal estudo implica também questões de natureza historiográfica e, ainda nesse aspecto, a contribuição é preciosa. Uma delas, em particular, é essencial e, além disso, tem a ver com um dos temas deste seminário: a história do tempo presente. Sem abandonar o objeto dos intelectuais, vamos tentar, na sequência deste texto, prestar maior atenção às generalidades a partir do estudo sobre eles para culminar em uma análise do *status* historiográfico dessa história do tempo presente. Essa análise deve basear-se na constatação de que, antes dos abalos da década de 1970, os principais compromissos dos letrados, após 1945, articularam-se, como vimos, em torno de duas espécies de guerra: a Guerra Fria e as guerras de descolonização. Em outras palavras, o Estado-nação França continuou sendo confrontado com as reverberações da guerra muito para além de 1945, de modo que não é o segundo conflito mundial, apesar de sua magnitude e de seus horrores, que confere as duas vertentes bem distintas ao século XX francês. Não se encontra aí, com efeito, a linha do cume que viesse a separar uma vertente, exposta ao fenômeno da guerra, de outra vertente que, depois de 1945, tivesse sido mais bem protegida das irradiações da guerra; a França, muito pelo contrário, não chegou a conhecer, após a *Libération*,[9] o período de pós-guerra. Aliás, a história dessa comunidade nacional francesa é algo de singular: depois de 1944-1945, ela foi atingida frontalmente pela dupla onda de choque que atravessou o planeta entre esse período imediato do pós-guerra e o início da década de 1960 – portanto, as guerras de descolonização e a Guerra Fria. Se prestarmos a devida atenção a essa época, a França foi inclusive o único grande país que se encontrou, assim, em uma espécie de local de confluência histórica, à saída das duas ondas. A Grã-Bretanha, primeira potência colonial, teve de enfrentar certamente algumas guerras de descolonização, mas um comunismo endógeno reduzido à porção côngrua transformou, para esse país, a Guerra Fria em uma questão de diplomacia e defesa nacional, em vez de um problema político interno. Inversamente, se as altercações romanescas, na Itália, do prefeito comunista Peppone e do cura Don Camilo são o produto interno dessa Guerra Fria, a ausência nessa data de um império colonial italiano acabou poupando esse país da outra onda de choque. A França, por sua vez, será o vilarejo do vale do rio Pó no romance de Giovanni Guareschi, *Don Camilo e o seu pequeno mundo*, fissurado pelos efeitos da fratura leste-oeste e, ao mesmo tempo, um poder ampliado à escala mundial que, ao ser reduzido às dimensões do *Hexagone*[10] – fórmula forjada para a ocasião – devido à descolonização, foi desestabilizado de forma duradoura, no decorrer de dezesseis anos, a começar pelo conflito indochinês [1946-1954] e terminando com a Guerra da Argélia [1954-1962].

Essas ondas de choque foram tanto mais vigorosas porque, ao exercer influência sobre o devir de uma nação, um acontecimento não se limita à sua força cinética; ele acaba desencadeando também debates e conflitos mais antigos ao reativar lembranças momentaneamente em letargia e crises aparentemente soterradas. E isso é verdadeiro no período

---

[9] Literalmente, libertação, já que se tratou de libertar o território francês, em 1945, de sua ocupação pelas tropas nazistas. (N. T.)

[10] Literalmente, hexágono: figura geométrica que pode ser percebida nos contornos do território francês, na Europa. (N. T.)

tanto da Guerra Fria quanto da Guerra da Argélia, durante o qual estarão em ação as dinâmicas e as reformulações de memória; tanto mais que os atores, indivíduos que pensam e agem, continuam sendo tributários das memórias coletivas, vivas ou latentes, que constituem o *software* de uma época ou de um grupo humano. No início dos anos 1960, depois de nove décadas de ciclo belicoso, esse *software* estava impregnado, portanto, profundamente pela marca das guerras.

Certamente, considerando a magnitude do segundo conflito mundial e das tragédias que o acompanharam – em razão também do abalo ocasionado à história da comunidade nacional francesa pela derrota de 1940, pela morte de uma República, pela Ocupação [da França pelas tropas nazistas (N.T.)] e seus dramas –, pode parecer surpreendente que esse conflito não se imponha espontaneamente como o cume natural que separa o século XX francês em duas vertentes. E no entanto, de fato, em razão precisamente das constatações apresentadas mais acima, é esse início da década de 1960 que constitui uma verdadeira linha divisória das águas. O que se desenrolou, na França, desde o início dos anos 1960, tem a ver com outra bacia de fluxo e de decantação históricos. Essa é, de qualquer modo, a tese que será defendida aqui: não só a França está, a partir daí, em paz, mas a metamorfose que se desencadeia então vai levá-la a entrar – no mesmo momento em que seu espaço é reduzido, pela primeira vez, em mais de um século, e em que ela modifica, por conseguinte, radicalmente sua base geográfica – em uma nova fase de sua história.

Além disso, para estudar tal fase, o procedimento do historiador não pode depender totalmente de abordagens semelhantes às que haviam sido adotadas para a primeira vertente do século. De certa forma, a linha de partilha das águas da década de 1960 constitui também uma cesura historiográfica e, com tal constatação, voltamos a encontrar este ponto essencial: refletir enquanto historiador no século XX francês consiste em tentar identificar suas linhas de força, mas também forjar as ferramentas adaptadas para tal tarefa. Ora, a constatação da importância desses anos 1960 para a implementação de cada um desses dois objetivos confirma que estes estão ligados consubstancialmente: se essa década desenha duas bacias cronológicas bem delimitadas, mas igualmente duas configurações historiográficas bem nítidas, é porque essa mudança de configuração é induzida, de fato, pela passagem de uma bacia cronológica para outra.

Tal passagem – convém lembrar – ocorre na década de 1960: a França, tendo deixado um *trend* belicoso quase secular, é arrastada nessa época, para cúmulo, pela mutação mais rápida de sua história; sendo assim, o historiador, embora reconheça as dificuldades a enfrentar, deve empenhar-se no estudo dessa década, salvo a privar-se de uma chave essencial para compreender o segundo século XX francês. Isso posto, entre as dificuldades inerentes a esse investimento, a primeira em que o pesquisador esbarra inevitavelmente é aquela, recorrente, que se refere à legitimidade de uma história do tempo presente. Há já uns trinta anos, os historiadores debruçados sobre seu próprio século tiveram de enfrentar uma questão fundamental: em suas pesquisas, eles deveriam evitar os anos obscuros da Segunda Guerra Mundial e abordar as margens do segundo meio século? A resposta, que hoje parece ser evidente, não o foi forçosamente nessa data, de qualquer modo, para um grande número desses pesquisadores. Mas, progressivamente, o historiador deixou de ser obrigado a conceber sua prática como uma espécie de retorno das lembranças de um passado abolido. Mesmo que esse passado tivesse permanecido legitimamente o campo principal de investigação da pesquisa histórica, desde então, o entremeio (*entre-deux*) – que se identifica, na escala humana do historiador, pelos fenômenos de contemporaneidade e pelas reverberações da memória, além de se encontrar assim entre passado abolido e tempo imediato – foi aceito igualmente como objeto de história. Se tal mutação historiográfica chegou a constituir, no momento, um motivo de perturbação ou irritação, um consenso surgiu gradualmente no seio da corporação dos historiadores: Clio está habilitada deontologicamente e equipada metodologicamente para tomar o pulso da história recente.

Mesmo assim, o historiador do tempo presente deve não só – à semelhança dos outros colegas – conhecer-se, avaliando e ponderando as eventuais implicações desse conhecimento sobre sua prática; além disso, está diretamente envolvido no complexo jogo de forças que, em uma sociedade, são as relações entre história e memória. De fato, considerando a definição da história do tempo presente, ele enfrenta diretamente não só esse jogo de forças – que se tornou, aliás, nas últimas duas ou três décadas, um problema-chave, tanto metodológico quanto epistemológico, para essa história –, mas, para cúmulo, sua própria memória que, longe de ser apenas um banal crivo, é também um acelerador de partículas históricas: além de selecionar, ele reintegra rapidamente na área historiográfica determinados fatos que ainda não dispõem da densidade definitiva conferida pelo recuo histórico. Ainda nesse aspecto, a prudência se impõe, portanto, porque o historiador do tempo presente iria desnaturar sua abordagem, alterando o sentido da mesma, se não viesse a controlar o fluxo desses jogos e dessas reformulações da memória. E essa prudência é tanto mais indispensável quanto esse historiador é demiurgo: ele desenha, aos poucos, a trama do tempo presente ao exercer sua atividade heurística sobre um segmento cronológico em extensão contínua. À semelhança de um camponês holandês, de fato, sua vocação consiste em "polderizar" as décadas recentes, tornadas salientes pelo tempo que passa como outras tantas novas praias temporais a assumir enquanto objetos de estudo.

Como se vê, a história do tempo presente é, portanto, a afirmação de um princípio – a história recente não escapa ao perímetro de investigação da disciplina histórica – e, ao mesmo tempo, a implementação de uma prática de geometria variável – o perímetro investido é, por essência, um perímetro extensivo. Essa história é reavaliada, assim, de acordo com uma escala variável do tempo. Seu ecúmeno se estende até as novas praias tornadas salientes pelo fluxo do tempo, enquanto ele se retrai em direção a montante, no qual as zonas mais "antigas" entram, aos poucos, no destino comum dos períodos em que o testemunho oral, coletado diretamente, já não é uma fonte importante, tanto mais que, em breve, esta deixa inclusive de ser potencialmente capturável pelo historiador. Observar-se-á que essa escala variável do tempo não se reduz somente a uma translação cronológica progressiva: os revezamentos de gerações de historiadores e, desse modo, as diferentes escalas de relação ao fluxo do tempo introduziram outro parâmetro de calibração para a relação presente-passado. Em outras palavras, a zona temporal que é da competência da história chamada do tempo presente não é estabelecida por decreto: ela constitui precisamente um tipo de *polder*, movente por essência e a partir do qual, para cúmulo, os historiadores-produtores agrícolas, de faixa etária variável, mantêm uma relação diferente com a paisagem circundante que, por sua vez, se encontra em constante remodelação.

Nesse momento, como já afirmamos, essa remodelação se traduz pela entrada da década de 1960 – e, progressivamente, de 1970 – nesse *polder*, enquanto a história da Segunda Guerra Mundial que, durante um longo período, tinha sido a base da história do tempo presente, irá juntar-se aos poucos à zona científica, também legítima, mas de natureza diferente no plano epistemológico, da história do tempo não presente – sem prejulgar, evidentemente, a respeito das cicatrizes sempre visíveis e das feridas da memória que, muitas vezes, continuam supurando. Mas esses anos 1960 não se encontram somente, daí em diante, na vanguarda-pioneira da história do tempo presente pelos efeitos puramente mecânicos dessa "polderização" em curso. Como já foi sublinhado, essa década existe também – e antes de tudo, por si mesma – como linha de partilha das águas no seio do século XX francês. Por isso, seu *status* de decênio historiograficamente emergente não significa apenas o ganho de uma década suplementar recuperada pela disciplina histórica sobre o fluxo do tempo. Essa emergência permite, daí em diante, estudar enquanto historiador – e não apenas pelo viés de outras ciências sociais – um período-chave e confirmar seu caráter historicamente determinante. Tanto mais que essa década possui, de fato, uma dupla densidade histórica: se esses *sixties* são um período em que a base antropológica da França está mudando a um ritmo acelerado, eles abrem também uma fase mais ampla, de uns vinte anos, em que essa mudança está em curso e produz seus efeitos em profundidade, a tal ponto que se pode falar de uma verdadeira metamorfose do país, tanto em sua morfologia social quanto nas regras e normas que regem e limitam, em seu seio, os comportamentos individuais e coletivos. Existem realmente nesse período, entre meados da década de 1960 e a de 80, *vinte anos decisivos*[11]da história nacional francesa, gerados no âmago dos Trinta anos Gloriosos[12] e que sobrevivem a seu desaparecimento. E chegou a hora de estudá-los. Portanto, a segunda bacia cronológica do século XX francês é, neste momento, desenhada por essa linha de partilha das águas que é a década de 1960 e, ao mesmo tempo, ocupada por essa espécie de planície aluvial de vinte anos, tornada saliente pelo fluxo do tempo e destinada a ser progressivamente "polderizada" pelo historiador. No domínio da história dos intelectuais, vimos igualmente até que ponto esse período de uma vintena de anos representa um momento decisivo.

Referências

FINKIELKRAUT, Alain. *A derrota do pensamento*. São Paulo: Paz e Terra, 1988.

LÉVY, Bernard-Henri. *Elogio dos intelectuais*. Rio de Janeiro: Rocco, 1988.

MOLLIER, Jean-Yves. *A leitura e seu público no mundo contemporâneo*: ensaios sobre história cultural. Belo Horizonte: Autêntica, 2008.

SIRINELLI, Jean-François. *Les vingt décisives, 1965-1985. Le passé proche de notre avenir*. Paris: Fayard, 2007.

SOLJENITSIN, Alexandre. *Arquipélago Gulag*. Rio de Janeiro: Biblioteca do Exército, 1976.

---

[11] Título de um livro de Jean-François Sirinelli: *Les vingt décisives, 1965-1985*. (N. T.)

[12] No original, *Trente Glorieuses* – título do estudo publicado, em 1979, pelo economista Jean Fourastié – que se refere ao período histórico, compreendido entre 1946 e 1975, durante o qual a França e a maior parte das economias ocidentais haviam usufruído de um crescimento excepcional e contínuo. (N. T.)

A biblioteca de Viriato Corrêa: incursões sobre a leitura e a escrita de um intelectual brasileiro

Ângela de Castro Gomes

> *A erudição é a maior amiga e a pior inimiga da história. A documentação deve ser elítica e separada; como na pintura deve-se sentir a cor e não deixar muito visível o desenho das linhas. Os nossos historiadores, e Varnhagen é um exemplo modelar, confundem a historiografia e a história, e fazem da vida uma função de arquivos e de cartórios. Este seco e árido materialismo dos papéis velhos embota a imaginação e [...] com seu cemitério de almas penadas, impede a comunicação com os vivos. É verdade que os ossos ficam e são por isso mais acessíveis; todavia, o passado não pode ser composto de esqueletos. Há de ser vida ou coisa nenhuma.*
>
> João Ribeiro, "O culto da História", 1918

O objetivo de fundo deste artigo é enfrentar uma das questões mais delicadas para os estudiosos da história cultural, especialmente aqueles interessados na história do livro e da leitura. Ele pode ser formulado a partir das dificuldades que envolvem o acesso do historiador às práticas de leitura e escrita de um intelectual, ou seja, às dinâmicas que presidem o processo de apropriação cultural, fundamental quando se trabalha com a perspectiva teórica de que não há atores sociais passivos: nem leitores, nem ouvintes, nem expectadores, nem ninguém. Quer dizer, seguindo de perto as formulações de Michel de Certeau (2006) e de Roger Chartier (1990), a leitura e a escrita, como práticas culturais, são processos extremamente complexos, envolvendo, histórica e sociologicamente, a experiência e a imaginação dos atores sociais deles participantes que, por meio delas, reinterpretam a realidade em que vivem, recriando significados e encontrando brechas em um sistema cultural ou, em vocabulário da sociologia de Anthony Giddens, operando o que se conceitua como dupla hermenêutica: sempre interpretando interpretações.[1]

No caso deste texto, trata-se de procurar uma janela para se vislumbrar a biblioteca de um intelectual brasileiro; para nos aproximarmos de seus livros, principalmente dos que lia e utilizava em sua própria prática de escrita da história. Não sendo ele reconhecido, nem se reconhecendo, como um historiador "erudito", não fazendo a *histoire savante,* fruto da pesquisa e crítica documental, produziu uma narrativa identificada como histórica e foi lido e apreciado por um grande público, durante décadas. Esse esforço é tão desafiador como útil para pesquisas no campo da historiografia, pois é geralmente muito difícil encontrar fontes que nos permitam alcançar a circulação e os usos de um conjunto de autores e livros por um determinado leitor, movido pelo interesse de alcançar um grande público, em determinado espaço e tempo.

Por isso, trabalharemos com o conceito de intelectual, seguindo as formulações do que a historiografia francesa tem denominado de história de intelectuais, para diferi-la da história das ideias e também das mentalidades. Estaremos considerando os intelectuais como uma categoria socioprofissional e os entendendo como produtores e mediadores de interpretações da realidade social, que possuem grande valor simbólico e político. O uso dessa categoria, de contornos fluidos, acompanha as proposições de Jean François Sirinelli (1996), que se utiliza também, como o faremos, das noções de trajetória e redes de sociabilidade.

Viriato Corrêa: o intelectual e sua trajetória como mediador cultural

> *Quando falo em leitores, não me refiro aos eruditos,*
> *pois esta seção é feita para o povo e não para os que sabem!*

> (Viriato Corrêa, "Gaveta de sapateiro",
> *Jornal do Brasil*, 13 fev. 1932)

---

[1] Essa perspectiva teórica não significa confundir a narrativa histórica, que se faz sobre fatos "reais", isto é, que aconteceram em determinada sociedade em determinado momento, com a narrativa literária, que se faz sobre fatos fictícios, como é postulado por abordagens próprias à chamada virada linguística, das quais nos afastamos.

O intelectual alvo desta pesquisa é Manuel Viriato Corrêa Baima do Lago Filho. Um longo nome e uma longa vida, pois nasceu em 1884, na pequena Pirapemas, no estado do Maranhão, vindo ainda jovem para o Rio de Janeiro, onde viveu do jornalismo, do teatro, do magistério e da literatura até morrer, em 1967, com mais de 80 anos de idade. Portanto, estamos falando de um "homem de letras", que se bacharelou em Direito, como a maioria dos jovens de seu tempo e cujo processo de socialização política e intelectual se deu nas primeiras décadas do século XX, quando o Rio de Janeiro era a capital da República e a maior e mais atraente cidade para os que quisessem viver e, se possível, fazer sucesso com o uso da pena. Como Viriato era republicano e não desejava advogar, buscou o mundo das letras, onde entrou pelas mãos do jornalista, também republicano, Medeiros e Albuquerque. Nesse período, os jornais se tornaram o mais importante e acessível suporte para os escritores, pela possibilidade que ofereciam a uma ampla circulação de ideias, além dos ganhos financeiros e da visibilidade que propiciavam.

Não é casual, por conseguinte, que boa parte dos textos literários, dos ensaios políticos e da produção histórica, inclusive a dos maiores historiadores da época, aparecesse nos jornais, o que se tornou um dos aspectos característicos do campo intelectual no Brasil. É nesse sentido que vários estudiosos da historiografia assinalam um processo de relativo distanciamento do conhecimento histórico – que avança no debate sobre sua cientificidade – em relação ao Estado, no final do século XIX e início do XX. A partir de então, a história não mais devia ser produzida ou validada com o objetivo de servir a um Estado monárquico, centralizado e católico, encarnado na figura do Imperador. A tarefa principal do historiador era a de conhecer a nação que, em momento estratégico de sua constituição, pois se tornava republicana, exigia uma releitura de seu passado, agora de acordo com esse novo presente, no qual o "povo" emergia como ator e interlocutor.[2]

Como se adiantou, Viriato Corrêa – pois é assim que assina seu nome e se torna conhecido – era um intelectual com numerosas áreas de atuação, entre as quais nos interessa, em particular, seu envolvimento com a história do Brasil ou, nos termos daquele momento, com a história pátria. É nossa hipótese que esse envolvimento foi gradual, crescente e duradouro, sendo marcado pela escolha consciente, continuamente testada e aperfeiçoada, da produção de narrativas históricas voltadas para o "povo", isto é, para um grande público, visando explicitamente sua educação cívica como cidadão republicano. Viriato Corrêa tornou-se, no Brasil das décadas de 1920 a 50,

---

[2] São exemplos dessa abordagem Gomes (2009), Turin (2009) e Hansen (2010).

um dos autores que mais produziu e foi lido no campo da literatura histórica de teor cívico-patriótico destinada a um público amplo, fosse ele formado por adultos ou crianças; envolvesse o suporte dos periódicos ou do livro; fosse explicitamente destinada ao uso escolar ou apenas desejasse familiarizar o leitor com o passado do país, de maneira interessante e instrutiva. Ele não estava só em tal empreendimento, também abraçado por muitos outros intelectuais, alguns dos quais historiadores "eruditos", que também se dedicaram a escrever para crianças e para um público adulto diversificado. Mas Viriato se destaca pela duração de seu empreendimento, pela variedade de mídias de que se vale e pelo volume de seu trabalho. Para se ter uma ideia do montante de sua produção, no que diz respeito ao recorte aqui realizado, verificamos que ele escreveu onze livros desse tipo para adultos, o primeiro em 1921 e o último em 1955; e produziu dez livros para um público infanto-juvenil, o primeiro também de 1921 e o último de 1962. Isso, sem se contabilizar as peças de teatro consideradas pelos críticos como históricas, as mais importantes dos anos 1940; os programas que manteve no rádio nos anos 1950; e os incontáveis artigos que escrevia para diversos jornais e revistas, às vezes mantendo colunas por anos, e fidelizando um público leitor, que lhe enviava cartas, fazendo pedidos e discutindo temas.

O ponto que se quer ressaltar com essas breves considerações sobre a trajetória de vida do autor, destacando sua atuação no campo da história, é que ele é um intelectual que preenche de forma paradigmática o conceito de mediador cultural, uma função estratégica para o estudo da construção de memórias nacionais e da formação de culturas históricas, nesse caso, de uma cultura histórica republicana no Brasil. No que se refere à trajetória de Viriato, com um interesse particular, pois ele está em pleno auge de sua produção durante os anos 1930-1940, quando o Estado, sob o comando de Getúlio Vargas, passa a realizar um investimento indiscutível na condução de uma política cultural que destacava a importância de uma cultura histórica – de um passado histórico comum –, como condição para a construção de uma identidade "verdadeiramente" brasileira. Sobretudo durante os anos do Estado Novo, quando a centralização e o autoritarismo do regime orientam uma política de nacionalização da cultura, alimentando a importância das estratégias comemorativas e os esforços na área da educação, tendo como pedra de toque o amor à pátria, que precisava ser moldado desde a infância, com destaque pela ação da escola, dos livros e da leitura.[3]

---

[3] Trabalho com o tema da política cultural do Estado do pós-1930 e da centralidade de uma cultura histórica em meu livro *História e historiadores: a política cultural do Estado Novo* (1996).

Contudo, é fundamental deixar bem claro os sentidos com os quais estamos preenchendo a noção de mediador cultural. Isso porque, como a categoria intelectual tem fronteiras fluidas, abrigando e distinguindo, ao mesmo tempo, os chamados produtores e os mediadores, queremos aqui destacar a importância dos segundos, uma vez que o próprio campo intelectual e as classificações/adjetivações que os estudos sobre intelectuais costumam produzir ressaltam uma hierarquia nada ingênua entre eles. Nessas classificações, os mediadores ocupam sempre uma posição secundária, hierarquizada como menor, menos respeitável, pois menos "séria" e mais sujeita às tentações do mercado e do grande público, entendido como de gosto duvidoso e mais "fácil" de agradar, entre outros argumentos. Porém, o que tal processo de rebaixamento desse tipo de trabalho intelectual costuma pressupor, e quase nunca fica explicitado, é que a prática desse mediador é entendida como uma mera correia de transmissão entre dois polos distintos em valor: do erudito para o popular; da ciência para a não ciência, sob forma de reprodução simples e simplista, inclusive porque, com frequência, literariamente comprometida/desleixada.

Em síntese, nesse tipo de formulações é muito comum que o mediador (escritor e/ou professor) seja visto como um mero repetidor, que nada produz de novo, que nada acrescenta de seu. É contra essa ideia de correia de transmissão que queremos situar este texto, na medida em que ele investe justamente nos processos de apropriação cultural presentes na construção de uma matriz de narrativa histórica, que assume com clareza seu propósito de divulgação do conhecimento, tendo em vista os valores cívico-patrióticos de seu tempo. Por isso, embora assinalando que a produção do mediador cultural não segue os mesmos procedimentos e não sofre os mesmos controles do trabalho erudito/acadêmico, queremos explicitar a ideia de uma forte interdependência entre a produção e a divulgação do conhecimento histórico, lembrando que quem produz também divulga e quem divulga também produz, embora com diferenças significativas em função dos objetivos e públicos a serem alcançados. Dessa maneira, é possível compreender uma lógica na produção e usos das narrativas históricas, bem como suas possibilidades de apropriação, atentando para a importância dos vetores culturais utilizados pelos intelectuais (livros, periódicos, rádio, TV, internet), pois cada um deles exige formas e conteúdos adequados, como há muito já se sabe.

Como estamos tratando de intelectuais que atuam no campo da história, mais especificamente da história do Brasil, queremos nos afastar de uma excessiva dicotomia entre o que se entende por escrita dos "historiadores propriamente ditos" (identificados, desde meados do século

XIX às primeiras décadas do XX, com o espaço do IHGB e, a seguir, com o das universidades), e a escrita desses mediadores, que constroem uma narrativa histórica destinada ao grande público. Para relativizar essa dicotomia, sem abandonar as distinções nela existentes, é bom ressaltar dois pontos. Primeiro: o da importância da escolha e utilização de determinados vetores culturais, pois eles têm sido tratados pela literatura que trabalha com história do livro e da leitura como decisivos para as características de uma narrativa, sendo um dos meios mais seguros para o historiador acessar formas de representações coletivas do passado, constituindo-se, assim, em vetores de memória. Segundo: o dos avanços da profissionalização e da institucionalização da pesquisa histórica, que mostram, no Brasil e no mundo, sólidas conexões com a preocupação da divulgação desse saber, podendo ou não estar encarnado no mesmo indivíduo (historiador e divulgador), o que, mais uma vez, remete aos objetivos e suportes que uma narrativa pode ganhar. Além disso, os historiadores da educação têm batido constantemente na tecla da singularidade do trabalho daqueles que, como mediadores de vários tipos, dedicam-se à tarefa do ensino, tomado aqui em sentido amplo e não apenas restrito às práticas escolares que têm lugar nas salas de aula.

O mediador cultural pode, assim, ser tratado como um intelectual que guarda grandes ambiguidades em sua prática de divulgação, pois se não é o cientista que pesquisa e produz conhecimentos acadêmicos no interior de um campo disciplinar, também cria conhecimentos, pelas estratégias implementadas para aproximar esse saber, qualificado como erudito, de um público iniciante (crianças e jovens) ou não iniciado (adultos). Os mediadores culturais não são, quando estão no exercício dessa prática, os intelectuais "eruditos" que fazem e escrevem a *histoire savante,* ainda que possam estar encarnados na mesma pessoa. Escrever para os pares e para um público acadêmico exige procedimentos de pesquisa e de escrita distintos daqueles necessários ao trabalho de mediação cultural que, por sua vez, está repleto de exigências específicas e muito mais exposto às injunções políticas. Mas sendo o mesmo indivíduo ou não, os mediadores têm que conhecer e ler os trabalhos dos intelectuais "eruditos", com os quais vão construir suas próprias interpretações/narrativas. Só que, como já se disse, não é fácil acessar esse processo e acompanhá-lo, embora se saiba como ele é útil para se entender melhor não só as características da prática cultural da leitura, como também seus usos na construção de textos destinados ao grande público, adulto ou infantil.

Por isso, para adentrar à biblioteca de Viriato Corrêa e saber quem ele lia e como utilizava o que lia em sua escrita de uma história ensinável voltada para um amplo e diversificado público, construímos uma estratégia metodológica que priorizou seu trabalho jornalístico na primeira metade dos anos 1930, através de uma coluna que manteve no *Jornal do Brasil*.

As gavetas de sapateiro de um mediador cultural

> *Viriato Corrêa não necessita que o recomendem. É historiador, dramaturgo, conteur, romancista e neste momento ilustra os nossos leitores com a sua metódica e bem ordenada Gaveta de Sapateiro.*
>
> (JOÃO RIBEIRO, *Jornal do Brasil*, 8 fev. 1933)

Durante quatro anos, de 18 de junho de 1931 a 29 de setembro de 1935, Viriato Corrêa escreveu uma pequena crônica para uma coluna de sua responsabilidade no *Jornal do Brasil*. Seu principal objetivo era tornar a história do Brasil matéria compreensível e agradável a um grande público, ou seja, ao público de um jornal de circulação nacional. O autor gostava desse gênero literário que, por ser curto, permitia uma leitura rápida e, sendo escrito em linguagem acessível, convidava os leitores a apreciar, sem dificuldade, qualquer assunto. Ele o praticava há muito tempo, pois era o que se pode chamar de escritor-jornalista, tendo participação intensa como colaborador em diversos dos maiores jornais e revistas de sua época, desde os anos 1910.

Mas a década de 1930 é estratégica quando se trabalha com a trajetória desse autor, na medida em que assinala dois acontecimentos biográficos, vale dizer, dois acontecimentos que produzem inflexões no curso de sua vida, dando-lhe novos sentidos e reorganizando as posições por ele ocupadas no campo político-cultural. Viriato Corrêa, nos anos 1920, fora eleito deputado estadual e federal pelo estado do Maranhão, e quando a Revolução de 1930 estourou, era um dos partidários de Júlio Prestes,[4] o candidato paulista que vencera Getúlio Vargas nas eleições. Foi então preso e perseguido e, segundo seu próprio depoimento ao mesmo *Jornal do Brasil*, já em 1958, sofreu muito, sendo praticamente excluído dos ambientes intelectuais. Certamente por isso, foi nesse momento que decidiu abandonar a política e se dedicar inteiramente à literatura, fazendo-o com uma incrível capacidade de trabalho (CORRÊA,

---

[4] O livro, *Histórias ásperas,* cuja primeira edição é de 1928, é dedicado ao "amigo Julio Prestes".

1958).[5] Dessa forma, as dificuldades financeiras que enfrentou, acabaram gerando um período muito profícuo. Para se ter uma ideia, somente em 1931 publicou quatro livros,[6] todos destinados a crianças. Porém, a recuperação de seu nome viria com uma peça de teatro, encenada pelo grande ator Procópio Ferreira, *Bombonzinho,* também de 1931, e que foi um grande sucesso. Entre 1932 e 1934, ele encenaria ainda as peças *Sanção* (1932), *Maria* (1933) e *Coisinha boa* (1934), e publicaria os livros *Alcovas da História* (1934) e *Mata galego* (1934), além de lançar seu saudado livro de literatura histórica: *História do Brasil para crianças.* Em 1934 faria nova tentativa para ingressar na ABL, não sendo eleito, o que só vai ocorrer em 1938, depois do sucesso de *Cazuza.* Com esse novo acontecimento biográfico, traduzido pelo alcance da imortalidade em vida, a sorte de Viriato Corrêa estaria selada: se os acadêmicos, até então, não o aceitavam no recinto da ABL, a partir dos anos 1940, com ele conviveriam por muito tempo, pois ele só morre e a contragosto, em 1967.

A coluna do *Jornal do Brasil* que examinaremos é escrita de 1931 a 1935, integrando esse intenso trabalho, e convivendo com o período do Governo Provisório; da Revolução Constitucionalista de 1932; do funcionamento da Assembleia Nacional Constituinte (1933-34); e do Governo Constitucional. Contudo, o encerramento de suas atividades no jornal não teve ingredientes políticos, devendo-se a questões de funcionamento do periódico. Durante esse período, escreveu um total de 1.260 crônicas históricas, distribuídas em duas séries. A primeira, entre junho de 1931 e março de 1933, chamava-se "Gaveta de sapateiro" e originou 532 crônicas, sendo assinada com o pseudônimo de Frei Caneco. A segunda, que alcançou 728 crônicas e prosseguiu até setembro de 1935, teve o título "Miudezas históricas", sendo assinada com o nome do autor. Uma boa ideia de suas intenções com esse trabalho ficou registrada na apresentação de um livro, publicado em 1932, reunindo uma seleção de 140 dessas crônicas. Seu título é esclarecedor, articulando as duas fases da coluna: *Gaveta de sapateiro, miudezas desarrumadas da História Nacional,*

---

[5] Segundo a matéria, Viriato Corrêa declarara: "Como literato fui para a Academia, mas como político parei na cadeia e deixei de ser político." O escritor, que aos 74 anos era o mais velho dos maranhenses que fazem literatura e jornalismo no Rio, contou que depois que saiu da prisão, onde esteve porque era governista, quando ocorreu a Revolução de 1930, verificou que não era político. Afastou--se e passou a viver exclusivamente da pena, e 'me dei bem.'" Pasta: Notícias e críticas – S/D – P – 120, Arquivo Viriato Corrêa, Arquivo da ABL.

[6] Os livros foram *No reino da bicharada, Quando Jesus nasceu, A macacada* e *meus bichinhos.*

editado pela Companhia Editora Nacional (CEN) de São Paulo, então uma das maiores editoras do país. Na apresentação, ele faz uma pergunta capciosa: "Será um livro de história a *Gaveta de sapateiro?*" E prontamente responde que não, pois "nem nos passou pela cabeça a ideia de dar-lhe feição erudita" (CORRÊA, 1932, p. 7).[7] Com esse ponto de partida, explica que, em uma gaveta de sapateiro, ninguém espera encontrar "coisas de vulto ou de valia", mas sim coisas pequenas, as miudezas, que tornam uma história curiosa e permitem sintetizar o clima de uma época ou o perfil de um personagem, de maneira bem melhor e mais fácil de entender. Uma chave de leitura para o trabalho do autor extremamente útil para se compreender sua estratégia de escrita da história, quer nas crônicas do jornal, quer em seus livros e peças de teatro.

Na verdade, o acesso a todo o universo de crônicas foi possível, de forma muito mais fácil, pelo fato de elas terem sido colecionadas por outro intelectual e político de grande importância no período: José Carlos de Macedo Soares.[8] Foi ele que doou à ABL sua coleção de recortes, que foi integrada à documentação do arquivo pessoal de Viriato Corrêa. Um fato da maior relevância, já que é indicativo de que o hábito de cortar, colar e guardar esse tipo de matéria de jornal, publicada em série, devia

---

[7] A "Apresentação" vai da página 7 à 9. Ver também Gomes (2010).

[8] O conjunto é integrado por sete álbuns de recortes de jornal, da Biblioteca Acadêmica Lúcio de Mendonça, ABL: "Gaveta de sapateiro", em três volumes, 24 cm (volume I de 18 jun. 1931 a 14 jan. 1932; volume II de 15 jan. 1932 a 14 ago. 1932; volume III de 15 ago. 1932 a 21 mar. 1933) e "Miudezas históricas", em quatro volumes, 24 cm (volume I de 23 mar. 1933 a 25 nov. 1933; volume II de 28 mar. 1933 a 06 jul. 1934; volume III de 7 jul. 1934 a 12 fev. 1935; volume IV de 13 fev. 1935 a 29 set. 1935). José Carlos de Macedo Soares nasceu em São Paulo, em 1883 e formou-se pela Faculdade de Direito de São Paulo em 1905. Empresário, político, diplomata e intelectual ocupou cargos e funções de grande importância. Nos anos 1930, aqui destacados, foi nomeado por Vargas para o Ministério das Relações Exteriores, em julho de 1934, permanecendo no cargo até janeiro de 1937. Nesse período, passou a presidir o recém-criado Instituto Brasileiro de Estatística, posteriormente rebatizado de Instituto Brasileiro de Geografia e Estatística (IBGE), à frente do qual permaneceria até 1951. Em maio de 1937, meses após deixar o ministério das Relações Exteriores, assumiu a pasta da Justiça, decretando a libertação de mais de 400 presos políticos sem processo formado, acusados de envolvimento com o levante esquerdista de 1935. Tornou-se membro da ABL em 1937 e foi seu presidente entre 1942 e 1944. Com a deposição de Vargas e a posse de José Linhares, em outubro de 1945, foi nomeado por esse último para o cargo de interventor federal em São Paulo. Permaneceu nesse posto até março de 1948, quando passou o governo do estado a Ademar de Barros, eleito meses antes. Morreu em São Paulo, em 1968 (<http://cpdoc.fgv. br/producao/dossies/AEraVargas1/apresentacao>).

ser compartilhado por outros leitores muito mais numerosos e menos famosos. Ter certeza disso é, na verdade, quase impossível, mas apostar nessa possibilidade é bastante razoável. No caso de José Carlos de Macedo Soares, como se pode ver pelas ilustrações, cada conto, além de cortado e colado em uma página de papelão, era devidamente decorado, ganhando o conjunto, após a encadernação em capa dura, uma aparência bonita e sólida, que convidava e facilitava a leitura, potencializada pela continuidade que o arranjo oferecia. O resultado final tinha o feitio de um grande livro que, nesse caso, foi muito provavelmente preparado ou por um(a) secretário(a) do político/intelectual ou por uma mulher da família (a ornamentação é sugestiva), mas que poderia ser realizado por seu próprio dono(a), ao longo do tempo, o que lhe dava um valor todo especial.

Capa do livro *Gaveta de sapateiro, miudezas desarrumadas da História Nacional*, São Paulo, Companhia Editora Nacional, 1932.

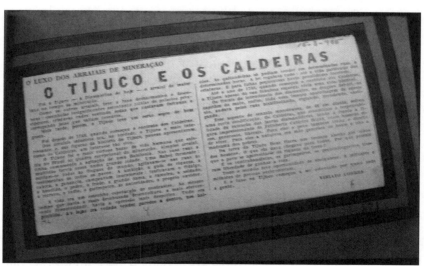

Imagens dos volumes de crônicas "Gaveta de sapateiro" e "Miudezas históricas", do *Jornal do Brasil*, colecionadas e doadas por Macedo Soares. Arquivo Viriato Corrêa, ABL.

Foram várias as razões que nos levaram a trabalhar com esse volumoso e fragmentado material. Logo de início, seguindo um conjunto de questões que desejávamos investigar, envolvendo alguns episódios e personagens, selecionamos um total de 578 crônicas. Contribuiu de forma decisiva para tal investimento, uma característica dos textos analisados: ao contrário do que ocorria nos livros para adultos e crianças, e também nas peças teatrais, nas crônicas Viriato Corrêa recorria a citações. Com isso, estava dada a possibilidade de se organizar um banco de dados, com o dia, a página e o título da crônica, caso ele existisse; a tais informações, acrescentamos os nomes dos autores e os títulos dos livros citados, ao que reunimos a passagem em que se fazia uso da bibliografia mencionada. Com todas essas informações, buscávamos remontar, ainda que de forma muito impressionista, a biblioteca do autor em sua própria dinâmica de leitura, já que o que encontramos nas crônicas são as formas de apropriação desses autores e livros, presentes no próprio ato de escrever como divulgador de história do Brasil.

Orientando esse trabalho, construímos uma hipótese: a de que esse material do *Jornal do Brasil,* pelo momento específico em que é produzido na trajetória do autor e pelas características presentes em sua escrita – o que inclui uma busca sistemática de interlocução com os leitores –, funcionaria como uma espécie de laboratório para teste e consolidação de uma escrita de história ensinável, não só para Viriato, como também para outros de seus contemporâneos. Ou seja, a produção desse grande volume de material, foi estruturando uma matriz narrativa, que seria retomada posteriormente, muitas vezes e de maneiras variadas. Nas crônicas do jornal, ele estaria selecionando um elenco de temas, fatos e figuras históricas, e experimentando formas de narrativa que pudessem despertar o interesse do grande público. O resultado, após anos de prática dessa escrita, a nosso ver, foi valioso, já que mesmo ainda carregado de aspectos de uma "velha" história, como se dizia na época, encontrara uma alternativa atraente, quer à história dos eruditos, acusada de difícil e massuda, quer à história de muitos compêndios escolares, considerada árida e desinteressante.

Uma boa razão para se tentar incursionar por essa biblioteca, através das citações no *Jornal do Brasil,* para realizar um trabalho de análise quantitativo e qualitativo. Nesse sentido, estamos absolutamente conscientes das limitações desse exercício, a começar pela amostra, já que muitos livros poderiam ser lidos/usados, não sendo citados na coluna. Passando aos dados recolhidos, foram localizados 94 autores diferentes, que perfizeram um número de 208 citações, na medida em que um autor podia ser citado mais de uma vez. Além disso, com frequência o nome de um autor era citado, mas não o livro que estava sendo usado.

Também ocorreram muitos casos de citações de livros, onde havia apenas a referência a seus títulos, e a nada mais, sendo bom lembrar que estamos tratando de um texto cujo suporte é o jornal. Assim, das 208 citações levantadas, 127 têm o nome do autor e do livro citado, o que alcançou um total de 81 livros referenciados, significando que, em princípio, eles podiam integrar a biblioteca de Viriato Corrêa e estavam sendo lidos e usados em seu trabalho no jornal. Um cuidado subsequente foi organizar os autores citados conforme a frequência de seu aparecimento. O resultado encontrado segue no quadro abaixo.

QUADRO 1 - Frequência com que os autores são citados na coluna do *Jornal do Brasil*

Número de vezes em que são citados	Número de autores
1 vez	57
2 e 3 vezes	22
4 e 6 vezes	8
7 a 9 vezes	5
+ de 10 vezes	2
TOTAL	94

Como se vê, mais de 50% dos autores citados aparece apenas uma vez, ao que se segue outro conjunto citado de duas a três vezes, reunindo 22 autores. Logo, 79 autores, de um total geral de 94 nomes, surgem com de uma a três citações, o que os torna uma presença eventual na coluna. Contudo, é bom notar, por não serem tão citados, não podem ser considerados pouco lidos e/ou utilizados. A partir daí, existe um segundo grupo de autores, perfazendo um total de quinze nomes, que reúne aqueles que têm entre quatro e mais de dez citações, o que já os torna mais regulares. Esse grupo, por sua vez, pode ser subdividido em dois: o primeiro é composto por oito autores, citados de quatro a seis vezes; o segundo é integrado por sete autores, citados mais de seis vezes, sendo que dois deles têm mais de dez citações. Considerando-se a amostra, são esses sete autores aqueles com quem Viriato mais trabalha, e que estamos entendendo como os mais importantes para o estabelecimento de sua escrita de divulgador. Portanto, cabe examinar mais de perto quem são eles e, em função das dimensões deste texto, apenas mencionar como são citados.

Miudezas desarrumadas da história nacional: autores e livros

> *Os episódios que lia ou estudava nos historiadores rígidos, narrados no estilo de relatórios [...] Viriato transformava em histórias transparentes, renovadas, vencendo as distâncias com a luneta de seu estilo translúcido, que penetrava na intimidade dos acontecimentos [...] Ninguém, como ele, graças à sua vocação para as letras teatrais, sabia surpreender e captar, nos episódios áridos da História, a substância dramática [...]*
>
> (Joracy Camargo, *Discursos Acadêmicos*, ABL, 1968)

Os dois autores mais citados na coluna do *Jornal do Brasil* ajudam-nos muito a entender que matriz narrativa Viriato Corrêa estava produzindo por meio de uma escrita de história ensinável que alcançasse e instruísse um público "não erudito". Eles também nos permitem levantar a hipótese de que o autor estaria se apropriando de uma longa e sólida tradição de contistas e cronistas, considerados, por vezes, como historiadores, mas, em geral, nomeados como literatos e/ou memorialistas. Quer dizer, se tais autores possuíam uma vasta e reconhecida produção no campo literário, sendo inclusive utilizados e respeitados por muitos dos "novos" historiadores de início do século XX, sua diversidade, classificação e lugar no campo intelectual eram polêmicos. Porém, tendo em vista a matriz narrativa que estava sendo, ao mesmo tempo, construída e testada no jornal, eles eram bons exemplos de uma prática de escrita bem distinta da que era identificada, e também criticada, como "erudita", vale dizer, massuda e desinteressante. Nas palavras de Viriato Corrêa, referindo-se especificamente à produção dos historiadores, do que vai chamar de uma história de coturno. Isso porque tais cronistas e memorialistas, usualmente, contemplavam episódios e personagens "menores", atentando e descrevendo fatos e costumes curiosos/tradicionais ou, no vocabulário do autor, fazendo uma de história de chinelos.

Esses dois autores são Alexandre José Mello Moraes Filho (1844-1919) e José Vieira Fazenda (1874-1917). Seus nomes aparecem citados, respectivamente, quinze e treze vezes na coluna. Alguns dados de suas biografias mostram que eram intelectuais maduros na virada do século XIX para o XX, ambos médicos, que tiveram uma produção ligada à história da cidade do Rio de Janeiro e também ao que se conhecia como estudos de folclore.

No caso de Vieira Fazenda, que também era político do Partido Liberal no segundo Reinado, o livro mais citado (quatro vezes) foi *Antiqualhas e memórias do Rio de Janeiro.* Ele reúne um conjunto de lendas e episódios pitorescos da cidade, tendo sido publicado em vários números da *Revista do IHGB,* o que atesta seu reconhecimento. Mas seu trabalho mais conhecido era *Coisas de outro tempo* (1904), a que se juntavam mais dois volumes, que se aproximavam em diversos pontos das narrativas históricas de Viriato: *Os provedores da Santa Casa de Misericórdia da cidade de São Sebastião do Rio de Janeiro* e *Notas históricas sobre a Praça do Comércio,* ambos da Tipografia do Jornal do Comércio & Cia., Rio de Janeiro, em, respectivamente, 1912 e 1915.

Já Mello Moraes Filho merece considerações especiais, até porque Viriato cita o título de nada menos que cinco de seus livros: *A Independência e o Império no Brasil; O Brasil histórico;*[9] *Crônica geral e minuciosa do Império no Brasil; História da transladação da corte portuguesa;* e *História das constituições.* Esse autor era filho de um conceituado historiador do IHGB, também médico. Pode-se avaliar a importância de sua produção pelo fato de receber elogios do feroz e consagrado crítico Sílvio Romero que, em sua *História da literatura brasileira,* escrita em 1888, o menciona por sua preocupação com a cultura das classes populares. Outro famoso crítico literário da época, José Veríssimo, também aprecia seu volume *História e costumes,* Rio de Janeiro, Garnier, [s.d.], XXV, 233 páginas. Seus comentários, na primeira década do século XX, são valiosos, pois, tocam em questões que permaneceriam em pauta, valendo-se atentar para seu vocabulário. De início, ele considera "louvável a tarefa de recolher e divulgar coisas pitorescas e curiosas da nossa crônica e da nossa tradição popular" (VERÍSSIMO, 1979, p. 241). Porém, remarca que, "toda a pesquisa e reprodução *folk-lorica* deveria guardar estrita fidelidade ao que era recolhido, "sem deixar margem à imaginação" do autor, sendo autenticada "com testemunhos dos arquivos públicos e privados e de outras fontes fidedignas de informação." Procedimento que Mello Morais Filho não seguia com afinco em sua "crônica romanceadas e história pitoresca", talvez por se satisfazer com um leitor "descuidoso", que se "deleita com as

---

[9] *O Brasil histórico* foi escrito pelo Dr. A. J. de Mello Moraes (pai). O volume de 1882 registra, no título, que teria sido escrito pelos Drs. Mello Moraes e Mello Moraes Filho, contendo a série Tipos de Rua, de autoria de Mello Moraes Filho.

imaginações e fantasias do autor". E pergunta: "Mas até que ponto tem um escritor, um estudioso, o direito de se contentar com esta classe de leitores e cultivá-la cultivando o gênero literário que a diverte é uma questão de ética literária" (p. 242).

Como se vê, não é casual que os trabalhos desse autor tenham recebido a atenção de historiadores que trabalham com cultura popular, como Martha Abreu (1999),[10] voltada para o estudo da temática das festas e da cultura negra nos séculos XIX e XX. Segundo ela, as publicações de Mello Moraes Filho abarcaram variados temas, compondo-se de estudos literários, poesias, História e Etnografia, onde se destacam as descrições sobre festas e tradições populares do Brasil, inclusive aquelas com a presença de negros e mestiços. Ou seja, Mello Moraes Filho fugia, mesmo que com todas as ambiguidades de seu tempo, do coro que reservava ao "povo", com destaque o negro, apenas o espaço do trabalho ou da detração social na história do Brasil.

É curioso, assim, que Viriato não mencione o mais famoso trabalho de Mello Morais Filho, *Festas e tradições populares do Brasil,* cuja primeira edição, de 1888, recebeu o subtítulo *Tradicionalismo*, mas que se tornou conhecido pela edição de 1901, dividida em quatro partes: "Festas populares", "Festas religiosas", "Tradições" e "Tipos de rua". De toda a forma, o que se deseja remarcar aqui é o caráter memorialístico e etnográfico dos trabalhos desse autor que, "mesmo com a falta de rigor das descrições e com a presença de relatos impregnados de juízos de valor", tornou-se referência constante para os estudiosos do gênero que o sucederam, dentre os quais, o próprio Vieira Fazenda, além de João do Rio,[11] Luiz Edmundo,[12] Gilberto Freyre e Gastão Cruls, todos, não por acaso, presentes nas citações de Viriato, no *Jornal do Brasil.*

---

[10] No livro, menciona-se alguns trabalhos de Mello Moraes Filho, como *Fatos e memórias: memórias do Largo do Rossio* (1903) e *História e costumes*, com introdução de Rocha Pombo (1904).

[11] Conforme Abreu (1999). Também através dessa autora, cabe indicar que Mello Moraes Filho e Vieira Fazenda integraram o círculo de relações de Paulo Barreto, o João do Rio, que escreveu um livro de contos com Viriato Corrêa: *Era uma vez... contos infantis* (1908). Os dois últimos se conheceram através de Medeiros e Albuquerque, tornando-se amigos e trabalhando juntos na *Gazeta de Notícias,* quando Viriato fazia crítica teatral. Ver também Veloso (1988, p. 31).

[12] Luiz Edmundo é citado duas vezes com o livro *O Rio de Janeiro no tempo dos Vice-Reis.*

Entre os cinco outros autores imediatamente mais citados, destaca-se Medeiros e Albuquerque. Diretor da Instrução Pública após a Proclamação da República, desejava ter Viriato como seu sucessor na ABL, nutrindo por ele uma amizade paternal e tendo sido quem o recebeu e o introduziu às redações e relações do mundo da imprensa, no Rio. Seu trabalho mais citado é *Minha vida,* publicado em dois volumes e considerado "um livro que sem querer é de história, da boa história dos bastidores. Os personagens do fim do Império e do início da República aparecem como são na verdade da vida, na intimidade" (CORRÊA, 1933, p. 1). Como fica claro, a maior contribuição do livro era a possibilidade de acesso aos "bastidores da História", o que trazia a humanização de seus personagens, aliás seguindo o moderno cânone da escrita biográfica da época.[13] Tratando-se de um texto de memórias, permitiu a Viriato tecer algumas observações sobre o uso de depoimentos para compor a história recente do país, já que Medeiros se envolvera diretamente nos preparativos da ação em prol da República. Por isso, o colunista comenta que há anos se debruçava sobre o episódio da Proclamação, mas se acreditava que, para outros eventos, os depoimentos eram altamente esclarecedores, no caso da República, as testemunhas eram as que mais "encobriam os fatos", em lugar de esclarecê-los.[14] Isso porque cada uma queria para si "o maior relevo dos papéis", sendo incontáveis as "facções" existentes: as de Deodoro, Floriano, Benjamin Constant, etc. Eram, assim, inúmeras as versões que encontrava, sendo muito difícil descobrir "a verdade" daquele complexo e ainda muito próximo episódio histórico. Contudo, a despeito dessa variedade, Viriato conclui que todas as testemunhas falavam com sinceridade, devendo ser levadas em conta. Um comentário que dá bem a medida da importância atribuída ao testemunho, bem como da inexistência de um maior rigor para se lidar com o trabalho de memória, ao que se aliava o pouco reconhecimento dos estudos sobre

---

[13] Sobre o tema, ver Gonçalves (2009).

[14] Atestando essa afirmação, em carta a Ribeiro Couto, de 23 de novembro de 1935, Viriato escreve: "Estou trabalhando num livro do gênero Coração de Amicis [refere-se a Cazuza], vou escrever a vida dos grandes homens do Brasil (para crianças) e já entreguei no Instituto Histórico o Mistério da Proclamação (história do primeiro dia da República), que deve dar umas seiscentas páginas da Revista do Instituto. A minha sina é trabalhar, produzir." Correspondência RC. Cp. AMLB, Fundação Casa de Rui Barbosa. Por conseguinte, não só ele se dedicava à pesquisa do tema, como devia circular no IHGB, embora não fosse sócio e não tenhamos encontrado tal publicação na revista.

eventos recentes, uma vez que as testemunhas estavam vivas, ficando o historiador contaminado pelas "paixões políticas".

Os demais autores desse quinteto, que reúne de sete a nove citações, são historiadores renomados: Varnhagen (*História geral do Brasil*), Southey (*História do Brasil*), Diogo de Vasconcelos (*História antiga de Minas Gerais; Crônica da Companhia de Jesus e Linhas gerais da administração portuguesa*) e Alfredo Ellis Junior (*Raça de gigantes*). Imediatamente a seguir, vêm os autores mencionados de quatro a cinco vezes, entre os quais a presença de historiadores também é dominante. Nele está o amigo de Viriato e seu prefaciador, Rocha Pombo, também escritor de compêndios escolares e que, dois dias após falecer, recebe uma crônica em sua homenagem (CORRÊA, 1933, p. 83). Nela, Viriato faz questão de assinalar o quanto Rocha Pombo contribuíra para a cultura do país com seus dez volumes da *História do Brasil*, muito pouco valorizados, segundo ele, talvez por se voltarem para um público não erudito. É tal obra que Viriato utiliza quando se dedica à questão das causas da queda da Monarquia no Brasil, uma pequena série, dentro de um conjunto bem maior sobre a história da Proclamação da República, que marcaria a coluna como um todo, evidenciando um dos temas de eleição e pesquisa do autor.

Os outros historiadores desse grupo também têm alto *status* no campo da História nesse período. Rodolpho Garcia – do IHGB e que se dedicou a anotar e editar a obra de Capistrano de Abreu –, citado com a *Introdução da primeira visitação do Santo Ofício às partes do Brasil*. Gustavo Barroso, folclorista e literato que se inspirava na temática sertaneja, além de ser o diretor do Museu Histórico Nacional, criado em 1922, com a *História militar do Brasil e Aquém da Atlântida*. Oliveira Vianna, igualmente do IHGB e então o consultor jurídico do Ministério do Trabalho, Indústria e Comércio, citado por dois livros: *Populações meridionais do Brasil* e *Ocaso do Império*. O cônego Raymundo Trindade, com *Arquidiocese de Mariana*, e Moreira Azevedo, com o livro *O 9 de janeiro*, sobre a véspera do Dia do Fico. Um tema muito ao gosto de Viriato, que se esmerava em traçar a figura de D. Pedro I, sempre com respeito por quem fez a Independência do Brasil, mas também com desamor, por seu autoritarismo e falta de equilíbrio e seriedade. Por fim, Joaquim Norberto, que é mencionado por seu livro *História da Conjuração Mineira,* ou seja, é mobilizado para compor uma das temáticas de maior importância para o colunista, por se relacionar à história da República e ao maior de seus heróis, Tiradentes. No caso, Norberto é citado como um historiador que escreveu uma obra com a clara intenção de diminuir a figura de Tiradentes, com o objetivo de agradar Pedro II. Um móvel que, para Viriato, era comum durante o segundo Reinado, mas que não mais vigorava após o regime republicano. O interessante é que, a despeito dessa observação, que o leva a argumentar em favor do mártir, sua conclusão foi a de que, salvo esse grave problema, o livro ainda era um dos melhores estudos sobre a Inconfidência Mineira, devendo por isso ser utilizado, embora com muito cuidado (CORRÊA, 1932, p. 432).[15]

Entretanto, se esses são os autores mais referenciados, a importância de alguns outros merece registro para conhecermos um pouco melhor a biblioteca de Viriato, até porque é impossível avaliar quando e quantas vezes um livro ou autor estava sendo, de fato, utilizado. Nesse caso estão vários historiadores, a começar pelo próprio Capistrano de Abreu e pelo secretário perpétuo do IHGB, Max Fleiuss, ambos citados três vezes. No caso de Capistrano, "o grande mestre da história nacional", o tema das crônicas em que Viriato o menciona envolve um debate sobre os nomes do Brasil, o que nos leva a acreditar que o trabalho que estava sendo utilizado era a tese apresentada para concurso no Colégio Pedro II, *O descobrimento do Brasil* (CORRÊA, 1931, p. 49). Já Max Fleiuss é elogiado como um erudito capaz de "tornar as coisas difíceis da vida, fáceis", sendo citado através de seu livro escolar, *Apostilas de História do Brasil*, destinado aos alunos secundaristas, o que evidenciava que, mesmo alguém ocupando função de destaque no IHGB, não era apenas uma das "inteligências que vestem sobrecasacas e chapéus altos" (CORRÊA, 1934, p. 269). Outro historiador mencionado é aquele que o recomenda no *Jornal do Brasil*, João Ribeiro, citado duas vezes por seu *Compêndio de literatura brasileira*, mas sem menção explícita a seus livros escolares de História, o que não significa que eles não fossem lidos e utilizados pelo autor.[16]

Assim, mesmo a partir de uma breve incursão sobre a listagem geral dos 94 nomes de autores, é possível fazer certas observações sobre o elenco mais mobilizado por Viriato Corrêa. Uma primeira diz respeito à presença de historiadores já consagrados, em sua maioria do IHGB e dos institutos históricos de outros estados, mostrando que integravam as leituras do autor e deviam compor sua biblioteca. Além dos já mencionados, aparecem citados Von Martius, Afonso Celso, Dunshee de Abranches, Rocha Pitta e Oliveira Lima, por exemplo. A segunda diz respeito à importância de autores que, entre outras qualificações, eram identificados

---

[15] Também na seção "Miudezas históricas", "A grandeza de Tiradentes" e "Os dotes físicos do protomartir", *Jornal do Brasil,* 20 e 21 abr. 1933, p. 27 e 28, respectivamente.

[16] Os livros são: *História Antiga* (1892); *História do Brasil* (1900), *História universal* (1918) e *História da civilização* (1932).

por suas preocupações etnográficas, como Mello Morais Filho e Vieira Fazenda, além de Basílio de Magalhães e Sílvio Romero, acompanhados de geógrafos, como Ayres Casal. Em terceiro lugar, merece destaque a utilização de cronistas e viajantes, como Frei Vicente do Salvador, Gabriel Soares, Couto de Magalhães, Jean de Lery e Gandavo, reforçando uma espécie de reinvenção da tradição da crônica histórica, dessa feita em jornais e para o "povo". Por fim, são citados autores ligados à ABL, entre os quais se destaca Lúcio de Mendonça, com a face de um contista e/ou cronista da cidade do Rio de Janeiro. Ainda compondo esse grupo, estão Gastão Cruls, Luiz Edmundo e João do Rio, atestando a presença dos registros sobre a história da cidade-capital. A listagem de autores, como se vê, é majoritariamente integrada por brasileiros, havendo apenas alguns portugueses, como Júlio Dantas e Oliveira Martins, e pouquíssimos de outras nacionalidades, como é o caso dos viajantes.

Seria impossível trabalhar aqui com as inúmeras formas de apropriação desses autores e livros, o que nos conduz, para finalizar, a realizar algumas considerações, ainda iniciais, sobre a experiência de mediação cultural do autor, a partir de um olhar sobre seus livros. Viriato Corrêa, como afirmamos, não era um historiador "erudito", mas um "homem de letras" dedicado ao que hoje chamamos de divulgação do conhecimento histórico. Dessa forma, era um praticante de uma história-memória da nação, patriótica e pitoresca, além de profundamente comprometida com a formação de cidadãos republicanos. Portanto, o próprio autor não se apresentava como um historiador, nem foi reconhecido como tal, não integrando o mais importante espaço de consagração da disciplina, o IHGB, embora existam muitos indícios de que o frequentasse, sendo amigo de vários de seus sócios. Mas certamente ele foi um leitor cuidadoso dos historiadores "eruditos" e de livros de estudos históricos, geográficos, etnográficos e de memórias, sendo um dos mais ativos intelectuais dedicados à vulgarização do conhecimento histórico na primeira metade do século XX, para o que se serviu das mais diversas e modernas mídias de seu tempo.

Nesse sentido, Viriato parece que conseguiu elaborar uma matriz narrativa que obteve sucesso de público, caso contrário sua coluna não duraria tantos anos em um jornal de grande circulação, e seus livros para adultos e crianças não teriam tantas reedições. Com isso, não se quer dizer que sua iniciativa e esforço fossem isolados, mas, ao contrário, que estavam sendo compartilhados por diversos outros intelectuais, entre os quais um dos mais próximos era Rocha Pombo. Essa matriz narrativa, que inclusive foi sendo construída e testada através da interlocução com os leitores do *Jornal do Brasil,* atravessou décadas, chegando aos anos 1960, quando ocorrem grandes transformações não apenas na historiografia, como na literatura infantil e escolar, no Brasil e no mundo.

Como Múcio Leão tão bem sintetiza em seu discurso de recepção a Viriato, na ABL, duas características eram marcantes na narrativa da história do novo acadêmico: o heroísmo, segundo conceito carlyleano, e o pitoresco, ao qual se acrescentava um tom gracioso e muito vivo, que foi geralmente atribuído ao fato de ele ser um homem do teatro, capaz de captar e utilizar o dramático e o cômico, com igual competência (LEÃO, 1944, p. 66-67).[17] Heroísmo e pitoresco, presentes em uma narrativa que partia ou se centrava em "detalhes ou miudezas", como o título da coluna evidenciava. Dessa forma, aspectos culturais e sociais, geralmente ausentes da história "erudita", davam a ver/ler o clima de uma época, seus personagens, crenças e valores, por meio de uma linguagem simples, clara e atraente.

Mas não há rosas sem espinhos, menos ainda no jardim de Viriato Corrêa. Queremos dizer com isso que muitas das miudezas e episódios pitorescos presentes na coluna do *Jornal do Brasil* deixam sérias dúvidas quanto à sua valia em conduzir o leitor a algo mais instrutivo sobre a história, ficando-se com a impressão de um relato de curiosidades, por mera curiosidade. Por isso, para se entender a grande circulação de seu trabalho e, portanto, suas virtudes, sem que esqueçamos também seus vícios como divulgador da história do Brasil, é bom concluir com o depoimento de um leitor, muito especial: Aurélio Buarque de Holanda. Em 1967, em sessão da ABL em memória de Viriato, Holanda discursa, lembrando seus tempos de juventude:

> Relembro neste momento os 16 anos da minha idade, quando em Maceió li a *Terra de Santa Cruz,* de Viriato Corrêa, por emprés-timo. A esse livro sucederam-se outros. Assim, li todos os seus livros de caráter histórico, toda a sua história romanceada, toda a sua história posta em miúdos. Dessas histórias do Brasil, assim fantasiadas e romanceadas, passei eu aos contos. Este homem foi em toda a plenitude um historiador, porque contou histórias do Brasil, histórias da sua gente, colhidas na experiência de sua própria vida. (HOLANDA, 1967, p. 31)

---

[17] Vale observar, pela epígrafe do item, que Joracy Camargo, seu sucessor na ABL, fez o mesmo tipo de considerações tecidas quando de sua entrada, trinta anos atrás, o que mostra um grau de consolidação da memória que estava sendo produzida sobre Viriato Corrêa e sobre as características de sua escrita da história.

Referências

A ERA Vargas: dos anos 20 a 1945. Disponível em: <http://cpdoc.fgv.br/producao/dossies/AEraVargas1/apresentacao>. Acesso em: 5 ago. 2009.

ABREU, Martha. *O Império do Divino*: festas religiosas e cultura popular no Rio de Janeiro, 1830-1900. Rio de Janeiro: Nova Fronteira, 1999.

CERTEAU, Michel de. *A escrita da História*. Tradução de Maria de Lourdes Menezes. Rio de Janeiro: Forense Universitária, 2006.

CHARTIER, Roger. *A história cultural entre práticas e representações*. Rio de Janeiro: Bertrand, 1990.

CORRÊA, Viriato. Rocha Pombo. *Jornal do Brasil*, Rio de Janeiro, 28 jun. 1933. Miudezas históricas, p. 83.

CORRÊA, Viriato; RIO, João do. *Era uma vez... contos infantis*. Rio de Janeiro: Livraria Francisco Alves, 1908.

CORRÊA, Viriato. *Jornal do Brasil*, Rio de Janeiro, 11 nov. 1932. Gaveta de sapateiro, p. 432.

CORRÊA, Viriato. Apresentação. In: CORRÊA, Viriato. *Gaveta de sapateiro, miudezas desarrumadas da História Nacional*. São Paulo: Companhia. Editora Nacional, 1932.

CORRÊA, Viriato. *Gaveta de sapateiro, miudezas desarrumadas da História Nacional*. São Paulo: Companhia Editora Nacional, 1932.

CORRÊA, Viriato. *Histórias ásperas*. São Paulo: Companhia Editora Nacional, 1928.

CORRÊA, Viriato. A carta do mestre João. *Jornal do Brasil*, Rio de Janeiro, 18 maio 1931. Miudezas históricas, p. 49.

CORRÊA, Viriato. A grandeza de Tiradentes. *Jornal do Brasil*, Rio de Janeiro, 20 abr. 1933. Miudezas históricas, p. 27.

CORRÊA, Viriato. Os dotes físicos do protomartir. *Jornal do Brasil*, Rio de Janeiro, 21 abr. 1933. Miudezas históricas, p. 28.

CORRÊA, Viriato. Viriato Corrêa deixou a política para viver da literatura e "me dei bem". Entrevista concedida ao *Jornal do Brasil*, Rio de Janeiro, 9 jul. 1958.

CORRÊA, Viriato. Apostilas de História do Brasil. *Jornal do Brasil*, Rio de Janeiro, 10 mar. 1934. Gaveta de sapateiro, p. 269.

CORRÊA, Viriato. Gaveta de sapateiro [1931-1933, 3 v.]; Miudezas históricas [1933-1935, 4 v.]. Rio de Janeiro, ABL, Biblioteca Acadêmica Lúcio de Mendonça. Recortes do *Jornal do Brasil* reunidos em sete álbuns.

CORRÊA, Viriato. *Jornal do Brasil*, Rio de Janeiro, 18 jul. 1931. Gaveta de sapateiro, p. 7.

CORRÊA, Viriato. *Jornal do Brasil*, Rio de Janeiro, 1 out. 1933. Miudezas históricas, p. 1.

FERREIRA, Marieta de Moraes (Org.). *Memória e identidade nacional*. Rio de Janeiro: FGV, 2010.

GOMES, Ângela Maria de Castro. *A República, a história e o IHGB*. Belo Horizonte: Argumentum, 2009.

GOMES, Ângela Maria de Castro. Nas gavetas da História do Brasil: Viriato Corrêa e o ensino de história. In: FERREIRA, Marieta de Moraes (Org.). *Memória e identidade nacional*. 1. ed. Rio de Janeiro: Editora FGV, 2010. v. 1, p. 31-57.

GOMES, Ângela Maria de Castro. *História e historiadores: a política cultural do Estado Novo*. 1. ed. Rio de Janeiro: FGV, 1996.

GONÇALVES, Márcia de Almeida. *Em terreno movediço: biografia e história na obra de Octavio Tarquínio de Sousa*. Rio de Janeiro: EdUERJ, 2009.

HANSEN, Patrícia Santos. João Ribeiro, historiador. *Revista do Instituto Histórico e Geográfico Brasileiro*. Rio de Janeiro, ano 173, n. 54, p. 11-360, 2010. Mimeografado.

HOLANDA, Aurélio Buarque de. [Sessão de 13 abr. 1967]. *Revista da Academia Brasileira de Letras – Anais de 1967*, Rio de Janeiro, 1967.

LEÃO, Múcio. Discurso de recepção. *Discursos Acadêmicos*: 1938-1943. Rio de Janeiro: ABL, 1944. p. 66-67.

MELLO MORAES, Alexandre José de. *O Brasil Histórico*, Rio de Janeiro, ano 1-5, 10 jan. 1864-30 ago. 1882. 6 v.

MELLO MORAES FILHO, Alexandre José de. *Fatos e memórias: memórias do Largo do Rossio*. Rio de Janeiro: Garnier, 1903.

MELLO MORAES FILHO, Alexandre José de. *História e costumes*. Introdução de Rocha Pombo. Rio de Janeiro: Garnier, 1904.

RIBEIRO, João. O culto da História. *O Imparcial*, Rio de Janeiro, 1918.

SIRINELLI, Jean-François. Os intelectuais. In: RÉMOND, René. *Por uma história política*. Rio de Janeiro: FGV, 1996. p. 231-270.

TURIN, Rodrigo. Uma nobre, difícil e útil empresa: o *ethos* do historiador oitocentista. *História da Historiografia*, Ouro Preto, n. 2, p. 12-28, mar. 2009.

VELOSO, Monica Pimenta. *As tradições populares na Belle Époque carioca*. Rio de Janeiro: Funarte, 1988.

VERÍSSIMO, José. Movimento literário de 1906 a 1910: História, memórias, tradicionalismo. In: VERÍSSIMO, José. *Últimos estudos de literatura brasileira: 7ª série*. Belo Horizonte: Itatiaia; São Paulo: Edusp, 1979. p. 240-241.

Brasil e Hispano-América:
representações e trocas intelectuais

Kátia Gerab Baggio

Pode-se afirmar que o Brasil oscilou, nos últimos dois séculos, entre sentir-se parte integrante, ou não, da América Latina, de acordo com a conjuntura político-cultural e econômica – independentemente dos diversos nomes pelos quais essa região do mundo tem sido chamada desde as lutas pelas independências nas décadas de 1810 e 1820. Além de disputas e conflitos de caráter territorial, geopolítico, militar ou econômico, e tentativas de integração, principalmente comercial, essas relações foram marcadas por imagens construídas e veiculadas por intelectuais, diplomatas, políticos, artistas, jornalistas, meios de comunicação, etc.

No Brasil, a partir da Proclamação da República, em 1889, houve o incremento do esforço, ainda que paulatino, para estreitar as relações políticas, diplomáticas, comerciais e culturais entre o Brasil e os demais países do continente. A busca pela aproximação em relação à América Hispânica, por parte de governos e de intelectuais brasileiros, pode ser demonstrada, entre outras iniciativas, pelo incremento de publicações, no Brasil, sobre as Américas e suas relações: artigos, revistas, livros, etc., ainda que seja forçoso reconhecer que várias dessas iniciativas foram tímidas e/ou descontínuas. E que, em fins do século XIX e inícios do XX, os referenciais no campo das ideias eram, em toda a América Latina, europeus, e, em menor medida, norte-americanos.

As viagens foram importantes mecanismos de aproximação e trocas intelectuais entre os países latino-americanos. E as suas narrativas constituem umas das mais frequentes formas de expressão das representações sobre os países latino-americanos elaboradas por autores de outros países da América Latina. Estou adotando a concepção de intelectual em um sentido amplo, ou seja, não só os produtores de ideias, mas os mediadores e divulgadores.

Os relatos de latino-americanos sobre experiências de viagens ou vivência em outros países da América Latina constituem fontes ainda pouco conhecidas e insuficientemente exploradas. Mas têm um significado histórico e simbólico evidente: basta lembramos das inúmeras experiências de exílio (forçado ou voluntário) de intelectuais, artistas e políticos latino-americanos em outros países do continente, desde o século XIX, ou, por exemplo, das famosas viagens de juventude de Che Guevara pela América Latina.

Os estudos já realizados sobre viagens e viajantes na América Latina abordam, com raras exceções, as narrativas de europeus sobre o continente. Como afirma Stella Scatena Franco, "estamos tão acostumados a associar os 'viajantes' aos 'europeus', que não nos ocorre englobar os latino-americanos nessa categoria". Os latino-americanos, ao contrário dos europeus, "são colocados no lugar de povos 'visitados' e jamais de 'viajantes'" (FRANCO, 2008, p. 22-23).[1] Há mais de quatro décadas, o crítico literário argentino Noé Jitrik já indicava, na introdução a uma antologia de narrativas de viagens de escritores argentinos pela Europa, que "não existem 'viajantes argentinos' para as universidades inglesas nem europeias", ao passo que os relatos de viajantes europeus pela Argentina, particularmente os ingleses, gozavam de "grande prestígio nas universidades argentinas" (JITRIK, 1969, p. 11-12).[2]

Diversamente da maioria dos viajantes europeus, que vinham à América em busca de riquezas naturais, oportunidades de negócios, novidades científicas, além de paisagens "pitorescas" e culturas "exóticas", os latino-americanos frequentemente realizavam viagens de estudo, formação intelectual e cultural, ou viajavam em busca de "soluções" para os problemas dos seus países de origem. Nesse sentido, o trabalho com essas fontes vincula-se, em grande medida, com a história dos intelectuais e das ideias. No caso das viagens de latino-americanos por outros países da América Latina, buscava-se, em geral, incrementar as relações

---

[1] Stella Franco, nesse trabalho, inverte duplamente a visão convencional das análises sobre relatos de viagens – escritos, via de regra, por viajantes do sexo masculino e europeus –, pois trata de narrativas de mulheres e de latino-americanas que visitaram a Europa e os Estados Unidos. O trabalho é uma importante e original contribuição sobre a temática.

[2] A tradução de textos em línguas estrangeiras é de minha autoria.

entre esses países, do ponto de vista intelectual, cultural, diplomático ou comercial. Além disso, foram publicados relatos de viagens que tiveram um caráter predominantemente turístico, realizadas para o lazer.

Nos relatos e impressões de viagem escritos por latino-americanos, sobre outros países dessa parte do continente, interpõe-se um outro elemento: as representações europeias e norte-americanas. Ou seja, essas narrativas estão, de um modo geral, permeadas pelas concepções, estrutura e "modelos" dos relatos europeus. As representações europeias e estadunidenses constituem parte fundamental do repertório de imagens que os intelectuais latino-americanos dispõem sobre os seus próprios países. Myriam Ávila afirma que há uma "reduplicação do olhar" quando o latino-americano escreve, e chega a utilizar a seguinte imagem – inspirada em *Alice através do espelho*, de Lewis Carroll – para representar a presença do referencial europeu nas narrativas produzidas por latino-americanos: "há alguém segurando o lápis por detrás quando o escritor latino-americano escreve" (ÁVILA, 2008, p. 85). Ainda que essa imagem me pareça excessiva, dado que pode induzir à ideia de "anulação" da possibilidade de criação por parte dos latino-americanos, não há como negar a força das ideias, imagens e representações, sobre outras partes do mundo, construídas pelos europeus e estadunidenses. Nos relatos de viagem, são usuais as referências a narrativas anteriores que abordam os mesmos destinos, seja para "confirmar ou refutar uma visão estabelecida" (FRANCO, 2008, p. 127). No caso dos viajantes latino--americanos, essa prática relaciona-se com a suposta necessidade do aval do "discurso de autoridade", vinculado aos europeus. O argentino Ricardo Piglia refere-se à existência de uma "mirada estrábica" entre os escritores latino-americanos: "há que se ter um olho posto na inteligência europeia e o outro posto nas entranhas da pátria" (PIGLIA, 1991, v. 1, p. 61-62). Entretanto, isso não significa, de maneira alguma, que endossamos a visão de que os latino-americanos simplesmente copiam ou incorporam mimeticamente as visões europeias. Mas é inegável que, até hoje, representações europeias e estadunidenses procuram se impor. Mas são selecionadas e transformadas segundo as convicções e necessidades dos latino-americanos, que, evidentemente, também criam novas imagens e representações sobre essa parte do mundo, a partir da sua própria vivência e condição e, em muitos casos, com o objetivo evidente de marcar uma autoafirmação identitária como latino-americanos.

François Hartog fez reflexões muito interessantes sobre o tema da alteridade e sua relação intrínseca com os relatos de viajantes, em livros como *O espelho de Heródoto* (1999) e *Memória de Ulisses* (2004). São narrativas que necessitam "traduzir" o "outro" para seu destinatário, ouvinte ou leitor, que precisam convencer o destinatário a "crer no outro que ela constrói" e que criam o que Hartog denomina "retórica da alteridade", ou seja, "as regras através das quais se opera a fabricação do outro". Para traduzir o "outro", o narrador necessita criar mecanismos de inteligibilidade que, em grande medida, reduzam o "outro" ao já conhecido (HARTOG, 1999, p. 251-261).

Nos olhares e representações produzidas por latino-americanos sobre outros países da América Latina, argumentos que reforçam a aproximação e identidade aparecem, muitas vezes, com mais frequência do que as diferenças. Sendo assim, a busca de uma pretensa identidade latino-americana aparece com tanta ou mais frequência que o realce das diferenças. Quando a pretensão é o fortalecimento das identidades nacionais, as particularidades de cada país e as diferenças entre os vizinhos são fortemente realçadas. Mas, quando o objetivo é marcar as distâncias entre americanos e europeus ou latino-americanos e angloamericanos, então é a construção de uma identidade latino-americana que aparece com força.

As narrativas e impressões de viagens entre países ibero-americanos, desde meados do século XIX, foram escritas por intelectuais, diplomatas e jornalistas. A maioria deles buscava, em razão da existência de problemas similares, respostas às questões e desafios apresentados pelos seus próprios países, além do incremento das relações políticodiplomáticas, comerciais e culturais entre os países vizinhos.

Fiz a opção, neste texto, por discorrer apenas sobre intercâmbios e representações entre Brasil e Argentina, um dos países da América Hispânica com o qual o Brasil estabeleceu mais contato. Desde a primeira metade do século XIX, durante a ditadura de Juan Manuel de Rosas, muitos argentinos se exilaram no Brasil – entre eles, intelectuais como Juan María Gutiérrez, José Mármol, Florencio Varela, Guido y Spano, Juana Manso, etc. –, conforme analisa, em trabalho de fôlego, a argentina Adriana Amante (2010). Segundo Amante, o Brasil (e particularmente o Rio de Janeiro, onde a maioria se estabeleceu) era "profundamente outro" para os exilados argentinos do século XIX: um país monárquico, escravista e tropical. Mas essa experiência brasileira foi marcante para vários deles, que, inclusive, publicaram textos e romances no Brasil, como é o caso de *Mistérios do Prata*, da poeta, romancista e educadora Juana Manso. O romance foi publicado, em forma de folhetim e em português, n'*O Jornal das Senhoras*, fundado e dirigido por ela. O tema do romance era urgente para os exilados: a repressão no país vizinho durante a ditadura rosista. O periódico publicava, também, artigos sobre a emancipação feminina, textos contrários à escravidão e ao racismo, crônicas de viagem, poemas, partituras.

A despeito da rivalidade entre Brasil e Argentina, em disputa pela hegemonia sul-americana, a Argentina foi, entre os países hispano-americanos, um dos que mais se aproximou do Brasil depois da Proclamação da República, com um evidente crescimento do intercâmbio econômico e cultural entre os dois países. Do ponto de vista político-diplomático, são significativas as visitas do presidente argentino Julio Roca ao Brasil, em 1899, e a retribuição do presidente brasileiro Campos Salles no ano seguinte, acompanhado por uma grande comitiva e expressivo número de jornalistas, entre eles Arthur Dias, que publicou um relato, em 1901, em que narrava a viagem. Outra missão diplomática ao país vizinho, dessa vez chefiada por Ruy Barbosa, também foi acompanhada por jornalistas e intelectuais. Em 1916, Barbosa esteve na Argentina por ocasião das celebrações do centenário da Declaração da Independência do país vizinho. Essa viagem foi relatada por Mario Brant (1917), correspondente do jornal carioca *O Imparcial*. Esses são apenas dois exemplos de relatos escritos em razão dessas iniciativas oficiais de aproximação diplomática e cultural.

A partir de inícios do século XX, localizamos a presença marcante de "homens de letras" brasileiros na Argentina: autores vinculados ao jornalismo, à produção editorial, ao ensaísmo, Historiografia, Sociologia, Etnografia, etc. Ir à Argentina significava não só uma tentativa de estreitar os laços diplomáticos, culturais e comerciais com o país vizinho – principalmente no caso de autores vinculados à diplomacia –, mas também uma incursão por um país de reconhecido vigor intelectual e cultural entre fins do século XIX e as primeiras décadas do XX. Ou seja, para os brasileiros, ir à Argentina também significava fazer uma viagem de formação intelectual.

No caso dos argentinos, muitos intelectuais viajaram e escreveram relatos ou impressões de viagem, a partir de meados do século XIX, mas um número reduzido dessas viagens teve o Brasil como destino privilegiado.[3] O Brasil, em geral, foi um destino passageiro, em rápidas paradas dos navios nos portos, ou um destino ligado ao lazer e ao contato com a "exuberante" natureza tropical. Entre os argentinos que vieram ao Brasil, não podemos deixar de destacar Martín García Mérou, que publicou, em Buenos Aires, o livro *El Brasil intelectual*,

---

[3] Um dos relatos mais conhecidos e estudados é o do escritor e político argentino Domingo Faustino Sarmiento: *Viajes por Europa, Africa i América, 1845-1847*.

em 1900. O autor (1862-1905) foi diplomata e político, além de poeta, romancista, ensaísta e crítico literário. Foi nessa última atividade que mais se destacou, no que se refere à sua produção intelectual. Seu livro sobre o Brasil é um trabalho de crítica sobre a literatura e o ensaísmo brasileiro, de grande fôlego e envergadura. García Mérou escreveu o livro durante o período em que foi representante de seu país, como diplomata, no Rio de Janeiro. O livro de García Mérou, dedicado ao presidente Julio Roca, é uma extensa síntese, de quase quinhentas páginas, sobre a produção literária e intelectual brasileira. Iniciou seu livro afirmando que, "de todas as literaturas sul-americanas", nenhuma era "tão pouco conhecida" entre os argentinos como a do Brasil. E, após tecer comentários e reflexões sobre alguns dos mais importantes homens de letras brasileiros da época,[4] terminou a obra defendendo a fraternidade e o conhecimento mútuo entre Brasil e Argentina. Do lado brasileiro, não há, no período, qualquer obra sobre a produção intelectual argentina que se aproxime, em grau de conhecimento e aprofundamento, a esse livro de García Mérou.

Além da obra de García Mérou, apenas o livro do argentino Ricardo Sáenz Hayes, *El Brasil moderno*, publicado em 1942, tem fôlego e preocupação evidente em compreender, em linhas gerais, a vida econômica, política, social e intelectual do Brasil. O livro foi escrito a partir de uma viagem do autor ao Brasil feita um ano antes, como correspondente do diário *La Prensa*, para cobrir a posição brasileira em relação à Segunda Guerra Mundial. Saliente-se que Sáenz foi autor, também, de um cuidadoso prefácio às duas edições argentinas de *Casa-grande & senzala*, de Gilberto Freyre (SÁENZ HAYES, 1942; 1943). O livro não é, no seu conjunto, propriamente um relato de viagem, mas um misto de narrativa de viagem com ensaios sobre a história, a política, a economia e a sociedade brasileira. Apesar de reconhecer o desenvolvimento econômico, o ensaísta argentino ressaltou, também, os problemas sociais do país visitado. Citou a permanência da miséria nos cortiços e porões na rica cidade de São Paulo como um exemplo claro da desigualdade social na vida brasileira. E concluiu, comparando com seu próprio país: "bem sei que o esplendor e orgulho de Buenos Aires também dissimula a dor e o desamparo de não poucas regiões argentinas" (SÁENZ HAYES, 1942, p. 93-102).

---

[4] García Mérou tratou da obra de Silvio Romero, Tobias Barreto, José Verissimo, Visconde de Taunay, Araripe Junior, Joaquim Nabuco, Ruy Barbosa, além de vários outros ensaístas, poetas, romancistas e cronistas.

O autor argentino tratou, também, das relações entre Argentina e Brasil. Reconheceu as divergências do passado, mas ressaltou o empenho de aproximação desde fins do Império e inícios da República. Nesse sentido, citou García Mérou, que em seu livro de 1900 defendeu os vínculos estreitos entre os dois vizinhos. No mesmo sentido, lembrou de Ruy Barbosa, que, em 1916, no Senado argentino, pregou o aumento do intercâmbio cultural e o fim dos preconceitos mútuos. Ao jurista e político baiano, dedicou todo um capítulo, em que destacou sua defesa de relações internacionais pacíficas. Valorizou, também, a iniciativa do historiador argentino Ricardo Levene, que dirigiu a Biblioteca de Autores Brasileños Traducidos al Castellano (SÁENZ HAYES, 1942, p. 125-146).[5]

El Brasil moderno foi o resultado de um mergulho do argentino Ricardo Sáenz Hayes nos temas brasileiros, principalmente aqueles mais relevantes para o país, em pleno período de Guerra Mundial: o desenvolvimento econômico, a agricultura e a industrialização, os problemas sociais, a questão racial, a ordem jurídica, o regime ditatorial do Estado Novo, a política externa (incluindo, nesse tema, as relações entre Argentina e Brasil e, por outro lado, entre Brasil e Estados Unidos), entre outros. A partir de um esforço significativo para conhecer o debate político e intelectual brasileiro, através de inúmeras leituras; de contatos com figuras relevantes da cena política, diplomática e intelectual; de conversas com as principais lideranças políticas do país, como o ministro Oswaldo Aranha e o próprio presidente Vargas, Sáenz Hayes escreveu um livro híbrido, mais ensaístico e jornalístico do que propriamente uma narrativa de viagem – ainda que, em parte do livro, o autor tenha narrado e descrito a viagem e as suas impressões sobre o país. Escrito em um contexto de desilusão com a Europa como o lugar identificado, por excelência, com a civilização, a publicação de *El Brasil moderno* ocupa um lugar importante entre as iniciativas de aproximação diplomática, cultural e intelectual entre Argentina e Brasil a partir da instauração da República brasileira. E, por outro lado, redigido em um momento de perspectivas novas para a economia brasileira. O "moderno", no início dos anos 1940, tinha que ser buscado na própria América. A

---

[5] Na Biblioteca de Autores Brasileños Traducidos al Castellano, coleção oficial publicada pelo Ministerio de Justicia e Instrucción Pública e dirigida por Ricardo Levene, foram publicadas, entre 1937 e 1949, obras de Euclides da Cunha, Ruy Barbosa, Oliveira Vianna, Pedro Calmon, Gilberto Freyre, Afonso Celso, Rodrigo Octavio, Afonso d'Escragnolle Taunay, Cândido de Mello Leitão e Ronald de Carvalho.

escolha do título, assim como das temáticas abordadas no livro, não foi, evidentemente, fortuita.

Mas antes de Sáenz Hayes, outros intelectuais argentinos, como Ramón Cárcano, também se interessaram pelo Brasil. Historiador, político e diplomata, Cárcano mantinha contatos com várias personalidades dos meios diplomático e intelectual brasileiro, havia cumprido importantes funções diplomáticas no Brasil, em distintos momentos de sua vida, e publicado trabalhos sobre as relações entre os países vizinhos.[6]

Os brasileiros que viajaram para o país vizinho, por sua vez, viam a Argentina, nos inícios do século XX, como um modelo de desenvolvimento e organização econômico-social para o Brasil. A comparação com o Brasil era inevitável. O país vizinho (e particularmente sua capital, Buenos Aires) representava, para muitos brasileiros, o espaço mais próximo da civilização europeia em territórios sul-americanos.

Entre os intelectuais que se esforçaram para incrementar os laços com os países americanos, encontra-se o historiador e diplomata Manoel de Oliveira Lima (1867-1928), um dos principais intelectuais brasileiros de sua geração.[7] Oliveira Lima esteve na Argentina durante quase sete meses, entre meados de 1918 e inícios de 1919. No ano seguinte, publicou *Na Argentina (impressões 1918-19)*. O livro todo é elogioso ao país vizinho: aos seus avanços econômicos; suas diretrizes políticas; as conquistas nas áreas da educação, assistência social, produção intelectual, etc. Não há críticas negativas, apenas algumas poucas observações sobre certos aspectos da vida social que ainda não eram plenamente satisfatórios. A viagem de Oliveira Lima teve, de fato, um

---

[6] De 1933 a 1938, Ramón Cárcano (1860-1946) foi embaixador da Argentina no Rio de Janeiro. Sobre Cárcano e suas relações com o Brasil, ver Fraga (2000).

[7] Além das suas funções junto ao Ministério das Relações Exteriores, Oliveira Lima estabeleceu vínculos com algumas das mais importantes instituições intelectuais brasileiras de sua época: foi membro ou sócio correspondente do Instituto Histórico e Geográfico Brasileiro (IHGB), da Academia Brasileira de Letras (ABL), do Instituto Histórico e Geográfico de São Paulo (IHGSP), do Instituto Arqueológico, Histórico e Geográfico Pernambucano (IAGP) e da Academia Pernambucana de Letras (APL). Também atuou como colaborador em importantes jornais e revistas do Brasil e do exterior: *Jornal do Brasil, Jornal do Comércio* (Rio de Janeiro), *O Estado de São Paulo, Correio da Manhã, O Imparcial, Jornal do Recife, Diário de Pernambuco, La Prensa* (Buenos Aires), *Revista Brasileira,* revista *ABC, Boletim da União Pan-Americana, Hispanic American Historical Review, The Pan-American Magazine, La Revue* (Genebra). Publicou, ademais, inúmeros livros no Brasil e no exterior. Ou seja, teve uma intensa e constante atividade e inserção intelectual em espaços de prestígio.

caráter oficioso. Ele foi recebido por algumas das mais importantes personalidades do país – inclusive, pelo próprio presidente Hipólito Yrigoyen –, que se esforçaram para mostrar a ele aspectos positivos da vida nacional. Disso não há dúvida. Porém, pode-se deduzir que as avaliações sobre a Argentina expressas no livro são um misto de elogios sinceros e uma atitude diplomática em relação aos novos amigos.

Os meses em que passou na Argentina e o livro que publicou sobre o país vizinho, em português e em espanhol,[8] revelam a intensa e profícua sociabilidade intelectual construída por Oliveira Lima no país vizinho, inserindo sua viagem e seu trabalho no esforço que muitos fizeram no sentido de incrementar as relações entre o Brasil e a Argentina. E, num sentido mais amplo, entre o Brasil e a Hispano-América, a despeito das relações privilegiadas que se mantiveram por muito tempo com a Europa Ocidental e os Estados Unidos.

É possível concluir, a partir das fontes analisadas, que, de um lado, predomina, entre os viajantes brasileiros, a exaltação do progresso e da modernização argentina, principalmente naqueles relatos escritos nos anos iniciais do século XX, antes da eclosão da Primeira Guerra Mundial. Além disso, há uma evidente valorização, por parte da maioria dos narradores brasileiros, do desenvolvimento nas áreas da educação, cultura e produção intelectual no país vizinho. E, ao mesmo tempo, um reconhecimento, nas primeiras décadas do século, de que o Brasil estava em uma situação muito desfavorável nesse sentido, com uma porcentagem muito maior de analfabetos, um número muito menor de instituições de ensino, em todos os níveis, e uma produção de livros, revistas e jornais muito menos expressiva do que a produção argentina. E, ao mesmo tempo, uma cena artística, também, menos intensa.

Esse cenário ajuda a explicar o maior número de relatos e de "viagens intelectuais" de brasileiros para o país vizinho do que no sentido contrário, pois ir para a Argentina – e, em particular, para Buenos Aires – significava, para os brasileiros, fazer uma viagem de formação e crescimento intelectual (especialmente em períodos em que o continente europeu vivenciava conflitos bélicos que impediam as viagens). Por outro lado, as viagens de argentinos ao Brasil tinham, em geral, outro caráter: vinha-se ao país – no passado, como também

---

[8] Localizei duas edições do livro de Oliveira Lima em espanhol, uma delas recente: *En la Argentina (impresiones de 1918-19)*, do Tall. Gráf. A. Barreiro y Ramos (Montevideo), 1920; e *En la Argentina*, do Editorial Nueva Mayoría (Buenos Aires), 1998.

no presente –, na maioria das vezes, para usufruir do clima tropical, da natureza exuberante, das praias, dos balneários e, acima de tudo, da paisagem carioca, admirada em todos os relatos sobre a, então, capital brasileira. Na primeira metade do século XX, as "viagens intelectuais" de argentinos para o Brasil, como nos casos de Martín García Mérou e Ricardo Sáenz Hayes, eram bem menos frequentes do que no sentido inverso. Buenos Aires era considerada "um pedaço da Europa na América do Sul", enquanto o Rio de Janeiro representava (e ainda representa) o espaço do lazer, da diversão, do descanso, da contemplação da natureza. Essas diferenças manifestaram-se claramente nas fontes obtidas.

Uma outra questão relevante é que, ao analisar essas narrativas, de intelectuais-viajantes brasileiros e argentinos sobre o país vizinho, é possível verificar a existência de uma mescla entre estranhamento e identidade, reconhecimento de diferenças e semelhanças, diversamente do frequente "discurso de autoridade" dos viajantes europeus e norte-americanos acerca de territórios latino-americanos, asiáticos ou africanos, considerados "disponíveis" para a exploração científica e/ou econômica, conforme as reflexões de Edward W. Said, nos livros *Orientalismo: o Oriente como invenção do Ocidente* (1990) e *Cultura e imperialismo* (1995), e Mary Louise Pratt, em *Os olhos do império: relatos de viagem e transculturação* (1999).

Os relatos de viagens de brasileiros por países hispano-americanos revelam, muitas vezes, um olhar, ao mesmo tempo, exterior e interior dos países visitados, ou melhor, um olhar exterior que busca interiorizar-se. São as singularidades do olhar de latino-americanos sobre outros latino-americanos, em que as manifestações de inquietação intelectual e empatia com aquilo que os autores/viajantes viram e experimentaram aparecem com frequência. Como todo viajante, os autores não deixaram de comparar paisagens, costumes, particularidades do país visitado com "equivalentes" no seu ou em outros países. Mas, na maioria dos textos analisados, as revelações de estranhamento e incompreensão, em geral, aparecem menos do que a busca pelo entendimento do "outro". As manifestações de exotismo não são frequentes.[9] Ao contrário, é a busca de identidades e similitudes que aparece com mais constância. Dessa forma,

---

[9] Conforme Tzvetan Todorov (1991, p. 305-306), o exótico é o distante, o desconhecido, e não o vizinho, ainda que um vizinho mal conhecido, ou sujeito a visões simplistas e preconceituosas. Mas, ainda assim, com trajetórias históricas e culturais permeadas por paralelismos e convergências.

textos como os de Oliveira Lima ou Sáenz Hayes revelam autores que procuraram, de fato, interiorizar seu olhar sobre o país vizinho.

O referencial teórico existente para se pensar o relato de viagem é, em geral, inapropriado para se analisar viagens entre países próximos, em que não há disparidades de poder econômico, militar e/ou geopolítico acentuadas, e entre os quais, do ponto de vista cultural, há claras aproximações. Entretanto, o pensamento exotista não está totalmente ausente. Vale ressaltar que incompreensões também aparecem internamente, ou seja, de argentinos intelectualizados olhando os "seus" índios, e brasileiros olhando para os "seus" negros, ou seja, os seus "outros interiores". Isso transparece nos discursos de argentinos sobre as populações indígenas e mestiças da Patagônia, nordeste ou noroeste do país; ou de brasileiros que abordam as populações sertanejas ou, inclusive, no olhar sobre as populações "mais próximas", moradoras dos bairros populares de grandes cidades, seja São Paulo, Rio de Janeiro ou Buenos Aires.

Em relação aos intercâmbios intelectuais entre Brasil e Argentina, um outro tema que merece ser discutido é a tese da (quase) completa ignorância, mútua, entre os dois países, pelo menos até meados do século XX. Como já salientado, García Mérou iniciou seu livro *El Brasil intelectual* com a seguinte afirmação: "De todas as literaturas sul-americanas, nenhuma é tão pouco conhecida entre nós [os argentinos] como a do Brasil" (1900, p. 1). No prefácio de seu livro sobre a Argentina, Oliveira Lima afirmou, por sua vez, que a ignorância sobre a Argentina, no Brasil, era "quase absoluta". Mencionou o livro de García Mérou, para realçar que não havia obra similar, no Brasil, sobre o país vizinho (OLIVEIRA LIMA, 1920).

García Mérou e, duas décadas depois, Oliveira Lima salientaram a ideia de que o conhecimento recíproco entre Brasil e Argentina, em suas respectivas épocas – entre fins do século XIX e as primeiras décadas do XX –, era praticamente nulo. Entretanto, podemos pensar que essas afirmações foram formuladas como uma maneira de valorizar e destacar a relevância de suas próprias obras. Não há dúvida de que os intelectuais argentinos e brasileiros tinham na Europa, nessa época, suas principais referências, principalmente na França. E que as relações entre o Brasil e os países hispano-americanos tinham sido caracterizadas, em diversos momentos, por desconfianças mútuas.[10]

---

[10] A adoção da monarquia como forma de governo após a independência, os litígios fronteiriços e a participação do Brasil nas guerras no Prata são alguns dos fatores que reforçaram estas desconfianças.

Historicamente, o Brasil se aproximou muito mais da Europa e, posteriormente, dos Estados Unidos do que dos seus vizinhos. Esse distanciamento do Brasil em relação aos países hispânicos foi, de certa maneira, incorporado pela sociedade brasileira. A identificação dos brasileiros como latino-americanos é fluida, variável, mais ou menos presente dependendo das circunstâncias e do momento histórico. Mas, não há dúvida de que as diferenças foram, frequentemente, mais destacadas do que as similitudes.[11] A América Hispânica – vista a partir de olhares brasileiros – é, frequentemente, uma "outra" América, ainda que façamos parte deste todo complexo e contraditório denominado América Latina.[12] Como afirmou Maria Ligia Prado, "a República não destruiu as distâncias entre o Brasil e a América Hispânica" (PRADO, 2001, p. 146), herdadas dos séculos de colonização portuguesa e do período monárquico. Entretanto, os esforços de setores importantes da intelectualidade brasileira e hispano-americana pela aproximação e integração entre seus países, não devem ser esquecidos ou negligenciados.

Leslie Bethell, em artigo recente, depois de cuidadosa avaliação sobre o debate em torno da ideia de América Latina no Brasil, como também acerca da questão do pertencimento brasileiro à América Latina, concluiu:

A maioria dos intelectuais brasileiros, no entanto, como a maioria dos brasileiros, continuava a considerar [nos anos 1960 e 1970] que "América Latina" era sinônimo de América Espanhola, que o Brasil não pertencia à "América Latina" e que os brasileiros não eram essencialmente "latino-americanos". (BETHELL, 2009, p. 313)

Bethell, entretanto, ao longo de todo o seu artigo, citou diversas, e notáveis, "exceções", tanto de brasileiros como de hispano-americanos, das mais variadas vertentes teóricas e político-ideológicas, que pensaram o Brasil como parte integrante da América Latina: figuras da importância de Manoel Bomfim, Gilberto Freyre, Celso Furtado, Fernando Henrique Cardoso, Darcy Ribeiro, Manuel Ugarte, José Vasconcelos, Alfonso Reyes, Emir Rodríguez Monegal, Eduardo Galeano, Ángel Rama, entre outros.

---

[11] Sobre a questão do distanciamento do Brasil em relação à América Hispânica, ver Baggio (1998), Capelato (2000) e Prado (2001). E, mais recentemente, Bethell (2009).

[12] É sintomático que os brasileiros que vivem e trabalham nos Estados Unidos chamem os imigrantes hispano-americanos de "latinos", distinguindo-os das comunidades de brasileiros. Os "latinos" são os outros, os hispânicos.

O historiador britânico vinculou a efetiva inserção do Brasil como parte da "América Latina" somente a partir do momento em que os Estados Unidos, "e por extensão a Europa e o restante do mundo", passaram a considerar o Brasil como integrante da *Latin America*, processo iniciado nos anos 1920, mas consolidado a partir da Segunda Guerra Mundial e da Guerra Fria. Após fazer considerações sobre o fortalecimento das relações do Brasil com os demais países sul-americanos, a partir da constituição do Mercosul no início dos anos 1990, ressaltou que a região com a qual o Brasil procura se integrar atualmente é a América do Sul, e não a América Latina. E concluiu: "É chegada a hora de o mundo parar de considerar o Brasil como parte daquilo que, na segunda metade do século XX, foi chamado de América Latina, um conceito que seguramente perdeu a utilidade que talvez tenha tido alguma vez" (BETHELL, 2009, p. 314).

Ainda que seja certo que o termo "América Latina" tenha tido uma longa e tortuosa história, e o pertencimento do Brasil à América Latina tenha sido, ao longo da história dessa "ideia", ambivalente e sujeito a mudanças conjunturais, vincular a história da inserção do Brasil à América Latina quase que exclusivamente ao reconhecimento norte-americano e europeu desse "conceito", é, no mínimo, discutível. Mesmo levando-se em consideração as resistências de muitos intelectuais e políticos brasileiros à integração do Brasil com a América Hispânica, é sabido que há uma longa história "latino-americana" que buscou essa inserção, desde fins do século XIX, como o próprio Bethell demonstrou em seu texto. Seria desconsiderar essa história, que se vincula, sim, à reação dos países latino-americanos à política imperialista dos Estados Unidos, fortalecida, na região, a partir da Guerra Hispano-Americana de 1898, como demonstrou, há mais de duas décadas, Arturo Ardao (1986). Ou seja, mais uma vez, seria considerar apenas a visão das grandes potências ocidentais sobre a América Latina e minimizar o esforço significativo de vários líderes políticos, intelectuais, artistas e produtores culturais latino-americanos – em todos os países, incluindo o Brasil – para pensar a América Latina, e o Brasil inserido nela, não só na produção ensaística, literária, das humanidades, mas no Cinema, na Música, nas Artes Plásticas, etc.[13] E esse esforço de integração do Brasil – apesar de se efetivar com mais força, evidentemente, em relação à América do

---

[13] Não se pode ignorar, por exemplo, as significativas conexões culturais entre o Brasil e as Antilhas, particularmente com Cuba, ou ainda, iniciativas importantes de intercâmbios culturais entre o Brasil e o México.

Sul – está envolvido, historicamente, em um debate mais amplo sobre a integração latino-americana.

Em relação aos esforços pela aproximação entre os países vizinhos, Gustavo Sorá, em seu livro *Traducir el Brasil*, questionou o que ele denominou de "fórmula Mérou", ou seja, a crença disseminada de que os países lindeiros da América do Sul não se conhecem. Ideia ainda mais frequente se relacionada ao (des)conhecimento mútuo entre o Brasil e os países hispano-americanos. Sorá (2003), em seu trabalho, fez um levantamento cuidadoso das várias iniciativas de publicação de autores brasileiros na Argentina, e vice-versa, de autores argentinos no Brasil, ao longo do século XX, e demonstrou que foi construído um significativo acervo, tanto de autores brasileiros traduzidos ao espanhol como de hispano-americanos traduzidos ao português. Autores brasileiros como Monteiro Lobato, Jorge Amado ou Erico Verissimo, segundo Sorá (2002), tiveram, na década de 1940, "enorme difusão" na Argentina.

Sem negar as dificuldades históricas da circulação de ideias entre o Brasil e a Argentina – e, num sentido mais amplo, entre o Brasil e os demais países hispano-americanos –, vários exemplos e iniciativas demonstram que, a despeito do propalado desconhecimento, houve iniciativas e projetos efetivos e importantes que promoveram o conhecimento mútuo, principalmente a partir do início do século XX, como procurei demonstrar neste texto.

Entretanto, até hoje, particularmente na grande mídia dos países latino-americanos, é frequente a veiculação de imagens desqualificadoras da América Latina. No Brasil, isso é particularmente notável, seja nas falas de âncoras e comentaristas de telejornais, editoriais e textos de colunistas de jornais impressos, ou na repercussão de livros, como, por exemplo, o *Guia politicamente incorreto da América Latina*, dos jornalistas Leandro Narloch e Duda Teixeira, que revela uma explícita desqualificação da história latino-americana e frequentou listas de *best-sellers* no Brasil. Esse livro tem evidente semelhança com obras como o *Manual del perfecto idiota latinoamericano*, de 1996, e *El regreso del idiota*, de 2007, ambos de Plinio Apuleyo Mendoza (colombiano), Carlos Alberto Montaner (cubano) e Álvaro Vargas Llosa (peruano), em que os autores desqualificam, de maneira jocosa, não só as esquerdas latino-americanas, seu objetivo principal, como a própria história da América Latina. Livros que explicitamente querem "provocar", "polemizar", que se autointitulam "pesquisas históricas sérias", mas que insistem em considerar a América Latina, por sua herança histórica, condenada ao atraso e ao fracasso (NARLOCH; TEIXEIRA, 2011; MENDOZA; MONTANER; VARGAS LLOSA, 1996; 2007). Essas interpretações, curiosamente, ainda têm os anos 1960 e 1970 como referência de luta ideológica, quando, sob o impacto da Revolução Cubana, o simples interesse pela história latino-americana em países sob ditaduras militares era visto como potencialmente "subversivo" (FUNES, 2007). Na última década, a chegada ao poder de líderes de esquerda e centro-esquerda em vários países latino-americanos, mais ou menos reformistas, reacendeu, em setores da mídia e da intelectualidade comprometidos com projetos conservadores, o discurso antilatino-americanista, para quem os projetos de integração e colaboração entre os países latino-americanos, particularmente aqueles envolvidos na ampliação das reformas e direitos sociais, com maior presença do Estado (com ou sem a parceria de setores privados), têm sido alvo preferencial.

Referências

AMANTE, Adriana. *Poéticas y políticas del destierro*: argentinos en Brasil en la época de Rosas. Buenos Aires: FCE, 2010.

ARDAO, Arturo. Panamericanismo y latinoamericanismo. In: ZEA, Leopoldo (Org.). *América Latina en sus ideas*. México: Siglo XXI/UNESCO, 1986. p. 157-171.

ÁVILA, Myriam. Peripatografias: o motivo da viagem na literatura latino--americana. In: ÁVILA, Myriam. *O retrato na rua: memórias e modernidade na cidade planejada*. Belo Horizonte: Editora UFMG, 2008. p. 80-93.

BAGGIO, Kátia Gerab. *A "outra" América*: a América Latina na visão dos intelectuais brasileiros das primeiras décadas republicanas. 224 f. Tese (Doutorado em História Social) – Universidade de São Paulo, São Paulo, 1998.

BETHELL, Leslie. O Brasil e a ideia de "América Latina" em perspectiva histórica. *Estudos Históricos*, Rio de Janeiro, v. 22, n. 44, p. 289-321, jul.-dez. 2009.

BRANT, Mario. *Viagem a Buenos Aires*. Rio de Janeiro: Martins de Araújo, 1917.

CAPELATO, Maria Helena. O *"gigante brasileiro"* na América Latina: ser ou não ser latino-americano. In: MOTA, Carlos Guilherme (Org.). *Viagem incompleta*: a experiência brasileira (1500-2000). A grande transação. São Paulo: SENAC, 2000. p. 285-316.

DIAS, Arthur. *Do Rio a Buenos Aires*: episódios e impressões d'uma viagem. Rio de Janeiro: Imprensa Nacional, 1901.

FRAGA, Rosendo. *Ramón J. Cárcano, diplomata*: a história como instrumento da diplomacia. Brasília: FUNAG, 2000.

FRANCO, Stella Maris Scatena. *Peregrinas de outrora*: viajantes latino-americanas no século XIX. Florianópolis: Mulheres; Santa Cruz do Sul: EDUNISC, 2008.

FUNES, Patricia. Ingenieros del alma: los informes sobre canción popular, ensayo y Ciencias Sociales de los Servicios de Inteligencia de la dictadura militar argentina sobre América Latina. *Varia Historia*, Belo Horizonte, v. 23, n. 38, p. 418-437, 2007.

GARCÍA MÉROU, Martín. *El Brasil intelectual*: impresiones y notas literarias. Buenos Aires: Félix Lajouane, 1900.

HARTOG, François. *Memória de Ulisses*: narrativas sobre a fronteira na Grécia antiga. Tradução de Jacyntho José Lins Brandão. Belo Horizonte: Editora UFMG, 2004. (Humanitas).

HARTOG, François. *O espelho de Heródoto*: ensaio sobre a representação do outro. Tradução de Jacyntho José Lins Brandão. Belo Horizonte: Editora UFMG, 1999. (Humanitas).

JITRIK, Noé (Sel.). *Los viajeros*. Buenos Aires: Editorial Jorge Alvarez, 1969. (Los Argentinos, 10).

MENDOZA, Plinio Apuleyo; MONTANER, Carlos Alberto; VARGAS LLOSA, Álvaro. *Manual del perfecto idiota latinoamericano*. Barcelona: Plaza & Janés, 1996.

MENDOZA, Plinio Apuleyo; MONTANER, Carlos Alberto; VARGAS LLOSA, Álvaro. *El regreso del idiota*. Barcelona: Plaza & Janés, 2007.

NARLOCH, Leandro; TEIXEIRA, Duda. *Guia politicamente incorreto da América Latina*. São Paulo: Leya Brasil, 2011.

OLIVEIRA LIMA, Manoel de. *En la Argentina (impresiones de 1918-19)*. Montevideo: Talleres Gráficos A. Barreiro y Ramos, 1920.

OLIVEIRA LIMA, Manoel de. *En la Argentina*. Buenos Aires: Nueva Mayoría, 1998.

OLIVEIRA LIMA, Manoel de. *Na Argentina (impressões 1918-19)*. São Paulo; Rio de Janeiro: Weiszflog Irmãos, 1920.

PIGLIA, Ricardo. Memoria y tradición. In: CONGRESSO ABRALIC: LITERATURA E MEMÓRIA CULTURAL, 2, 1991, Belo Horizonte. *Anais...* Belo Horizonte: ABRALIC, 1991. v. 1, p. 60-66.

PRADO, Maria Ligia Coelho. O Brasil e a distante América do Sul. *Revista de História*, São Paulo, n. 145, p. 127-149, 2001.

PRATT, Mary Louise. *Os olhos do império*: relatos de viagem e transculturação. Bauru: EDUSC, 1999.

SÁENZ HAYES, Ricardo. *El Brasil moderno*. Buenos Aires: Editorial del Instituto Americano de Investigaciones Sociales y Económicas, 1942.

SÁENZ HAYES, Ricardo. Gilberto Freyre y la formación social brasileña. In: FREYRE, Gilberto. *Casa-grande y senzala*: formación de la familia brasileña bajo el régimen de la economía patriarcal. Buenos Aires: Biblioteca de Autores Brasileños, 1942. 2 t.

SÁENZ HAYES, Ricardo. Gilberto Freyre y la formación social brasileña. In: FREYRE, Gilberto. *Casa-grande y senzala*. Buenos Aires: Emecé, 1943. v. 1, p. 12-46. (Grandes Ensayistas).

SAID, Edward W. *Cultura e imperialismo*. Tradução de Denise Bottman. São Paulo: Companhia das Letras, 1995.

SAID, Edward W. *Orientalismo*: o Oriente como invenção do Ocidente. Tradução de Tomás Rosa Bueno. São Paulo: Companhia das Letras, 1990.

SARMIENTO, Domingo Faustino. *Viajes por Europa, Africa i América, 1845-1847*. 2. ed. Madrid: ALLCA XX; Rio de Janeiro: Editora UFRJ, 1996. (Archivos, 27).

SORÁ, Gustavo. Livros de autores brasileiros na Argentina: uma força de alteridade negada. Tradução de Pedro Câncio da Silva. In: MARTINS, Maria Helena (Org.). *Fronteiras culturais: Brasil, Uruguai, Argentina*. Cotia: Ateliê Editorial, 2002. p. 171-208.

SORÁ, Gustavo. *Traducir el Brasil: una antropología de la circulación internacional de ideas*. Buenos Aires: Libros del Zorzal, 2003.

TODOROV, Tzvetan. *Nosotros y los otros: reflexión sobre la diversidad humana*. México (DF): Siglo XXI, 1991.

Mundo público e
escrita biográfica ontem e hoje

Biografias paralelas: reflexões em torno de Hannah Arendt e Siegfried Kracauer[1]

Sabina Loriga

Si el europeo hace con alguna perspicacia balance de su situación, advertirá que no despera del presente ni del futuro, sino precisamente del pretérito [...] El futuro es el horizonte de los problemas; el pasado la tierra firme de los métodos, de los caminos que creemos tener bajo nuestros pies. Piense usted, querido amigo, en la terrible situación del hombre a quien de pronto el pasado, lo firme, se le vuelve problemático, se le vuelve abismo. Antes, lo peligroso parecía, estar sólo delante de él; ahora lo encuentra también a su espalda y bajo sus pies. ¿No nos pasa a nosotros algo de esto? Creíamos ser herederos de un pasado magnifico y que podíamos vivir de su renta. Y súbitamente nos sentimos desheredados, sin tradicíon, indigentes, come recién llegados a la vida, sin predecesores.

José Ortega y Gasset, "Pidiendo un Goethe desde dentro. Carta a un alemán", 1940.

História e vida

A questão da história constitui o núcleo de escritos de primeiro plano de Hannah Arendt e de Siegfried Kracauer. Eu a abordarei, contudo, através da leitura de duas obras biográficas supostamente "menores": *Rahel Varnhagen, A vida de uma judia alemã na época do romantismo* e *Jacques Offenbach ou o segredo do Segundo Império. Rahel Varnhagen* é o fruto de uma gestação de quase trinta anos. Com efeito, Arendt começa em 1930 suas primeiras pesquisas para essa obra da qual ela completará onze capítulos em 1933, pouco antes de deixar Berlim, e os dois últimos em 1938, durante seu exílio parisiense. O texto será publicado em alemão

---

[1] Este texto teve uma versão publicada no livro Penser l'histoire, sob a direção de Christophe Bouton e Bruce Bégout.

e em inglês somente em 1958.[2]*Jacques Offenbach*, por outro lado, provém de certa forma de uma façanha temporal – hoje em dia, chamaríamos de um *instant book*. Kracauer trabalha nele de 1935 a 1937, também ele durante seu exílio em Paris, e o publica imediatamente em Amsterdam, em alemão, francês e inglês.

Logo após a ascensão do nazismo, dois judeus alemães (ou dois alemães judeus) em exílio retomam as origens do processo de assimilação dos judeus para sondar as possibilidades de vida atuais: nos dois casos, um(a) judeu(ia) convertido(a) e tendo vivido mais de um século antes é convocado(a) para *me contar quem sou eu*. A história de vida deveria permitir definir a situação e traçar as margens de imaginação e de ação, possibilitando assim a elaboração de um pensamento político.[3] Kracauer evoca essa escolha desde as primeiras linhas:

> este livro não vem aumentar a lista das biografias habituais que se atêm sobretudo a descrever a vida de algum herói e [...] represen-tam um personagem se destacando sobre um cenário impreciso. O livro que aqui está se distingue profundamente das obras desse tipo. Não é somente a biografia de uma vida privada, é a biografia de uma sociedade – uma biografia social (KRACAUER, 1937, p. 15).[4]

Hannah Arendt é a esse respeito mais precisa. Em 1952, em uma carta endereçada a Karl Jaspers, ela declara nunca ter estado interessada na personalidade de Rahel Varnhagen nem em seu meio intelectual, mas ter desejado raciocinar com ela "até onde ela própria o fazia, utilizando as próprias categorias de que ela dispunha" (ARENDT; JASPERS, 1995, p. 287).[5]

As escolhas cronológicas diferem: Arendt evoca a Berlim das três primeiras décadas do século XIX, enquanto Kracauer escolhe a Paris do Segundo Império. Contudo, as duas biografias são escritas à borda do

---

[2] Hannah Arendt se lançou na redação desse livro após seu encontro com Kurt Blumenfeld, e o terminou sob a pressão de Heinrich Blücher e de Walter Benjamin, na perspectiva da crítica sionista da assimilação. Sobre a evolução política de Arendt em relação à questão judaica, ver Barnouw (1990) e Bouretz (2004).

[3] Sobre o laço entre a compreensão (*Verstehen*) e a imaginação (*Einbildungskraft*), ver Benhabib (1990).

[4] *Jacques Offenbach und das paris seiner Zeit* (1937), traduzido para o francês por Lucienne Astruc: *Jacques Offenbach ou le secret du Second Empire* [Jacques Offenbach ou o segredo do Segundo Império]. A partir de agora no texto, *JO*.

[5] Carta de Hannah Arendt a Karl Jaspers, de 7 de outubro de 1952 (ARENDT, JASPERS, 1995, p. 287).

precipício de 1933, sob o signo "da destruição da judeidade[6] da Alemanha (embora, naturalmente, sem ideia das dimensões que iria tomar na Europa o massacre do povo judeu)" (ARENDT, 1994, p. 7, 15).[7] Fundadas sobre uma leitura a contrapelo, elas são resolutamente anacrônicas. Kracauer assimila Napoleão II a Hitler e descreve Offenbach como o protótipo do exilado judeu. O olhar anacrônico de Arendt se faz às vezes hostil (para desmentir a ideia de que a identificação com o ponto de vista do outro implica necessariamente certa afinidade).[8] Apesar disso, as duas biografias partilham um elemento raro e precioso: pela narrativa de projetos, de imagens e de sonhos, elas abordam a vida do espírito. O mesmo ocorre para os eventos históricos (1806, 1830, 1848, 1851, 1870) que são analisados essencialmente enquanto fatos do pensamento.

Antes de abordar a maneira que os dois autores concebem a história, me parece indispensável relembrar alguns dos traços da vida de Rahel Varnhagen e de Offenbach. Notadamente os elementos que, a cem anos de distância e na urgência absoluta do começo dos anos 1930, suscitaram, em Arendt e em Kracauer, a impressão de serem capazes de alargar a imaginação política.

Rahel Varnhagen

Rahel Varnhagen von Ense, precedentemente Rahel Levin, Rahel Robert e em seguida Friederike Robert (1771-1833), é a filha mais velha do joalheiro Löb-Levin Marcus. É uma menina "feia" e desprovida de graça, pontos fracos que não jogam a seu favor, pois "em uma mulher, a beleza cria uma distância a partir da qual ela pode julgar e fixar sua escolha" (sic). Após a morte de seu pai, ela se encontra desprovida de fortuna pessoal e "a pobreza pode ter como efeito a condenação à judeidade perpétua [*judéité perpétuelle*]" (*RV*, p. 22-23). Iniciadora do culto

---

6   Embora "judeidade" seja um termo pouco utilizado – e talvez "judaísmo" pudesse substituí-lo em algumas situações (a autora utiliza o termo *judaïsme* muito raramente) –, seu significado é o mesmo de *judéité* (termo que a autora utiliza recorrentemente): o fato de ser judeu ou, como no *Dicionário Houaiss*, "condição de judeu". (N. T.)

7   *Rahel Varnhagen, Lebensgeschichte einer deutschen Jüdin aus der Romantik* (1959), traduzido para o francês por Henri Plard:*Rahel Varnhagen: la vie d'une juive allemande à l'époque du Romantisme* [Rahel Varnhagen: a vida de uma judia alemã na época do Romantismo]. A partir de agora no texto,*RV*).

8   Carta de Karl Jaspers a Hannah Arendt, de 23 de agosto de 1952 (ARENDT; JASPERS, 1995).

de Goethe, ela faz de sua pequena água-furtada localizada no n° 54 de Jägerstraße um lugar de encontro eclético, frequentado pela alta nobreza, ministros e diplomatas, escritores, atores e cantores, personagens extravagantes, e amigos de juventude. Após a derrota de Iéna e a entrada de Napoleão em Berlim, a situação muda radicalmente. A conjunção nova do romantismo e do prussianismo exclui da vida social as mulheres, os franceses e os judeus. O tempo da abertura e da inocência passou: "a catástrofe de 1806 não somente aniquilou a sociedade aérea, idílica e plena de ilusões dos salões, mas, acima de tudo, revelou a fragilidade do outro mundo [...] onde só tínhamos podido viver sob a condição de permanecermos 'um elo numa corrente'" (*RV*, p. 62-63). Pouco a pouco, os salões compósitos são substituídos por outros círculos mais homogêneos e mais reverenciosos no que diz respeito às hierarquias sociais tradicionais. Nessa situação, como muitos outros judeus, Rahel Varnhagen se esforça em demonstrar todo seu patriotismo. Ela adere por convicção ao modelo que propõe Fichte nos *Discursos à nação alemã*: a nação é uma experiência mística que requer o apagamento da própria origem. Segundo esse projeto, somente aquele que for aniquilado enquanto individualidade sensível e tiver apagado as manifestações de sua origem (a saber, as particularidades de língua, de vestimentas, e de costumes) poderá tomar seu lugar no seio da nação. Assim, enquanto a febre patriótica e assimilacionista se espalha, Rahel Varnhagen decide mudar de nome para Robert na esperança de que "este sobrenome novo vai ajudá-la, como uma palavra mágica, a tornar-se humana entre os humanos" (*RV*, p. 151). Em 1814, dois anos após o decreto sobre a emancipação dos judeus,[9] ela se converte e se casa com Karl August Varnhagen von Ense (1785-1858), um *goy* quatorze anos mais jovem do que ela. Mas o casamento não se revela feliz, negando-lhe o *happy ending* com o qual ela sonhava: longe de apagar sua origem, o casamento "ressuscita como por magia os fragmentos de sua existência de antigamente" (*RV*, p. 253). Às portas da morte ela redescobre suas origens: se define então como refugiada do Egito e da Palestina e declara que "o que foi para mim, por muito tempo, em minha vida, a vergonha extrema, o sofrimento e a infelicidade mais amargos: ter nascido judia —agora, eu não desejaria renunciar por nada no mundo" (*RV*, p. 19).

---

[9] Sobre o processo de emancipação dos judeus na Alemanha, ver os textos fundamentais de Berlin (1952; 1973), Gay (1978), Mosse (1993), Berghahn (1996) e Elon (2002).

Ao longo de toda sua vida um pensamento a acompanhará, tal como um fardo opressivo: eu sou judia e *schlemihl*.[10] Impregnada de um sentimento de vergonha e minada pela tentação de escapar ao judaísmo no plano individual, esse pensamento é resultado de uma longa história de inconsciência. Rahel Varnhagen sempre viveu ingenuamente: "toda sua vida, ela permanece uma ignorante, 'que é forçada a viver como tal'" (*RV*, p. 53). Sua ingenuidade se exprime na tentativa de viver sem história: "ela não aprendeu nada, nem de sua própria história, nem aquela de outro povo" (*RV*, p. 21). Desprovida de tradição, ela vive sem pontos de referência e não é senão após as manifestações antijudaicas que se multiplicam após a derrota prussiana em 1806, que ela

> se dá conta de que sua existência, também ela, dependia das condições políticas gerais [...] Sua biografia, sua parte pessoal da história poderia possivelmente conectá-la de forma privada aos outros homens; mas, partindo dela, ela não consegue, de forma alguma, realizar a passagem até o destino público. No fundo, a guerra infeliz não penetrou sua consciência mais do que a Revolução Francesa ou Napoleão. Os eventos a atingem somente quando ela vê seu pequeno mundo pessoal destruído por eles, ele também – o mundo no qual, apesar de tudo, ela havia conseguido viver. (*RV*, p. 154)

Com efeito, a ignorância, que engendra esse déficit de história, é bem específica. Trata-se de uma ignorância culta, decorrente de um coquetel de ideias deletérias que circularam na virada dos séculos XVIII e XIX. Hannah Arendt sublinha a influência perniciosa de três correntes de pensamento: o iluminismo, o romantismo, e a tradição judaica, aí incluindo, em segundo plano, a crise da tradição simplesmente.

Para o iluminismo, a razão funda uma liberdade nova, aquela à qual o indivíduo pode escolher aceder pela educação e pela formação. Essa liberdade da razão, que consiste em pensar por si mesmo, leva o indivíduo a se libertar da história factual e a se desfazer de toda ancoragem no seio do passado histórico. A distinção entre as verdades "contingentes" da história e as verdades "necessárias" da razão, formulada por Lessing, fez

---

[10] O termo ídiche *schlemihl* significa, literalmente, "sem sorte", mas no uso diário tem mais a conotação de desastrado, desajustado, incompetente. Acredito que "desajustada" seja, nesse contexto, uma tradução adequada para *schlemihl*. Agradeço a Marcos Avritzer pelo esclarecimento em relação ao significado da expressão. (N. T.)

da judeidade uma marca de inferioridade: "que existam Judeus é uma pena; não resta senão fazer deles seres humanos, ou seja: homens das Luzes" (*RV*, p. 25).

O romantismo causou danos ainda mais vastos e paradoxais. Em primeiro lugar, o culto da interioridade (*Innerlihkeit*), que vai frequentemente de par com a indiscrição e a falta de pudor. Na esteira de Rousseau e de Schlegel, Rahel Varnhagen se narra:

> ela deseja exibir sua alma, no lugar de sua sorte odiosa. Mas quem ela é então, quando esquece sua vida? O que pode ela então mostrar senão isto: que ela não é bonita e um *schlemil*? Do que se faz sua glória? Sua alma foi, desde a juventude, maltratada e mutilada. Ora, uma alma mutilada não é um belo espetáculo. Será que ela ainda não compreendeu que a vida não tem consideração alguma pela alma, que o fato da vida ou da morte é mais importante que os labirintos do coração? (*RV*, p. 118)

Além disso, ao cultivar a ideia de poder viver a vida como se ela fosse uma obra de arte, o romantismo nutriu a impotência. Humboldt, Schlegel, Gentz, e Hegel eram certamente espíritos livres, de uma envergadura superior, mas eles privilegiavam a inação.

A terceira matriz se instala na tradição judaica, mais precisamente em sua falta de pensamento político. À diferença de Moses Medelssohn, l'*Ausnahmejude*, que havia conseguido se assimilar sem por isso abdicar sua judeidade, os judeus da geração seguinte "procuram resolver secretamente e discretamente o problema que eles imaginam ser pessoal, que eles tomam como uma infelicidade pessoal" (*RV*, p. 23). As consequências desse salve-se quem puder são muito pesadas. A comunidade judaica sai disso dilacerada: "só havia assimilação possível, e exclusivamente, para os judeus ricos. Os outros só se tornam visíveis ao público europeu tendo ascendido, eles também, à classe dos abastados, e assimilados aos judeus já assimilados. Senão, só se conhecem os judeus sob a forma de tipos para explorações satíricas, como caricaturas, objetos do mais vulgar dos antissemitismos" (*RV*, p. 218). É nessas circunstâncias que nasce a figura do judeu de exceção: o judeu que grita "eu não sou o que vocês pensam, eu sou diferente dos outros judeus", invocando uma assimilação no seio de seus inimigos, em face de um mundo que jamais escutará seu grito. Além do fato de romper os laços de solidariedade no interior da comunidade judaica, a lógica assimilacionista engendra órfãos culturais, desprovidos de tradição, sob influência das modas, e incapazes de discernir os amigos dos inimigos. Rahel Varnhagen não possui tradição para transmitir-lhe alguma herança, nem história na qual sua existência tenha sido prevista. Livre e sem laços [...] sem preconceitos, porque ninguém, aparentemente, não produziu julgamento antes dela, ela se encontra de alguma forma na situação paradoxal do primeiro ser humano, e constrangida a se apropriar de tudo de tudo como se o encontrasse pela primeira vez. (*RV*, p. 53)

É nesse amálgama de ideias venenosas que se insinua a renúncia de si.

Não há escolha – uma vez que se diz "não" a si-mesma. Não há senão um caminho: ser sempre exatamente [...] aquele que não somos. Não se afirmar jamais, mas se fazer flexível, tornar-se tudo, exceto si mesmo. É necessária uma vigilância mais que humana para não se trair, para se calar sobre todas coisas, sem, no entanto, deter um segredo definido, ao qual poder-se-ia se agarrar. (*RV*, p. 30-31)

Sair da ignorância é igualmente um evento do pensamento para o qual concorrem três encontros. O primeiro com Goethe, inimigo absoluto da abjuração de si, é o mais feliz. Arendt enumera, em um estilo algo escolar, todos os benefícios de sua leitura para Rahel Varnhagen, que apreende ali o valor fundamental da vida: "é muito, viver é tudo" (*RV*, p. 150). Essa iniciação lhe faz compreender os limites da interioridade e descobrir que as histórias vividas de uns se entrelaçam com aquelas dos outros: "Sem [Goethe], ela veria sua vida somente de fora, com seus contornos vagos. Ela não poderia nunca colocá-la em relação com o mundo para o qual precisava contá-la". Dessa maneira, ela pode sair da vida biológica e muda (*zôe*) para aceder à vida contada (*bios*/biographie): "Ela [lhe] deve guardar em suas mãos, além dos puros e simples 'resultados', alguma coisa que se possa contar" (*RV*, p. 144). O segundo encontro importante, dessa vez em carne e osso, diz respeito ao *junker* Alexander von der Marwitz. Graças a ele, Rahel Varnhagen descobre que, além da biografia, se desenvolve a história:

o conservador e devoto adorador da história ensina à Judia 'esclarecida' que a realidade não é somente o acaso que atinge um ser humano, mas que a sociedade de que é excluída e que a enoja conhecia outro tipo de realidade, produzida pelos milênios, por aquilo que sempre foi estimado, por aquilo a que as gerações sucessivas deram vida com seus atos. Ele lhe ensina que existem fios que conectam o conhecido ao eterno e sempre mais distante, do presente ao passado; que não se pode compreender a realidade histórica senão seguindo estas ligações e estes encadeamentos, que se tornam, no curso do tempo, mais e mais sutis e invisíveis. (*RV*, p. 200-201)

Ao aprender a historicizar seu sofrimento, ela se liberta da sua dependência com relação ao mundo e se dá conta de que a exclusão não tem nada a ver com o seu ser:

> seu desespero não é mais seu problema pessoal, mas somente o reflexo de um mundo destinado a desaparecer [...] Ela compreende assim seu isolamento, não o concebe mais como o golpe de um destino de incompreensível abstração, que não se poderia compreender senão com o auxílio de categorias gerais – *a* vida, *o* mundo –, mas como uma infelicidade específica, aquela de ser nascida em um mau momento da história (*RV*, p. 205-206).

O último encontro chave é aquele que a ligará a seu marido August Varnhagen, que ela conheceu em Berlim, na primavera de 1808. Esse casamento se revelará importante, sobretudo como experiência da desilusão. Rahel Varnhagen descobrirá bem rápido de fato que não se pode nascer uma segunda vez. O *parvenu* continua submisso

> à mesma lei detestável contra a qual, *paria*, ele se tinha revoltado: dever se contentar não importa com o que" [...] "ele não pode se permitir o luxo de possuir desejos precisos. Ele descobrirá sempre que, no fundo, ele não desejou nunca ser aquilo em que ele se transformou. (*RV*, p. 252)[11]

O casamento, que teria dado a ela a possibilidade de escapar de sua judeidade, transforma-se assim em uma espécie de refúgio que lhe permite salvar as qualidades do *paria* (tais como a sensibilidade, a compaixão e, sobretudo, a visão de conjunto).

Contrariamente ao que ocorre em outros retratos biográficos, Arendt não manifesta nessas circunstâncias nenhuma indulgência em relação às ingenuidades e ambiguidades do pensamento de sua heroína.

---

[11] Arendt utiliza as noções de *Schlemihl* (termo ídiche: "aquele que tem azar"), de *paria* e de *parvenu*, assim como de "*paria* consciente" e "*paria* inconsciente", propostos por Bernard Lazare. O termo *paria* possui um dupla conotação: indica uma pessoa discriminada, que possui sentimentos de inferioridade, mas também aquela capaz de assumir conscientemente essa situação.

Com o olhar mirado em 1933, quando viver tornou-se verdadeiramente *tudo*, ela tira quatro conclusões inexoráveis. Em primeiro lugar, que não é possível sair do judaísmo:

> quanto mais ela se recusa categoricamente a partilhar a sorte geral dos Judeus [...] mais seu destino se torna tipicamente judaico [...] Ela percorreu de uma extremidade a outra todas as vias que poderiam leva-la a um mundo estrangeiro a ela [...] e fez desses caminhos judaicos, caminhos de párias, e de sua existência inteira [...] um fragmento da história dos Judeus na Alemanha. (*RV*, p. 268)

Em segundo lugar, que a assimilação é mais dolorosa que a marginalização: "entrar para a sociedade sozinha, com sua marca, e condenada a ser ali uma das últimas é bem pior que ficar do lado de fora e esperar que as condições de vida possam melhorar" (*RV*, p. 264). Em seguida, que a assimilação implica inevitavelmente o antissemitismo:

> quem deseja verdadeiramente se assimilar, não pode escolher de fora a o que se gostaria de assimilar, o que lhe agrada, e excluir o que o fere; não se pode então recusar o cristianismo e nem o antissemitismo de seus contemporâneos [...] Em uma sociedade que é, asperamente, antissemita [...] não se pode assimilar-se senão se assimilando ao antissemitismo. (*RV*, p. 270)

Enfim, que a judeidade não é um problema pessoal, mas político: "não se escapa à sua judeidade se separando do resto dos judeus; simplesmente, de um destino histórico, uma solidariedade de natureza social, um 'mal comum', ela se se metamorfoseia em um traço do caráter, um defeito individual" (*RV*, p. 263).

Jacques Offenbach

Jakob – posteriormente Jacques Offenbach – (1819-1880), "o Mozart dos Champs-Elysées", cresceu no gueto de Cologne. Seu pai era um músico ambulante que oficiava de sinagoga em sinagoga, enquanto todos os seus ancestrais "se perdem na noite do gueto" (*JO*, p. 29). Muito magro, com nariz infinitamente pontudo e olhos brilhantes (Nadar vê nele um cruzamento de galo e gafanhoto), Jakob é extremamente sociável, detestando a solidão e temendo o silêncio. Criança prodígio, ele desembarca em Paris em companhia de seu irmão com a idade de 14 anos. Em 1844, ele se converte e se casa com Hermine d'Alcain. No curso dos dois decênios seguintes, ele trabalha com a desenvoltura do *outsider* nos teatros mais prestigiosos da cidade: o Conservatório, a Ópera-Cômica, a Comédie-Française, os Bouffes-Parisiens. Conquista o grande público, com *Orphée aux Enfers*, *La Grande-duchesse de Gerolstein*, *La Belle Hélène*, *La Vie parisienne* e *Les Brigands*. Na sequência da guerra de 1870, e em razão da exasperação do nacionalismo, ele é acusado pelos alemães de ter escrito músicas antialemãs e pelos franceses de ser um "Boche". É possivelmente, aliás, por essa razão que, nos últimos anos de sua vida, ele se descuide de suas operetas maravilhosas, para compor *Les contes d'Hoffmann*, onde ele exprime "seu recuo instintivo diante dos procedimentos obscuros da natureza" (*JO*, p. 385). Ao longo do seu percurso, ele realiza um duplo movimento em relação à tradição precedente. De um lado, ele procura recuperar a leveza e a graça da ópera cômica do século XVIII, que ele compara a um "riacho claro e transparente", e não considera, por outro lado, que a opereta resulta de formas antiquadas: "para ele, o império da alegria não estava propriamente falando nem no passado nem no futuro; também não se poderia fixá-lo no passado ou no tempo" (*JO*, p. 177). Sua vida mental se nutre de dois mundos sociais e temporais diferentes.

Sua primeira fonte de criação se enraíza na tradição judaica. Contrariamente a Rahel Varnhagen, Offenbach percebe seu batismo como uma simples formalidade: "ele não foi de forma alguma afetado por esta conversão; era para ele uma concessão ao seu círculo, antes uma formalidade do que uma questão de convicção" (*JO*, p. 108). Ele não deseja fugir de sua judeidade, nem esconder suas origens. Sem dúvida sua experiência lembra aquela de Moses Mendelssohn, que havia podido se assimilar ao mundo ambiente sem ter que renunciar por isso à sua judeidade. Qual a causa disso? Para começar, porque Paris é "a única cidade do mundo onde os artistas judeus podiam esperar fazer um nome" (*JO*, p. 32). Em seguida, em razão de sua família de origem: a escolha de sua conversão é partilhada por seu pai, que "contava entre os partidários da emancipação dos judeus que consideravam com demasiado otimismo a evolução da cultura para considerar o batismo como uma verdadeira ruptura" (*JO*, p. 108). Ao longo de toda sua vida, a família e as reminiscências da infância envolvem Offenbach com uma doçura calorosa impregnando sua vida de uma melancolia frívola, despojada de toda amargura. Graças a essa nostalgia ativa, Offenbach cultiva, durante a sua vida, a lembrança de uma valsa delicada e lenta, composta por Rudolph Zimmer, que havia embalado seu sono durante a infância. Cada vez que esse fragmento de valsa lhe vem ao espírito, ele revê a casa paterna: "Não era mais uma valsa, era quase uma prece que eu cantava da manhã à noite, para mim mesmo" (*JO*, p. 54). O eco dessa música lhe permite dialogar com sua família e, por deslizamentos progressivos, com a pátria dos profetas: como o atesta a música que ele comporá mais tarde, "no curso dos anos seguintes, esta longínqua pátria dos Profetas se superpôs cada vez mais claramente àquela de Cologne" (*JO*, p. 62).

Além da memória familiar, Offenbach pode contar com a tradição judaica. Em uma de suas primeiras valsas, *Rebecca*, ele incorpora melodias sagradas que havia escutado na sinagoga. Para ele, trata-se de um gesto evidente, quase natural: seu pai misturava sem cessar produtos da cultura moderna e os vestígios de tradições judaicas. "Sua atitude derivava também naturalmente das práticas desses velhos músicos judeus, na tradição dos quais ele tinha crescido e que [...] não tinham nenhum escrúpulo em fazer música ou em contar piadas no curso de divertimentos profanos, com um ardor igual àquele que eles manifestavam na observância de seus deveres religiosos" (*JO*, p. 61). Toda sua obra é o produto do cruzamento de duas tradições, uma culta, a outra mais popular:

> duas correntes se desenhavam então no seio do judaísmo – duas correntes que conduziam a um futuro anunciado pelos Profetas, uma vindo do mundo moderno sobre o qual soprava um vento de tolerância, a outra subindo das profundezas do ser, liberado do domínio do cerimonial religioso. (*JO*, p. 62)

Mas Offenbach não vive somente de tradições. Seu espírito encontra muito cedo outra fonte de criação no bulevar, um espaço social frequentado pelos dândis, por jornalistas, por imigrados (como o príncipe Belgioioso), pelas *lorettes* (Lola Montez ou Thérèse Lachmann, conhecida com o nome de Païva, ou Marie Duplessis, *a dama das camélias*), representantes da *jeunesse dorée*. Esses *boêmios mundanos* não se distanciam do limite do bulevar: "por mais curto que fosse o trajeto do bulevar, jamais teria vindo à mente de um verdadeiro *dandy* se aventurar além deste domínio" (*JO*, p. 93). São semimarginais, que tomaram o bulevar por quartel general a fim de não serem obrigados a passar sua existência de forma estreita, nos limites da média ou do subúrbio Saint-Germain" (*JO*, p. 86). É um lugar que representa uma pátria dos sem-pátria, ou ainda uma pátria de substituição, onde se pode beneficiar de uma espécie de privilégio de extraterritorialidade. Muito sensível à natureza heterogênea e descontínua do tempo histórico, Kracauer também vê aí uma brecha temporal. O *outsider* Offenbach encontra ali

> seu semelhante [...] um espaço no qual ele podia deslizar livremente. No bulevar, ele se sentia em casa, porque o bulevar não

era um "em casa" no sentido ordinário da expressão [...] Para um homem como ele devia ser difícil lançar a âncora, e era um empreendimento árduo lançar âncora no bulevar. Separado da gleba, o bulevar era situado na vizinhança daquela pátria longínqua que Offenbach já tinha evocado em sua valsa *Rebecca*. É essa pátria que ele amava ternamente aqui. (*JO*, p. 87)

Assim a tradição e o bulevar formam duas fontes de criação que contribuem para dar uma dimensão atemporal à música de Offenbach. A maior parte de suas melodias, impregnadas pelos cantos populares, ultrapassam o espaço e o tempo. Suas operetas navegam entre o paraíso perdido e o paraíso prometido: elas se precipitam, "inapreensíveis, sem penetrar totalmente na vida social, através do tempo, fora do tempo, na direção do paraíso passado e futuro" (*JO*, p. 229). É nesse sentido que Kracauer compara a arte de Offenbach com a de Charlie Chaplin.

O irreversível e o possível

A rica confusão existente entre o biógrafo e o biografado convida a abordar essas duas obras como de autobiografias (WEISSBERG, 1997). Certamente, muitas razões podem reforçar tal abordagem. Como escreveu Jaspers a Hannah Arendt, "eu vejo neste trabalho vosso debate com problemas fundamentais da existência judaica e o fio condutor, a realidade de Rahel, serve à vossa elucidação e a vossa liberação pessoal" (ARENDT; JASPERS, 1995, p. 277). Parece-me, contudo, que se deve resistir á tentação de ver nas biografias simples produtos da imaginação dos autores. Trata-se de gêmeos imaginários, por vezes mesmo de companheiros secretos – assim, Arendt fala de sua heroína como de sua amiga mais íntima. Mas, ainda que essas obras exprimissem partes do ser dos próprios biógrafos, os *antecedentes* guardam certa autonomia. O jogo do duplo não é somente projetivo; ele remete a uma visão exemplar do passado, fundada sobre o *topos historia magistra vitae*, segundo o qual o exemplo de outra vida é utilizado para nutrir sua própria formação ética e política (LEBOVICI, 2007).

A exemplaridade reside no fato de que a vida do outro contém um conceito ou uma regra geral. Como o escreve Arendt em uma carta enviada a Jaspers, "Certas pessoas [estão] tão expostas em sua própria vida (e unicamente ali, não enquanto pessoas, por exemplo) que se tornam, por assim dizer, encruzilhadas e objetivações concretas *da* vida" (ARENDT; JASPERS, 1995, p. 45). Ela escolhe Rahel Varnhagen não somente porque esta incarna a tragédia de uma geração inteira, desprovida de capacidades políticas, que procurou escapar da judeidade de maneira individual, mas também porque ela soube no fim de sua vida reconhecer sua judeidade e seu estatuto (*status*) de *paria* (como Heinrich Heine e Ludwig Börne). De sua parte, Kracauer se voltou para Offenbach pelo menos por duas razões. Dotado de uma sensibilidade extraordinária para as transformações sociais, ele elabora em sua música "o prazeroso eco do tumulto do bulevar. Como esses caramujos no fundo dos quais se conservam os sons do mar" (*JO*, p. 80). Efetivamente, é um pássaro zombador, que se diverte com instituições que pretendem ser sacrossantas. Em suma, existe entre Offenbach e o Segundo Império uma ligação complexa: suas operetas representam a melhor expressão da época imperial, mas elas desmascaram ao mesmo tempo as contradições sociais do regime político de Napoleão III. Poder-se-ia dizer assim que Varnhagen e Offenbach são concebidos, ao mesmo tempo, como um *tipo* e um *contratipo*.

O principal desafio dessa busca de exemplaridade concerne à história. Não a história enquanto disciplina científica, visando estabelecer e verificar os fatos do passado, mas a consciência histórica. Offenbach vive de maneira plena e inteira graças à sua relação com a história: ele é mesmo um mediador entre o passado e o futuro. O percurso de Rahel Varnhagen se revela mais inquieto e incoerente. Em seu texto, Arendt adota um desencadeamento cronológico: cada capítulo trata somente de alguns anos de vida. Entretanto, as referências temporais de sua análise são de longa duração. A existência da protagonista é lida à luz de três eventos históricos: a destruição do Templo (ou seja, o início da diáspora), a emancipação dos judeus e o advento do nazismo. Serão necessários a ela os 62 anos de sua existência para tomar consciência de seus confins cronológicos: "o que havia começado 1700 anos antes do seu nascimento, que sofreu uma reviravolta durante sua vida, e encontrou seu fim provisório cem anos após sua morte". É somente à beira da morte que ela se dá conta de que sua história começa antes de sua vida:

> é com uma exaltação sublime que penso nestas origens que são as minhas e em todos estes encadeamentos do destino pelos quais as lembranças mais antigas do gênero humano são religadas ao estado mais recente das coisas, superando assim as maiores distâncias do tempo e do espaço. (*RV*, p. 19)

Durante anos, ela tinha se esforçado para viver sem passado, aprisionada assim em uma rede de pequenos detalhes e na incapacidade de se orientar: a falta de história a impedia de discernir as conexões entre as coisas e apreender o conjunto. A dificuldade em conhecer ou reconhecer sua própria história não provém de uma situação pessoal. Bem ao contrário, está aí uma das faltas, provavelmente *a* falta, de toda a experiência judaica: "os judeus podiam crescer na Berlim de então como as crianças de tribos primitivas" (*RV*, p. 31). Entretanto, o desejo de banir fatos historicamente incontestes é uma ilusão perigosa:

> é provavelmente bem difícil conhecer sua própria história quando se nasce em Berlim em 1771, e esta história começa 1700 anos antes, em Jerusalém. Mas se a ignoramos, e se não somos oportunistas, dispostos o tempo todo a se prostrar diante dos fatos, a falsificar o que nos desagrada e esquecer os benefícios, a história se vinga e se torna, em toda sua grandeza sombria, um destino pessoal, e não é um prazer para o portador deste destino. (*RV*, p. 20)

Os limites de Rahel Varnhagen (notadamente sua tendência a mentir para si mesma) são aqueles de uma geração inteira de judeus, que, cultivando uma imagem racionalista de um lento progresso, se mostrou inapta a toda forma de combate. Mas são também os limites de toda a tradição judaica, que por muito tempo evitou toda reflexão histórica, agravando por essa fuga milenar seu estado de dependência.

Arendt volta a essa questão em um breve ensaio de 1946, "The Moral of History":

> atrás de nós há um século de oportunismo político. Por uma combinação de circunstâncias insólitas, nosso povo viveu o dia a dia [...] O alto conceito de progresso foi privado de seu sentido histórico e degradou-se em uma simples ação natural, para o qual o filho é sempre melhor e mais sábio que seu pai e o neto mais livre de preconceitos que seu avô [...] À luz dessa evolução, o esquecimento tornou-se uma obrigação sagrada, a falta de experiência um privilégio e a ignorância uma garantia de sucesso. (ARENDT, 2007, p. 314-315)

Mesmo os judeus sensíveis ao passado tentaram, por uma reversão de perspectiva temporal, esquivar-se à história: eles se refugiaram nos períodos históricos mais recuados, sem estar prontos a assumir a responsabilidade do passado recente. Mas a história tem uma moral.

> Posto que as condições em que vivemos foram criadas pelo homem, os mortos [...] recusam a desaparecer na escuridão na direção da qual tentamos afunda-los. Mais nos esforçamos de esquecê-los, mais sua influência nos domina [...] Porque nós

somos os filhos de nossos pais e netos de nossos avós, é possível que seus erros nos persigam até a terceira ou a quarta geração. (ARENDT, 2007, p. 314-315)

Arendt e Kracauer partilham ambos a ideia de que a história representa uma condição incontornável para viver. Entretanto, as implicações que eles tiram dessa convicção não caminham sempre no mesmo sentido, como testemunha uma análise aprofundada das duas biografias.

A partir da experiência de Rahel Varnhagen, Arendt sublinha a trágica irreversibilidade do pertencimento de origem: toda tentativa de renascer e de se livrar de sua condição de nascimento está destinada ao fracasso. A mensagem é dupla: o traço do passado age ainda, mas não podemos emendar o que já aconteceu.[12] Fixada na judeidade, a vida de Rahel Varnhagen aparece desprovida de possibilidades. É, aliás, talvez esse sentimento agudo do irreparável que tinge por vezes a narração de uma tonalidade de prisão, como o sublinha a escritora inglesa Sybille Bedford: "tem-se a sensação de viver em uma estufa sem janelas" (YOUNG--BRUEHL, 1999).[13] Com efeito, ao insistir sobre o que há de irreversível, Arendt nos diz que, para nascer como sujeito, o indivíduo deve aceitar os fatos de nascimento, reconhecê-los como dados brutos de sua própria biografia. Não se trata de amar suas origens, mas de assumi-las. De onde suas reflexões esparsas e algumas vezes contraditórias sobre os limites da "autonomia do pensamento" (*Selbstdenken*): se o pensamento se dobra sobre si mesmo, se ele se isola do mundo, encontrando na interioridade seu único objeto, ele adquire uma aparência de poder ilimitado. Todo pensamento fundado sobre a negação do real, e, portanto, da história, leva à enganação de si: "abre um espaço para o que não é senão objeto de pensamento [...] da mesma forma que o amor romântico libera o amante da realidade de sua amada [...] a autonomia do pensamento, assim concebida, fornece um solo fértil à ignorância culta" (*RV*, p. 26). Ao

---

[12] Olivier Abel, em *L'irreparable en histoire* (1998), sublinha a dupla dimensão temporal do irreparável: alguma coisa de passado, de acabado, como abandonado à poeira, e alguma coisa de sempre presente, ainda não acabada.

[13] Em sua carta de 23 de agosto de 1952 (1995, p. 279), Karl Jaspers comenta: "a grande figura que é essa mulher apavorada e frágil, sem casa nem pátria, sozinha e sem apoio, além do amor [...] – essa figura, você lhe dá a palavra, embora não seja a partir de um centro, o do próprio ser humano que não é essencialmente judeu, mas passa por este mundo enquanto judeu e, por isso mesmo, vive o pior [...] Seu trabalho dispersa Rahel em uma vivência fragmentada, por um lado, e, por outro, alinha tudo à força sob a rubrica da judeidade".

rechaçar o que é *irreversível* e *irrevogável*, o pensamento destrói a verdade, pois a verdade sem realidade perde todo sentido: "a reflexão e seu *hybris* engendram a mentira" (*RV,* p. 28).[14]

Em contrapartida, a vida de Offenbach sugere a Kracauer a possibilidade de não "pertencer". Nesse caso, também, não se trata de uma experiência excepcional. Longe de representar uma prerrogativa exclusiva de Offenbach, a extraterritorialidade é uma possibilidade fundamental da condição humana. Trinta anos mais tarde, após uma longa experiência como *Hotelmensch*, Kracauer desenvolverá essa ideia em *History. The Last Things Before the Last*.[15] Para ele, como para Dilthey, o mundo histórico não é compreensível em termos de pertencimento, ainda menos em termos de propriedade ou de assimilação, pois o meio não é um conjunto coerente e autossuficiente, mas uma mistura frágil de esforços mutáveis e contrastantes: "na medida em que um indivíduo 'pertence', uma grande parte daquilo que ele é permanece fora do quadro" (KRACAUER, 2006, p. 77). Kracauer invalida igualmente a noção de pertencimento temporal. Longe de ser um *médium* homogêneo, caracterizado por uma direção irreversível, o tempo do calendário lhe parece um receptáculo vazio, indiferente, que leva com ele uma massa de eventos desconectados. Em outros termos, cada época não é senão um conglomerado precário de tendências, de ambições e de atividades independentes umas das outras, um cortejo de eventos incoerentes e disparatados. Alguns ignoram a existência dos outros, outros se opõem a ela, outros ainda parecem ser relativamente pouco influenciados pelo *Zeitgeist*: por exemplo, os interiores das casas tão sobrecarregados da segunda metade do século XIX não estão em acordo com os pensamentos predominantes da época. Por essa razão, se o período é uma unidade, trata-se de uma unidade articulada, fluida e fundamentalmente indefinível: "de uma unidade espaço-temporal significante, ei-la transformada numa espécie de ponto

---

[14] Em *Vérité et politique* (1961) e em *La crise de la culture* (1972), Arendt lembra a célebre cena dos *Irmãos Karamazov*, em que o *starets* recomenda ao pai, mentiroso inveterado, "nunca minta para si mesmo", para distinguir em seguida entre dois tipos de mentiras: de um lado, a mentira tradicional, em que o sujeito da mentira engana os outros sem enganar-se a si mesmo; e, de outro lado, a enganação de si mesmo, em que o sujeito que mente é a primeira vítima de suas próprias falsificações. Embora o preconceito moral corrente tenda a ser mais severo no que diz respeito à mentira tradicional, Arendt sublinha a gravidade da enganação de si mesmo, em que o mentiroso está disposto a crer em suas próprias palavras.

[15] Ver a *New German Critique* n. 54, número especial sobre Siegfried Kracauer, e Despoix e Schlötter (2006).

de encontros casuais – um pouco como a sala de espera de uma estação" (p. 217). Ela abunda de anacronismos, de extraterritorialidade cronológica, de transbordamentos temporais. E é justamente graças a estes que o indivíduo pode escapar à tirania da situação: "toda muralha possui passagens por onde podemos nos evadir, e um quinhão de improvável para o qual podemos deslizar (p. 61). O passado, com tudo o que foi e se interrompeu, desperta energias mentais novas, que inclinam a resistir à realidade bruta do presente: "o conhecimento do que aconteceu não nos ensina sobre aquilo que nos espera, mas ele permite ao menos considerar o teatro do mundo com certa distância. A história tem isto em comum com a fotografia que permite, entre outras coisas, um efeito de *estranhamento*" (p. 57). A figura de Offenbach, assim como a de Ahasverus, parece evocar a descrição do historiador. Kracauer o pinta como um estrangeiro, uma alma errante, um exilado: no passado, mas também no presente. Seu espírito não está em nenhum lugar, ele não é de nenhuma parte do país, ele torna-se fluido e dinâmico, porque ele "cessou de 'pertencer'. Onde ele vive então? No quase-vazio da extraterritorialidade" (p. 145).

Referências

ABEL, Olivier. L'irréparable en histoire. In: VERLHAC, Martine (Dir.). Histoire Et Memoire. Grenoble: CNDP, 1998. p. 178-192.

ARENDT, Hannah. The Moral of History (1946). In: ARENDT, Hannah; KOHN, Jerome; FELDMAN, Jon H. (Ed.). *The Jewish Writings*. New York: Schocken Books, 2007. p. 314-315.

ARENDT, Hannah; JASPERS, Karl. *Correspondence 1926-1969*. Tradução de Eliane Kaufholz-Messmer. Paris: Payot e Rivages, 1995.

ARENDT, Hannah. *Rahel Varnhagen: la vie d'une juive allemande à l'époque du Romantisme*. Tradução de Henri Plard. Paris: Pocket, 1994.

ARENDT, Hannah. Vérité et politique (1961). In: ARENDT, Hannah. *La crise de la culture*. Paris: Gallimard, 1972.

BARNOUW, Dagmar. *Visible Spaces*: Hannah Arendt and the German-Jewish Experience. Baltimore: John Hopkins University Press, 1990.

BENHABIB, Seyla. Hannah Arendt and the Redemptive Power of Narrative. *Social Research*: An International Quarterly, New York, v. 57, n. 1, p. 167-196, Spring 1990.

BERGHAHN, Klaus L. (Ed.). *The German-Jewish Dialogue Reconsidered*: A *Symposium in Honor of George L. Mosse*. New York: Peter Lang, 1996.

BERLIN, Isaiah. Jewish Slavery and Emancipation (1952). In: BERLIN, Isaiah. *The Power of Ideas.* London: Pimlico, 2001. p. 163-185.

BERLIN, Isaiah. Les juifs: de la servitude à l'émancipation. In: BERLIN, Isaiah. *Trois essais sur la condition juive.* Paris: Calmann-Lévy, 1973. p. 115-149.

BOURETZ, Pierre. Hannah Arendt et le sionisme: Cassandre aux pieds d'argile. *Raisons politiques,* Paris, v. 16, n. 4, p. 125-138, 2004.

DESPOIX, Philippe; SCHLÖTTER, Peter (Ed.). *Siegfried Kracauer: penseur de l'histoire.* Paris: Editions de la MSH; Québec: Presses de l'Université de Laval, 2006.

ELON, Amos. *The Pity of It All: a Portrait of the German-Jewish Epoch, 1743-1933.* New York: Metropolitan, 2002.

GAY, Peter. *Freud, Jews and Other Germans: Masters and Victims in Modernist Culture.* New York: Oxford University Press, 1978.

KRACAUER, Siegfried. *L'histoire des avant-dernières choses.* Tradução de Claude Orsoni. Paris: Stock, 2006.

KRACAUER, Siegfried. *Jacques Offenbach ou le secret du Second Empire.* Tradução de Lucienne Astruc. Paris: Grasset, 1976.

LEBOVICI, Martine. Arendt's Rahel Varnhagen: A New Kind of Narration in the Context of the Dead Ends of German-Jews Assimilation and Existential Philosophy. In: Heinrich-Böll-Stiftung (Ed.). *Hannah Arendt:* Verborgene Tradition – *Unzeitgemäße Aktualität?* Berlin: Akademie, 2007. p. 181-194.

MOSSE, George. *Confronting the Nation. Jewish and Western Nationalism.* Hanover; London: Brandeis University Press, 1993.

NEW GERMAN CRITIQUE. Ithaca: Department of German Studies – Cornell University, n. 54, 1991. Special Issue on Siegfried Kracauer.

ORTEGA Y GASSET, José. Pidiendo un Goethe desde dentro. Carta a un Alemán (1932). In: ORTEGA Y GASSET, José. *Tríptico: Mirabeau; o El político, Kant, Goethe desde dentro.* Buenos Aires: Espasa-Calpe, 1940. p. 128-129.

WEISSBERG, Liliane. Introduction: Hannah Arendt, Rahel Varnhagen, and the Writing of (Auto)biography. In: ARENDT, Hannah; WEISSBERG, Liliane. *Rahel Varnhagen: The Life of Jewess.* New York: Johns Hopkins University Press, 1997. p. 1-61.

YOUNG-BRUEHL, Elisabeth. *Hannah Arendt:* For the Love of the World. New Haven; London: Yale University Press, 1982.

Escrever biografias no Brasil hoje: entre inovações e modelos tradicionais

Benito Bisso Schmidt

Este texto tem caráter panorâmico e visa apresentar a trajetória das relações – ora harmônicas, ora conflituosas – entre historiografia e escrita biográfica no Brasil, desde o momento em que a primeira principiou seu processo de institucionalização, adquirindo contornos, ainda que inicialmente imprecisos, de um conhecimento especializado, o que se deu na primeira metade do século XIX no âmbito do Instituto Histórico e Geográfico Brasileiro (IHGB), até a atualidade, quando se verifica, como em outros países, um verdadeiro boom do gênero biográfico, praticado por profissionais de diversas áreas, inclusive por historiadores universitários. Busco, assim, refletir sobre algumas das características das biografias produzidas hoje no país em relação a essa tradição nacional a fim de perceber inovações e continuidades.

Obviamente, análises panorâmicas como a que proponho implicam diversas omissões. Nesse caso, por exemplo, só me voltarei aos trabalhos biográficos produzidos por estudiosos que, de alguma maneira, se propuseram a realizar uma análise histórica do passado, a partir dos cânones, sempre móveis e imprecisos, dessa disciplina. Com isso, deixo de lado biografias "históricas" – pois referentes a personagens reais do passado – escritas por jornalistas e literatos (muito embora diversos historiadores também tenham sido jornalistas e/ou literatos, em especial antes da institucionalização universitária desse conhecimento), não por menosprezá-las, mas por compreender que elas são escritas a partir de outras perspectivas e com objetivos diversos. Porém, mesmo entre as biografias produzidas por historiadores, os leitores, com certeza, verificarão várias lacunas. Essas não derivam de escolhas e hierarquizações (do tipo: "aqui estão as melhores"), mas do meu desconhecimento. De qualquer forma, creio que tal problema não inviabiliza meu objetivo maior de detectar tendências, continuidades e transformações na escrita biográfica no âmbito dos estudos históricos brasileiros.

O IHGB: biografias e biografia da nação

O gênero biográfico encontrou um lugar muito preciso no projeto de escrita da história do Brasil levado a cabo pelo IHGB, fundado em 1838, sob o patronato do Imperador D. Pedro II, como parte de sua política de centralização do Estado com base, entre outros pontos, na constituição de uma comunidade imaginária nacional, o que pressupunha a configuração narrativa de um passado para o país há pouco independente. O instituto foi o lugar onde primeiramente se verificou um esforço sistemático e contínuo de elaboração dessa "retórica da nacionalidade" (CEZAR, 2002), bem como de debate e reflexão a respeito da maneira como se deveria pesquisar e escrever a história brasileira.

Para o caso da Europa, sabe-se que a disciplina histórica na primeira metade do século XIX, ao contrário do que afirmavam as simplificadoras críticas de Lucien Febvre (1985) à "história historicizante", conferiu um espaço bastante limitado aos indivíduos e às suas biografias, preferindo investir em fatores explicativos mais gerais como a raça, o meio geográfico, a luta de classes, o progresso da razão, o "povo", entre outros. No Brasil não foi diferente. A monografia *Como se deve escrever a história do Brasil*, do pesquisador alemão Carl Friedrich Phillip Von Martius, que, em 1840, venceu um concurso do IHGB, não continha uma só palavra a respeito dos grandes homens ou dos heróis. Da mesma forma, nem Francisco Adolfo de Varnhagen nem Capistrano de Abreu, consagrados como "pais fundadores" da historiografia brasileira, têm biografias históricas entre suas obras. Apesar disso, o primeiro escreveu numerosas notícias biográficas para a *Revista do IHGB*. Porém, como assinala Armelle Enders, para ele, assim como para a maioria dos historiadores brasileiros da época que se entregaram a tal exercício, tratavam-se simplesmente de "esboços", de "apontamentos", que deveriam servir para "colorir afrescos mais vastos", para ornar a sua *História geral do Brasil* (ENDERS, 2000, p. 25). Percebe-se aqui um primeiro uso da biografia entre os historiadores do período: o de servir como matéria-prima, como subsídio para projetos historiográficos mais amplos, nos quais a história era pensada a partir de lógicas não calcadas na ação individual, em especial a do processo inexorável e teleológico, condicionado por leis gerais, de construção da

Nação. No caso de Varnhagen, a escrita biográfica também podia ser um espaço para discussões eruditas, referentes, por exemplo, à autenticidade e proveniência das fontes e à confirmação da fidedignidade dos fatos, típicas de um conhecimento que aspirava à cientificidade. Assim, por exemplo, em duas de suas notas biográficas, o autor dedicou-se à investigação filológica e etnográfica acerca da naturalidade de Antonio Filippe Camarão (o indígena Poty), e, em outras, debateu a autoria de títulos relacionados ao Brasil e a nacionalidade dos que legaram esses escritos (SANTOS, 2008, p. 342-343). Buscou ainda, em diversos de seus artigos de cunho biográfico, indicar, por meio de notas de rodapé, as fontes documentais que subsidiavam a sua narrativa, denotando uma preocupação em provar a veracidade das informações prestadas.

Apesar de a biografia não dar o tom da história do Brasil que então se constituía, no ano seguinte à fundação do IHGB, seu primeiro-secretário, Januário da Cunha Barbosa, propôs um projeto de escrita histórica que incluía "arrancar ao esquecimento, em que jazem sepultados, os nomes e feitos de tantos illustres Brasileiros, que honraram a pátria por suas lettras e por seus diversos e brilhantes serviços" (BARBOSA apud CEZAR, 2003, p. 74). Tal clamor concretizou-se já no segundo número da Revista do IHGB, publicado em 1839, que passou a conter a rubrica intitulada "Brasileiros ilustres pelas ciências, letras, armas e virtudes, etc...", a qual foi desaparecendo paulatinamente nas décadas finais do século XIX. O objetivo da seção era constituir um panteão nacional, no qual figurassem os nomes capazes de servir de modelos aos homens do presente. A inspiração para a empreitada vinha de Plutarco, como explicitou o secretário Barbosa: "o livro de Plutarco he uma excelente escola do homem, porque offerece em todos os gêneros os mais nobres exemplos de magnanimidade" (p. 74). Assim, não é à toa que uma das principais obras biográficas do período tenha se chamado O Plutarco brasileiro, de João Manuel Pereira da Silva, lançada em 1847.

Portanto, a escrita biográfica produzida no Brasil no século XIX vinculava-se ao regime de historicidade da historia magistra vitae, cujo objetivo era estimular nos leitores a imitação das ações dos "grandes homens" do passado. Aliás, conforme assinala Cezar, tal forma de se pensar e de se escrever o tempo orientou os demais planos historiográficos do IHGB e de parte considerável da elite intelectual brasileira da época (p. 74).[1]

Várias foram as discussões sobre quem deveria compor esse "panteão de papel" (ENDERS, 2000) em elaboração. Por exemplo: os homens

---

[1] Sobre regimes de historicidade, ver Hartog (2003).

nascidos em Portugal poderiam integrá-lo? E os envolvidos no episódio da Inconfidência Mineira que haviam lutado contra os ascendentes de D. Pedro II? De forma geral, o panteão formulado por tais letrados foi bastante ecumênico, privilegiando a figura do "brasileiro ilustre", próxima da do "grande homem" formulada pelas academias iluministas europeias, louvado por personificar a excelência do homem comum, letrado, benfeitor da humanidade e, sobretudo, um exemplar servidor do Estado.[2] No âmbito da historiografia que se configurava no Brasil do século XIX, essa era enfim a grande função das biografias: trazer ao presente, de forma concreta, exemplos de conduta do passado de forma a inspirar os atos dos contemporâneos. As vidas desses homens, porém, não guardavam interesse em si, mas somente na medida em que seus nomes se inscrevessem na "longa duração da gênese nacional", o que fica claro na proposta de Januário Barbosa de se erigir uma "bem ordenada galeria", na qual a "longa série de varões distintos" seria apresentada conforme "os tempos e os lugares" de suas existências[3]. Ou seja, o grande personagem dessa História que se constituía era a Nação, cabendo a seus homens ilustres apenas o papel de encarnações momentâneas de um processo bem mais amplo.

Final do XIX/primeiras décadas do XX: abandonos e retomadas da escrita biográfica

Nas últimas décadas do século XIX e primeiras do XX, é possível detectar certas continuidades, mas também significativas mudanças, em relação a essa compreensão do papel da biografia na construção da história nacional. No estudo de Lucia Maria Paschoal Guimarães sobre o IHGB no período entre 1889 e 1938, verifica-se a pouca atenção dos membros da instituição às vidas dos "brasileiros ilustres", pelo menos em suas obras mais significativas. Porém, alguns eventos podiam suscitar a elaboração de textos biográficos, na forma de panegíricos e (tardios) elogios fúnebres, como a autorização do presidente da República, Epitácio Pessoa, em 1920, para que fossem transladados ao Brasil os despojos de D. Pedro II e de sua esposa, Dona Teresa Cristina; autorização, aliás, que resultou de uma campanha promovida por diretores do instituto. Como salienta a autora, a República se apropriou da representação do ex-imperador como "símbolo de funcionário-padrão, de probidade na gestão da coisa

[2]   ENDERS, 2000, p. 43; OLIVEIRA, 2009
[3]   OLIVEIRA, 2009, p. 17.

pública e de defensor intransigente da nacionalidade" (GUIMARÃES, 2007, p. 174). Também nos Congressos de História Nacional promovidos pelo IHGB os estudos biográficos parecem ter se limitado a um espaço bastante restrito. No Terceiro Congresso de 1938, por exemplo, das 79 comunicações publicadas nos anais do evento, a seção biobibliografias continha apenas dezessete textos, em geral enfocando personagens da história regional (p. 191).

Com o final da Primeira Guerra Mundial, diante da crise de valores éticos e políticos desencadeada pelo conflito, diversos pensadores europeus questionaram os pressupostos da racionalidade científica e o suposto universalismo dos princípios liberais. Como explica Márcia de Almeida Gonçalves:

> Ao condenar as abstrações racionais, em suas mais variadas formas de manifestação, alguns intelectuais questionaram os procedimentos cognitivos vigentes, desejando o estabelecimento de novas formas de conhecer. Ao ecoar e reelaborar discussões que remontavam ao fim do Oitocentos, discordando de certos determinismos ancorados na tríade clima/meio/raça, houve, por parte de alguns, a forte preocupação de compreender o poder de agenciamento dos sujeitos individuais, a partir de suas respectivas circunstâncias sociais, particularismos culturais e vivências históricas.
>
> A biografia e outros textos associados à qualidade de narrativas sobre vidas individuais transformaram-se em objeto privilegiado de reavaliações e críticas por parte de letrados interessados em fundar o novo naquelas importantes figurações do indivíduo e de sua individualidade. (GONÇALVES, 2009, p. 26)

Tal debate teve forte impacto junto à intelectualidade brasileira. Entre o final da década de 1920 e a de 50, com destaque para os anos 1930 e 1940, literatos e historiadores "[...] compreenderam a revisão da biografia como mais um aspecto necessário entre as estratégias de atualizar análises sobre a realidade nacional" (GONÇALVES, 2009, p. 26). Isso significava também repensar as fronteiras entre a História e a Literatura, já que, na discussão então travada sobre o gênero biográfico, indagava-se se a aproximação entre tais campos não seria um caminho de renovação da própria história nacional. Entre os autores envolvidos na referida discussão destaca-se Octávio Tarquínio de Sousa, autor de várias obras biográficas, dentre as quais *Bernardo Pereira de Vasconcelos e seu tempo* (1937), *Evaristo da Veiga* (1939), *Diogo Antônio Feijó* (1942), *José*

Bonifácio (1945), *A vida de D. Pedro I* (1952) e *História dos fundadores do Império do Brasil* (1958). Para esse historiador, as biografias permitiriam humanizar a história nacional, ao possibilitarem o conhecimento das qualidades e defeitos dos homens do passado, de forma a permitir

> que o ato de conhecer o outro, em especial os grandes de nossa terra, fosse um caminho de aprendizado sobre o passado brasileiro e, mais, uma reificação poética de que a constituição de certas identidades, em particular a identidade nacional, consubstanciava-se na história. (GONÇALVES, 2009, p. 331)

Ressoa nessa proposta a perspectiva da "história mestra da vida", mas em moldes renovados: mais do que erigir modelos idealizados de conduta, o historiador biógrafo deveria, segundo tal perspectiva, buscar compreender os personagens por ele enfocados como vias de acesso a outras épocas, como instrumentos para pensar a tensão entre indivíduo e sociedade, enfim, para se construir uma história mais viva e plural — questões, aliás, que retomam toda a força na atualidade, como veremos a seguir.

Tal aposta no gênero biográfico, obviamente, não foi comum a todos os historiadores do período. Basta lembrar que as três obras consagradas como matrizes do moderno pensamento social brasileiro, inclusive da historiografia — *Casa grande & senzala*, de Gilberto Freire (1933); *Raízes do Brasil*, de Sérgio Buarque de Holanda (1936); e *Formação do Brasil contemporâneo*, de Caio Prado Júnior (1942) — investiram em lógicas explicativas muito distantes daquela que privilegia os indivíduos e suas ações. Aliás, a "panteonização" dessas obras e autores pela crítica (e pelos historiadores) acabou por obscurecer outras tradições historiográficas que conferem à biografia um lugar de destaque na compreensão do passado, como a encarnada em Octávio Tarquínio (na qual se faz presente a influência de autores como Wilhelm Dilthey).

Com o progressivo estabelecimento da universidade como lugar privilegiado da produção historiográfica nos anos 1960 e 1970, assistiu-se ao crepúsculo da biografia como forma legítima de se pensar e escrever a História. Sob a dupla influência da segunda geração dos Annales e do marxismo, as interpretações mais inovadoras da história brasileira no período voltaram-se aos movimentos de média e longa durações, para as estruturas sociais e econômicas, para os métodos seriais e quantitativos, e para os atores coletivos, em especial as classes. Claro está que, junto aos alunos e professores dos demais níveis de ensino, e ao grande público, livros didáticos e outras obras de divulgação consagradas às vidas dos "grandes vultos" continuaram a ter considerável circulação, inclusive por estímulo do regime militar que também buscava, através do exemplo de brasileiros ilustres, difundir uma pedagogia cívica e patriótica. Mas, na academia, os indivíduos perderam espaço na explicação das tramas históricas.

A biografia como fator de renovação da historiografia brasileira contemporânea

Acompanhando a tendência internacional de renovação historiográfica cujas motivações e desdobramentos não precisamos examinar aqui, mas que, de forma geral, se relacionam à chamada crise dos grandes paradigmas explicativos e à reabilitação dos sujeitos na história,[4] e podendo inspirar-se de forma criativa em correntes e obras com procedências nacionais variadas, como a nova história francesa, o novo marxismo britânico e a micro-história italiana, desde meados da década de 1980 diversos historiadores brasileiros voltaram a apostar na biografia como forma de lidar com problemas de pesquisa bastante diversos. Não se trata, cabe dizer, de um movimento homogêneo, muito menos de uma "escola", mas de pesquisas produzidas em espaços institucionais diversificados que parecem expressar uma preocupação mais ampla: a de repensar interpretações consagradas sobre a história brasileira a partir dos percursos de determinados indivíduos em contextos específicos.

Nesse "retorno" do biográfico ao campo dos estudos históricos acadêmicos em, sublinhe-se, moldes bastante renovados, verifica-se uma forte influência da micro-história italiana, sobretudo do livro *O queijo e os vermes*, de Carlo Ginzburg, lançado em 1976, mas traduzido para o português somente em 1987, e da proposta mais ampla dessa tendência historiográfica de recuperar as margens de liberdade dos indivíduos em diferentes contextos históricos. Afinal, conforme afirma Giovanni Levi, expoente da micro-história, "nenhum sistema normativo é suficientemente estruturado para eliminar qualquer possibilidade de escolha consciente, de manipulação ou de interpretação das regras, de negociação". Assim, a seu ver, a biografia revela-se como "o campo ideal para verificar o caráter intersticial – e todavia importante – da liberdade de que dispõem os agentes e para observar como funcionam concretamente

---

[4] Para um balanço da retomada do gênero biográfico pelos estudos históricos, consultar, entre outros, Dosse (2009), Levi (1996) e Schmidt (2011).

os sistemas normativos, que jamais estão isentos de contradições" (Levi, 1996, p. 179-180).

Não se pode esquecer ainda que o impulso de valorização da biografia como forma de se (re)escrever a história brasileira partiu especialmente dos jornalistas, os quais produziram obras com essa perspectiva que alcançaram grande sucesso midiático e de vendas.[5] Isso, talvez, possa ser creditado às chamadas "falhas do regime de historicidade presentista", examinadas por François Hartog, e à consequente valorização nostálgica de memórias e personagens de outros tempos.

Devido à já mencionada falta de unidade dos trabalhos biográficos elaborados pelos historiadores brasileiros nas últimas décadas, torna-se difícil fazer um balanço de conjunto dessa produção. Porém, é possível apontar alguns temas e problemáticas preponderantes, apesar do risco, anunciado no início, de muitas omissões.

As já referidas inspirações da micro-história italiana e da "história vista de baixo" britânica motivaram diversos historiadores brasileiros a biografarem indivíduos pertencentes às classes populares e a outros grupos excluídos socialmente. Assim, por exemplo, Regina Horta Duarte (1991), pioneiramente; Carlo Romani (2002); Edilene Toledo (2004) e Benito Schmidt (2004; 2000), entre outros, examinaram trajetórias de militantes brasileiros ou estrangeiros que atuaram no Brasil, ligados às principais correntes que animavam o movimento operário nas últimas décadas do século XIX e primeiras do XX, como o socialismo, o sindicalismo e o anarquismo. Dessa forma, puderam discutir, desde uma perspectiva inovadora, problemas clássicos desse campo de estudos, como a relação entre ideologia e prática social, e o peso da influência internacional na configuração do movimento operário brasileiro. Descobriram, por exemplo, que nem sempre tal "influência" se dava "de fora para dentro", mas que, ao contrário, as experiências brasileiras também eram fundamentais na formação ideológica desses agitadores sociais (caso de Romani e Toledo). De forma geral, mostraram que a militância não pode ser compreendida apenas por referência às ideologias formalizadas e aos "níveis" de desenvolvimento socioeconômico, pois resulta de múltiplas experiências públicas e privadas, de inúmeras relações sociais e de incontáveis influxos culturais. Nesse sentido, Duarte comenta:

---

[5] Ver, por exemplo, Caldeira (1995) e Morais (1994). Para um balanço e uma crítica dessa produção jornalística, consultar Schmidt (1997).

Afastando-me de preocupações tais como explicar as atividades de Avelino Fóscolo [o militante por ela biografado] a partir de uma teoria geral acerca do anarquismo, busquei reconstituir as veredas por ele percorridas em sua trajetória libertária. A partir daí, creio que o trabalho deixou de ser uma discussão sobre a vida de um militante isolado e esquecido, para focalizar alguns aspectos da história de Minas Gerais, nas últimas décadas do século XIX e nas duas primeiras do século XX. (DUARTE, 1991, p. 18)

Em outro campo temático, historiadores da escravidão e do período pós-abolição vêm se dedicando a rastrear percursos de escravos e libertos, evidenciando a diversidade de suas experiências, obscurecidas por interpretações gerais como a que postula uma dicotomia absoluta e anacrônica entre escravidão e liberdade ou a que advoga que, após a abolição, os libertos foram completamente excluídos socialmente. Dessas pesquisas resulta um panorama muito mais heterogêneo que expressa as margens de ação e de escolha possíveis aos subalternos, mesmo diante de sistemas normativos extremamente violentos e opressivos. Nessa linha, entre vários exemplos, destacam-se os estudos de Eduardo Silva (1997), Elciene Azevedo (1999), João José Reis (2008) e Regina Célia Lima Xavier (2008). No último, a autora ressaltou que "qualquer definição de escravidão e/ou liberdade só seria inteligível se considerasse a experiência histórica das partes envolvidas naquele processo". Por isso,

um estudo sobre a vida de Tito de Camargo Andrade [o personagem central de seu livro] justificou-se, cada vez mais, no decorrer da pesquisa, pelas possibilidades que abriu de conhecer, de forma mais aprofundada, a experiência dos africanos e seus descendentes no século XIX. (XAVIER, 2008, p. 19-20)

Também biografias de mulheres evidenciam as múltiplas barreiras de gênero que obstaculizaram a sua atuação, mas também as formas criativas por elas utilizadas para burlar tais impedimentos. Exemplares nesse sentido são o estudo pioneiro de Rachel Soihet sobre a sufragista Bertha Lutz e, mais recentemente, o trabalho de Maria Elena Bernardes a respeito da militante comunista Laura Brandão, dentre muitos outros que poderiam ser citados (SOIHET, 1974; BERNARDES, 2007). Esta última autora sintetizou com precisão o tipo de preocupação que preside tais estudos:

a inquietação que me levou a escrever sobre Laura não foi somente por aquilo que ela tinha de excepcional na sua experiência de comunista. Busquei também a possibilidade de entender um pouco, através de sua trajetória pessoal, a história do tempo em que viveu, penetrar no dia a dia, buscar o que significou ser mulher, literata e militante, e perceber quais os mecanismos que a levaram a romper com os padrões que normatizavam o comportamento das mulheres no período. (BERNARDES, 2007, p. 25)

Os "grandes personagens" não foram, porém, esquecidos pelos historiadores-biógrafos contemporâneos, mas mereceram outro tratamento, sobretudo no sentido de evidenciar que eles não estavam predestinados a exercer papéis de destaque na vida pública brasileira, pois seus percursos rumo à "grandeza" não resultaram somente de qualidades inatas, e sim foram traçados historicamente em meio a configurações sociais diversas, nas quais tais qualidades puderam se manifestar. Além disso, essas investigações seguidamente dedicaram-se a perscrutar os agentes e processos que forjaram as memórias relativas a esses personagens, examinando os mecanismos de sua "panteonização" na história brasileira. Dois exemplos de estudos com essa perspectiva são os trabalhos de Magda Ricci sobre Diogo Antônio Feijó e de Adriana Barreto de Souza sobre Duque de Caxias (RICCI, 2001; SOUZA, 2008).

Nesse âmbito, cabe ainda salientar que historiadores consagrados em seus campos de atuação têm escrito biografias de "grandes personagens" para coleções dirigidas aos não especialistas,[6] o que, por um lado, contribui para despertar o gosto dos leitores comuns pela História, e, de outro, reatualiza o caráter pedagógico da escrita biográfica.

Desde outra perspectiva teórica, aquela oriunda do pensamento de Michel Foucault, alguns historiadores procuraram examinar as práticas discursivas e não discursivas, bem como as formas de subjetivação, que configuraram determinados sujeitos históricos. Por esse caminho, não tomaram os personagens enfocados e suas ações como pontos de partida da pesquisa, mas como resultados de inúmeros agenciamentos, relações de poder e de saber, exclusões, silenciamentos e práticas de si. Nessa linha, entre outros, destacam-se os trabalhos de Andréa Delgado sobre a poetisa Cora Coralina e de Viviane Borges sobre o "artista louco" Arthur Bispo do Rosário (BORGES, 2010; DELGADO, 2003).

Por fim, é importante citar ainda os estudos de história da historiografia que vêm sendo realizados sobre o papel da escrita biográfica na constituição e na transformação do saber histórico no Brasil, voltados,

---

[6] Como exemplificam os livros das coleções Perfis Brasileiros, da editora Companhia das Letras, e Os Que Fazem a História, da editora FGV.

sobretudo, ao século XIX e às primeiras décadas do XIX, dos quais o presente texto é bastante devedor.[7]

Todos esses exemplos mostram que os historiadores brasileiros, de maneira bastante criativa, têm sabido aproveitar as discussões travadas internacionalmente sobre a biografia para repensar personagens, temas e problemas caros à historiografia nacional, embora, muitas vezes, não assumam os seus trabalhos como biográficos, talvez devido aos preconceitos que ainda cercam esse gênero. Apesar disso, os resultados de seus estudos atestam, com veemência, as possibilidades daquelas pesquisas que se voltam ao individual como forma de perscrutar o social e de investigar o passado.

Referências

AZEVEDO, Elciene. *Orfeu de carapinha*: *a trajetória de Luiz Gama na imperial cidade de São Paulo*. Campinas: Editora da Unicamp, 1999.

BERNARDES, Maria Elena. *Laura Brandão*: *a invisibilidade feminina na política*. Campinas: Editora da Unicamp/CMU, 2007.

BOEIRA, Luciana Fernandes. *Entre História e Literatura*: *a formação do Panteão Rio-Grandense e os primórdios da escrita da história do Rio Grande do Sul no século XIX*. 2009. 196 f. Dissertação (Mestrado em História) – Instituto de Filosofia e Ciências Humanas, Universidade Federal do Rio Grande do Sul, Porto Alegre, 2009.

BORGES, Viviane Trindade. *Do esquecimento ao tombamento*: a invenção de Arthur Bispo do Rosário. 2010. 232 f. Tese (Doutorado em História) – Instituto de Filosofia e Ciências Humanas, Porto Alegre: UFRGS, 2010.

CALDEIRA, Jorge. *Mauá*: *empresário do Império*. São Paulo: Companhia das Letras, 1995.

BARBOSA, Januário da Cunha *apud* CEZAR, Temístocles. Livros de Plutarco: biografia e escrita da história no Brasil do século XIX. *Métis*: *História & Cultura*, Caxias do Sul, v. 2, n. 3, p. 73-94, jan. -jun. 2003.

CEZAR, Temístocles. Livros de Plutarco: biografia e escrita da história no Brasil do século XIX. *Métis*: História & Cultura, Caxias do Sul, v. 2, n. 3, p. 73-94, jan.-jun. 2003.

CEZAR, Temístocles. *L'écriture de l'histoire au Brésil au XIXe siècle. Essai sur une rhétorique de la nationalité: Le cas Varnhagen*. Tese (Doutorado em História) – L'École des Hautes Études en Sciences Sociales, Paris, 2002.

---

[7] Como os já citados Cezar (2003) e Oliveira (2009). Consultar também Boeira (2009) e Santos (2009).

DELGADO, Andréa Ferreira. *A invenção de Cora Coralina na batalha das memórias.* 2003. 498 f. Tese (Doutorado em História) – Instituto de Filosofia e Ciências Humanas, Universidade Estadual de Campinas, Campinas, 2003.

DOSSE, François. *O desafio biográfico: Escrever uma vida.* Tradução de Gilson César Cardoso de Souza. São Paulo: Edusp, 2009.

DUARTE, Regina Horta. *A imagem rebelde: a trajetória libertária de Avelino Fóscolo.* Campinas: Pontes/Editora da Unicamp, 1991.

ENDERS, Armelle. "O Plutarco brasileiro". A produção dos vultos nacionais no segundo reinado. Tradução de Dora Rocha. *Estudos Históricos,* Rio de Janeiro, v. 14, n. 25, p. 41-62, 2000.

FEBVRE, Lucien. *Combates pela história.* Lisboa: Presença, 1985.

GINZBURG, Carlo. *O queijo e os vermes: o cotidiano e as idéias de um moleiro perseguido pela Inquisição.* São Paulo: Companhia das Letras, 1987.

GONÇALVES, Márcia de Almeida. *Em terreno movediço: biografia e história na obra de Octávio Tarquínio de Sousa.* Rio de Janeiro: EdUERJ, 2009.

GUIMARÃES, Lucia Maria Paschoal. *Da Escola Palatina ao Silogeu: Instituto Histórico e Geográfico Brasileiro (1889-1938).* Rio de Janeiro: Museu da República, 2007.

HARTOG, François. *Régimes d'historicité:* Présentisme et expériences du temps. Paris: Seuil, 2003.

LEVI, Giovanni. Usos da biografia. In: FERREIRA, Marieta de Moraes; AMADO, Janaína (Org.). *Usos e abusos da história oral.* Rio de Janeiro: FGV, 1996. p. 167-182.

MORAIS, Fernando. *Chatô: o rei do Brasil, a vida de Assis Chateaubriand.* São Paulo: Companhia das Letras, 1994.

OLIVEIRA, Maria da Glória de. *Escrever vidas, narrar a História: A biografia como problema historiográfico no Brasil oitocentista.* 2009. 254 f. Tese (Doutorado em História) – Centro de Filosofia e Ciências Humanas, Universidade Federal do Rio de Janeiro, Rio de Janeiro, 2009.

REIS, João José. *Domingos Sodré, um sacerdote africano: escravidão, liberdade e candomblé na Bahia do século XIX.* São Paulo: Companhia das Letras, 2008.

RICCI, Magda. *Assombrações de um padre regente: Diogo Antônio Feijó (1784-1843).* Campinas: Editora da Unicamp, 2001.

ROMANI, Carlo. *Oreste Ristori. Uma aventura anarquista.* 1. ed. São Paulo: Annablume, 2002.

SANTOS, Evandro dos. Francisco Adolfo de Varnhagen entre debates, métodos, cópias e obras: como produzir biografias no século XIX. In: MOSTRA DE PESQUISA DO APERS, 6., Porto Alegre, 2008. *Anais: Produzindo história a partir de fontes primárias.* SCHMIDT, Benito Bisso; PESSI, Bruno (Org.). Porto Alegre: CORAG, 2008. p. 341-356.

SANTOS, Evandro dos. *Temp(l)os da pesquisa, temp(l)os da escrita*: A biografia em Francisco Adolfo de Varnhagen (1840-1873). 2009. 137 f. Dissertação (Mestrado em História) – Instituto de Filosofia e Ciências Humanas, Universidade Federal do Rio Grande do Sul, Porto Alegre, 2009.

SCHMIDT, Benito Bisso. Construindo biografias... Historiadores e jornalistas: aproximações e afastamentos. *Estudos Históricos*, Rio de Janeiro, v. 10, n. 19, p. 3-21, 1997.

SCHMIDT, Benito Bisso. *Em busca da terra da promissão: a história de dois líderes socialistas.* Porto Alegre: Palmarinca, 2004.

SCHMIDT, Benito Bisso. *Um socialista no Rio Grande do Sul: Antônio Guedes Coutinho (1868-1945).* Porto Alegre: Editora UFRGS, 2000.

SCHMIDT, Benito Bisso. História e biografia. In: VAINFAS, Ronaldo; CARDOSO, Ciro F. (Org.). *Novos domínios da história.* Rio de Janeiro: Campus, 2011. p. 187-205.

SILVA, Eduardo. *Dom Obá d'África, o príncipe do povo: vida, tempo e pensamento de um homem livre de cor.* São Paulo: Companhia das Letras, 1997.

SOIHET, Rachel. *Bertha Lutz e a ascensão social da mulher, 1919-1937.* 1974. 168 f. Dissertação (Mestrado em História) – Departamento de História, Universidade Federal Fluminense, Niterói, 1974.

SOUZA, Adriana Barreto de Souza. *Duque de Caxias: o homem por trás do monumento.* Rio de Janeiro: Civilização Brasileira, 2008.

TOLEDO, Edilene. *Travessias revolucionárias: idéias e militantes sindicalistas em São Paulo e na Itália (1890-1945).* Campinas: Editora da Unicamp, 2004.

XAVIER, Regina Célia Lima. *Religiosidade e escravidão no século XIX: mestre Tito.* Porto Alegre: Editora UFRGS, 2008.

Biografia monumento: Machado de Assis na Coleção Brasiliana

Letícia Julião

Em 1936 vinha a público a obra *Machado de Assis – estudo crítico-biográfico* de Lúcia Miguel Pereira, uma das biografias mais influentes do escritor, que conferiu novas perspectivas à recepção da obra machadiana. O título integrava a Coleção Brasiliana, projeto editorial arrojado da Companhia Editora Nacional, concebida por Fernando de Azevedo, que a dirigiu de 1931 a 1946. Sob o abrigo dessa Coleção reuniram-se obras expressivas do esforço de interpretação do país, levado a efeito pelas elites intelectuais e políticas no pós–1930, na busca por um sentido de permanência no tempo e no espaço de um Estado e uma nação que eram reinventados, naquele momento, sobre novas bases.

O objetivo deste artigo é analisar o papel da biografia de Machado de Assis na Coleção Brasiliana, ou seja, compreender o surgimento da obra de Lúcia Miguel Pereira nesse contexto político editorial. Não se pretende, portanto, enveredar-se na contribuição da biografia de Lúcia Miguel Pereira para a interpretação da literatura de Machado de Assis – empreitada feita com maestria por vários estudiosos, mas tão somente fazer alguns apontamentos acerca do papel da escrita biográfica do escritor em momento no qual se delineava no país a ideia de uma herança cultural brasileira, com características universais. Ideia esta acalentada pelos extratos intelectuais e que, sem dúvida, a Brasiliana ajudou a construir.

Fazendo eco aos processos de modernização da indústria editorial e de expansão do mercado do livro no Brasil na década de 1930, a Brasiliana foi uma iniciativa bem sucedida que vinha ao encontro do projeto nacional, no qual o livro e a leitura figuravam como instrumentos capazes de promover a tarefa civilizatória da sociedade. Estava integrada a uma série editorial mais ampla, a Biblioteca Pedagógica

Brasileira que, além da Brasiliana, reunia mais quatro outras subséries: Literatura Infantil, Livros Didáticos, Atualidades Pedagógicas e Iniciação Científica. Com pretensões enciclopédicas, a Brasiliana tinha o propósito de disponibilizar para um público amplo uma biblioteca completa de estudos nacionais, de modo a esquadrinhar a realidade brasileira. A organização da Coleção é um retrato de sua ambição intelectual; os títulos se agrupam nas diversas áreas do conhecimento: Antropologia e Demografia; Arqueologia e Pré-História; Cartas; Direito; Economia; Educação e Instrução; Ensaios; Etnologia, Filologia, Folclore; Geografia; Geologia; História; Medicina e Higiene; Política; Viagens e Biografias (DUTRA, 2004, p. 7-17).

Orientava o empreendimento um duplo ideal: "uma dupla utopia de fundação – de uma tradição editorial e uma tradição cultural nacionalista" (DUTRA, 2004, p. 16). Em face do projeto nacionalista dos anos 1930, para o qual concorreu uma elite intelectual imbuída de uma missão civilizatória, empenhada em conhecer e interpretar o Brasil, somou-se o dinamismo editorial da Companhia Editora Nacional, apostando na formação de uma comunidade de leitores.

É possível dizer que a Brasiliana figurava como um monumento científico-intelectual da pátria brasileira; monumento construído (e não por acaso) concomitante ao reconhecimento, investigação e institucionalização, também nos anos 1930, do patrimônio nacional, levado a efeito pelo então Serviço do Patrimônio Histórico e Artístico Nacional (SPHAN). Conhecimentos acumulados pela e sobre a sociedade brasileira se presentificaram na Coleção; seus volumes impressos são incursões materializadas das representações da pátria operadas pelo saber; livros-objetos que faziam a mediação entre a sociedade e o conhecimento que a mesma projetava de si.

Na qualidade, portanto, de um instrumento a serviço de uma pedagogia da nacionalidade, era compreensível que uma de suas seções se ocupasse de biografias, formando, aliás, um dos conjuntos de obras mais avultados da coleção. Afinal as biografias se prestam para demarcar uma dimensão humana e individual da história, assim como sua dimensão ética. Ela constitui, como lembra François Dosse, uma ferramenta pedagógica, capaz de converter a trajetória das realizações de indivíduos "em verdadeira mensagem ética" (DOSSE, 2009, p. 85).

Os personagens biografados desfilavam exemplos de vida que se conformavam aos propósitos do projeto editorial, de associar a ampliação de leitores ao de formação de uma consciência nacional. Nos dez primeiros anos de sua existência – de 1931 a 1941 – a Coleção chegou a contabilizar 31 biografias, número que perdia apenas para os livros de história, que somavam 41 no mesmo período. Como mostra Thiago Tolentino, havia um claro acento em vultos do Império, seguido de personagens da República (TOLENTINO, 2009, p. 23). Predominavam os personagens cuja trajetória estivera associada à esfera da política, aparecendo alguns títulos dedicados a intelectuais, a exemplo de Sílvio Romero, Euclides da Cunha, Farias Brito.

No rol das biografias surgidas nos dez primeiros anos da Coleção, o único nome da literatura é o de Machado de Assis,[1] curiosamente contemplado com duas publicações: *Machado de Assis; estudo crítico-biográfico*, de Lúcia Miguel Pereira, de 1936 e *Machado de Assis; o homem e a obra (Os personagens explicam o autor)*, de Mário Matos, de 1939. Explica a proximidade de ambas as publicações a comemoração do centenário do escritor em 1939, o que certamente ensejou a publicação de Mário Matos, obra tributária do método biográfico seguido por Lúcia Miguel Pereira, no qual se busca na obra do autor indícios para se compreender sua vida, como se verá adiante. Vale lembrar que também no ano do centenário do escritor, 1939, era lançada a primeira reedição da obra de Lúcia Miguel Pereira.

Com poucas exceções, a produção de biografias da Brasiliana delineava, por meio da vida de seus personagens, o legado político deixado, sobretudo, pelo Império, fato expressivo das inquietações de um momento, os anos 1930, no qual estava colocado o desafio de realçar as matrizes de um imaginário político compatível com o projeto nacionalista. Em meio ao interesse pela vida de governantes, políticos, homens dedicados à coisa pública e cujas trajetórias se prestavam como lições para o presente, importa destacar que o surgimento da biografia de Machado de Assis marca uma inflexão: a entrada do gênio artístico na galeria dos grandes homens biografados por uma coleção destinada a servir à formação de leitores.

A obra de Lúcia Miguel Pereira não apenas inovava o perfil dos biografados, como alcançou tal ressonância, surpreendendo a própria autora que, no prefácio da segunda edição, de 1939, registrava:

> Escrito sem outro intuito além de compreender e tornar compreendido Machado de Assis, teve este livro repercussão inesperada, exigindo uma segunda edição, que, saindo no ano do centenário

---

[1] A título de curiosidade, vale assinalar que, se Machado de Assis figura como o único escritor biografado no período de 1931 e 1941, ao final do primeiro decênio da Brasiliana, em 1942, foi publicada a biografia de Castro Alves, de autoria de Afrânio Peixoto.

do grande escritor, assume um sentido de comemoração, de homenagem. (Pereira, 1988, p. 15)

Machado de Assis: estudo crítico e biográfico teve oito edições, fato que atesta a dimensão da recepção do livro. Até a terceira edição, de 1946, o livro seria publicado pela Coleção Brasiliana. A quarta, de 1948, teve sua edição encampada pela Casa Jackson. Em 1953, o livro passou a integrar outra coleção – a Documentos Brasileiros – da José Olympio, sendo publicadas, nessa editora, a quinta, sexta e sétima edições. A última publicação é de 1988, saída também sob o abrigo de uma coleção – Reconquista do Brasil, da editora Itatiaia, em sua segunda fase.

Tal prestígio do relato da vida de Machado de Assis não estava e nem poderia estar enredado no apelo de uma trajetória curiosa do escritor ou na lógica ditada pela ideia da história como mestre da vida, a partir da qual a biografia apresenta-se como modelo de vida a ser seguido. É a própria Lúcia Miguel Pereira quem, nas primeiras páginas do livro, expõe o sentido de sua escrita:

> Quando comecei a reunir dados para este estudo – velha aspiração, fruto de uma longa convivência com minha mais antiga admiração literária – não faltou quem me desanimasse. Um ensaio crítico, sim, valia a pena, diziam-me; mas uma biografia!... Em Machado, só o escritor tinha interesse, o homem era de uma sensaboria completa.
>
> Mas essa separação estanque é lá admissível?
>
> Quanto a mim, creio ser impossível estudar a obra de Machado sem estudar-lhe a vida, sem procurar entender-lhe o caráter.
>
> Nele, o homem e o artista estão estreitamente ligados. (Pereira, 1988, p. 22)

Lúcia Miguel Pereira explicita a lógica que rege do seu método: há de ser a biografia do espírito do escritor; uma interpretação. A obra de Machado, diz a autora, "foi uma evasão... um transbordamento do eu" (Pereira, 1988, p. 23). Tendo como pressuposto uma circularidade entre vida e obra, homem e escritor, a autora busca na biografia chaves interpretativas da obra de Machado de Assis, ao mesmo tempo em que confere interesse à vida aparentemente insípida do homem. Segundo Antonio Candido, com as biografias de Lúcia Miguel Pereira e de Mário Mattos e as análises de Augusto Meyer, inaugurava-se nos anos 1930 uma nova perspectiva interpretativa da obra de Machado de Assis, fundada no foco psicológico (Candido, 1977, p. 21).

Partindo da premissa da indissociabilidade entre o homem e o escritor, Lúcia Miguel Pereira investiga na obra machadiana indícios de traços autobiográficos. Empenha-se em trazer à luz aspectos vívidos da trajetória do escritor, nutrindo-se de pistas deixadas em sua literatura. Faz uma leitura de sua vida/obra sob o prisma, sobretudo, das circunstâncias adversas que acompanharam a existência do escritor – a inferioridade da educação, a condição de gago e nevropata, o fato de ser mestiço, enfim um verdadeiro drama pessoal que Machado procurou esconder dentro de um tipo frio, imperturbável. Para compreendê-lo, entende a autora, era necessário investigar exatamente o que o escritor procurou ocultar: sua origem obscura, a mulatice, a feiura, a doença. Para Lúcia Miguel Pereira, a obra machadiana, marcada pelo ceticismo risonho, estaria impregnada da sua humanidade dolorosa e atormentada, de "dolorosas confissões sob a capa do humorismo" (PEREIRA, 1988, p. 150).

Lúcia Miguel Pereira dispunha de escassos documentos reunidos em arquivo da Academia Brasileira de Letras, poucas informações contidas no livro *Machado de Assis*, de Alfredo Pujol, publicado em 1917 e reeditado em 1934, e da memória de pessoas que haviam conhecido o escritor.[2] O estudo sobre Machado de Assis de Augusto Meyer (MEYER, 1935), embora já estivesse publicado em 1935, seria mencionado por Lúcia Miguel Pereira somente no prefácio da segunda edição, de 1939. Na terceira edição, de 1946, registra no prefácio a existência de novos documentos, revelados na Exposição do Centenário de Machado de Assis, dentre os quais destaca a sua certidão de nascimento, atestando a nacionalidade portuguesa de sua mãe. Fato, aliás, atenuado pela biógrafa, que acredita ser esse um dado de pouca repercussão na existência futura do escritor. Afinal, Machado de Assis não deixaria de ser mulato, ainda que nascido de mãe branca e lusa, cuja morte prematura privou o filho da influência materna em sua formação.

Com parcos documentos e convicta de que a obra literária guarda uma espécie de arquivo involuntário do homem Machado de Assis, reconhece a autora que "esse homem tão recatado, tão cioso da sua intimidade, só teve um descuido, só deixou uma porta aberta: seus livros. São eles que nos revelam o verdadeiro Machado" (PEREIRA, 1988, p. 22). Lúcia Miguel Pereira reconstrói a vida do escritor com

---

[2] Dentre outros, Lúcia Miguel Pereira ouviu D. Sara Costa (sobrinha de D. Carolina Machado de Assis); D. Fanny de Araújo, as irmãs Pinto Costa (amigas de D. Carolina); e Major Bernardo de Oliveira (colega de Machado no Ministério da Viação).

a liberdade necessária ao exercício da recriação/interpretação. Com ousadia, adota uma metodologia que não se prende aos procedimentos próprios da história, e sem se tolher aos ditames da prova dos documentos, refaz pela imaginação os fragmentos de vida perdidos, aproximando sua escrita da ficção. Oferece ao leitor uma biografia ao mesmo tempo romanceada e interpretativa do homem e de sua literatura. Organiza, dá coerência e confere sentido à vida de Machado, repondo pela escrita a ausência e o obscuro. Funda dessa maneira uma outra presença,[3] construída pela narrativa que aproxima a um só tempo a vida e a obra, o escritor e o leitor.

São nos capítulos dedicados à sua infância e juventude, sobretudo, que Lúcia Miguel Pereira convoca deliberadamente seu talento ficcional, preenchendo vazios de informação com narrativas que, em geral, buscam identificar qualidades do futuro escritor. Como lembra Benito Schmidt, os biógrafos comumente buscam na infância e na adolescência de seus biografados uma determinação antecipada do destino que o personagem irá tomar no futuro (SCHMIDT, 2000, p. 58). Nessa perspectiva, por exemplo, supõe a autora que o moleque Machado de Assis, quando desempenhava a função de baleiro em um colégio, onde sua madrasta trabalhava,

> certamente, nas horas de folga, procurava ouvir trechos das lições dadas às meninas ricas, pescar aqui e ali uma noção, um esclarecimento. Não lhe seria possível penetrar nas classes, mas os moleques tem mil manhas, sabem escutar às portas, esgueirar-se pelos corredores, esconder-se nos desvãos escuros. Imóvel, o coração batendo de susto, enquanto espera o tabuleiro das quitandas, Joaquim Maria ouviria as aulas que não lhe eram destinadas. (PEREIRA, 1988, p. 42)

À noite, presume a biógrafa, o menino haveria de arranjar, uma vez por outra, no colégio algum livro emprestado, e então:

> [o] pequeno leitor atirava-se sofregamente ao volume, ávido de aprender, de saber. Movia-o o prazer de se instruir, a sua inesgotável curiosidade intelectual, mas também a vontade de ser alguém, de subir, de forçar a mão do destino. (PEREIRA, 1988, p. 43)

---

[3] A respeito das relações entre ausência e a escrita em Derrida, ver Penas (2004, p. 23).

Lúcia Miguel Pereira refaz ainda um passeio imaginário de Machado de Assis adolescente, pelo centro da cidade, onde percorria os sebos, as bibliotecas públicas e, sobretudo, o Gabinete Português de Leitura. Depois se dirigia até a Livraria de Paula Brito, e ficava rondando a porta, admirando intelectuais que entravam e saiam, "faminto de alimento para o espírito, levado pela irresistível vocação literária". No fim do dia, tomava a barca de volta para a casa e então aproveitava "as últimas claridades do dia para continuar o livro que tirara emprestado nalgum gabinete de leitura." (Pereira, 1988, p. 50).

Se desde sua origem a biografia é um gênero híbrido, compósito, como mostra que se conforma a meio caminho entre a história e a ficção (Loriga, 2011. p. 17-48), na biografia de escritor, o cruzamento entre fato e imaginação ganha contornos mais complexos, já que, lembra François Dosse, "o mais das vezes, o sentido da obra é deduzido das peripécias da vida, e a biografia dos escritores está no próprio cerne da inteligibilidade literária" (2009, p. 80). Portanto, para além da qualidade literária do texto biográfico, dos recursos da escrita para preencher lacunas de uma vida, a biografia se aproxima da literatura como estratégia de apreensão da obra de escritor. E é porque se rende à literatura, pode-se dizer que a biografia consegue romper com as imagens petrificadas, naturalizadas do biografado, conferindo-lhe humanidade.

Sobre isso diz Lúcia Miguel Pereira:

> Como a estátua, a celebridade fixa o indivíduo em atitudes que podem ter sido culminantes, ou características, mas que não foram únicas, nem habituais. Uma e outra tiram-lhe o movimento, o desalinho, o calor da vida. (Pereira, 1988, p. 19)

No caso de Machado de Assis a fixação de sua personalidade como homem erudito, reservado, apegado às convenções sociais parecem aos olhos de Lúcia Miguel Pereira imagens que não encontram ressonância em sua obra:

> Examinemos ligeiramente a criatura que ressalta dos aspectos oficialmente característicos de Machado de Assis: teremos um homem inteligente, de boa cultura e boa educação, frio, indiferente, de um convencionalismo absoluto, escrevendo quase por desfastio, e apenas com raciocínio.
>
> Lembremo-nos depois dos seus livros – dos seus livros por vezes monótonos, mas de um sabor inconfundível, a princípio insosso,

depois acre e persistente. E veremos que nada houve de comum entre eles, que tal obra não podia ter saído de tal homem.

Ora, como Machado escritor é uma realidade insofismável, uma personalidade forte e marcada, não podemos deixar de concluir que o homem não foi o que pareceu – o que quis ser. (PEREIRA, 1988, p. 21)

Não se pode deixar de notar a busca da biógrafa em estabelecer nexos causais entre circunstâncias da vida do escritor, a formação de sua personalidade e elementos da obra machadiana. A narrativa gira em torno da luta do escritor para superar seu destino, compensando pela personalidade construída, segundo Lúcia Miguel Pereira, "as deficiências trazidas do berço" (PEREIRA, 1988, p. 71). É recorrente ao longo do texto a apresentação de juízos ou mesmo hipóteses, algumas com base em teses científicas então em voga, numa tentativa de compreender o indivíduo enredado em seus dramas pessoais. Não raro, a epilepsia, mal sofrido por Machado de Assis, era analisada sob o prisma de argumentos filiados ao pensamento racial ou a hipóteses médicas. Eis algumas dessas passagens: "consciente ou inconscientemente, [Machado de Assis] lutava contra os impulsos dos nevropatas e os espevitamentos dos mestiços – dois perigos que o ameaçavam" (PEREIRA, 1988, p. 73). Referindo-se ao espírito gregário de Machado de Assis, sempre se apoiando em pequenos grupos, observa a biógrafa:

um psiquiatra veria sem dúvida nessa atitude uma manifestação típica da luta dos dois temperamentos mórbidos que se chocavam nele, o do introvertido e do epilético. A introversão o levava a se fechar, mas a epilepsia o fazia sempre pronto a aderir ao grupo mais próximo, obrigando-o a um inconsciente mimetismo. (PEREIRA, 1988, p. 82)

Assim como muito da personalidade de Machado de Assis poderia ser tributado "às deficiências trazidas do berço", também vários elementos da sua obra encontrariam explicação em aspectos de sua vida. A começar pela convivência, na sua infância, com Dona Maria José de Mendonça Barroso, sua madrinha e proprietária da chácara do Livramento, onde, na condição de seu protegido, Machado conheceu o meio aristocrático, que irá retratar em seus romances. O contato com a vida senhorial da Chácara do Livramento deixará em Machado de Assis um rastro de ambição social, tema que será recorrente em seus romances.

Lembra a biógrafa que o escritor, de fato, viveu um dilema íntimo. Dividiu-se entre a gratidão em relação a sua madrasta, Maria Inez, que o criara, e a ambição. Acabou por abandoná-la – era um laço que o prendia a sua origem pobre – para inserir-se definitivamente e sem embaraços no ambiente burguês. Uma opção feita mas não sem conflitos, o que acabou por ecoar em seus romances, a exemplo de *A mão e a luva* e *Helena*, obras que se movem em torno da luta de seus personagens entre se render ao sentimento ou aos imperativos do desejo de ascender na hierarquia social.

Dentre os entrelaçamentos entre a vida e a obra, Lúcia Miguel Pereira identifica no momento em que Machado de Assis se afasta de suas atividades, em razão de doença, o marco da guinada literária do escritor. Um período de seis meses, com uma estadia de três meses em Nova Friburgo, que coincide justamente com o intervalo entre a publicação de *Iaiá Garcia* e *Memórias Póstumas de Brás Cubas*. Momento crucial para a biógrafa, no qual se inaugura a fase literária de maturidade de Machado: "entre o romancista medíocre e o grande romancista, existiu apenas isso: seis meses de doença, de outubro de 1878 a março de 1879, três dos quais passados na roça" (PEREIRA, 1988, p. 168).

Mas a conexão entre a vida e a literatura machadiana é reconhecida, sobretudo, pela biógrafa nas afinidades entre alguns personagens, especialmente Luís Garcia e o Conselheiro Aires e o próprio Machado de Assis. Para Lúcia Miguel Pereira a descrição do personagem Luís Garcia, de *Iaiá Garcia,* é uma espécie de autorretrato:

> Suas maneiras eram frias, modestas, corteses; a fisionomia um pouco triste. Um observador atento podia adivinhar por trás daquela impassibilidade aparente ou contraída as ruínas de um coração precocemente desenganado. (ASSIS *apud* PEREIRA, 1988, p. 149-150).

Na última obra do escritor, *Memorial de Aires*, a autora chama a atenção para o seu caráter autobiográfico:

> O *Memorial* nos dá a melhor prova de que o Aires foi mesmo uma projeção de Machado. Não só é fácil reconhecê-lo no livro, onde se repartiu entre o narrador e Aguiar, o marido de D. Carmo, pondo neste o eu doméstico, e naquele o eu interior, como traem-no de modo indubitável os originais, existentes na Academia de Letras. (PEREIRA, 1988, p. 272)

Reconhecendo que em toda obra há a projeção de Machado em seus personagens, Lúcia Miguel Pereira sintetiza afirmando que, com exceção de *Ressureição,* os outros romances da mocidade traem as suas lutas íntimas para subir de classe, as *Memórias Póstumas* e o *Quincas Borba* refletem a posição do seu espírito, o *Memorial de Aires* é confessadamente autobiográfico, o *Esaú e Jacó* põe em cena o ideal machadiano de Conselheiro Aires [...] (PEREIRA, 1988, p. 238)

Pode-se dizer que o projeto biográfico de Lúcia Miguel Pereira logrou fixar traços da personalidade de Machado de Assis, aspectos de sua vida, inflexões de sua trajetória que ecoaram decididamente no tempo. Com *Machado de Assis. Estudo de crítico e biográfico* são lançadas as bases de uma compreensão, ainda hoje recorrente entre os biógrafos, de estudos que "apostam na reversibilidade entre a vida e a obra do escritor e investem no abismo entre o escritor oficial e o homem atormentado." (WERNECK, 2008, p. 30). Trata-se de obra decisiva para a crítica de Machado, e por isso referência obrigatória, que demarca o salto interpretativo que, na década de 1930, estabelece um novo patamar na recepção da literatura machadiana. A título de exemplo, ressalta-se que a publicação em 1939 da biografia de Mário Matos, *Machado de Assis; o homem e a obra (Os personagens explicam o autor)*, é obra devedora dessa matriz inaugurada por Lúcia Miguel Pereira.

Ao articular as especulações do homem Machado de Assis, com seus conflitos e inquietações pessoais, ocultados na imagem do homem culto, funcionário e marido exemplar, presidente da Academia Brasileira de Letras, adepto das rodas literárias, enfim o "homem da porta da Garnier", Lúcia Miguel Pereira lança luzes para se compreender as opções de sua vida literária (BRUCK, 2009, p. 68). Revela a um só tempo o homem que permanecera como uma espécie de fantasma (nas palavras de José Lins do Rego) e conduz o leitor a uma leitura apurada de sua obra.

Se esses são méritos amplamente reconhecidos na trajetória da crítica literária do livro de Lúcia Miguel Pereira, há um aspecto que merece ser destacado não menos importante, e que se refere ao significado dessa publicação em uma coleção como a Brasiliana nos anos 1930. Cabe perguntar, para além do reconhecimento da escrita biográfica inovadora e arrojada de Lúcia Miguel Pereira, a respeito da materialidade assumida por essa biografia, especificamente sobre a forma de como a obra chegou ao leitor. Afinal, que sentido o leitor comum construiu da literatura machadiana, a partir da leitura da escrita biográfica de Lúcia Miguel Pereira? E aqui vale pensar as possíveis ressonâncias surgidas da conexão entre, de um lado, a biografia de Machado de Assis que conduz o público a conhecer a vida do homem como substrato para compreender sua obra, e, de outro, sua disseminação em uma coleção destinada a promover a formação de uma comunidade nacional de leitores. Ora, como parte de uma biblioteca de caráter pedagógica e alcance nacional, a obra de Lúcia Miguel Pereira orienta e organiza a leitura de Machado, concorrendo para a construção de sentidos produzidos em uma esfera alargada de práticas de leituras, como pretendido pela Coleção Brasiliana.

Ao concluir seu o livro, Lúcia Miguel Pereira lembra que Machado de Assis consolidara a emancipação literária do país, pairando como símbolo do pensamento e da literatura para o Brasil. E reconhece que o escritor é um monumento da nação, representação para a qual a própria biografia *Machado de Assis. Estudo de crítico e biográfico* contribuiu para fixar.

Machado de Assis já se consagrara em vida e era reconhecido por muitos de seus pares como o maior expoente da literatura nacional. Vários gestos atestam a preocupação em assegurar-lhe posteridade: seu retrato pintado por Henrique Bernadelli, em 1905, a foto em que posa para Marc Ferrez (BRANDÃO; OLIVEIRA, 2011, p. 101), a confecção do busto em bronze por Magrou e sua estátua, inaugurada em 1929, na Academia Brasileira de Letras, de Humberto Cozzo. A essas iniciativas de gravar a imagem do escritor se juntaram as biografias, logrando substanciar o processo de sua monumentalização.

Mas apesar de consagrado, vale lembrar, Machado de Assis era pouco lido na década de 1930, quando foram lançadas suas biografias pela Coleção Brasiliana. Estivera mesmo um pouco esquecido nos anos 1920, a chamada década modernista, como mostra Maria Helena Werneck (2008, p. 104-107). Torná-lo um monumento nesse momento – no sentido de assegurar sua existência para a posteridade, fixando-o na memória coletiva – representava, sobretudo, promover o conhecimento intelectual e sensível de sua obra. E isso certamente o livro de Lúcia Miguel Pereira o fez; não só aproximou o público do homem Machado de Assis como se prestou a fazer uma mediação, de maneira inédita, entre o leitor e a obra machadiana.

Seu método biográfico, marcado, sobretudo, pela crítica literária, alicerçado na psicologia, numa escrita híbrida que a um só tempo buscava narrar o vivido e convocava a imaginação criadora e que entrelaçava a vida e a obra como recurso para decifrar a complexidade e a riqueza de ambas dimensões vistas como indissociáveis, tudo isso concorreu para a eficácia da biografia na formação de leitores de Machado de Assis. Seu livro, de alguma maneira, operou o encontro do "mundo do texto" com o "mundo do leitor", ressignificando a literatura de Machado para um Brasil que ingressava em um processo de modernização.

De outra parte, a inserção da biografia de Machado de Assis na Coleção Brasiliana selava a entrada dos homens de letras no panteão da pátria. Um gesto expressivo, coincidente com o processo de invenção e institucionalização do patrimônio brasileiro nos anos 1930. Processo esse que se dá concomitante à ascensão da arte como a melhor expressão de nossa herança civilizacional, uma vez que capaz de ilustrar o gênio nacional e, ao mesmo tempo, estar em conformidade com os valores universais.

Importa notar que o valor de monumento da obra de Machado, assinalado pela própria Lúcia Miguel Pereira, alinhava-se ao sentido do termo proclamado pelos intérpretes do patrimônio brasileiro naquele momento. Diferentemente de sua acepção etimológica, de obra intencional destinada à perpetuação da memória de personagens ou fatos relevantes da História, "monumento" adquirira um novo significado desde o século XIX, sendo associado progressivamente ao valor artístico e à História da Arte.[4] Deixava, portanto, de estar referenciado em passados particulares de determinadas comunidades, e alcançava mesmo a dimensão sagrada das obras humanas, o que conferia ao termo monumento uma universalidade até então inédita (CHOAY, 2001, p. 141-142). Sendo uma atribuição do presente, a ideia de monumento imbricava-se estreitamente a um corpo de conhecimentos, capazes de conferir significado histórico ou estético ao legado do passado.

O ideal de universalidade, acalentado pelos intelectuais à frente das políticas de patrimônio nos anos 1930, pressupunha reconhecer obras dignas de figurar como acervo de toda a humanidade; ou seja, um legado capaz de credenciar o Brasil a integrar o concerto das nações cultas. Pode-se dizer que a escrita biográfica de Lúcia Miguel Pereira participava desse mesmo ideal: operava uma compreensão da obra de Machado, realçando a solidez de um legado literário capaz de nutrir uma recepção promissora nos círculos artísticos internacionais. Sua biografia ilustrava, portanto, o gênio nacional, contribuindo para edificar um patrimônio cultural comum enraizado na universalidade da arte, herança que melhor encarnava a grandeza da pátria.

A monumentalização da obra de Machado de Assis, associada à popularização de sua leitura encontraram na Coleção Brasiliana sua convergência e materialização. Afinal, a Companhia Editora Nacional, perfeitamente articulada ao projeto nacionalista dos anos 1930,

---

[4] Sobre a requalificação do conceito de "monumento" no mundo moderno, ver Choay (2001, p. 125-145).

beneficiou-se desse cenário auspicioso e "como nenhuma outra, soube elaborar um plano estratégico voltado para a formação de uma "cultura da leitura" como parte do empreendimento de constituição de uma cultura brasileira" (DUTRA, 2004, p. 16).

Assim como outros títulos, a biografia de Machado de Assis se favoreceu das estratégias inovadoras de divulgação e comercialização da Companhia Editora Nacional. Por ocasião dos dez anos da Coleção Brasiliana, por exemplo, a editora planejou, dentre outras iniciativas de propaganda, a publicação de catálogos, veiculação em estações de rádio e na imprensa escrita de opiniões balizadas sobre a Brasiliana, organização de vitrines especiais nas principais livrarias do país e envio de circulares para instituições de cultura e educação de todo o país. Tamanha investida propagandística assegurava a popularização da coleção, entendida tanto em termos geográficos como sociais.

Nessa perspectiva, não seria equivocado afirmar que o destino seguido pela biografia de Machado de Assis se deveu, em parte, ao casamento entre o arrojo intelectual de sua autora que, aliás, foi uma das poucas mulheres a escrever para a Brasiliana, e a estratégia de popularização da leitura, levado a efeito pela Companhia Editora Nacional. Certamente esse encontro foi decisivo para a constituição de uma rede material e intelectual que permitiu o acesso ao texto de Machado de Assis, condição crucial para a formação de uma comunidade de leitores. Uma rede que, sem dúvida, foi responsável pela entrada da obra de Machado de Assis nas bibliotecas dos lares brasileiros, cujos volumes, para muitos de nós, são a lembrança mais vívida de nosso letramento. Completava-se assim o trajeto necessário à sua monumentalização; a posteridade da obra machadiana ficava assegurada pela sua apropriação pelos cidadãos-leitores.

Referências

ASSIS, Machado. *Iaiá Garcia apud* PEREIRA, Lúcia Miguel. *Machado de Assis*: estudo crítico e biográfico. Belo Horizonte: Itatiaia; São Paulo: Edusp, 1988 (Coleção Reconquista do Brasil, 2. Série, 130).

BRUCK, Mozahir Salomão. *Biografias e literatura*: entre a ilusão biográfica e a crença na reposição do real. Belo Horizonte: Veredas e Cenários, 2009.

CANDIDO, Antonio. *Vários escritos*. São Paulo: Duas Cidades, 1977.

CHOAY, Françoise. *A alegoria do patrimônio*. Tradução de Luciano Vieira Machado. São Paulo: Estação Liberdade: Editora UNESP, 2001.

DOSSE, François. *O desafio biográfico. Escrever uma vida.* São Paulo: Edusp, 2009.

DUTRA, Eliana de Freitas. A nação nos livros: a biblioteca ideal na coleção Brasiliana. In: DUTRA, Eliana de Freitas; MOLLIER, Jean-Yves (Org.). *Política, nação e edição: o lugar dos impressos na construção da vida política.* São Paulo: Annablumme, 2006. p. 299-314.

DUTRA, Eliana de Freitas. Companhia Editora Nacional: tradição editorial e cultura nacional no Brasil nos anos 30. In: SEMINÁRIO BRASILEIRO SOBRE O LIVRO E HISTÓRIA EDITORIAL, 1., 2004, Rio de Janeiro. Disponível em: <http://www.livroehistoriaeditorial.pro.br/pdf/elianadutra. pdf>. Acesso em: 20 set. 2013.

LORIGA, Sabina. *O pequeno X: da biografia à história.* Belo Horizonte: Autêntica, 2011.

MEYER, Augusto. *Machado de Assis: 1935-1958.* Rio de Janeiro: Livraria São José, 1958.

PENAS, Felipe. *Teoria da biografia sem fim.* Rio de Janeiro: Mauad, 2004.

PEREIRA, Lúcia Miguel. *Machado de Assis: estudo crítico e biográfico.* Belo Horizonte: Itatiaia; São Paulo: Edusp, 1988 (Coleção Reconquista do Brasil, 2. Série, 130).

SCHMIDT, Benito Bisso. Luz e papel, realidade e imaginação: as biografias na história, no jornalismo, na literatura e no cinema. In: SCHMIDT, Benito Bisso (Org.). *O Biográfico: perspectivas interdisciplinares.* Santo Cruz do Sul: EDU-NISC, 2000. p. 49-70.

SILVANO BRANDÃO, Ruth; OLIVEIRA, José Marcos Resende. *Machado de Assis leitor: uma viagem à roda de livros.* Belo Horizonte: Editora UFMG, 2011.

TOLENTINO, Thiago Lenine Tito. *Monumentos de tinta e papel: cultura e política na produção biográfica da Coleção Brasiliana (1935-1940).* 2009. 232 f. Dissertação (Mestrado em História) – Faculdade de Filosofia e Ciências Humanas, Universidade Federal de Minas Gerais, Belo Horizonte, 2009.

WERNECK, Maria Helena. Lúcia Miguel Pereira e a tradição da biografia no Brasil. *Revista Semear,* Rio de Janeiro, n. 9. Disponível em: <http://www. letras.puc-rio.br/unidades&nucleos/catedra/revista/9Sem_08.html, 2004>. Acesso em: 15 set. 2013.

WERNECK, Maria Helena. *O homem encadernado: Machado de Assis na escrita das biografias.* 3. ed. Rio de Janeiro: EdUERJ, 2008.

Natureza e território na escrita nacional e os desafios do mundo global

A natureza de uma região:
a Amazônia da Era Vargas à Era Verde

Seth Garfield

Em 1945, o autor norte-americano Henry Albert Phillips afirmou que a incapacidade do Brasil de criar plantações de borracha na Amazônia refletia e revelava "algo básico, bem no âmago da personalidade e maneira de agir brasileiras. Os brasileiros não são realistas, e nunca o serão, não ao mesmo nível que os anglo-saxões podem ser e frequentemente são" (1945, p. 28-29). Em 1992, os ambientalistas aclamavam

> a sustentação dos seringueiros amazonenses num ecossistema produtivo e sustentável que ensinava cada família a retirar da floresta recursos naturais suficientes para sua sobrevivência [...] Dessa forma, durante os últimos cem anos, eles se tornaram parte da ecologia da floresta. (ELI STAFF, 1992, p. 7)

Algo notável aconteceu na Amazônia no curso de meio século: os seringueiros, antes acusados de vadios ou predadores que comprometiam a prontidão dos Aliados, agora eram a salvaguarda do meio ambiente global. Se o conflito a respeito de recursos, representação, e poder não é novidade na história da Amazônia, o "esverdeamento" de seus movimentos sociais – ao reelaborar tanto a terminologia local de luta social, como as percepções místicas ou espirituais da natureza em novas identidades políticas – o é.[1]

---

[1] Ver Keck (1995) e Dore (1996). Sobre o ambientalismo como um "vocabulário de protesto" para os pobres, ver Guha e Martinez-Allier (1997).

Através da análise comparativa de descrições da Amazônia brasileira durante a Era Vargas e a Era Verde, este artigo enfatiza como os significados da floresta tropical são mediados por processos históricos proeminentemente sociais. Examina, também, como a transformação socioeconômica e ecológica desencadeada durante o regime militar brasileiro (1964-85) e seu resultado colidiram com a popularização contemporânea da política ambientalista do hemisfério norte (e posteriormente no hemisfério sul) para transformar políticas públicas e conflitos locais nas florestas amazônicas em novos campos transnacionais. Novas disciplinas científicas, tecnologias, mediadores sociais e terminologia cultural serviram para remodelar a Amazônia no imaginário político, desde a época de guerra até o período contemporâneo. Ainda assim, o atual debate sobre a administração de recursos na Amazônia também demonstra como a floresta tem sido, desde muito tempo, emaranhada ao consumismo industrial, projetos de civilização, e lutas locais por poder e justiça. Representações (geo) políticas contemporâneas da natureza da Amazônia revelam continuidades e rupturas históricas.

★

Em conjunto com o governo brasileiro, os Estados Unidos investiram $ 10 milhões durante a Segunda Guerra Mundial para impulsionar a infraestrutura só na Amazônia – o equivalente a US$ 110.490.000 em 2000 (CORRÊA, 2004, p. 557). O principal motivo: a invasão japonesa da península da Malásia, em fevereiro de 1942, cortou 92% do suprimento de borracha dos Estados Unidos. Ao contrário de muitas outras *commodities* derivadas da flora tropical, a borracha era indispensável para a atividade moderna de guerra. Entre março e outubro de 1942, o Departamento de Estado, em conjunto com a Rubber Development Corporation do governo dos Estados Unidos, negociou acordos com dezesseis países produtores de borracha na América Latina, para a venda de seus excedentes exportáveis de borracha crua e de bens manufaturados de borracha para os Estados Unidos por um prazo de anos, a preço fixo e com o limite do consumo local. O Brasil, maior produtor de borracha na América Latina na época, assinou o primeiro acordo em 3 de março de 1942. Acordos subsequentes entre as duas nações proporcionaram o estabelecimento do Serviço Especial de Saúde Pública (SESP) para melhorar as condições de saúde na Amazônia e fornecer ajuda médica aos trabalhadores empregados no desenvolvimento econômico da região; para a importação subsidiada de dezenas de milhares de trabalhadores nordestinos na floresta para extrair borracha; e para a venda de bens subsidiados a preços fixos para patrões e seringueiros (MARTINELLO, 2004). No meio do tumulto global, os estadistas americanos apontaram sua mira para o vale amazônico e, mais precisamente, para suas seringueiras.

Nesse contexto, técnicos da Rubber Development Corporation procuraram "modernizar" e padronizar os procedimentos de extração na Amazônia. Técnicos do governo criticavam muito os métodos primitivos de extração que deixavam os troncos da *Hevea brasiliensis* escoriados e nodosos. Denunciavam a penetrante "ferida" nas árvores, que ocorria quando os seringueiros esmagavam o câmbio, ou o delicado tecido de crescimento entre a casca e a madeira, causando a formação de excrescências compostas de células pétreas cobertas por uma fina camada de casca com poucas ou nenhuma célula produtora de látex.[2] No rio Javary, alegavam que "as árvores haviam sido anteriormente arruinadas por um corte fundo e violento com a machadinha e a faca do Amazonas, tornando-se muito improdutivas" (ALEXOPOULOS; CALDEIRA FILHO, 1944). No distrito de Muaná, perto de Belém, notaram que mais de cem trilhas haviam sido reabertas em outubro de 1943, mas as seringueiras tinham sido mutiladas tão gravemente, ao longo dos anos, que era impossível se usar uma faca na parte de baixo e, em muitos casos, era preciso fazer incisões a uma altura de dez pés, com o auxílio de uma escada.[3]

Os técnicos norte-americanos seguiam uma longa linha de cientistas *experts* em agricultura, que duvidavam da capacidade de pessoas pobres de conservar os recursos naturais, e propagaram métodos padronizados de trabalho para assegurar o lucro econômico.[4] Muitos

---

[2] Harold E. Gustin to B.V. Worth, Manaus, September 4, 1942, Rubber Development Corporation [RDC], Amazon Division Records [ADR], Box 2, Rubber Tapping and Production Methods 11/6-7, Department of Rare Books and Special Collections, Princeton University Library [PUL]; Marcos Carvalho Pereira, *A Guerra na Amazônia: O Diário de um Soldado da Borracha* (unpublished manuscript), p. 49.

[3] E.B. Hamill to All Technicians, "Excerpt from a memorandum of Field Technician Becker on the Muaná District", Manaus, October 11, 1943, RDC, ADR, Box 8, Tech Reports 4/8, PUL.

[4] Sobre *plantations* de seringueira no sudeste da Ásia, ver Tucker (2000) e C.B. Manifold, Head Field Technician, to All Field Technicians of Amazon Valley, September 9, 1942, RDC, ADR, Box 2, Rubber Tapping and Production Methods, PUL.

técnicos do período da guerra haviam trabalhado como inspetores em grandes plantações de borracha na Ásia, que serviam como seu modelo para gestão de recursos. Para Alexopoulos, a "boa" extração era uma simples questão de fórmula matemática: os cortes deveriam deixar um milímetro de casca fora do câmbio, uma vez que menos profundidade representava perda de látex, enquanto maior profundidade podia causar lesão e dano permanente para a superfície de extração (ALEXOPOULOS; CALDEIRA FILHO, 1944). Klippert ofereceu um detalhado estudo comparativo de tempo – movimento entre os dois métodos de extração, baseado no trabalho em 120 árvores em trilhas selvagens – incluindo andar de uma árvore para outra, limpar os restos do corte, limpar o receptáculo e fazer as incisões para extração. "É a velha história de se economizar movimento desnecessário', concluiu. Os técnicos eram particularmente veementes em promover a extração usando-se a faca asiática Jebong, que tirava menos casca em comparação com a faca e a machadinha do Amazonas.[5]

Certamente havia muitas razões pelas quais os seringueiros da época da guerra não estavam inclinados a mudar para a faca Jebong, não obstante sua maior capacidade de conservar a casca da árvore nas plantações da Ásia. Ao passo que o meticuloso trato das árvores das plantações da Ásia tornava essa faca ideal para a extração, a faca do Amazonas era melhor adaptada para árvores velhas e maltratadas.[6] Por causa do hábito, quando os seringueiros experimentavam a faca Jebong, tinham a tendência de segurá-la na horizontal e assim consideravam-na imprestável. Outros seringueiros tiveram sua visão a tal ponto debilitada pela fumaça produzida no preparo das bolas de borracha que só podiam confiar na sensação familiar proporcionada pelo uso da faca do Amazonas.[7] Tanto os patrões, de olho no lucro das vendas

---

[5] W.E. Klippert, "Full Spiral Fourth-Day Tapping of Hevea Rubber and its Advantages in the Present Emergency", Rio de Janeiro, April 20, 1943, RDC, ADR, Box 2, Rubber Tapping and Production Methods, 11/3, PUL.

[6] C.B. Manifold, Head Field Technician, to All Field Technicians of Amazon Valley.

[7] W. E. Klippert, "Notes on Procurement of Wild Rubber in Latin America", 22 March, 1943. National Archive [NA], Record Group [RG]234, Reports Relating to Rubber Development in Latin America, 1942-45, Brazil-General--South Brazil; S.V. Sihvonen, H.C. Haines, and M.C. Pereira, "Report on Rio Abunã Field Trip, March 31 to May 19, 1943" June 4, 1943, NA, RG234, Reports Relating to Rubber Development in Latin America, 1942-45. Brazil: South Brazil – Acre Territory (1942-43).

das mercadorias, quanto os seringueiros, trabalhando em condições de exploração, mal podiam imaginar um novo tipo de faca de extração como sua "bala mágica".

No entanto, a apresentação dos fatos pelos técnicos está em contraste com o discurso de ambientalistas contemporâneos que têm elogiado a capacidade dos seringueiros da Amazônia de "se auto-sustentar e preservar a contínua vitalidade da floresta com apenas uma pequena escala de corte de árvores" (ELI STAFF, 1992, p. 7, tradução minha). Ao contrapor interpretações da época de guerra com o discurso "verde" contemporâneo, estou menos interessado em certificar "a verdade" a respeito da administração local de recursos florestais, do que em inquirir como os atores e as estruturas dominantes têm contribuído para a compreensão da natureza da Amazônia para os que estão do lado de fora (REDFORD, 1990, p. 24-29; KRECH, 1999; BUEGE, 1986, p. 71-88; LOHMANN, 1993, p. 202-204).[8] Obstinados com a produção da borracha, os técnicos da Rubber Development, durante a Segunda Guerra, não enxergavam nada além das seringueiras; ou apenas focavam nos ecossistemas e mentalidades amazônicos quando esses obstruíam a produção de látex da borracha.

A recriação pós-guerra da Amazônia brasileira

Durante a era pós-guerra, os estadistas brasileiros mantiveram o plano desenvolvimentista para a Amazônia do regime de Vargas. Da mesma forma que o regime de Vargas, o governo militar que veio ao poder em 1964 inquietava-se com as fronteiras desprotegidas, a dispersão da população, os métodos de produção pré-capitalistas e a fraca presença do estado na Amazônia, região que compreende aproximadamente 60% do território nacional brasileiro. Para facilitar o rápido transporte de bens e pessoas, o governo militar brasileiro, fortemente financiado por empréstimos externos, investiu na construção de autoestradas na Amazônia. Através de redução de impostos, incentivos fiscais e crédito bancário, as agências do governo atraíram o capital privado: entre 1971 e 1987, investidores brasileiros e corporações multinacionais operando no Brasil receberam estimadamente US$ 5 bilhões em subsídios para a criação de gado.[9] Entre 1960 e 1980, a população da

---

[8] Para uma visão geral do debate, ver Milton (1996), especialmente capítulos 4 e 6. Ver também Allegretti (1990).

[9] Ver Hecht e Cockburn (1990), Mahar (1979), Schmink e Wood (1984) e Environmental Law Institute (1992, p. 14, n. 8).

Amazônia cresceu em mais de 10 milhões, muitos dos quais migravam na esperança de conseguir terra.[10] Em pronunciamentos públicos, os militares brasileiros aclamavam o desenvolvimento da Amazônia como uma panaceia para a injustiça social, uma marca do caráter brasileiro, e evidência de bom governo. No entanto, o aparecimento concomitante do movimento ambiental de massa no Atlântico Norte e no Brasil, ao lado da mobilização dos moradores da floresta, empurrou a Amazônia para diferentes direções.

Durante o regime militar e o período de redemocratização, o que mais chamou a atenção pública internacional sobre a Amazônia foi o problema do desflorestamento. Ao passo que em 1975 menos de sete milhões de acres da Amazônia brasileira tinham sido modificados em relação a sua cobertura florestal, por volta de 1988 estimadamente 40 milhões de acres de floresta tinham sido destruídos (HECHT; COCKBURN, 1989, p. 54). De forma mais ampla, poderíamos argumentar, um novo cenário geopolítico provocado pelo movimento ambiental global foi determinante na redefinição da mudança do uso da terra na Amazônia, reposicionando lutas entre grupos locais pela gestão de recursos em termos transnacionais.

No hemisfério norte, as origens de uma popular "era de ecologia", ratificando a interdependência humana com outras espécies biológicas, pode ser rastreada desde o horror pós-guerra de Hiroshima, até a denúncia de Rachel Carson dos efeitos tóxicos de pesticidas no meio ambiente em *Silent Spring* (1962) e o repúdio do consumismo e da militarização pelo *flower power* nos anos 1960. Somado a isso, os anos 1970 – pano de fundo para o impulso do governo militar brasileiro na direção de "desenvolver" a Amazônia – representaram uma mudança quantitativa. Inaugurada com o lançamento do "Dia da Terra", a década foi marcada pela criação da Environmental Protection Agency nos Estados Unidos e a subsequente passagem de legislação chave; a Conference on the Human Environment, das Nações Unidas; o Man and Biosphere Program, da UNESCO, o estabelecimento do Environmental Program das Nações Unidas; e a fundação do Green Party, na Alemanha Ocidental. A história do meio ambiente emergiu como uma subdisciplina nos anos 1970 nas universidades americanas, uma década que também testemunhou a publicação de livros influentes focando nos problemas de depleção das espécies, mudança climática catastrófica, e depredação do meio ambiente pelo homem. O termo

[10] Ver Almeida (1992, p. 29, 92) e Théry (2005, p. 65).

"meio ambiente", com sua conotação sociocientífica, veio substituir o termo "natureza" que soava mais romântico, enquanto *eco-* tornou-se um prefixo comum para assinalar esta recém encontrada consciência (WORSTER, 1985, p. 339-48).[11]

A fascinação pelo bucólico não era nem um pouco nova no pensamento ocidental: ela tocava em tradições religiosas, filosóficas e artísticas profundamente assentadas, que viam a paisagem natural como uma fonte de contemplação divina, um abrigo contra a tirania política ou um refúgio do consumismo industrial. Mas a aceitação do ambientalismo por vastos setores da classe média desde os anos 1970 *era* uma novidade, refletindo, em parte, mudanças socioeconômicas nas nações industriais avançadas. Nos Estados Unidos, na medida em que o número de pessoas com formação superior se expandiu na economia do pós-guerra e preencheu o setor público, as artes e as indústrias de serviço, uma proporção maior da população na idade de trabalho separou-se dos processos da produção industrial. Além disso, durante os anos 1980, o crescimento súbito na maioria das economias no norte significava que menos pessoas objetavam a proteção ambiental baseadas em preocupações financeiras. O aumento da compra de automóveis por diversas camadas sociais também aumentou o acesso a áreas "selvagens", liberando os habitantes da cidade do estresse da vida urbana. Para a esquerda norte-americana, desiludida pelo Vietnam e Watergate e desmoralizada pelo modelo soviético de socialismo, movimentos ecológicos sustentavam a ética subversiva do marxismo na sua crítica intercultural e transnacional do materialismo burguês e do individualismo (DOUGLAS; WILDAVSKY, 1982, p. 157-64; VIOLA, 1987, p. 68-70).

Subsequentemente, entre 1985 e 1990 a afiliação ao Environment Defense Fund dobrou (e dobrou de novo entre 1990 e 1991). Ambos, o Natural Resources Defense Council e o Nature Conservancy cresceram 2,7 vezes entre 1985 e 1990; o World Wildlife Fund-US cresceu 5,6 vezes, e o Greenpeace pulou de 400 mil para 850 mil membros. Redes transnacionais ambientais aumentaram de dois grupos em 1953 para noventa em 1993, ou de 1,8% do total internacional de grupos ONG para 14,3%. O desenvolvimento de bases de dados computadorizadas para se empregar técnicas de mala direta para levantamento de fundos e para organizar listas de afiliação ajudou as organizações ambientais

---

[11] Ver também McCormick (1989).

a crescer muito rapidamente ao longo dos anos 1980 (KECK; SIKKINK, 1998, p. 10-11, 128).

Com os problemas ambientais e consciência aumentando através do globo durante as últimas décadas, poderíamos especular como a floresta tropical da Amazônia acabou sendo a causa célebre de cerca de duzentas ONGs no mundo todo.[12]Refletiria isso uma antiga tendência dos residentes no hemisfério norte de ver as paisagens tropicais como mais luxuriantes, mais selvagens, mais despovoadas do que suas contrapartes temperadas? (SLATER, 2002; STEPAN, 2001). Seria a palavra "desflorestamento", uma metonímia da multifacetada mudança ambiental e social na Amazônia –consequente da maciça privatização de terras – reveladora da "mistificação" de árvores, cujo tamanho, origens pré-históricas e energia auto-regeneradora personificariam a dignidade e transcendência que herdeiros da tradição romântica apreciam na natureza? (RIVAL, 1998). Ou seria a afirmação da vida nas culturas industriais que negam a morte? Isso poderia talvez explicar por que *rain forest* suplantou termos largamente usados para descrever a Amazônia, tais como *valley* ("vale"), *basin* ("bacia") ou aquele que soa mais abominável, *jungle* ("selva")? (SLATER, 2002, p. 137-139). Será que, como Bruno Latour argumenta, a ecologia política reivindica estar falando em nome "do Todo" mas apenas pode ter sucesso em formar a opinião pública e em alterar as relações de poder "focando em lugares, biótipos, situações ou eventos específicos?" (LATOUR, 2004, p. 21). Ou talvez em sociedades conduzidas pela mídia e saturadas de informação, a queima da floresta tropical tem proporcionado notícias excitantes e uma campanha bem-sucedida de arrecadação de fundos, especialmente se, como observa o cientista ambientalista brasileiro Alberto Setzer (*apud* REVKIN, 1990, p. 236), "o fogo tem um estranho efeito nas mentes das pessoas. Atrai sua atenção". Vale mencionar que colocar um adesivo de "salve a floresta" no para-choque do carro como um símbolo de consciência ambiental representa uma inconveniência muito menor do que optar por transporte público (GUDYNAS, 1993, p. 171).

No Brasil, a confluência de vários fatores levou ao crescimento da política ambientalista nos anos 1980: o rápido crescimento da poluição e da degradação ambiental em grandes áreas urbanas que sensibilizou setores da classe média; a reintegração política da esquerda após a derrota dos movimentos de guerrilha e a abertura política iniciada pelos militares

---

[12] Para ONGs britânicas, ver Zhouri (2001). Para uma visão geral, ver Kolk (1996) e Barbosa (2000).

no início dos anos 1980; o surgimento de novos movimentos sociais e debate público; e o papel do Brasil como uma nação em desenvolvimento com fortes laços com o mercado e a mídia internacionais em meio à proliferação mundial do movimento ecológico (VIOLA, 1987, p. 108). Os anos 1980 também testemunharam o aumento das ONGs ambientalistas no Brasil, muitas das quais receberam fundos de embaixadas estrangeiras e de organizações filantrópicas norte-americanas e europeias e que serviriam como uma crítica conexão para juntar e disseminar informações e desenvolver uma rede de indivíduos e organizações preocupados com a Amazônia (SCHMINK, 1992, p. 157). Ambientalistas, formuladores de política, consumidores e a mídia não inventaram o desflorestamento, mas suas reivindicações delinearam novos sentidos da natureza da Amazônia, bem como novos campos de batalha política.

Ciência e a recriação da Amazônia

O esverdeamento da política da Amazônia também reflete como ciência e tecnologia; não só serviram para destruir a floresta, mas também para recriá-la. Durante os anos 1960, quando a U.S. Atomic Energy Commission (Comissão de Energia Nuclear dos Estados Unidos) começou a investigar os efeitos de uma guerra ou de um acidente nucleares nas florestas, o ecologista de sistemas Howard Odum submeteu as florestas tropicais em Porto Rico a testes de radiação.

Ele descobriu que um ecossistema afetado possibilitava um melhor entendimento da estrutura e da função das florestas, proporcionando o primeiro estudo compreensivo de uma floresta tropical, e anunciando o aparecimento de uma nova geração de influentes ecologistas tropicais (HECHT; COCKBURN, 1989, p. 40-41).

Ao passo que as indústrias metalúrgicas e elétricas estabeleceram novas demandas por recursos florestais, através da construção de represas hidrelétricas e da demanda de carvão vegetal, os campos da biologia de conservação e da engenharia genética têm sido decisivos em reestruturar (e renomear) o significado da mudança do uso da terra no Amazonas (BECKER, 1990, p. 88-92).

Como sugere David Takacs, o campo da biologia da conservação, disciplina formalizada nos anos 1980 para preservar os ecossistemas e hábitats mais do que as meras espécies, cunhou o termo "biodiversidade". O termo, mais neutro e menos controvertido que *wilderness protection* (usado até então), e dissociado das conotações negativas de "natureza", incorporou os objetivos de conservação em direção ao que muitos biólogos realmente almejavam (conservação de ecossistemas e processos bióticos intactos) e, ao mesmo tempo, permitindo ao público manter o apego emotivo a ícones carismáticos. Embora em 1988 "biodiversidade" não tenha aparecido como palavra-chave nos *Biological Abstracts,* em 1993 o termo apareceu 72 vezes. Relacionada ao "multiculturalismo" (um termo que também foi popularizado em 1988), a noção de biodiversidade espalhou-se através de inúmeras disciplinas acadêmicas, bem como na *mass media* (TAKACS, 1996). A ciência do clima igualmente reformulou a Amazônia na arena transnacional, ao envolver o desflorestamento no processo de aquecimento global. Durante a Guerra Fria, o governo americano aumentou os fundos de pesquisa para Geociência Física e Meteorologia no interesse da defesa nacional e um potencial engajamento em uma guerra climatológica. O uso de satélites para monitorar o clima global foi inaugurado pelo Departamento de Defesa dos Estados Unidos em 1960 e aperfeiçoado significantemente na década seguinte. O radiocarbono, que começou a ser intensamente estudado nos EUA no meio dos esforços de guerra para construir armas nucleares e detecção pós-guerra de partículas atômicas precipitadas pelos testes nucleares soviéticos, poderia ser usado para rastrear o movimento de carbono na atmosfera. Em 1951, a Organização Meteorológica Mundial foi criada nas Nações Unidas ao mesmo tempo em que o Ano Geofísico Internacional (1957-1958) uniu cientistas de doze diferentes disciplinas e muitas nações para realizar projetos de pesquisa colaborativa. Inovações tecnológicas têm permitido aos cientistas medir os níveis de dióxido de carbono na atmosfera (desde 1958), ao mesmo tempo em que novos fóruns institucionais possibilitaram projetos de pesquisa interdisciplinares e globalizados nos campos antes balcanizados da Meteorologia, Oceanografia, Hidrologia, Geologia, Glaciologia e Ecologia das plantas (WEART, 2003, p. 21-35, 110).

Com a década de 1980 tendo os seis anos mais quentes até então registrados, o debate sobre aquecimento global migrou de arcanos jornais científicos para fóruns políticos, noticiários e conversas cotidianas. Grupos anticorporativos agarraram-se à causa como forma de criticar a falta de regulamentação governamental. O movimento ambiental, que até então tinha se interessado apenas ocasionalmente pelo assunto, assumiu o aquecimento global como plataforma política chave, ao mesmo tempo em que grupos com outros objetivos – tais como preservar a floresta tropical, reduzir a poluição do ar, promover fontes de energia renovável, e retirar subsídios governamentais para combustíveis fósseis ou reduzir o crescimento da população – podiam agora encontrar uma causa comum. Enquanto uma pesquisa de 1981 descobriu que apenas

38% dos americanos tinham ouvido falar do efeito estufa – o tópico alcançou pela primeira vez a página de frente do *New York Times* naquele ano – em 1989, 79% dos americanos tinham ouvido falar ou lido sobre o tema. Mais notável talvez, pesquisadores e pessoas leigas começaram a discutir ou reimaginar climas não mais em seu velho significado de padrões do tempo regional, mas como sistemas planetários. Políticos e populações no hemisfério norte tornaram-se sensíveis à ideia de aquecimento global – embora muitos tenham permanecido confusos com seus desdobramentos e impassíveis diante de chamadas para uma revisão geral do estilo de vida (WEART, 2003, p. 116, 142-160).

A mudança de uso da terra na Amazônia tem contribuído para o efeito estufa através da queima e decomposição de biomassa, a queima repetida de pastagem e floresta secundária, bem como da exploração madeireira, pecuária e represas hidrelétricas (FEARNSIDE, 2005, p. 36). Em 1991, o Banco Mundial estimou que o desmatamento na Amazônia brasileira foi responsável por 4% de todas as emissões de dióxido de carbono, enquanto a contribuição total do desflorestamento no mundo para o aquecimento global, principalmente a partir da liberação de carbono, foi estimada em 14% em 1990 (KOLK, 1996, p. 84). De fato, durante os anos 1980, países industrializados, que compreendiam 26% da população mundial, eram responsáveis por 81% do consumo de energia (ESCOBAR, 1995, p. 212). Entretanto, no final dos anos 1980 e começo dos anos 1990, certo número de políticos e cidadãos nas nações industrializadas definiu a Amazônia como ponto crítico para o problema do aquecimento global.

Em 1989, o parlamento alemão realizou audiências sobre desmatamento tropical e mudança climática e identificou a redução do desflorestamento como prioridade para evitar o aquecimento global. Relatórios publicados pelo Greenpeace e pelo Friends of the Earth UK nos dois anos seguintes sustentaram que um dos mecanismos mais eficientes, em termos de custo, para contrabalançar o efeito estufa, era fazê-lo através do reflorestamento e diminuição do desflorestamento. Antes da Conferência das Nações Unidas, no Rio de Janeiro em 1992, o desflorestamento tropical era considerado um grande fator para o aquecimento global pelos governos europeus e ONGs da Europa (FEARNSIDE, 2005, p. 45-51).

Em sequência ao retorno da democracia em 1985, enquanto o Brasil enfrentava os desafios de enorme dívida externa, hiperinflação e reestruturação neoliberal, sua elite política tornava-se cada vez mais sensível à censura externa e aos incentivos para a criação de política ambiental na Amazônia. No encontro do G-7 em Houston em 1990, por exemplo, o Programa Piloto para Proteção das Florestas Tropicais do Brasil foi, em grande parte, lançado por iniciativa do governo alemão. O programa consistia de um pacote de ajuda de $ 300 milhões, administrados através do Banco Mundial (como curador) e do Ministério Brasileiro do Meio Ambiente, destinados a apoiar a conservação e desenvolvimento sustentável da Amazônia e da Mata Atlântica e, ao mesmo tempo, fortalecer a capacidade institucional e a criação de política ambiental no Brasil (HALL, 2000, p. 102). Ao receber a Conferência das Nações Unidas no Brasil em 1992, o presidente Fernando Collor tinha como objetivo mostrar o compromisso do Brasil com a proteção ambiental.

Em suma, a reconstrução da Amazônia nos anos 1980 resultou não só de políticas do estado brasileiro promovendo expansão de fronteira, mas de mudanças nas economias políticas do Atlântico Norte e do Brasil, da emergência do movimento ecológico global, de novas tecnologias e formas de conhecimento científico, das representações da mídia e percepções culturais da floresta. As populações e recursos da Amazônia contribuíam, há muito tempo, para os processos de desenvolvimento global e de conhecimento científico, assim como para o processo de fundação do nacionalismo brasileiro. Também novas exigências materiais, correntes ideológicas e significados simbólicos serviram para reinventar a floresta tropical na política internacional.

Um enfoque histórico, no entanto, também nos permite coligir continuidades nas representações contemporâneas da Amazônia. O pânico neomalthusiano, que alimentara vertentes de políticas tanto imperialistas quanto ambientalistas, repercute na obsessão do Atlântico Norte de que as nações do sul estão pondo em risco o mundo inteiro através da desflorestação ou extinção de espécies. Alternativamente, a promoção de "sumidouros de carbono" da floresta tropical como um antídoto para a mudança climática pode servir para desviar das indústrias de energia, manufaturados, agricultura e automobilística nos Estados Unidos a pressão política e os custos financeiros para promover ou investir em tecnologias ambientalmente corretas (FEARNSIDE, 2005, p. 36-64). Mais uma vez, diz-se que evitar o apocalipse depende inteiramente do uso apropriado dos recursos da Amazônia.

"Povos tradicionais": novas identidades, velhos temas

O esverdeamento da política da Amazônia é também o resultado da apropriação do discurso conservacionista pelos brasileiros rurais pobres frente à violência endêmica, à pobreza esmagadora e às oportunidades sem precedentes para uma organização política formal.

Durante os anos 1970 e 1980, na medida em que os cercamentos de terra se intensificaram na Amazônia, milhares de seringueiros foram expulsos. Quando o governo de José Sarney revelou o Plano Nacional de Reforma Agrária em 1985, os seringueiros fundaram o Conselho Nacional dos Seringueiros para garantir que os planos regionais para a Amazônia acomodariam as necessidades específicas dos extratores. No encontro inaugural em Brasília em 1985, mais de cem seringueiros, representando uma variedade de sindicatos e organizações, incluindo os antigos "soldados da borracha" do período da Segunda Guerra Mundial, endossaram a suspensão de todos os projetos de colonização patrocinados pelo governo nas áreas da borracha; a participação de todos os extratores em todos planos de desenvolvimento regional; e a preservação de áreas da floresta através da criação de reservas para extração. O Conselho advogou a criação de reservas extrativistas em terras federais, com o uso regulamentado por uma associação comunitária local de seringueiros e outros "habitantes naturais da floresta" (HECHT; COCKBURN, 1990, p. 207-208, 262-263). Inspiradas no modelo de uso comum da terra de território federal, codificado pela legislação brasileira que cobre as reservas indígenas, reservas para extração eram distintas no sentido de que os direitos constitucionais dos povos indígenas derivavam de seu *status* de ocupantes originais, ao passo que os extratores de borracha e outros "povos tradicionais" estariam condicionados à administração ambiental (ALLEGRETTI, 1990, p. 257-258; CARNEIRO DA CUNHA; ALMEIDA, 2001, p. 184). Ao afirmar o "desejo de estabelecer as mais abrangentes alianças possíveis com povos tradicionais na Amazônia" e por "modelos de desenvolvimento que respeitem o modo de vida, culturas e tradições dos povos das florestas sem destruir a natureza, e que promovam a qualidade de vida", os seringueiros tinham assinalado sua afinidade simbólica e política com os povos indígenas (HECHT; COCKBURN, 1990, p. 262-263).

A denominação dos seringueiros como "povos tradicionais das florestas" é uma mudança linguístico-cultural digna de nota. Nos círculos militares e nacionalistas brasileiros, os seringueiros podiam ter sido saudados como proto-patriotas que desbravaram a floresta amazônica, conquistaram o território da Bolívia (Acre) e defenderam as fronteiras nacionais através de sua presença inabalável no terreno hostil. Nos seringais, os seringueiros eram chamados de "fregueses" pelos seus chefes, reflexo do sistema de trocas que apoia as relações sociais, enquanto seu local padrão de referência era um rio específico, muito mais do que "a floresta". Composição racial, origem geográfica e tempo na Amazônia também eram marcadores chave: patrões e seringueiros faziam distinção entre "bravos", nordestinos recentemente chegados nas áreas de borracha, e "mansos", aqueles que já haviam sido subjugados pelas forças socioecológicas na floresta, enquanto os seringueiros vindos de populações indígenas locais provavelmente seriam identificados ou autoidentificados racialmente como "caboclos". Os próprios seringueiros provavelmente não se viam historicamente como "tradicionais". Baladas de seringueiros, de fato, têm celebrado suas contribuições para a era moderna e a consolidação da nação-estado: "Vamos honrar o seringueiro/ vamos honrar a nação/ porque graças ao trabalho destas pessoas/ nós temos automóveis e a aviação."[13]

Os seringueiros, ao se moverem fora do terreno das lutas locais para se aliar com setores nacionais e multinacionais, enfrentaram certa crise de legibilidade política.[14] As populações miscigenadas da Amazônia, confirmando uma longa história de controle colonial, conversão religiosa, violência sexual e migração desestabilizam narrativas de paisagens "intocadas". Elas permaneceram, por muito tempo, invisíveis em relatos históricos e etnográficos, bem como em discursos desenvolvimentistas (NUGENT, 1993). Como "povos tradicionais", os seringueiros, assim como as populações indígenas, puderam invocar o manejo da natureza para adquirir prestígio político mais amplo. E com o apoio de ONGs ambientalistas internacionais e antropologistas brasileiros, os seringueiros ganharam influência.

Desde o começo dos anos 1980, ativistas ambientais americanos e britânicos começaram a criticar os projetos ecologicamente destrutivos financiados por bancos multilaterais, eram particularmente vulneráveis a pressões do congresso americano devido a grandes contribuições financeiras e quotas de votos. No Brasil, o Banco Mundial ajudara a financiar programas agressivos de construção de estradas na Amazônia, e um dos principais alvos dos ambientalistas foi o projeto da Polonoroeste em Rondônia. Entre 1983 e 1986, o congresso americano promoveu dezessete audiências relacionadas a bancos de desenvolvimento multilateral e o meio ambiente (KECK; SIKKINK, 1998, p. 137-139). O sucesso da campanha se deveu, em parte, ao namoro entre ambientalistas do norte e seringueiros no oeste da Amazônia. Em 1985, ambientalistas estabeleceram contato com Chico Mendes, envolvido por mais de uma década na organização dos seringueiros no Acre

---

[13] "Hino do seringueiro", publicado em Shanley e Medina (2005, p. 284).

[14] Sobre a questão da "legitimidade" no discurso politico amazônico, ver Beth A. Conklin (1997).

contra processos de evicção. Como observa Margaret Keck, a relação era mutualmente benéfica no sentido de permitir aos seringueiros ganhar aliados internacionais em seu esforço por justiça social; para os ambientalistas, os seringueiros forneciam uma face humana para o drama do desflorestamento, ofereciam uma alternativa para projetos de desenvolvimento de larga escala, e uma defesa contra acusações de que a destruição da floresta tropical era preocupação apenas de estrangeiros privilegiados (KECK, 1995, p. 409-424).

O ativismo de base foi recebido tanto com violência como com concessões políticas. Em 1988, um fazendeiro assassinou Chico Mendes – um dos noventa trabalhadores rurais assassinados no Brasil naquele ano. No ano seguinte, entretanto, uma emenda na lei da Política Nacional do Meio Ambiente estabeleceu formalmente as reservas extrativistas como um tipo distinto de unidade de conservação que permite a extração de recursos naturais por seus residentes. Em 1994 a área total das nove reservas extrativistas (oito das quais eram na Amazônia) era de 22.007 quilômetros quadrados, com uma população total de 28.460 (ELI STAFF, 1992, p. 11-31). Entretanto, nem como retaguarda contra o Eixo, nem com salvaguarda contra o aquecimento global, os seringueiros têm sido capazes de escapar da pobreza devastadora. Além disso, o contemporâneo romanceamento das "guerrilhas verdes" reforça o mito do "primitivo" como um contraste para a sociedade industrial assumindo a responsabilidade de representar as "pré-histórias" do futuro do ocidente (BARKAN; BUSH, 1995).[15]

Conclusão

O renascimento da Amazônia como um santuário ecológico global foi engendrado por mudanças nas economias industriais, descobertas científicas e inovações tecnológicas; novos blocos políticos e movimentos de base; ícones culturais e terminologias recém-criados. Estendendo-se de Manaus a Manhattan, esses conflitos envolveram ativistas e extrativistas, biólogos e *bloggers*, agronegócio e acadêmicos, jornalistas e pesquisadores, consumidores e conservacionistas, nas redes que serviram para refazer os significados de natureza e política na Amazônia brasileira.

---

[15] Sobre o papel desempenhado por antropólogos na criação e reciclagem da noção do "outro" primitivo, ver Kuper (1988) e Fabian (1983).

Entretanto, ainda que a importância da Amazônia na economia global e no imaginário tenha evoluído da Era Vargas à Era Verde, outras bases históricas dessa inter-relação persistem. Assim como a crise na economia global depois de Pearl Harbor precipitou a intervenção americana na Amazônia, seus excessos alimentaram preocupações contemporâneas dos EUA e Europa com o desflorestamento tropical e o aquecimento global. Nos dois períodos históricos, *experts* do hemisfério norte têm alegado possuir o conhecimento técnico e o quociente moral para ditar o gerenciamento dos recursos tropicais. Nos dois momentos, a ciência tem sido recrutada para delinear e solucionar problemas de produção de recursos e consumo que são enraizados em conflitos socioeconômicos locais, padrões culturais, e desigualdades globais. Em suma, nas duas eras, uma eclética coleção transnacional de mediadores tem se empenhado em definir uma gestão apropriada de recursos na Amazônia, mesmo que dramáticas mudanças do pós-guerra tenham modificado, em parte, o perfil e os *scripts* dos atores.

Referências

ALEXOPOULOS, Constantine John; CALDEIRA FILHO, Herculano. *Special Report* n. 1: The Seringaes of Raymundo Bessa on the River Javary, Benjamin Constant. PUL, RDCAD, box 5, Technician Reports, 5/2, 23 Jan. 1944.

ALLEGRETTI, Mary H. Extractive Reserves: An Alternative for Reconciling Development and Environmental Conservation in Amazonia. In: ANDERSON, Anthony B. (Ed.). *Alternatives to Deforestation: Steps toward Sustainable Use of the Amazon Rain Forest*. New York: Columbia University Press, 1990. p. 252-264.

ALLEGRETTI, Mary H. The Amazon and Extracting Activities. In: CLÜSENER-GODT, Miguel; SACHS, Ignacy. *Brazilian Perspectives on Sustainable Development of the Amazon Region*. Paris: UNESCO, 1995. p. 157-174.

ALMEIDA, Anna Luiza Ozorio de. *The Colonization of the Amazon, 1970-1980*. Austin: University of Texas Press, 1992.

BARBOSA, Luiz C. *The Brazilian Amazon Rainforest*: Global Ecopolitics, Development, and Democracy. Lanham: University Press of America, 2000.

BARKAN, Elazar; BUSH, Ronald (Ed.). *Prehistories of the Future*: The Primitivist Project and the Culture of Modernism. Stanford: Stanford University Press, 1995.

BECKER, Bertha K. *Amazonia*. São Paulo: Ática, 1990. (Princípios, 192).

BUEGE, Douglas J. The Ecologically Noble Savage Revisited. *Environmental Ethics*, Denton, v. 18, n. 1, p. 71-88, Spring 1986.

CARNEIRO DA CUNHA, Manuela; ALMEIDA, Mauro W. Barbosa de. Populações tradicionais e conservação ambiental. In: CAPOBIANCO, João Paulo R. *et al*. (Ed.). *Biodiversidade amazônica: Avaliação e ações prioritárias para a conservação, uso sustentável e repartição de benefícios*. São Paulo: Instituto Socioambiental, 2001. p. 184-193.

CONKLIN, Beth A. Body Paint, Feathers, and VCRs: Aesthetics and Authenticity in Amazonian Activism. *American Ethnologist*, v. 24, n. 4, p. 711-737, 1997.

CORRÊA, Roberto Ribeiro. BASA: seis décadas de mudança institucional. In: MENDES, Armando Dias (Ed.). *Amazônia*: terra e civilização. Belém: BASA, 2004. v. 2, p. 553-615.

DORE, Elizabeth. Capitalism and Ecological Crisis: Legacy of the 1980s. In: COLLINSON, Helen (Ed.). *Green Guerrillas*: Environmental Conflicts and Initiatives in Latin America and the Caribbean. Nottingham: Russell Press, 1996. p. 8-19.

DOUGLAS, Mary; WILDAVSKY, Aaron. *Risk and Culture*: An Essay on the Selection of Technical and Environmental Dangers. Berkeley: University of California Press, 1982.

E. B. Hamill to All Technicians, "Excerpt from a memorandum of Field Technician Becker on the Muaná District," Manaus, October 11, 1943, RDC, ADR, Box 8, Tech Reports 4/8, PUL.

ELI STAFF – ENVIRONMENTAL LAW INSTITUTE STAFF. *Brazil's Extractive Reserves: Fundamental Aspects of Their Implementation*. Washington: ELI, 1992.

ESCOBAR, Arturo. *Encountering Development: The Making and Unmaking of the Third World*. Princeton: Princeton University Press, 1995.

FABIAN, Johannes. *Time and the Other: How Anthropology Makes its Object*. New York: Columbia University Press, 1983.

FEARNSIDE, Philip. Global Implications of Amazon Frontier Settlement: Carbon, Kyoto and the Role of Amazonian Deforestation. In: HALL, Antony L. (Ed.). *Global Impact, Local Action: New Environmental Policy in Latin America*. London: Institute of the Study of Americas, 2005. p. 36-64.

GUDYNAS, Eduardo. The Fallacy of Ecomessianism: Observations from Latin America. In: SACHS, Wolfgang (Ed.). *Global Ecology: A New Arena of Political Conflict*. London; Atlantic Highlands: Zed Books; Halifax: Fernwood, 1993. p. 170-179.

GUHA, Ramachandra; MARTINEZ-ALLIER, Juan. *Varieties of Environmentalism*: Essays North and South. London: Earthscan Publications, 1997.

HALL, Anthony. *Environment and Development in Brazilian Amazonia: From Protectionism to Productive Conservation*. In: HALL, Anthony. (Ed.). *Amazonia at the Crossroads*: the Challenge of Sustainable Development. London: Institute of Latin American Studies, 2000. p. 99-114.

Harold E. Gustin to B.V. Worth, Manaus, September 4, 1942, Rubber Development Corporation [RDC], Amazon Division Records [ADR], Box 2, Rubber Tapping and Production Methods 11/6-7, Department of Rare Books and Special Collections, Princeton University Library [PUL].

HECHT, Susanna B.; COCKBURN, Alexander. *Fate of the Forest: Developers, Destroyers, and Defenders of the Amazon.* New York: Verso, 1989.

HECHT, Susanna; COCKBURN, Alexander. *The Fate of the Forest: Developers, Destroyers, and Defenders of the Amazon.* New York: Harper Perennial, 1990.

KECK, Margaret E. Social Equity and Environmental Politics in Brazil: Lessons from the Rubber Tappers of Acre. *Comparative Politics*, New York, v. 27, n. 4, p. 409-424, July 1995.

KECK, Margaret E.; SIKKINK, Kathryn. *Activists beyond Borders*: Advocacy Networks in International Politics. New York: Cornell University Press, 1998.

KLIPPERT, W. E. Full Spiral Fourth-Day Tapping of Hevea Rubber and Its Advantages in the Present Emergency. Rio de Janeiro, April 20, 1943, RDC, ADR, Box 2, Rubber Tapping and Production Methods, 11/3, PUL.

KLIPPERT, W. E. Notes on Procurement of Wild Rubber in Latin America. 22 March 1943. National Archive [NA], Record Group [RG]234, Reports Relating to Rubber Development in Latin America, 1942-45, Brazil-General--South Brazil; S.V. Sihvonen, H. C. Haines, and M. C. Pereira, "Report on Rio Abunã Field Trip, March 31 to May 19, 1943" June 4, 1943, NA, RG234, Reports Relating to Rubber Development in Latin America, 1942-45. Brazil: South Brazil – Acre Territory (1942-43).

KOLK, Ans. *Forests in International Environmental Politics*: International Organisations, NGOS, and the Brazilian Amazon. Utrecht: International Books, 1996.

KRECH, Shepard. *The Ecological Indian*: Myth and History. New York: Norton, 1999.

KUPER, Adam. *The Invention of Primitive Society*: Transformations of an Illusion. London; New York: Routledge, 1988.

LATOUR, Bruno. *Politics of Nature*: How to Bring the Sciences into Democracy. Translated by Catherine Porter. Cambridge (MA): Harvard University Press, 2004.

LOHMANN, Larry. Green Orientalism. *The Ecologist*, London, v. 23, n. 6, p. 202-204, 1993.

MAHAR, Dennis. *Frontier Development Policy in Brazil*: A Study of Amazonia. New York: Praeger, 1979.

MANIFOLD, C. B. Head Field Technician, to All Field Technicians of Amazon Valley, September 9, 1942, RDC, ADR, Box 2, Rubber Tapping and Production Methods, PUL.

MARTINELLO, Pedro. *A "batalha da borracha" na Segunda Guerra Mundial.* Rio Branco: EDUFAC, 2004.

MCCORMICK, John. *Reclaiming Paradise: The Global Environmental Movement.* Bloomington; Indianapolis: Indiana University Press, 1989.

MILTON, Kay. *Environmentalism and Cultural Theory.* London; New York: Routledge, 1996.

NUGENT, Stephen. *Amazonian Caboclo Society: An Essay on Invisibility and Peasant Economy.* Providence; Oxford: Berg, 1993.

OLIVEIRA, Marivaldo Ferreira de. Hino do seringueiro. In: SHANLEY, Patricia; MEDINA, Gabriel (Ed.). *Frutíferas e plantas uteis da vida amazônica.* Belém: CIFOR; IMAZON, 2005. p. 284.

PEREIRA, Marcos Carvalho. *A guerra na Amazônia: o diário de um soldado da borracha.* Manuscrito não publicado.

PHILLIPS, Henry Albert. *Brazil: Bulwark of Inter-American Relations.* New York: Hastings House, 1945.

REDFORD, Kent H. The Ecologically Noble Savage. *Orion Nature Quarterly,* Great Barrington, ,v. 9, n. 3, p. 24-29, 1990.

REVKIN, Andrew. *The Burning Season: the Murder of Chico Mendes and the Fight for the Amazon Rain Forest.* Boston: Houghton Mifflin, 1990.

RIVAL, Laura. Trees, From Symbols of Life and Regeneration to Political Artefacts. In: RIVAL, Laura (Ed.). *The Social Life of Trees: Anthropological Perspectives on Tree Symbolism.* Oxford; New York: Berg, 1998. p. 1-36.

SCHMINK, Marianne. Amazonian Resistance Movements and the International Alliance. In: KOSINSKI, Leszek (Ed.). *Ecological Disorder in Amazonia: Social Aspects.* Paris: UNESCO, 1992. p. 149-172.

SCHMINK, Marianne; WOOD, Charles H. (Ed.). *Frontier Expansion in Amazonia.* Gainesville: University of Florida Press, 1984.

SETZER, Alberto apud REVKIN, Andrew. *The Burning Season: the Murder of Chico Mendes and the Fight for the Amazon Rain Forest.* Boston: Houghton Mifflin, 1990.

SLATER, Candace. *Entangled Edens: Visions of the Amazon.* Berkeley; Los Angeles: University of California Press, 2002.

STEPAN, Nancy. *Picturing Tropical Nature.* Ithaca: Cornell University Press, 2001.

TAKACS, David. *The Idea of Biodiversity: Philosophies of Paradise.* Baltimore: Johns Hopkins University Press, 1996.

THÉRY, Hervé. New Frontiers in the Amazon. In: HALL, Anthony (Ed.). *Global Impact, Local Action: New Environmental Policy in Latin America*. London: Institute for the Study of the Americas, 2005. p. 65-73.

TUCKER, Richard P. *Insatiable Appetite: The United States and the Ecological Degradation of the Tropical World*. Berkeley: University of California Press, 2000.

VIOLA, Eduardo. O movimento ecológico no Brasil (1974-1986): do ambientalismo à ecopolítica. In: PÁDUA, José Augusto. *Ecologia e política no Brasil*. Rio de Janeiro: Espaço e Tempo: Instituto Universitário de Pesquisas do Rio de Janeiro, 1987. p. 63-109.

WEART, Spencer. *The Discovery of Global Warming*. Cambridge (MA): Harvard University Press, 2003.

WORSTER, Donald. *Nature's Economy: A History of Ecological Ideas*. Cambridge (UK): Cambridge University Press, 1985.

ZHOURI, Andréa. Árvores e gente no ativismo transnacional: as dimensões social e ambiental na perspectiva dos campaigners britânicos pela Floresta Amazônica. *Revista de Antropologia*, v. 44, n. 1, p. 9-52, 2001.

Territórios em disputa: escritos geográficos e cartografias brasilianas

Maria do Carmo Andrade Gomes

Este texto trata de dois empreendimentos editoriais distintos, cujas trajetórias foram por longo período paralelas e nascidas de um momento político especialmente significativo no campo cultural e científico brasileiro, qual seja das décadas de 1930 e 1940. Pretende-se abordar uma seleção de obras publicadas pela Coleção Brasiliana e de artigos da *Revista Brasileira de Geografia* (*RBG*) para entender como, a partir desses dois veículos de difusão de conhecimento sobre a realidade brasileira, se cruzavam visões, intenções e usos das questões geográficas, especialmente daquelas que teriam na cartografia seu fundamento retórico, ilustrativo ou analítico. Foram analisadas 65 obras da Coleção Brasiliana, publicadas entre 1932 e 1947,[1] e os 36 volumes da *RBG* que cobrem os anos de 1939 a 1947.[2]

Voltar a essas publicações, às formas com que elas foram concebidas e aos discursos e conteúdos que veicularam, pode contribuir no entendimento das condições de produção do conhecimento científico

---

[1] Selecionadas entre as subséries Viajantes, Geografia, História, Biologia, Geologia, História da Ciência e Grandes Formatos.

[2] *Grosso modo*, as balizas cronológicas cobrem o período inaugurado com o movimento de 1930, o consequente jogo de forças na luta pela hegemonia do país nos anos trinta e a instauração da cultura política e atuação centralizadora do Estado Novo. O ano inicial de cada período delimitado diz respeito à primeira publicação – no caso da Brasiliana da primeira obra das subséries selecionadas, a do viajante francês Auguste de Saint-Hilaire. O corte final corresponde ao ultimo lançamento antes da saída dos protagonistas Fernando de Azevedo, da Coleção Brasiliana, e Christovam Leite de Castro, da *RBG*.

e das estratégias de construção e intervenção no território brasileiro, seja na perspectiva das elites intelectuais seja do Estado e seus agentes. Isso porque as décadas de 1930 e 1940 foram determinantes na autonomização e afirmação da Geografia e da Cartografia como disciplinas, como também na sua institucionalização universitária e consagração como política pública estratégica.

Os escritos geográficos e cartográficos dos dois empreendimentos assumem relevância se pensamos que estavam em curso disputas por políticas educacionais e territoriais cujos campos em comum passavam pelo debate sobre a Geografia no ensino, na ciência e no Estado e pelas estratégias de promover uma cartografia que, se aliada e instrumento da ciência geográfica, fosse, antes de tudo, um instrumento de consolidação, controle e sistematização do território nacional. Os traços vincados nesse período ainda hoje transparecem no quadro da produção geográfica, mas sobretudo cartográfica, seja acadêmica ou governamental.

Para além de sua instrumentalização, os mapas são formas de ver e dar a ver uma dada paisagem ou fenômeno espacializável, e as escolhas técnicas dos autores e dos editores desses consagrados veículos de difusão das imagens conformaram uma pedagogia do olhar sobre a realidade física e cultural do país.

Os contextos, a rede em ação: atores em trânsito, instituições e políticas em construção

Simom Schwartzman, em texto ainda atual (2001), afirma que a ciência brasileira de nossos dias tem fortes tradições que remetem aos anos 1930, quando a institucionalização dos campos de conhecimento em universidades, nas sociedades científicas e nos órgãos públicos – e o fortalecimento do mercado editorial –, criaram as condições para a produção e veiculação de estudos científicos e para empreendimentos editoriais como os aqui estudados.

Entre as décadas de 1920 e 1940 estava em curso um debate sobre as reformas educacionais e a emergência de projetos distintos de pesquisa e ensino, cujo palco de lutas mais acirradas serão os anos anteriores ao golpe de 1937. O quadro tensionado por forças em oposição era complexo, envolvendo as associações civis como a Associação Brasileira de Ciências e a Associação Brasileira de Educação e as elites ligadas ao clero católico. Uma geração de intelectuais dispôs-se a promover uma redescoberta do país a partir da cultura científica e da educação, liderada por homens com concepções diferentes como Anísio Teixeira, Fernando de Azevedo, Carlos Delgado de Carvalho, Mario Augusto Teixeira de Freitas, Gustavo Capanema e Alceu Amoroso Lima.

A criação das universidades de São Paulo (USP), do Distrito Federal (UDF, Rio de Janeiro) e a Universidade do Brasil (Rio de Janeiro) foram realizações concretas desse quadro de disputas políticas e ideológicas.[3] As trajetórias de alguns dos personagens envolvidos são exemplares, pois revelam uma intelectualidade em mobilização e trânsito intenso em todas as instâncias da rede que então se formava.

O educador e escritor Fernando de Azevedo participou ativamente da criação da USP. Já então se encontrava em plena atividade como editor da Biblioteca Pedagógica Brasileira, na qual a Coleção Brasiliana compunha uma série. No campo da Geografia, o nome mais destacado é o do professor Pierre Deffontaines, membro do grupo de geógrafos franceses que chegaram ao Brasil nos anos 1930 carregando em sua bagagem a cultura geográfica francesa.[4] Além de professor da USP, também lecionou na UDF e posteriormente na Universidade do Brasil. Foi autor de artigos na *Revista Brasileira de Geografia* e prefaciador da Coleção Brasiliana.

Para José Veríssimo, que assina o capítulo de Geografia do Brasil no livro de Fernando de Azevedo, *As ciências no Brasil*, Deffontaines acendeu "a chama da pesquisa científica [...] e sua ação esclarecida ultrapassou os limites da Universidade de São Paulo para o âmbito nacional através de realizações e atuações proveitosas" (PEREIRA, 1955, p. 393).[5]

---

[3] Enquanto a Faculdade de Filosofia, Ciências e Letras da Universidade de São Paulo, criada em 1934, logrou orientar seu projeto acadêmico na afirmação da ciência autônoma, com ênfase na experimentação e no trabalho de campo, a Faculdade de Ciências da Universidade do Distrito Federal, de 1935, que seguia os mesmos princípios, não teve o mesmo êxito político em impor-se e foi fechada, substituída pela Universidade do Brasil, criada em 1937, já no Estado Novo. Esta transplantação significou a derrota dos propositores da escola nova, como formulada por Anísio Teixeira, e consagrou a proposta do grupo mais conservador, ligado ao ministro Gustavo Capanema.

[4] A ele devem ser somados os nomes dos professores Pierre Monbeig, Emmanuel de Martonne e Francis Ruellan, entre outros.

[5] Deffontaines fundou e foi diretor da Associação dos Geógrafos Brasileiros e um dos incentivadores da criação do Conselho Nacional de Geografia.

A Geografia e a Cartografia também conheceram nesse período um fortalecimento substancial que adveio da nova ordem governamental que se seguiu ao movimento de 1930 e consolidou-se com o Estado Novo: a formulação de políticas territoriais e o surgimento de um aparato tecnoburocrático apto a empreender ações efetivas de intervenção na realidade do país.

Das disputas pela constituição do campo geográfico, inseridas nas lutas ideológicas do período pós-1930, sairia vencedor o grupo liderado por Getúlio Vargas, inaugurando um novo momento no qual as políticas geográficas ganhariam destaque:

> O Estado Novo foi um período de intensa formulação de políticas territoriais explícitas [...] Pode-se dizer que nesse período foi criado (e territorializado) o próprio estado brasileiro. Construía-se assim, uma nova geografia material do país, e esta se fazia acompanhar de uma nova construção simbólica da identidade nacional; o nacional agora claramente expresso como estatal e oficial. Por isso, o período também é rico no que tange à formulação de representações do espaço, uma época de ampla difusão de ideologias geográficas. (MORAES, 1991, p. 172)

Entre os anos 1934 e 1937, o governo Vargas montou uma estrutura administrativa que alicerçou seu projeto político de modernização conservadora. À institucionalização do programa estatístico somou-se a articulação com o programa geográfico, culminando com a criação do Instituto Brasileiro de Geografia e Estatística. Como enfatizamos em texto anterior,

> O IBGE lançou de imediato as campanhas geográficas, à semelhança do setor estatístico. A cartografia tornou-se um dos fortes objetivos do Instituto, expresso na priorização de projetos como a revisão dos cálculo da superfície do país, a realização da campanha de coordenadas geográficas das sedes municipais, a produção dos mapas regionais e municipais e a execução da carta geral do Brasil ao milionésimo. Os formuladores das políticas inaugurais do Conselho Nacional de Geografia, como o engenheiro Christovam Leite de Castro, entendiam a geografia em estreita relação com a cartografia, instrumentos por excelência das políticas territoriais modernizantes que se pretendiam no período [...]

As bases legais para o trabalho foram sistematizadas, após o golpe de 1937, com o decreto-lei federal n° 311, de março de 1938, a chamada *lei geográfica do Estado Novo*, que dispunha sobre a divisão territorial do país e lançava a campanha dos mapas municipais [...] Todo o esforço voltava-se para a fundação de uma ordem, de uma homogeneidade territorial: espaços contíguos e não superpostos, circunscrições sistematizadas jurídica e administrativamente, nomenclatura padronizada, limites estáveis. (GOMES, 2010, s/p)

O programa oficial de institucionalização da Geografia, ou seja, aquele originado das estratégias geopolíticas do governo, tinha como foco essencial a produção de uma cartografia do país, cartografia sistemática, ordenada e homogênea, representação hierarquizada de uma totalidade territorial que, se inexistente no mundo real, estaria programaticamente instituída nas cartas. As noções recorrentes de completude, racionalidade, padronização, rigor, permanência e sistematicidade emergem dos documentos oficiais, sejam resoluções, programas, leis.

Por meio dos discursos e métodos científicos, buscavam-se tanto as formas práticas de intervenção no território, marcados por diferentes problemas legais, fiscais e eleitorais, como a produção simbólica de imagens da pátria. Estava em curso, nas palavras de Camargo (2009), a formulação de uma *pedagogia do espaço*, baseada no reforço ao ensino e à pesquisa da Geografia.

Esse cenário de transformações, para além da conjuntura nacional, inseria-se nas correntes internacionais de afirmação da Geografia enquanto ciência e de universalização de Cartografia. Segundo Robic (2002, p. 184), uma profunda mudança se observa no uso dos mapas que, de instrumentos para o "inventário cartográfico do mundo", produção característica das sociedades de geografia, passam a compor o grande projeto universalizante de produção de uma carta estandardizada do globo, na escala do milionésimo.

Não era outra, enfim, a proposta do Conselho Nacional de Geografia, que almejava a participação brasileira na União Geográfica Internacional. Diferentes atores concorreram nesse processo, como a Academia Brasileira de Ciências, que, segundo a versão oficial veiculada na *RBG*, pediu o apoio do governo na formulação de uma política geográfica que legitimasse a participação brasileira na União Geográfica Internacional, a partir da provocação lançada pelo geógrafo Emanuel de Martonne, secretário-geral da UGI em visita ao Brasil.

Convergiram nesse interesse, em 1934, a Academia Brasileira de Ciências e os "professores de geografia da Missão Universitária francesa junto à Universidade de São Paulo e do Distrito Federal" (HISTÓRICO, p. 10). Em 1936 os franceses Pierre Monbeig e Pierre Deffontaines fizeram demandas no mesmo sentido ao Ministério das Relações Exteriores, e por sua vez a Associação dos Geógrafos Brasileiros, recém-criada, solicitou a criação do Conselho e a sua filiação à UGI.

Dessa forma, o projeto governamental de produção de uma cartografia homogênea, cobrindo o território em uma malha de representação unificada, estava em consonância com o projeto em curso da cartografia internacional. Por outro lado, os geógrafos e cartógrafos se dividiam quanto à produção de cartas topográficas de grande escala, detalhando características regionais e as cartas-síntese de pequena escala. Ambos tinham expressivo valor como instrumentos aplicados aos interesses militares e governamentais. À medida que uma geografia universitária passou a ser hegemônica, uma cartografia temática, ou aplicada, ganhou força como instrumento de representação e especialmente de expressão das análises e interpretações realizadas sobre o terreno. Mas os usos essencialmente discursivos dos mapas permaneceriam nos projetos editoriais, mais evidentes, como veremos, nas páginas da Coleção Brasiliana, mais sutis e aparelhados cientificamente na revista.

A Coleção Brasiliana: escritos geográficos e usos discursivos das imagens cartográficas

A Coleção Brasiliana surgiu em 1931 como uma série da Biblioteca Pedagógica Brasileira, inserida no projeto editorial mais amplo do seu diretor intelectual, Fernando de Azevedo, para quem os livros teriam o poder de formação da consciência social e política do país. Azevedo, próximo de Anísio Teixeira e do grupo que empenhava-se na reforma educacional conhecida como escola nova, concebeu a Coleção Brasiliana como uma biblioteca destinada a disponibilizar para um público amplo títulos raros e novos lançamentos sobre a realidade brasileira, materializando os saberes e articulando uma *pedagogia da nacionalidade* (DUTRA, 2006, p. 35).

Na subsérie História, as obras selecionadas para publicação formavam um *corpus* de fontes destinados às leituras e releituras do passado nacional como um percurso em direção à construção da nação. Nas ciências da natureza e na literatura de viagem, para tentar delimitar as subséries que interessam à análise da expressão cartográfica, a seleção editorial direcionou-se para as obras consagradas ao inventário e descrição do espaço e da paisagem brasileira e aos processos de construção e fixação do território. A fixação "heroica" das extensas fronteiras, o desbravamento das regiões "despovoadas" pelas bandeiras e outras expedições civilizadoras, a penetração para o oeste em direção ao futuro do país, a força catalizadora das correntezas dos rios, em especial o rio São Francisco e o vale do Amazonas, a diversidade paisagística, botânica e mineralógica e o respeito à natureza como expressos entre viajantes brasileiros e estrangeiros, eram temas recorrentes na Coleção Brasiliana. Nos exemplares respectivos, a registrar o esforço dos editores com a fidedignidade das obras, eram comuns as imagens cartográficas, a despeito da qualidade da impressão e das dificuldades inerentes à reprodução de cartas antigas, raras e de grandes formatos, além da produção de mapas novos.

A escolha de autores e temas não era nada inocente e dizia respeito às disputas e alianças nas relações entre atores – cientistas e intelectuais –, projetos – universitários ou governamentais –, e ideias – liberais, conservadoras, de esquerda, católicas – na intrincada rede que se adensava nos campos disciplinares em formação. Como frisou Dutra, tais escolhas se davam

> menos na relação desses intelectuais com seu público, e mais na relação da sua obra com os campos de conhecimento científico e universitário já constituídos, ou em constituição, com as questões culturais e políticas da época, e com os projetos de intervenção pública que mobilizaram a intelectualidade nos anos 30. (Dutra, 2006, p. 310)

Aos ensaios e estudos inéditos somava-se um grande número de publicações de "clássicos" como os viajantes nunca antes traduzidos e a reedição de obras consideradas relevantes, em sua maior parte originárias das primeiras décadas do século XX.

A rede de personagens envolvidos não se esgota no seu mentor intelectual Fernando de Azevedo e nos autores de cada obra, mas envolve ainda os prefaciadores, que muitas vezes são também autores de outras obras. Muitos desses atores, como veremos a seguir, contribuíam também na *RBG*, ou eram seus editores, o que revela a existência do trânsito intelectual que dá sentido ao conceito de rede.

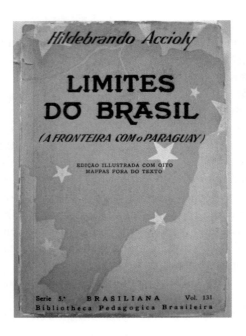

Figura 1 – Mapa como *logo* da Coleção Brasiliana
Fonte: ACIOLLY, 1938.

Estampando em sua capa padronizada uma *logo* do mapa do Brasil com a estrela do Cruzeiro do Sul, a Coleção Brasiliana veiculou ao longo do tempo um elenco de temas e imagens cartográficas recorrentes. Um dos primeiros volumes dedicados à subsérie Geografia é de Frederico Augusto Rondon, *Pelo Brasil Central*, dedicado à descrição dessa região, evocando o tema tão caro ao governo de Getúlio Vargas: a expansão para o oeste. Pierre Deffontaines prefaciou a obra e reforçou essa orientação estratégica oficial, que colocava o Brasil Central como o centro da civilização brasileira. Deffontaines foi enfático também na defesa de um plano cartográfico que inaugurasse um novo tempo para a nação: "Um país como o Brasil não tem o direito de permanecer sem representação exata de seu solo e de suas explorações. O serviço da carta é um dos mais urgentes a se montar" (DEFFONTAINES, 1938).

Uma modalidade de veiculação de mapas eram as reproduções, ainda que muitas vezes rudimentares, de "clássicos" da história da cartografia, como os mapas do período dos descobrimentos, ou dos viajantes do século XIX, acionados por eruditos como Cândido de Mello Leitão e Gustavo Barroso. A obra de Barroso, *O Brasil na lenda e na cartografia antiga*, única inteiramente dedicada à história da cartografia brasileira, chega a surpreender pelo esforço editorial na compilação e reprodução dos mapas antigos (BARROSO, 1941).[6]

Figura 2 – A América e a Ásia do globo de Johannes Schöner
Para viabilizar a veiculação dos mapas antigos, os autores da compilação necessariamente intervinham na imagem, simplificando traços e detalhes em nome da legibilidade do todo.
Fonte: BARROSO, 1941, s/p.

Hildebrando Accioly tem outra abordagem dos clássicos, alinhada aos estudos hermenêuticos dos diplomatas e tratadistas de limites, que promovem uma arqueologia dos mapas antigos como instrumentos de prova e armas retóricas em históricas disputas territoriais, seja por territórios seja por demarcação de limites (ACIOLLY, 1938).[7]

---

[6] Advogado e intelectual de múltiplas atividades, integralista militante e nacionalista, escreveu dezenas de livros, especialmente ensaios políticos.

[7] Diplomata de carreira, Hildebrando Accioly foi diretor da Seção de Limites e Atos Internacionais da Secretaria de Estado das Relações Exteriores (depois Ministério das Relações Exteriores), onde travou conhecimento com a vasta cartografia ali preservada. Seu livro teria o sentido de defender o país das acusações de estudiosos hispano-americanos, inconformados com o êxito brasileiro na consolidação do vasto território e na fixação da extensa fronteira.

Figura 3 – Trecho da Carta da Nova Lusitânia
A reprodução de mapas nas páginas da Coleção, especialmente de cartas antigas, exigia do projeto gráfico recursos como as dobraduras, que, alterando a modalidade de leitura, assegurava a legibilidade da imagem.
Fonte: ACIOLLY, 1938, s/p.

Outra forma de produção cartográfica são os croquis diagramáticos de função explicativa ou interpretativa, sempre autorais. Enquanto em Alfredo Ellis Jr. são usados para descrever processos históricos e marcar fortes posições interpretativas (ELLIS JR, 1934),[8] em Mário Travassos eles apontam os jogos de força territoriais. Obra fundamental e pioneira da geopolítica brasileira, sua reedição foi justificada pelos editores da Brasiliana pela sua atualidade nos anos 1930, "agora que o espírito geográfico começa a aparecer como o substratum das decisões dos homens de governo no Brasil" (TRAVASSOS, 1938, p. XXVI).[9]

---

[8] Defensor do bandeirismo e da ação "colonizadora" dos paulistas, a publicação de Ellis Jr. seria a ressonância do regionalismo na política editorial da Brasiliana.

[9] A obra de Travassos projetou o Brasil no jogo de poder territorial do continente, conclamando o país a assumir sua posição hegemônica na América. Com ele, a ideia da marcha para oeste revelava seus claros fundamentos geopolíticos.

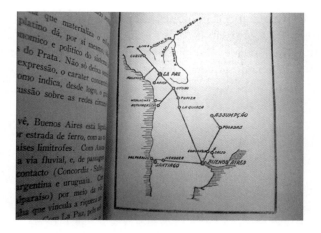

Figura 4 – Esboço cartográfico de Travassos
Fonte: TRAVASSOS, 1998, p. 17.

Esses esboços cartográficos não são expressão de uma técnica cartográfica de representação de parte do território, como na definição clássica dos mapas. São antes de tudo recursos da linguagem visual da cartografia, que retiram sua força de expressão da autoridade do autor da obra, compensando a pobreza visual de desenho ou da reprodução impressa pela legitimidade do discurso textual.[10] A economia de traços e de signos cartográficos reduz a imagem a uma síntese espacializada da ideia do autor.

Embora a literatura de viagens seja parte substantiva da Coleção Brasiliana, e a publicação dos relatos dos viajantes estrangeiros que percorreram o Brasil no século XIX, a maior parte até então inéditos, representasse uma parcela importante do projeto editorial de redescoberta do país, em termos da veiculação dos mapas originais as publicações da Brasiliana não apresentavam muitos exemplares de interesse. As dificuldades de impressão a cores e de acabamento gráfico desses documentos de grandes e variados formatos foram presumivelmente as razões desse divórcio entre as narrativas textuais e visuais que, na origem das obras, estiveram sempre ligadas. Os estrangeiros que acabaram tendo seus mapas reproduzidos em melhores condições são aqueles que produziram obras

---

[10] Essa observação pode ser estendida à quase totalidade das imagens cartográficas da coleção no que toca ao aspecto bastante rudimentar das impressões. É na autoridade técnica da coleção que se consagra o valor documental dos desenhos.

a serviço do país, como o geólogo americano C. F. Hartt (1941), que esteve à frente da Comissão Geológica do Império (1875-1877) e Henri Coudreau ([19-?]), cuja expedição ao rio Tapajós em fins do século XIX seguia incumbência do governo do estado do Pará.

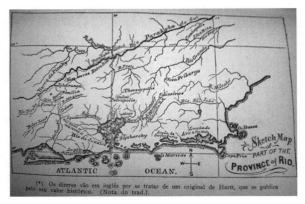

Figura 5 – Reprodução do mapa da província
do Rio de Janeiro, de C. F. Hartt
Fonte: HARTT, 1941, s/p.

Figura 6 – Mapa especial do Rio Xingu
O mapa de viagem do geógrafo francês Henri Coudreau: esforço
editorial para reprodução que resulta em uma desproporção do
dispositivo de leitura.
Fonte: COUDREAU, [19-?], s/p.

Por fim predomina uma cartografia temática e estatística, de variada escala e pouco colada à configuração física do território, descrevendo ou analisando fenômenos econômicos em Carvalho e Fróis de Abreu (1937). Este último autor, para tratar do tema das riquezas minerais no Brasil, aciona um repertório múltiplo de imagens, nas mais diversas escalas – do globo ao croqui de uma pequena parcela do território – das apropriações de outros documentos cartográficos ao desenho pessoal quase artesanal.

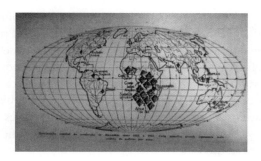

Figura 7 – Recursos cartográficos de diversas ordens e escalas na obra de Fróes de Abreu: cartografia aplicada
Fonte: ABREU, 1937,(a) s/p., (b) s/p.

Revista Brasileira de Geografia: escritos geográficos e usos técnico-científicos dos mapas

O primeiro número da *RBG* surgiu em janeiro de 1939, seguindo a resolução do Conselho Nacional de Geografia, promulgada no ano anterior. Tratava-se de mais uma das publicações do plano editorial do Instituto Brasileiro de Geografia e Estatística (IBGE), dando sequência a dois outros periódicos de conteúdo estatístico.[11]

A revista seria dedicada à "divulgação periódica de assuntos relativos ao território brasileiro" (Soares, p. 4). São apresentadas as intenções oficiais da edição: "contribuir para um maior conhecimento do território pátrio, difundir no país o sentido moderno da metodologia geográfica, promover o intercâmbio cultural com as instituições congêneres" (p. 4). A resolução do Conselho é clara em apresentar a revista como o seu órgão de divulgação.

---

[11] A retomada do *Anuário Estatístico do Brasil* (1936) e as *Sinopses Estatísticas Regionais* (1936).

Definida a tiragem mínima de 5 mil exemplares, o plano de distribuição abarcava toda a hierarquia oficial do país, as instituições econômicas e culturais consideradas relevantes, a estrutura tecnoburocrática dispersa territorialmente pelo IBGE, a rede de ensino público, as bibliotecas públicas e as entidades internacionais do campo geográfico, estas últimas encabeçadas pela União Geográfica Internacional. Esse arco de distribuição do mundo oficial incluía ainda "visitantes ilustres e funcionários de repartições especializados". Por fim, os exemplares excedentes seriam postos à venda.

Quanto ao plano de conteúdos da revista, a resolução cria uma Comissão de Redação, composta por três membros – "personalidades altamente especializadas em assuntos geográficos" – cuja escolha passava por sucessivos filtros do comando oficial. Além dos artigos individuais e coletivos aprovados, a revista divulgaria a legislação pertinente, as atividades do Conselho e demais fatos julgados de interesse. Uma interdição aos temas relativos a outros países – exceto em análises comparativas com o Brasil – completava esse plano nacionalista e oficial concebido na origem do periódico.

Segundo Camargo, o periódico exercia outras funções, como a articulação das políticas oficiais do Conselho Nacional de Geografia com os novos conhecimentos e profissionais do campo geográfico de forma a legitimar as escolhas oficiais pelo compartilhamento dos conceitos e dados empíricos veiculados na revista.

Nos seus primeiros números a *RBG* apresentava autores consagrados no país, dispondo lado a lado correntes distintas do pensamento geográfico, como no tratado sobre geografia humana do Brasil do geógrafo francês e então professor da Universidade Federal do Rio de Janeiro, Pierre Deffontaines, e o ensaio de divisão regionalizada do estado da Bahia de Silvio Fróis de Abreu, consultor técnico do Conselho Nacional de Geografia.

Logo no primeiro número era lançada a campanha dos mapas municipais, que marcaria o período pelo esforço oficial de se mapear todos e cada um dos municípios brasileiros. No segundo volume, o coronel Francisco Jaguaribe de Matos[12] inaugura as páginas com um ensaio sobre a cartografia brasileira, melhor dizendo, sobre a ausência de uma tradição cartográfica brasileira à altura do seu passado de explorações e conquistas territoriais. "Geografia começa e acaba pela cartografia",

---

[12] Então consultor técnico do Diretório Regional do CNG em Mato Grosso, coronel Francisco Jaguaribe Gomes de Matos, depois general, era cartógrafo. Foi colaborador de Cândido Rondon, e sob a sua direção geral chefiou a confecção da *Carta do Estado do Mato Grosso e regiões circunvizinhas* (1917-1952).

proclamava Jaguaribe, como a ressoar com suas palavras a emergência de uma orientação política fortemente orientada no sentido do controle e do vasculhamento do território em bases cartográficas.

A publicação do Decreto-Lei n. 311, que lançou o plano de nova divisão territorial do país e regulamentou a campanha de mapas municipais traz consigo a publicação do mapa modelo para as representações municipais que deveriam ser produzidas em um prazo de um ano.

Na seção "Comentários", autoridades já consagradas no campo da Geografia, quase sempre ligadas ao Conselho Nacional de Geografia, passaram a publicar resenhas de trabalhos geográficos e cartográficos, que se tornaram pontos de contatos entre os projetos da *RGB* e da Brasiliana. É assim no caso de Silvio Fróis de Abreu, que comenta a obra *Descrição dos rios Parnaíba e Gurupi*, de Gustavo Dodt; ou de outro comentarista, Delgado de Carvalho, quando analisou a obra *Geografia de fronteiras*, de Jacques Ancel, trabalho de geopolítica que recorre à cartografia na demonstração dos conflitos e tensões do leste europeu na eminência da Segunda Guerra.

Os consultores técnicos do Conselho Nacional de Geografia dominaram os primeiros números da revista com ensaios geográficos regionais ou temáticos, como Moacir Silva, sobre a geografia dos transportes (SILVA, 1949, p. 87-97). Silva estendeu o seu artigo ao longo de sucessivos números da revista, utilizando um numeroso arsenal de imagens cartográficas que representavam muitos outros processos além dos transportes, entre cartas temáticas e diagramáticas. Enquanto os ensaios regionais recorriam às imagens fotográficas ilustrativas das paisagens descritas, os temáticos privilegiavam o recurso a uma cartografia instrumental e, muito frequentemente, aos cartogramas de função analítica.

Os temas relativos às políticas territoriais em curso, como uma nova divisão política do país, tinham necessária ancoragem na expressão cartográfica, como no artigo do secretário-geral do IBGE, Mário Augusto Teixeira de Freitas que mereceu a primeira publicação colorida da revista (1941, p. 533-554).[13] Sua proposta detinha-se nas questões de ordem técnico-administrativa, preconizando uma divisão formalista, orgânica e homogênea do território. Para combater as ameaças das pequenas pátrias regionais do sistema federativo, Freitas propunha uma "obra-prima da arte política", assentada na equivalência territorial das unidades da federação.

---

[13] Advogado de formação, Teixeira de Freitas era autoridade inconteste nas questões sobre políticas territoriais no Brasil. Embora não fosse geógrafo nem cartógrafo, sua atuação e produção como educador e estatístico e sua experiência à frente do departamento mineiro de estatística nos anos 1920 e do IBGE, lhe conferia legitimidade para tal.

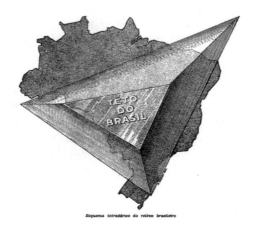

Figura 8 – Esquema tetraédrico do relevo brasileiro
O alcance da cartografia enquanto diagrama, que representa não o território mas um discurso sobre o território.
Fonte: *RBG*, 1939, p. 86.

Figura 9 – Esboço de uma nova carta política do Brasil
A divisão política proposta por Teixeira de Freitas, traduzida visualmente em cores como um *puzzle*, forma internacionalmente consagrada das representações dos mapas políticos.
Fonte: *RBG*, 1941, s/p.

Freitas apontava a capital de Minas Gerais como local para uma mudança gradativa da capital federal em direção ao oeste goiano, e insere o que seria o Distrito Federal de Belo Horizonte como um destacado encarte do seu mapa. A performatividade dos mapas políticos consiste nesta possibilidade de imaginar e representar projetos de espacialização do poder sobre o território.

Particularmente interessante são as reportagens da seção "Comentários", que cobriam as iniciativas governamentais e delas faziam evidente apologia, como na Exposição dos Mapas Municipais. Ou da conferência do secretário-geral do Conselho Nacional de Geografia, Christovam Leite de Castro, intitulada *Atualidade da cartografia brasileira*, realizada no Instituto de Estudos Brasileiros. Falando presumivelmente para uma plateia seleta, Castro fez a apologia dos muitos feitos do governo Vargas quanto às políticas territoriais e cartográficas, em um discurso que pode ser entendido como uma síntese do pensamento então dominante sobre o papel da Geografia e da Cartografia:

> É profundamente nacionalizadora a Geografia.
>
> Quanto ao seu objeto, evidentemente, porque nela há a consideração obrigatória, permanente e exclusiva do território nacional.
>
> Quanto à metodologia, como técnica especializada de pesquisa, como elemento de instrução ou como instrumento de educação, a Geografia se constitui poderoso fator de nacionalismo, no campo, no gabinete ou na escola.
>
> Tanto assim que todo aquele que nela opera [...] todo aquele que à Geografia se aplica, redobra em seu coração o sagrado amor à pátria querida.
>
> Daí a importância da Cartografia, que apresenta em miniatura o território, tal como é ele conhecido. (CASTRO, 1940, p. 462-463)

Outro modo de abordagem da cartografia nas páginas da *RBG* dizia respeito ao interesse na educação dos jovens geógrafos, preocupação compartilhada pelas elites intelectuais do período. No artigo "Relevo do Brasil", do professor do Instituto de Educação do Distrito Federal, Afonso Várzea (1942), os mapas foram utilizados com a função pedagógica de permitir a visualização mais clara possível dos traços do relevo brasileiro em contraste com o que se aprendia então nos *velhos livros*. As imagens são de autoria do conhecido desenhista Percy Lau e traduzem mais que rigor na fatura, somando uma dose de arte às representações e resultando em evidente reforço visual ao conteúdo propriamente cartográfico.[14]

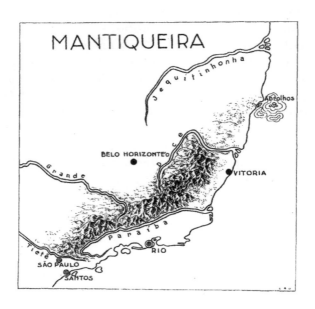

Figura 10 – Mantiqueira
O desenhista da seção Tipos e Aspectos do Brasil, Percy Lau, emprestou seu traço artístico para a produção cartográfica do artigo de Afonso Várzea.
Fonte: *RBG*, 1942, p. 104.

Também a cartografia da Geopolítica se prestava aos objetivos pedagógicos da revista, especialmente em um momento de tomada de posição do Brasil a favor dos aliados na Segunda Grande Guerra. A análise crítica de Delgado de Carvalho de um atlas de clara inspiração nazista anunciava a posição da revista, em consonância com a posição do governo. A publicação de numerosos mapas do atlas era uma advertência contra a inocência das imagens cartográficas (Ziegfeld; Braun, 1943).

---

[14] Ver, a propósito, Angotti-Salgueiro (2005).

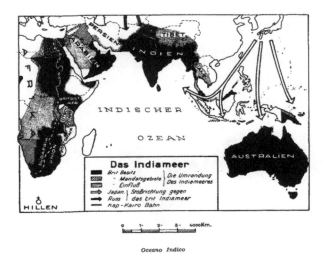

Figura 11 – Geopolítica: a pedagogia das imagens cartográficas
Fonte: *RBG*, 1943, p. 121.

Estudos que se propunham a ter um escorço histórico muitas vezes acionavam a herança cartográfica como signo de erudição dos autores. Como em muitos livros da Coleção Brasiliana, esse recurso foi usado no artigo de Virgílio Corrêa Filho (1942), em número comemorativo dos quatro séculos de descobrimento do rio Amazonas. Os mapas reproduzidos não tinham legibilidade e não reforçavam o argumento do texto. Essa forma de publicar mapas antigos foi e ainda é recorrente em diversas modalidades de escritos, esvaziando o dispositivo de qualquer sentido, mesmo acessório ou ornamental.

Gradativamente a revista vai abandonando essas abordagens tradicionais da cartografia para incorporar textos de linguagem mais acadêmica e especializada, como o caso do estudo de solos de Campinas, acompanhado de um *mapa geológico inédito* (SETZER, 1942, p. 39-62). Os conteúdos especializados – taxonomia das fácies geológicas e dos solos– marcam a entrada em cena da cartografia temática produzida em bases científicas.

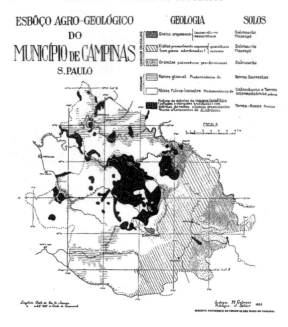

Figura 12 – Cartografia temática: interpretação do território
Fonte: *RBG*, 1942, p. 40.

Também se tornaram mais frequentes os relatos sobre expedições de campo dos profissionais ligados aos órgãos públicos. Esses escritos tinham sempre um resultado cartográfico, pois o mapeamento das regiões visitadas era, na maioria das vezes, um dos objetivos principais da expedição. Os textos detalhavam os métodos de trabalhos topográficos, de estabelecimentos das coordenadas, os instrumentos utilizados. Um receituário que revelava a dupla intenção de comprovar o caráter científico do mapeamento e difundir o método consagrado pelos cartógrafos oficiais.

Uma cartografia científica e analítica, produzida pelo IBGE e outros órgãos técnicos que gravitavam em seu redor, afirmou-se gradativamente nas páginas da revista e avançou sobre todos os domínios de interpretação geográfica.

Figura 13 – Isaritmas da densidade da população do Brasil
Mapa histórico e estatístico do Brasil: o IBGE expondo sua
capacidade de pesquisa e síntese visual.
Fonte: *RBG*, 1947, p. 258.

Considerações finais

A partir dos anos 1930 ocorreu um adensamento e um fortalecimento da rede de geógrafos atuantes e pensantes no país, envolvendo o aparato governamental e as universidades, além das associações, os congressos, os projetos editoriais e as publicações. A Cartografia foi um dos campos mais fortalecidos, pela sua capacidade performativa, analítica e retórica.

Para essas novas disciplinas em ascensão, o trabalho de campo e a construção das imagens tornaram-se operações essenciais. A produção editorial desse momento, entre artigos e livros, aprofundou o caráter intertextual, somando aos recursos textuais o uso sistemático da fotografia e da cartografia. Enquanto o documento fotográfico detinha-se no registro do momento vivido no terreno, na experiência sensorial do trabalho de campo, captando o fenômeno em sua efemeridade e singularidade, a atividade cartográfica lidava com os elementos estáveis da paisagem, cristalizando a observação por operações intelectuais e abstratas de tradução em grades geométricas e amarrações em curvas.

Os mapas acompanhavam o ciclo da produção geográfica: a viagem, a expedição científica, o trânsito pelo território como *ethos* do trabalho do geógrafo implicavam na sua consulta, na produção dos esboços de campo e na elaboração abstrata de gabinete. A divulgação dos mapas em livros e periódicos é, desse ponto de vista, a síntese visual de muitas e imbricadas operações intelectuais.

Das páginas dos livros da Brasiliana e da *Revista Brasileira de Geografia*, surgem mapas de todos os tipos, épocas e escalas. Como não poderia deixar de ser, na revista essas imagens povoavam todos os exemplares e, dispostas lado a lado com as fotografias e textos, compunham o discurso geográfico que se afirmava mais e mais intertextual. Ainda que surpreenda o esforço editorial da Coleção Brasiliana para publicar muitos mapas em intrincadas soluções gráficas, sustentando a estreita e muitas vezes indissolúvel relação entre o texto e a imagem, é na *Revista Brasileira* que sairá consagrada a nova geografia e a nova cartografia do país: a cartografia científica praticada na academia e a cartografia uniformizada e sistemática dos órgãos governamentais.

O território brasileiro que emerge dessas páginas, traduzido nas diferentes representações cartográficas, traz consigo a postura pedagógica e triunfalista do período: visível e ordenado para governantes, apreensível ao olhar e aos instrumentos técnicos do cartógrafo, campo capturado para os estudos do geógrafo, vasto e soberano para militares e diplomatas, produto bem acabado do processo civilizatório do Brasil para educadores e historiadores.

Referências

ABREU, Sylvio Fróis de. *A riqueza mineral do Brasil*. São Paulo: Companhia Editora Nacional, 1937. (Brasiliana, 102).

ACCIOLY, Hildebrando. *Limites do Brasil*. São Paulo: Companhia Editora Nacional, 1938. (Brasiliana, 131).

ANGOTTI-SALGUEIRO, Heliana. A construção das representações nacionais: os desenhos de Percy Lau na Revista Brasileira de Geografia e outras visões iconográficas do Brasil Moderno. *Anais do Museu Paulista*, São Paulo, v. 13, n. 2, p. 21-72, jul.-dez. 2005.

BARROSO, Gustavo. *O Brasil na lenda e na cartografia antiga*. São Paulo: Companhia Editora Nacional, 1941. (Brasiliana, 199).

CAMARGO, Alexandre de Paiva Rio. A Revista Brasileira de Geografia e a organização do campo geográfico no Brasil (1939-1980). *Revista Brasileira de História da Ciência*, Rio de Janeiro, v. 2, n. 1, p. 23-39, 2009.

CARVALHO, Orlando M. *O rio da unidade nacional: o São Francisco*. São Paulo: Companhia Editora Nacional, 1937. (Brasiliana, 91).

CASTRO, Christovam Leite de. Atualidade da cartografia brasileira. *Revista Brasileira de Geografia*, Rio de Janeiro, v. 2, n. 3, p. 462-470, 1940.

CORREA FILHO, Virgílio. Devassamento e ocupação da Amazônia Brasileira. *Revista Brasileira de Geografia*, Rio de Janeiro, v. 4, n. 2, p. 263-298, 1942.

COUDREAU, Henri Anatole. *Viagem ao Tapajós*. São Paulo: Companhia Editora Nacional, [1940]. (Brasiliana, 208).

DEFFONTAINES, Pierre. Prefácio. In: RONDON, Frederico Augusto. *Pelo Brasil central*. São Paulo: Companhia Editora Nacional, 1938. p. 1-2. (Brasiliana, 30).

DUTRA, Eliana de Freitas. A nação nos livros: a biblioteca ideal na coleção Brasiliana. In: X. *Política, nação e edição*: o lugar dos impressos na construção da vida política. São Paulo: Annablume, 2006. p. 299-314.

ELLIS JR, Alfredo. *O bandeirismo paulista e o recuo do meridiano*. São Paulo: Companhia Editora Nacional, 1934. (Brasiliana, 36).

ETZER, José. O estado atual dos solos no município de Campinas. *Revista Brasileira de Geografia*, Rio de Janeiro, v. 4, n. 1, p. 39-62, 1942.

FREITAS, Manuel A. Teixeira de. A redivisão política do Brasil. *Revista Brasileira de Geografia*, Rio de Janeiro, v. 3, n. 3, p. 533-554, 1941.

GOMES, Maria do Carmo Andrade. A exposição nacional dos mapas municipais: a encenação nacionalista da imagem cartográfica. In: SIMPÓSIO IBEROAMERICANO DE HISTÓRIA DA CARTOGRAFIA, 3., São Paulo, 2010. *Anais...*São Paulo: Edusp, Universidade de São Paulo, 2010. Disponível em: <http://3siahc.files.wordpress.com/ 2010/08/maria-do-carmo-3siahc. pdf>. Acesso em: 28 fev. 2012.

HARTT, Charles F. *Geologia e geografia física do Brasil*. São Paulo: Companhia Editora Nacional, 1941. (Brasiliana, 200).

HISTÓRICO da Criação do Conselho Nacional de Geografia. *Revista Brasileira de Geografia*, Rio de Janeiro, v. 1, n. 1, p. 10, 1939.

MORAES, Antônio Carlos Robert. Notas sobre identidade nacional e institucionalização da geografia no Brasil. *Estudos Históricos*, Rio de Janeiro, v. 4, n. 8, p. 166-176, 1991.

PEREIRA, José Veríssimo da Costa. A geografia no Brasil. In: AZEVEDO, Fernando de. *As ciências no Brasil*. São Paulo: Melhoramentos, 1955. p. 312-412.

ROBIC, Marie-Claire. Sur les géographes de l'entre deux-guerres. Cartographie 'apliquée', nationalismes, planification. In: LAURENT, Goulvein. *Earth Sciences, Geography and Cartography.* Turnhout: Brepols Publishers, 2002.

SCHWARTZMAN, Simon. *Um espaço para a ciência: a formação da comunidade científica no Brasil.* Brasília: Ministério da Ciência e Tecnologia, 2001.

SILVA, Moacir. Geografia dos transportes no Brasil. *Revista Brasileira de Geografia,* Rio de Janeiro, v. 1, n. 2, p. 87-97, 1949.

SOARES, José Carlos de Macedo. Apresentação. *Revista Brasileira de Geografia,* Rio de Janeiro, v. 1, n. 1, p. 4, 1939.

TRAVASSOS, Mário. *Projeção continental do Brasil.* 3. ed. São Paulo: Companhia Editora Nacional, 1938. (Brasiliana, 50).

VÁRZEA, Afonso. Relevo do Brasil. *Revista Brasileira de Geografia,* Rio de Janeiro, v. 4, n. 1, p. 97-130, 1942.

ZIEGFELD, A. H., BRAUN, Feld. Atlas de geopolítica. *Revista Brasileira de Geografia,* Rio de Janeiro, v. 5, n. 1, p. 113-123, 1943.

Panoramas litorâneos, fronteiras e interiores brasilianos: Mello Leitão e os itinerários viajantes

Regina Horta Duarte

Traduções

No Brasil do início dos anos 1930, a vasta produção de relatos pelos diversos viajantes estrangeiros sobre nosso país era conhecida apenas por uma reduzida elite intelectual, e o acesso a esses livros era difícil. Ao longo do século XIX, os naturalistas voltavam para a Europa com caixas e caixas de material coletado, enchiam as vitrines dos museus, e publicavam livros em suas línguas nativas para um público ávido por imaginar, com detalhes, tudo o que existia no mundo tropical.[1] Entretanto, raramente esses mesmos naturalistas se lembravam de deixar alguns exemplares faunísticos, botânicos, mineralógicos ou antropológicos no Museu Nacional, no Rio de Janeiro. Muitas vezes também não se recordavam de enviar, após a publicação, um exemplar de suas obras para as autoridades e/ou instituições brasileiras que os haviam recebido e ajudado. A escassez de originais desses livros nos acervos das bibliotecas brasileiras por vezes gerou competição pela sua guarda, como ocorreu em 1832, quando o diretor do Museu Nacional conseguiu transferir para a instituição três centenas de volumes de História Natural antes pertencentes à Biblioteca Imperial e Pública da Corte, incluindo obras de Auguste de Saint-Hilaire, Georg Marcgraf, Spix e Von Martius (LOPES, 1997, p. 54-57, 66).

---

[1] Sobre o papel dos relatos de viajantes na produção de uma concepção europeia de si, em contraposição ao que passou a ser "o resto do mundo", ver Pratt (1999). Para análise da natureza tropical como um constructo de grande importância no imaginário ocidental, ver Stepan (2001).

Um século após essa disputa pelos livros entre a Biblioteca e o Museu, a Biblioteca Pedagógica – ousado empreendimento da Companhia Editora Nacional iniciado em 1931 sob a direção de Fernando de Azevedo (DUTRA, 2006; PONTES, 1989; TOLEDO, 2010) – dedicou-se, entre outros objetivos, à tradução e publicação desses relatos, visando sua ampla divulgação entre os leitores brasileiros. Para tanto, Azevedo incluiu vários volumes dedicados aos viajantes na quinta série de sua biblioteca, a Coleção Brasiliana. Em pouco mais de uma década, foram lançadas as primeiras traduções de sete livros de Auguste de Saint-Hilaire, e obras de Spix e Von Martius, Charles Expilly, Richard Burton, Louis Agassiz, Charles Hartt, Maximilian Von Wied, Henri Bates, Alfred Wallace, François Biard, Henri Coudreau, George Gardner, James Fletcher e Daniel Kidder.[2] A Coleção Brasiliana publicou também coletâneas de textos de estrangeiros presentes no período colonial, em volumes organizados e traduzidos por Afonso de Taunay (*Viajantes do Brasil Colonial*, volume 19 da coleção, com relatos de Olivier Van Noord, Richard Flecknoe, De La Flotte e J. G. Semple Lisle), e Cândido de Mello Leitão (*Descobrimentos do rio Amazonas*, volume 203, com relatos de Garpar Carvajal, Alonso de Rojas e Cristóbal de Acuña).

A atenção dispensada aos viajantes na Coleção Brasiliana deve ser compreendida em um contexto político-cultural de grandes apostas no conhecimento e na educação como poderosos estopins do processo de transformação nacional. Certamente o projeto editorial da Biblioteca Pedagógica se incluiu numa miríade de ações e práticas de intenções transformadoras, em que intelectuais e cientistas tomaram a si a tarefa de conhecer o Brasil, com sua fauna e flora, clima, território e população. Segundo Roquette-Pinto, muitos de seus contemporâneos – cansados do elogio inebriante das "riquezas do Brasil" – se voltaram para possibilidades efetivas de ação. Diante dos versos do poeta romântico que afirmavam ter os céus do Brasil mais estrelas, e nossos bosques, mais flores, uma geração "começou a contar as estrelas" e foi conferir qual era a vida nos bosques (1939, p. 45).[3]

---

[2] Foram ainda reeditadas duas obras que já contavam com edição anterior em português. *Através da Bahia*, de Spix e Von Martius, surgiu primeiramente em português em 1916, com prefácio de Theodoro Sampaio, e saiu pela Brasiliana em 1938; *Viagem ao Rio Grande do Sul*, de Saint-Hilaire, teve primeira edição em português em 1935 pela editora Ariel, e foi reeditado em 1939 pela Brasiliana.

[3] Arquivo pessoal de Roquette-Pinto, Academia Brasileira de Letras, APERP--ABL. Roquette-Pinto refere-se aos versos da *Canção do exílio* (1846), do poeta romântico Gonçalves Dias: "nosso céu tem mais estrelas, nossas várzeas têm mais

Fiel ao lema inspirador da Coleção Brasiliana, "descobrir o Brasil aos brasileiros", a ênfase nas traduções de viajantes possibilitava uma dupla operação. Em primeiro lugar, conectava passado e presente, estabelecendo a possibilidade de diálogo entre intelectuais brasileiros dos anos 1930 – envolvidos em um projeto político de construção nacional e crítica às heranças de um Brasil de passado colonial, escravista e oligárquico – e estudiosos e naturalistas de vários países europeus e dos Estados Unidos que haviam percorrido nosso território em um passado mais ou menos remoto.

Para uma intelectualidade que havia várias décadas criticava a formação bacharelesca de estudiosos trancafiados em seus gabinetes (DUTRA, 2005, p. 180-182), os viajantes estrangeiros apareciam como interlocutores e guias privilegiados, por se afigurarem como homens cujo conhecimento se construiu na ação e no movimento. Outro aspecto também favorecia o interesse pelos relatos antigos de viagem. Ao longo das primeiras décadas da República, importantes expedições pelo interior do Brasil criaram e alimentaram amplo debate sobre o sertão como o lócus da "verdade" e "autenticidade" do país, de seu território, e de suas populações (LIMA, 1998).[4] Expedições como a da Comissão Geológica de São Paulo (criada ainda no período imperial), de Cândido Rondon (a partir de 1906), e do Instituto Oswaldo Cruz (a partir de 1910) geraram relatos decisivos, cuja escrita e divulgação alimentaram projetos e ideias para transformar a nação.[5] A viagem como experiência profunda de conhecimento colocou em diálogo homens do passado e do presente que partilhavam radical curiosidade sobre o Brasil, para além do seu litoral.

Uma segunda operação estabelecia uma dinâmica do olhar. Mediante a leitura das narrativas, tornava-se possível "ver" o que os viajantes tinham visto, incluindo uma crítica desse olhar e a proposta de seu aprofundamento. Os brasileiros (ou brasilianos, como queria Edgard Roquette-Pinto) poderiam "descobrir" o mundo que se descortinou aos estrangeiros nas mais variadas regiões do país. Poderiam, enfim, conhecer o que até então era reservado aos privilegiados visitantes das exposições dos grandes museus da Europa, e aos leitores dos volumes publicados em línguas diversas e guardados em bibliotecas especializadas.

---

flores, nossos bosques têm mais vida, nossa vida mais amores". A importância do poema na cultura nacionalista brasileira é grande, e inspirou trechos da letra do Hino Nacional Brasileiro, oficializado em 1922.

[4] Ver também Lima (1999).

[5] Como exemplos de relatos de expedições, ver Cruz (1910), Lutz e Machado (1915), Penna e Neiva (1916); Rondon (1912) e Roquette-Pinto (1917).

Entre naturalistas do século XIX, o olhar assumiu papel proeminente na escrita dos relatos e na organização de coleções. A história natural constituiu-se, desde fins do século XVIII, no distanciamento entre as palavras e as coisas, pousando "pela primeira vez, um olhar minucioso sobre as coisas" para, em seguida, transcrever o que recolhia "em palavras lisas, neutralizadas e fiéis" (FOUCAULT, 2000, p. 179). Nas coleções de objetos, exsicatas, insetos e exemplares faunísticos empalhados expostos nos museus na Europa, e na nomeação científica minuciosa de todos esses exemplares, constituiu-se uma nova maneira de vincular as coisas, simultaneamente, ao olhar e ao discurso.

Se as imagens do Brasil oferecidas nos livros e museus na Europa haviam servido como vitrines do mundo tropical a ser conquistado, sua apropriação no contexto pós-1930 as forjava em espelhos sobre os quais poderiam se lançar perspectivas renovadoras e capazes de constituir a unidade do *eu* nacional.[6] A crítica da retórica ufanista foi orquestrada no âmbito maior da busca por uma nova identidade para a nação. O caráter científico atribuído aos relatos de naturalistas estrangeiros ganhou destaque nesse contexto e estimulou sua retomada, justificando a importância atribuída às traduções pela Brasiliana. Tratava-se de mirar-se pelo olhar do "outro", utilizá-lo para questionar identidades arraigadas, e então construir um novo olhar sobre si mesmo. Afinal – diriam os intelectuais envolvidos nos "projetos para a (N)ação"[7] – viajantes estrangeiros não poderiam oferecer um olhar "verdadeiramente" nacional. Como numa sala de espelhos, muitas imagens poderiam apresentar deformações. Por isso, os "brasilianos" utilizariam os relatos como ponto de apoio para a pretensão de uma visão autônoma, nacional, "autêntica", numa autodescoberta transformadora.

Não se desejava, portanto, apenas ler os viajantes do passado, e "ver" – num exercício de imaginação fertilizado por suas narrativas – tudo o que eles tinham visto. A intenção mais ampla era revisitá-los num contexto contemporâneo de novos desbravamentos. Nessa dinâmica de olhares sobre o Brasil, ensaiou-se uma verdadeira dança de identidades, em que alguns passos pareciam delinear um conhecimento autônomo e

---

[6] Inspiro-me aqui – consciente dos perigos de aplicação simplista de categorias psicanalíticas na análise histórica, mas entusiasmada com as possibilidades de diálogo – na concepção de "estádio do espelho", de Jacques Lacan (1998), em sua reflexão sobre a imagem oferecida pelo outro como constituinte do *eu*, assim como na formação do *eu* como "eu-que-vê".

[7] Tomo de empréstimo a significativa expressão de Lucca (1999).

transformador sobre o território nacional, sua população e sua natureza. Mais do que simplesmente olhar e inventariar, intelectuais e cientistas queriam ver para compreender e transformar. A importância conferida aos viajantes do século XIX servia, antes de tudo, ao intuito de superá-los.

É nessa chave que se pode compreender a dedicação de um dos mais profícuos autores da Brasiliana – Cândido de Mello Leitão (1864-1948) – aos relatos de viajantes. Mello Leitão possuía formação em medicina e tornou-se o maior especialista em aracnídeos do Brasil, internacionalmente reconhecido. Chefe da Seção de Zoologia do Museu Nacional a partir de 1931, dedicou-se com afinco – por meio de sua produção especializada, assim como de profusas atividades escritas, radiofônicas e didáticas de vulgarização da ciência – a sistematizar e a consolidar, no Brasil, os campos da Biologia e da Zoogeografia como áreas específicas de conhecimento científico.

Como já vimos, Mello Leitão responsabilizou-se pelas traduções e notas de textos escritos nos séculos XVI e XVII sobre a Amazônia. Foi ainda um tradutor entusiasmado de Henry W. Bates, em dois volumes. Para o aracnólogo do Museu Nacional, os escritos de Bates – o grande cientista do mimetismo animal – mereciam ser "lidos e meditados por todos os brasileiros", pois eram as mais interessantes, simpáticas e compreensivas páginas sobre o nosso país até então assinadas por um naturalista estrangeiro (MELLO LEITÃO, 1944, p. 5).[8]

Não obstante o esforço dedicado a essas traduções, Mello Leitão realizou outra empreitada decisiva na releitura dos viajantes pelos brasileiros de seu tempo. Mais do que apenas traduzir, trabalhou na sistematização, análise e apresentação de uma visão já "digerida" de importantes relatos estrangeiros sobre o Brasil. Para tanto, publicou *Visitantes do Primeiro Império*, *O Brasil visto pelos ingleses* e *Expedições científicas no Brasil*.

Panoramas litorâneos

Em 1934, Mello Leitão decidiu arrancar "da poeira das bibliotecas dos museus e dos institutos", para expor, uma série de relatos "aos olhos dos que amam o Brasil e se interessam pela sua vida". A maior parte

---

[8] A edição traz mais de quinhentas notas do tradutor, demonstrando o interesse de Mello Leitão em não apenas traduzir, mas também discutir a obra junto aos leitores. Para um estudo atual e interessante sobre a relevância das obras traduzidas por Mello Leitão e reunidas em *Descobrimentos do rio das Amazonas* na construção simbólica do Amazonas, ver Martins (2007).

deles continua inédita em português até hoje. O trabalho resultou num verdadeiro mosaico, com a utilização de trechos selecionados de relatos das viagens de exploração científica: Freycinet (1779-1842), comandante das corvetas L'Uranie e La Physicienne, ancoradas no litoral do Brasil em dezembro de 1817; Duperrey (1786-1865), comandante da corveta La Coquille, no Brasil em outubro de 1822; Maria Graham (1785-1842), esposa do comandante da fragata H. M. S. Doris, no Brasil em 1821; Bougainville (1781-1846), chefe das expedições da fragata Le Thétis e da corveta L'Espérance, no Brasil em março de 1826; Laplace (1793-1875), capitão da corveta La Favorite, no Brasil em janeiro de 1832; Darwin (1809-1882), tripulante da H. M. S. Beagle, no Brasil entre março e julho de 1832; Vaillant (1793-1858) capitão da corveta La Bonite, no Brasil em março de 1836; e Du Petit-Thouars (1793-1864), capitão da fragata La Vénus, no Brasil em fevereiro de 1837.[9] A localização de alguns portos brasileiros atraía essas embarcações como pontos de escala nas largas e demoradas rotas de viagem pelos mares, não raro com o objetivo de dar volta ao mundo.

Privilegiando a estadia temporária de embarcações cujas tripulações preparavam-se para seguir viagem, a narrativa de *Visitantes do Primeiro Império* reúne observações variadas dos viajantes sobre as cidades de Recife, Salvador e Rio de Janeiro e sobre a ilha de Santa Catarina. O livro de Mello Leitão (1934) é repleto de palavras que remetem ao ato de olhar, e essa narrativa possibilita aos leitores acompanhar os viajantes na saída de suas fragatas, percorrer com eles o território a ser conhecido, munidos do mesmo olhar ávido e insaciável, num verdadeiro inventário visual. Um dos mais belos espetáculos presenciados por Maria Graham ocorreu quando chegava à baía de Guanabara "ao raiar da aurora" e *abriu seus olhos* para "uma das mais belas coisas que jamais tenham observado" (p. 37, grifos meus). Para Bougainville, após o desembarque, o *"olhar fatigado"* pela monotonia do horizonte ao longo da viagem marítima *"repousa* com prazer sobre o que percebe, *busca* avidamente os detalhes,

---

[9] As viagens de exploração científica marcaram as últimas décadas do século XVIII e o século XIX. Eram promovidas pelas grandes nações europeias e tinham como principais objetivos realizar trabalhos cartográficos, estudar fauna e flora, realizar observações astronômicas e meteorológicas, assim como calcular longitudes (FREYCINET, 1824-1844; BOUGAINVILLE, 1837; LAPLACE, 1833-1835; DUPERREY, 1826-1830; VAILLANT, 1840-1866; DU PETIT--THOUARS, 1840-1855; GRAHAM, 1824; DARWIN, 1839-1843). Todos esses volumes podem ser encontrados no setor de obras raras da Biblioteca do Museu Nacional/UFRJ.

*alegra-se, nutre-*se deles e deles só a custo se desvia" (p. 55, grifos meus). Darwin, ao passear pelos arredores da cidade do Rio, exaltava a *"vista admirável"*, as "esplêndidas cores", o "espetáculo admirável" (p. 185-186, grifo meu), assombrado ainda por *ver* "um grande número de aranhas, baratas e outros insetos, assim como lagartos, atravessarem um terreno", num local próximo onde *vira* "árvores e folhas completamente negras de formigas" (p. 171, grifos meus).

Os relatos também comentavam a vida cotidiana em aspectos diversos: arquitetura, mobiliário, roupas dos habitantes, cerimônias religiosas e festas populares, teatro, vida intelectual, museus e bibliotecas, os horrores da escravidão, a cópia de padrões europeus nos hábitos e modos de vestir (com grande desconforto para todos, num clima tropical), a imundície das ruas (descoberta aos olhos tão logo se adentrasse um pouco mais pelas cidades). Para Bougainville, o Rio de Janeiro só era bom "para se ver de longe, pois logo desaparece, desembarcando, a impressão agradável que seu exterior fizera nascer" (p. 63). Tudo isso nos é apresentado pelo autor, numa estratégia que mescla seus próprios comentários à compilação de excertos traduzidos diretamente dos originais.

Aos leitores, Mello Leitão apresenta ainda a oportunidade de "ver", literalmente, um pouco do que esses viajantes observavam: o livro traz a reprodução de quinze pranchas. Nelas, o leitor podia observar os desenhos de Maria Graham do mercado de escravos em Recife e de um panorama de Laranjeiras, no Rio de Janeiro; um mapa de Freycinet da baía de Guanabara e uma planta da cidade do Rio em 1820; a Igreja de Nossa Senhora da Glória e vistas do aqueduto da Lapa, entre outras paisagens urbanas das cidades litorâneas brasileiras visitadas.

O leitor poderia, ainda, sentir saudades do que não era mais possível ser visto. Freycinet escreveu sobre seu deslumbramento com a avifauna dos subúrbios do Rio. Onde o comandante e naturalista da fragata L'Uranie avistara periquitos, papagaios, cardeais, tucanos, anus, beija-flores e tantos outros pássaros, numa paisagem "cheia de vida, de colorido, de vibração", Mello Leitão lamentava "o vazio da paisagem de hoje", cuja desolação gerava "infinita mágoa" a qualquer interessado pela natureza (p. 164).

O leitor poderia, entretanto, alegrar-se pelo que não se via mais. Maria Graham relatava como, a despeito de tudo o que alguém pudesse se esforçar por imaginar na pintura da escravidão, nada se comparava "à visão alucinante do mercado de escravos" (p. 30).

Mello Leitão justifica a relevância desses relatos logo nas primeiras páginas do livro. As obras dos circum-navegadores diziam respeito aos anos 1815 a 1840, abarcando "um dos períodos mais importantes de nossa história", incluindo a elevação do Brasil a Reino Unido de Portugal e Algarves, a Independência, as lutas da Regência e o despertar da curiosidade do restante do mundo para a jovem nação (MELLO LEITÃO, 1934, p. 13-15). Mello Leitão parecia querer chamar também a atenção dos seus leitores para o ano 1934 e para o momento histórico no qual muitos de seus contemporâneos vislumbravam o início do amadurecimento do Brasil como nação. Um ano antes da publicação do livro,[10] a Assembleia Constituinte foi instalada, em novembro de 1933. Em 16 de julho de 1934 surgiu a nova Constituição da República.

Entre os cientistas do Museu Nacional, havia ainda motivos especiais para euforia. Além do apoio do novo governo às atividades de divulgação científica naquela instituição, os anteprojetos para a Lei de Expedições, o Código de Caça e Pesca e para o Código Florestal contaram com sua decisiva participação.[11] Mello Leitão foi nomeado em 1932 para integrar a comissão de redação do anteprojeto do Código de Caça e Pesca, com Edgard Roquette-Pinto (então diretor do museu) e Alberto José de Sampaio (chefe da seção de botânica do museu). Esse zoólogo e seus colegas esperavam, com isso, redefinir as práticas de exploração da natureza no território nacional. Desejavam assumir o papel de consultores científicos do Estado nas futuras decisões que envolvessem a fauna e a flora, mediante a representação garantida do museu nas comissões de controle e execução das leis relativas à natureza no território brasileiro.

No que se refere especialmente à relação entre cientistas estrangeiros e instituições brasileiras, a Lei de Expedições de 1933 estabeleceu novo padrão de fiscalização no território brasileiro. Segundo a lei, missões estrangeiras precisavam de autorização expressa do Ministério da Agricultura e deveriam contar com a presença de um expedicionário brasileiro, nomeado pelo governo federal. Todo o material científico coletado deveria ser dividido entre o governo brasileiro e os expedicionários. Cópias autenticadas dos relatórios, plantas ou filmes deveriam ser fornecidas ao governo brasileiro. Nenhum espécime botânico, zoológico, mineralógico e paleontológico poderia ser transportado para fora do Brasil, sem que existissem similares

---

[10] Pela pesquisa das críticas ao livro nos jornais – sempre muito elogiosas – é possível afirmar que ele foi publicado no último trimestre de 1934. Ver "Na academia" (1934), Miguel-Pereira (1934), Moraes (1934), "Livros novos" (1934) e Leão (1935).

[11] Decreto n. 22.698, de 11 de maio de 1933; Decreto n. 23.672, de 2 de janeiro de 1934; e Decreto n. 23.793, de 23 janeiro de 1934, respectivamente.

em institutos científicos do Ministério da Agricultura, ou no Museu Nacional. Surgiu ainda o Conselho de Fiscalização das Expedições Artísticas e Científicas do Brasil, composto por sete membros, dos quais dois deveriam ser professores do Museu Nacional. Essas seriam as condições do Brasil para os seus futuros *visitantes*, quando da publicação da obra de Mello Leitão.

Brasil para inglês ver

"Os que viram e o que viram" é o título do capítulo de abertura de *O Brasil visto pelos ingleses*, publicado por Mello Leitão no segundo trimestre de 1937. A atividade do autor na Biblioteca Pedagógica era intensa: após *Visitantes do Primeiro Império*, lançou ainda *A vida maravilhosa dos animais* (1935, na série Iniciação Científica), *Zoogeografia do Brasil* (1937, série Brasiliana) e *Curso elementar de história natural* em dois tomos (1933-1935, série Livros Didáticos). Publicaria, ainda em 1937, *A biologia no Brasil* (série Brasiliana).

A obra dava continuidade à tarefa de inventariar os viajantes, compilando excertos, organizando temáticas e comentando relatos. Mello Leitão introduziu dois diferenciais nesse novo volume. Em primeiro lugar, selecionou apenas relatos de viajantes ingleses. Em segundo lugar, abrangeu uma área geográfica ampla, oferecendo o Brasil de norte a sul como fio condutor de sua narrativa. Criou, com isso, uma verdadeira "coluna vertebral" para a interpretação oferecida a seus leitores.

Mais uma vez, nosso autor recorre à história para justificar a relevância de sua proposta. Com a vinda da Corte para o Brasil, em 1808, Portugal encerrou largo período no qual essa colônia permanecera oculta aos olhos de outros povos. A curiosidade pelo Brasil era imensa e, tão logo suspensa a interdição, os ingleses correram para "devassar o interior em busca das zonas de mineração ou na curiosidade pelas terras inundadas de sol, a colecionar pássaros, flores, insetos" ou simplesmente buscar aventuras (MELLO LEITÃO, 1937, p. 12). Os ingleses – caracterizados por Mello Leitão como viajantes inveterados, inquietos, e conhecedores de todos os mares – forneciam relatos privilegiados sobre as décadas entre a chegada de D. João VI e a partida de D. Pedro II. Havia-os de todo tipo: comerciantes, aventureiros, naturalistas, engenheiros e simples turistas. Alguns eram homens de valor moral questionável. Outros eram testemunhas ilustres e de renome universal, como Darwin, Wallace, Spruce, Gardner, Bates. Certos relatos eram simpáticos ao Brasil, em narrativas minuciosas e informativas sobre nossa terra, nossa gente e costumes, entre os quais Mello Leitão destaca Koster e Graham. Outros mentiam de maneira surpreendente, em descrições fantasiosas e informações geográficas mirabolantes, tal como Henri Sidney, qualificado por Mello Leitão como "êmulo de Münchhausen". Além desses, Mello Leitão utilizou-se das obras de Mawe, Luccock, Waterton, Henderson, Wells, Caldcleugh, Walsh, Mansfield e Burton. Na época da publicação do livro, nenhum desses viajantes havia sido traduzido no Brasil.[12] Na diversidade dos relatos e testemunhas, "imparciais ou não", era possível acompanhar "a evolução da vida brasileira" num período caracterizado por muitas transformações no litoral e no interior do território (p. 24).

O livro teve excelente recepção da crítica. Roquette-Pinto apresentou a nova publicação em seção da Academia Brasileira de Letras (ABL). Resenhas de jornais e revistas destacavam como a contraposição dos vários relatos permitia que a narrativa construísse uma imagem do Brasil como uma "pintura exata de nossa terra, gentes e costumes de outros tempos". Destacava-se ainda como o tom didático e a elegância da escrita seduziam os leitores, tornando a leitura leve, agradável e fluida.[13] Múcio Leão, da ABL, elogiou a obra, valiosa ao reunir e tornar disponíveis tantas raridades, perspectivas diversas sobre o Brasil: alguns viajantes deixaram relatos severos, outros amáveis, outros ainda frios e imparciais. Grande parte deles pecava pela superficialidade e pelas generalizações. Muitos sucumbiram à tentação de mentir, com narrativas prodigiosas. Ainda assim, Mello Leitão conseguia lê-los criticamente, traçando um bom e verídico quadro do período aos seus leitores. Octávio Tarquínio de Sousa ressentia-se da falta de indicação bibliográfica das obras citadas, mas louvava a cautela e erudição de Mello Leitão para lidar com as

---

[12] Essas obras eram realmente raras para os contemporâneos de Mello Leitão. Algumas permanecem, ainda hoje, verdadeiras preciosidades. A Coleção Brasiliana publicou, posteriormente ao livro de Mello Leitão, as seguintes traduções: Wallace (v. 156, 1939), Burton (v. 197, 1941), Koster (v. 221, 1942), Gardner (v. 223, 1942), Bates (v. 237, 1944), Graham (v. 8G, 1956). Surgiriam ainda traduções em outras editoras de: Luccock (1942), Mawe (1944), Walsh (1995). Das obras até hoje sem tradução para o português, encontram-se, no setor de obras raras do Museu Nacional, os exemplares de: Lindley (1805), Caldcleugh (1825), Spruce (1908), Waterton (1836). Duas obras utilizadas por Mello Leitão não constam dos catálogos de obras raras do Museu Nacional ou da Biblioteca Nacional: Mansfield (1856) e Henderson (1821). Sobre Mansfield, ver Pascual (1861).

[13] LIVROS. O *Globo*, Rio de Janeiro, 17 ago. 1937; LIVROS. *Boletim de Ariel*, Rio de Janeiro, set. 1937. [Verificar dúvida na listagem final de referências]

generalizações e o impressionismo dos relatos de ingleses, "mostrando como eles nos viram" (LEÃO, 1937; SOUSA, 1937).

Após descrições que privilegiavam o território desde o Amazonas até o Rio Grande do Sul, Mello Leitão encerra o livro com um capítulo sobre o que ele denomina "a grande mancha duplamente negra de nossa população". Logo de início, afirma que não iria comentar a visão dos ingleses sobre a escravidão, mas apenas apresentar depoimentos diversos (p. 218).

Para Wallace, "os escravos pareciam contentes e felizes", viviam cuidados por seus senhores, como crianças aos cuidados de um pai. Essa situação, apesar de confortável, não era razoável: os escravos não se desenvolviam intelectualmente, não faziam economias, nada os instigava a trabalhar, não tinham prazeres intelectuais (p. 251-252).

Os mercados de escravos são descritos em sua repugnância por Koster, Walsh, Caldcleugh e Graham, assim como os horrores da travessia e a chegada dos negros alquebrados aos portos do Brasil. A compra das "peças" também era uma situação terrível. Mas, uma vez vendidos, afirmava Koster, a sua vida se tornava "muito menos dura, muito menos intolerável". Segundo Walsh, em suas horas vagas, eles podiam trabalhar em seu próprio proveito. Caldcleugh os via deixando para trás "a maior parte de suas misérias, e sem querer que daí se conclua levarem vida regalada, ninguém pode afirmar, vendo-os cantando e dançando pelas ruas, que estão desesperados" (p. 257-259). Graham visitara uma propriedade nos arredores do Rio de Janeiro, onde presenciara relações amistosas entre senhores e escravos, distribuição de alimentos em boa ração individual, em circunstâncias muito brandas de escravidão. Semanalmente, os escravos se enfileiravam com roupas limpas, cada escravo beijava a mão do senhor e lhe pedia bênção, louvando Jesus, Maria e José. O senhor dizia a cada um: "Deus lhe abençoe". Segundo Graham, esse costume das velhas fazendas estabelecia "certa relação entre senhor e escravo, diminuindo os males da escravidão para um, a tirania do domínio no outro, reconhecendo um senhor comum, do qual ambos dependem" (p. 261).

Ao final do capítulo, Mello Leitão alinhavou textos sobre a mestiçagem. "Entre cantos e danças", abraços e conúbios das raças, "a mancha negra brasileira ia se diluindo". Muitos mestiços se destacaram como figuras prestigiosas e tornaram-se, por assim dizer, "brancos". No Brasil, mostrava Walsh, brancos e negros comungavam juntos nas igrejas. Mello Leitão conclui pela inexistência, no Brasil, das "intransigências ferozes das colônias inglesas ou dos Estados Unidos", onde a segregação racial atiçava ódios (p. 271). Apesar dos horrores, a despeito dos açoites, a escravidão no Brasil aparecia quase como um doce jugo de uma população infantilizada.

No Brasil de 1937, a imagem de uma escravidão branda e de relações predominantemente paternais entre senhores e escravos reforçava a ideia de uma sociedade brasileira avessa aos conflitos e aos enfrentamentos. Desde 1934, a gestão de Agamenon Magalhães no Ministério do Trabalho intensificou o controle sobre as organizações sindicais de trabalhadores, promovendo grande número de intervenções, com afastamento de líderes combativos e sua substituição por outros "confiáveis". A legislação trabalhista avançava, concedendo benefícios que renderiam a Vargas – ao longo dos anos – uma imagem de protetor, um autêntico "pai dos pobres". A partir de 1935, o país foi regido por uma Lei de Segurança Nacional, em que a discordância poderia ser enquadrada como crime. Em 1937, a articulação de uma conspiração em torno do Plano Cohen, atribuído à Internacional Comunista, situava o inimigo e o introdutor da discórdia num lugar externo à nação.

Nesse contexto, Mello Leitão selecionou a dedo relatos de ingleses que, apesar de não negarem a violência, ajudaram-no a pintar uma escravidão paternal. Esqueceu-se, não por acaso, de mencionar um dos mais importantes testemunhos sobre a escravidão no Brasil escrito por um inglês. Sem meios termos, Charles Darwin avaliou a escravidão como insuportável, relatou cenas repugnantes de grande crueldade dos senhores e, ao sair do Brasil, celebrou com alívio o fato de que nunca mais precisaria visitar um país de escravos.[14]

A citação de Darwin prejudicaria o quadro que Mello Leitão desejava apresentar. Seguindo o raciocínio do autor, o leitor poderia concluir que a "dupla mancha" do passado seria apagada por duas vias. Em primeiro lugar, pela mestiçagem e branqueamento da população. Em segundo lugar, pela constatação do caráter ameno da escravidão. Discursos de uma identidade nacional de harmonia, cooperação e inexistência de conflitos eram reforçados pela invenção de uma tradição apoiada na narrativa histórica dos vários relatos de viajantes. Assim como os escravos e senhores descritos por Graham, ambos amparados e/ou controlados pela autoridade divina, os trabalhadores brasileiros seriam protegidos pela legislação trabalhista, e os apetites dos patrões e seus possíveis abusos seriam controlados. Os patrões, por sua vez, teriam a garantia de bons trabalhadores, afastados da influência de agentes externos comunistas e

[14] Nosso autor estava mais do que ciente dessa rejeição de Darwin, como demonstrara em artigo anterior, "Darwin e o Brasil" (1933).

inimigos da nação. Tudo isso seria conduzido pela instância maior do Estado e por seu líder paternal. No Brasil às vésperas do Estado Novo, num tempo de grandes turbulências e articulação de estratégias para a reação das elites, fortalecia-se a imagem de unidade nacional orgânica e cooperativa. A construção do *eu* nacional articulou-se, nessa perspectiva, ao avanço autoritário.

Fronteiras e interiores

Em 1941, Mello Leitão publicou novo livro que poderia ser considerado tanto em sua continuidade como em sua ruptura com as duas obras já abordadas aqui. *História das expedições científicas* resultou de sua participação ativa no Congresso de História do Brasil realizado no Rio de Janeiro em 1938. Tratava-se de realizar um grande balanço histórico das várias missões realizadas no território do Brasil desde o seu descobrimento até o período em que o autor escrevia. Por expedição científica, Mello Leitão definia as viagens que percorreram o Brasil "com o mandato expresso de o reconhecer e estudar", deixando de lado as achegas, as curiosidades, as impressões subjetivas. Havia um caráter coletivo nas missões escolhidas para análise: tinham finalidades determinadas, eram organizadas por um grupo, sob a orientação de um chefe e obedeciam a um plano prévio de estudos. Nosso autor não as selecionava por nacionalidade: havia expedições portuguesas, francesas, holandesas e inglesas, além de patrióticas missões brasileiras. Tampouco delimitou marcos cronológicos, pois desejou construir "uma visão de como se chegou ao conhecimento da nossa terra", sem o esmiuçar de datas que prejudicaria o ritmo da narrativa (MELLO LEITÃO, 1941, p. 7-9).

O critério de organização do livro recaiu sobre a finalidade das expedições, tivessem elas sido realizadas em datas diferentes ou por grupos de nacionalidades diferentes. Em primeiro lugar, privilegiou expedições para o conhecimento da terra: desde o seu descobrimento, a exploração da costa, o estabelecimento de fronteiras, o delineamento do curso dos rios, a situação das montanhas e dos planaltos, a avaliação das riquezas minerais. A seguir, Mello Leitão analisou as expedições para o conhecimento da vida, o que implicava missões de botânicos, zoólogos e etnólogos.

Afastando-se dos relatos individuais com impressões variadas, Mello Leitão destacou aqueles de caráter objetivo, nos quais a intenção era articular um conhecimento racional, numa mirada mais profunda.

O Brasil – com tudo o que havia nos limites do seu território – era o objeto maior, o grande protagonista.

Uma condição primeira do estudo do Brasil era a definição de seus limites, e a longa história desde o descobrimento ilustrava períodos de incerteza e desconhecimento. Não há nação sem território, não há território sem limites, e a importância dessas definições se explicitava no contexto dramático de um mundo em guerra. No caso do Brasil, em 1843, uma expedição percorreu a Amazônia, iniciando a demarcação das fronteiras com a Guiana Inglesa. Em 1953, outra comissão mista chefiada pelo Brasil instalou 62 marcos desde a barra do Chuí até a foz do Guaraim. Muitas missões se sucederiam, num trabalho de um século, para demarcar linhas separando povos irmãos "de uma abençoada América do Sul" (p. 106). Em 1930, trabalhos de demarcação foram reiniciados, e até 1938 quase duas centenas de marcos foram posicionadas. Assim, concluía Mello Leitão, comemorava-se "um século de trabalho abnegado e paciente", em que o Brasil reconhecia seus limites e afirmava sua identidade territorial.

À guisa de conclusão: Brasiliana em três tempos

Por meio das três obras de Mello Leitão analisadas neste ensaio, é possível pensar em três tempos da Era Vargas. Em 1934, o Brasil vivia um período de grandes incertezas, no qual diversos atores sociais confrontavam suas expectativas sobre os destinos do país. Em 1937, o estreitamento da arena política e a negação do conflito encaminharam a vitória de um projeto autoritário para a nação. Em 1941, iniciou-se um processo de mudanças que aproximariam o Brasil dos Estados Unidos e dos países aliados. Viviam-se ainda processos que desembocariam no lançamento da Marcha para o Oeste, em que expedições como a do Roncador-Xingu palmilhariam áreas até então não devassadas pelo olhar do homem branco.

É possível ainda pensar em três diálogos possíveis desencadeados nas páginas dessas obras da Coleção Brasiliana. Há um diálogo entre os homens da Era Vargas e os viajantes do século XIX. Abre-se ainda uma janela de comunicação entre nós, leitores contemporâneos, e os viajantes, aceitemos ou não a intermediação de Mello Leitão. Dialogamos ainda com os homens dos anos 1930, os idealizadores e autores da Coleção Brasiliana, envolvidos entusiasticamente na construção de projetos para a nação.

Há três tempos implicados, entre o século XIX, os anos 1930 e o início do século XXI. O projeto Coleção Brasiliana: Escritos e Leituras da Nação, inaugurado em 2003 na Universidade Federal de Minas Gerais, articula pesquisadores e oferece produção científica crescentemente expressiva sobre o tema, com produção de teses, livros, artigos e eventos. Outro projeto, Brasiliana Eletrônica, da Universidade Federal do Rio de Janeiro, disponibiliza a coleção em portal de acesso livre, alcançando a marca de 259 obras cadastradas e 97.985 páginas digitalizadas.

Que caminhos percorridos pela sociedade brasileira contemporânea têm provocado nosso estudo sobre os idealizadores e autores da Coleção Brasiliana? Por que atiçam nossa curiosidade e nos levam às bibliotecas para ler e reler seus volumes já amarelados, ou ainda consultá-los na intimidade de nossos gabinetes, em versões digitais? Por que eles se tornaram tão necessários no âmbito de nossos desafios intelectuais? Nossa avidez por conhecimento servirá ao reforço ou ao questionamento de identidades estabelecidas?

A sociedade brasileira, na última década, viveu experiências de crescimento econômico, consolidação democrática, avanço da sociedade civil sobre os processos políticos e sociais, iniciativas de construção de igualdade efetiva e superação da pobreza. Os brasileiros voltaram a falar de seu pertencimento com algum orgulho e múltiplas esperanças, reacendendo sentimentos nacionalistas. O Brasil se projetou internacionalmente de maneira surpreendente, e passou a ser interlocutor disputado no contexto mundial. É provável que as releituras da Coleção Brasiliana tenham sido, em parte, influenciadas pela emergência dessas expectativas. O grande desafio reside na forma como lidaremos com esses espelhos, cuja mirada nos leva a perscrutar quem somos e – principalmente – o que queremos vir a ser.

Referências

BATES, Henry Walter. *O naturalista no rio Amazonas*. São Paulo: Companhia Editora Nacional, 1944. (Brasiliana, 237).

BOUGAINVILLE, Hyacinthe. *Journal de la navigation autour du globe de la frégate «La Thétis» et de la corvette l'Espérance pendant les années 1824-1825 et 1826*. Paris: A. Bertrand, 1837. 2 v. + 1 atlas.

BURTON, Richard. *Viagens aos planaltos do Brasil – do Rio de Janeiro a Morro Velho* São Paulo: Companhia Editora Nacional, 1941. (Brasiliana, 197).

CALDCLEUGH, Alexander. *Travels in South America*. London: J. Murray, 1825. 2 v.

CRUZ, Oswaldo. *Relatório sobre as condições médico-sanitárias do vale do Amazonas*. Rio de Janeiro: Ministério da Indústria e Comércio, 1910.

DARWIN, Charles. *The Zoology of the Voyage of H. M. S. Beagle, Under the Command of the Captain Fitzroy during the Years 1832 to 1836*. London: Smith/ Elder, 1839-1843. 4 v.

DU PETIT-THOUARS, Abel Aubert. *Voyage autour du monde, sur la frégate La Venus, pendant les années 1836-1839*. Paris: Gide, 1840-1855. 10 v. + 4 atlas.

DUPERREY, Louis. *Voyage autour du monde exécuté par ordre du Roi, sur la corvette La Coquille, pendant les anneés 1822-1825*. Paris: A. Bertrand, 1826-1830. 1 v. + 4 atlas.

DUTRA, Eliana. A nação nos livros: a biblioteca ideal na coleção Brasiliana. In: DUTRA, Eliana; MOLLIER, Jean-Yves. *Política, nação e edição: o lugar dos impressos na construção da vida política (Brasil, Europa e Américas nos séculos XVIII-XX)*. São Paulo: Annablume, 2006. p. 299-314.

DUTRA, Eliana. *Rebeldes literários da República: história e identidade nacional no Almanaque Garnier (1903-1914)*. Belo Horizonte: Editora UFMG, 2005.

FOUCAULT, Michel. *As palavras e as coisas: uma arqueologia das ciências humanas*. Tradução de Salma Tannus Muchail. São Paulo: Martins Fontes, 2000.

FREYCINET, Louis. *Voyage autour du monde, entrepris par ordre du Roi, exécuté sur les corvettes de S. M. L'Uranie et la Physicienne, pendant les annés 1817, 1818, 1819 et 1820*. Paris: Pillet Ainé, 1824-1844. 7 v. + 4 atlas.

GARDNER, George. *Viagens pelo Brasil*. São Paulo: Companhia Editora Nacional, 1942. (Brasiliana, 223).

GRAHAM, Maria. *Journal of a Voyage to Brazil, and Residence There, During Part of the Years 1821-23*. London: Longman, 1824.

GRAHAM, Maria. *Diário de uma viagem ao Brasil e de uma estada nesse país durante parte dos anos 1821, 1822, 1823*. São Paulo: Companhia Editora Nacional, 1956. (Brasiliana, 8G).

HENDERSON, James. *A History of the Brazil, Comprising Its Geography, Commerce, Colonization, Aboriginal Inhabitants*. London: Longman, 1821.

KOSTER, Henry. *Viagens ao nordeste do Brasil*. Tradução de Luiz da Camara Cascudo. São Paulo: Companhia Editora Nacional, 1942. (Brasiliana, 221).

LACAN, Jacques. O estádio do espelho como formador da função do *eu* tal como nos é revelada na experiência psicanalítica. In: LACAN, Jacques. *Escritos*. Tradução de Vera Ribeiro. Rio de Janeiro: Jorge Zahar, 1998. p. 96-103.

LAPLACE, Cyrille. *Voyage autour du monde par les mers de l'Inde et de Chine exécuté sur la corvette de l'Etat La Favorite pendant les années 1830-1832 sous le commandement de M. Laplace.* Paris: Imprimerie Royale, 1833-35. 4 v.

LEÃO, Múcio. *Jornal do Brasil,* Rio de Janeiro, 24 jan. 1935. Registro literário, Arquivo SEMEAR, Museu Nacional, UFRJ, Rio de Janeiro, BR MN JF O MN DR 3 1925-1948.

LEÃO, Múcio. *Jornal do Brasil,* Rio de Janeiro, 5 nov. 1937. Registro literário, Arquivo SEMEAR, Museu Nacional, UFRJ, Rio de Janeiro, BR MN JF O MN DR 3 1925-1948.

LIMA, Nísia Trindade. Missões civilizatórias da República e interpretação do Brasil. *História, Ciências, Saúde – Manguinhos,* Rio de Janeiro, v. 5, p. 163-193, 1998. Suplemento.

LIMA, Nísia Trindade. *Um sertão chamado Brasil.* Rio de Janeiro: Revan, 1999.

LINDLEY, Thomas. *Narrative of a Voyage to Brazil Terminating in the Seizure of a British Vessel and the Imprisonment of the Author and the Ship's Crew by the Portuguese.* London: J. Johnson, 1805.

LIVROS NOVOS. *Diário da Tarde,* Recife, 4 dez. 1934. Arquivo SEMEAR, Museu Nacional, UFRJ, Rio de Janeiro, Pasta BR MN JF O MN DR 3 1925-1948.

LIVROS. *Boletim de Ariel,* Rio de Janeiro, set. 1937. Arquivo SEMEAR, Museu Nacional, UFRJ, Rio de Janeiro, Pasta BR MN JF O MN DR 3 1925-1948.

LIVROS. *O Globo,* Rio de Janeiro, 17 ago. 1937 Arquivo SEMEAR, Museu Nacional, UFRJ, Rio de Janeiro, Pasta BR MN JF O MN DR 3 1925-1948.

LOPES, Maria Margaret. *O Brasil descobre a pesquisa científica.* São Paulo: Hucitec, 1997.

LUCCA, Tania de. *A Revista do Brasil: um diagnóstico para a (N)ação.* São Paulo: Editora UNESP, 1999.

LUCCOCK, John. *Notas sobre o Rio de Janeiro e partes meridionais do Brasil.* Tradução de Milton da Silva Rodrigues. São Paulo: Livraria Martins, 1942.

LUTZ, Adolpho; MACHADO, Astrogildo. Viagem pelo rio São Francisco e por alguns de seus afluentes entre Pirapora e Joazeiro. *Memórias do Instituto Oswaldo Cruz,* Rio de Janeiro, v. 7, n. 1, p. 5-50, 1915.

MANSFIELD, Charles. *Paraguay, Brazil and the Plate, Letters Written in 1852-53.* London: Macmillan, 1856.

MARTINS, Maria Cristina B. Descobrir e redescobrir o grande rio das Amazonas: as *relaciones* de Carvajal (1542), Alonso de Rojas SJ (1639) e Christóbal de Acuña SJ (1641). *Revista de História,* São Paulo, n. 156, p. 31-57, 2007.

MAWE, John. *Viagens ao interior do Brasil: principalmente aos distritos do ouro e dos diamantes*. Tradução de Solena Benevides Viana. Rio de Janeiro: Zelio Valverde, 1944.

MELLO LEITÃO, Cândido de. Darwin e o Brasil. *Revista Nacional de Educação*, Rio de Janeiro, v. 1, n. 11-12, p. 42-51, 1933.

MELLO LEITÃO, Cândido de. *História das expedições científicas no Brasil*. São Paulo: Companhia Editora Nacional, 1941. (Brasiliana, 209)

MELLO LEITÃO, Cândido de. *O Brasil visto pelos ingleses*. São Paulo: Companhia Editora. Nacional, 1937. (Brasiliana, 82)

MELLO LEITÃO, Cândido de. Prefácio. In: BATES, Henry W. *O naturalista no Rio Amazonas*. São Paulo: Companhia Editora Nacional, 1944. 2 v. (Brasiliana, 237/237A).

MELLO LEITÃO, Cândido de. *Visitantes do Primeiro Império*. São Paulo: Companhia Editora Nacional, 1934. (Brasiliana, 32)

MIGUEL-PEREIRA, Lúcia. Livros. *Gazeta de Notícias*, Rio de Janeiro, 18 nov. 1934. Arquivo SEMEAR, Museu Nacional, UFRJ, Rio de Janeiro, Pasta BR MN JF O MN DR 3 1925-1948.

MORAES, Raymundo. Cosmorama. *Diário do Estado*, Belém, 4 dez. 1934. Arquivo SEMEAR, Museu Nacional, UFRJ, Rio de Janeiro, Pasta BR MN JF O MN DR 3 1925-1948.

NA ACADEMIA. *Jornal do Comércio*, Rio de Janeiro , 17 nov. 1934. Arquivo SEMEAR, Museu Nacional, UFRJ, Rio de Janeiro, Pasta BR MN JF O MN DR 3 1925-1948.

PASCUAL, Antonio Diodoro de; MANSFIELD, Charles. *Ensaio crítico sobre a viagem ao Brasil em 1852*. Rio de Janeiro: Typographia Universal Laemmert, 1861. Disponível em: <http://books.google.com.br/books?id=qhoIAAAAQ AAJ&printsec=frontcover&hl=pt-BR#v=onepage&q&f=false>. Acesso em: 6 abr. 2012.

PENNA, Belisário; NEIVA, Arthur. Viagem científica pelo norte da Bahia, sudoeste de Pernambuco, sul do Piauí e de norte a sul de Goiás. *Memórias do Instituto Oswaldo Cruz*, Rio de Janeiro, v. 8, n. 3, p. 74-224, 1916.

PONTES, Heloisa. Retrato do Brasil: editores, editoras e "coleções Brasiliana" nas décadas de 30, 40 e 50. In: MICELI, Sérgio (Org.). *História das Ciências Sociais no Brasil*. São Paulo: Vértice, 1989. p. 359-409.

PRATT, Mary Louise. *Os olhos do Império*. Bauru: EDUSC, 1999.

RONDON, Candido M. da S. *Comissão de linhas telegráficas de Mato Grosso ao Amazonas. Segundo relatório parcial correspondente aos anos de 1911 e 1912*. [S.l.: s.n.], 1912.

ROQUETTE-PINTO, Edgard. Entrevista concedida à *Revista Vamos Ler*. *Revista Vamos Ler*, Rio de Janeiro, 23 mar. 1939. Arquivo pessoal de Roquette-

-Pinto, Academia Brasileira de Letras, APERP-ABL. Arquivo SEMEAR, Museu Nacional, UFRJ, Rio de Janeiro, BR MN JF O MN DR 3 1925-1948.

ROQUETTE-PINTO, Edgard. *Rondonia*. Rio de Janeiro: Imprensa Nacional, 1917.

SOUSA, Octávio Tarquínio de. Vida literária. *O Jornal*, Rio de Janeiro, 20 jun. 1937. Arquivo SEMEAR, Museu Nacional, UFRJ, Rio de Janeiro, BR MN JF O MN DR 3 1925-1948.

SPRUCE, Richard. *Notes of a Botanist on the Amazon and Andes*. London: Macmillan, 1908. 2 v.

STEPAN, Nancy. *Picturing Tropical Nature*. Ithaca: Cornell University Press, 2001.

TOLEDO, Maria Rita. A Companhia Editora Nacional e a política de editar coleções (1925-1980). In: ABREU, Márcia; BRAGANÇA, Anibal. *Impresso no Brasil: dois séculos de livros brasileiros*. São Paulo: Editora UNESP, 2010.

VAILLANT, Auguste-Nicolas. *Voyage autour du monde executé pendant les annés 1836 et 1837 comandée par Vailland*. Paris: A. Bertrand, 1840-1866. 14 v. + atlas.

WALLACE, Alfred. *Viagem pelo Amazonas e Rio Negro*. São Paulo: Companhia Editora Nacional, 1939. (Brasiliana, 156).

WALSH, Robert. *Notícias do Brasil (1828-29)*. Belo Horizonte: Itatiaia; São Paulo: Edusp, 1995. 2 v.

WATERTON, Charles. *Wanderings in South America*. London: B. Fellowes, 1836.

Cultura e identidades –
passado e futuro do Brasil mestiço

Da mestiçagem à diferença: nexos transnacionais da formação nacional no Brasil

Sérgio Costa

Os estudos sobre nacionalismo e nacionalidade no Brasil e, penso, pode-se generalizar para toda a América Latina, padecem, em geral, de pelo menos dois déficits importantes. O primeiro, de natureza metodológica, diz respeito aos limites da unidade que se toma em conta para estudar os processos de construção nacional, quase invariavelmente, os próprios limites do Estado-nação. Isto é, discute-se a formação nacional como se aquilo que se pode observar no âmbito interno não tivesse qualquer relação com o que se passa no resto do mundo. Não me refiro aqui à mera menção de fatores internacionais que influenciam a política, a cultura e as sociedades domésticas. Esses fatores são normalmente mencionados e levados em consideração. Trata-se aqui de interdependências fortes entre o nacional e o transnacional, isto é, de nexos indissociáveis e recíprocos entre dinâmicas nacionais e transnacionais. Conrad e Randeria (2002) expressam o paradoxo das histórias nacionais interdependentes, mas contadas e estudadas a partir de unidades separadas, através da ideia de "geteilte Geschichten" expressão que se poderia traduzir por histórias (com)partidas. Isto é, trata-se de histórias nacionais compartilhadas em seus nexos e interpenetrações, mas partidas, cindidas em sua narração.

O segundo problema observado é de natureza teórico-epistemológica. Os estudos, em geral, tomam o processo de formação nacional num ocidente idealizado, não como forma histórica e contingente, mas como uma teoria geral e uma espécie de roteiro a ser aplicado no resto do mundo. Qualquer desenvolvimento que divirja desse suposto padrão é tratado como deficiência ou aberração a ser corrigida. Desse modo, no lugar de interpretação do acontecido, muitos estudos se tornam um lamento sobre o que não aconteceu e um delineamento de estratégias para recuperar o tempo supostamente perdido. Chakrabarty (2002) mostra, de forma plástica, essa deficiência teórica ao evidenciar que, quando se busca a sociedade civil ou a elite política francesas na Índia, só se pode encontrar na ex-colônia um enorme vazio de política e civilidade. Vistas sob essas lentes, as formas próprias da política e de sociabilidade existentes na Índia viram um vazio ontológico, um deserto institucional e social a ser ocupado e cultivado.

O presente texto se divide em duas partes e uma breve conclusão. Na primeira seção, busco aprofundar a discussão desses problemas teóricos e metodológicos, sustentando que as construções da nacionalidade só podem ser adequadamente entendidas quando estudadas no contexto de suas interdependências transnacionais.

Na segunda parte, busco reconstruir, de forma muito sumária, e a título de ilustração, as interdependências transnacionais envolvidas na representação dos afrodescendentes na nacionalidade brasileira no período posterior à abolição da escravidão. Considero três fases distintas, a saber: I) o período que vai da abolição da escravatura até a consolidação do discurso da mestiçagem nos anos 1930; II) a fase áurea da mestiçagem e III) seu declínio nas últimas três décadas.

Por fim, nas conclusões, apresento uma reflexão final sobre os nexos transnacionais que marcam a construção da nacionalidade no Brasil.

Nacionalidade e interdependências transnacionais

Não sendo especialista da área, arriscaria dizer que é generalizada a convicção entre os historiadores dedicados ao Brasil que para estudar o período colonial é necessário entender os vínculos entre a colônia brasileira, a metrópole portuguesa e a trama das relações comerciais e de poder no âmbito do triângulo Europa, África, Américas.[1]

Quando passamos ao Império e ainda mais à República, parece que, na historiografia, o Brasil se insula. As outras regiões do mundo desaparecem e, quando se manifestam, o fazem a partir de sua expressão nos negócios internos do Brasil. Discute-se, assim, como determinadas ideias chegam ao Brasil ou como a variação nos preços mundiais do

---

[1] O trabalho de Alencastro (2000) representa um exemplo emblemático de aplicação de uma perspectiva transnacional, no caso, atlântica, para estudar o período colonial.

café reordenam as relações de poder no Brasil. O olhar, contudo, é sempre nacional, nacionalista. Perde-se de vista que o país está inserido num sistema mais ou menos global de produção e circulação de ideias e numa economia mais ou menos integrada globalmente.

De forma ainda muito exploratória e esquemática gostaria de destacar pelo menos quatro ordens de interdependências que deveriam ser consideradas no estudo das reconstruções da nacionalidade:

I) Interdependências históricas: Trata-se de estudar a formação de categorias que estruturam a nacionalidade, como as representações de gênero, raça, etnicidade a partir de um sistema de signos e relações que nunca foi nacional, nem sincrônico, mas que é, desde sua origem, transnacional e histórico. Para a América Latina, de forma geral, Aníbal Quijano (2007), através do conceito de *diferença colonial*, mostra, de maneira esclarecedora, como categorias como indígena, negro, mulato, mulher negra, homem branco são produzidas no contexto da interação entre fluxos e atores para muito além do espaço nacional. Envolvem igreja, missões, administração colonial, etc. É nesse espaço transnacional de relações que as nações vão buscando construir aquilo que apresentam e representam como suas marcas idiossincráticas.

II) Interdependências econômicas: A forma de inserção de determinado país na economia mundial tem obviamente consequências profundas para a constituição da nacionalidade, na medida em que a isso estão associados desde padrões de uso do território, o ritmo dos fluxos migratórios até modelos de distribuição dos recursos disponíveis. O sociólogo Göran Therborn (1987) mostra, por exemplo, como a emigração europeia para as Américas no final século XIX e começo do XX foi fundamental para reduzir a pobreza no continente europeu, permitindo que o desenvolvimento do Estado Social e a constituição de nações marcadas pelo valor da solidariedade distributiva. Em nações exportadoras de recursos naturais, por sua vez, mostram Korzeniewicz e Moran (2009), a tendência que prevaleceu há vários anos é a de formação de sociedades marcadas por forte concentração de renda e, portanto, por formas de solidariedade e coesão interna apoiadas muito mais na simbologia nacionalista que na solidariedade distributiva.

O que se observa na América Latina, hoje, é também expressivo dos laços entre as interdependências econômicas e as reconstruções da nacionalidade. No momento em que o continente vai se especializando novamente na exportação de matérias-primas e produtos agrícolas para a China, Europa e Estados Unidos, a pressão pelo uso dos territórios remotos ocupados por indígenas e as chamadas populações tradicionais aumenta dramaticamente, impondo em diversos países a renegociação da pertença desses grupos à nação (GUDYNAS, 2012; ESCOBAR, 2008).

III) Interdependências entre ideias e instituições: a comunidade nacional imaginada, conforme sabemos no mais tardar desde Benedict Anderson (1983), se alimenta de discursos de autorrepresentação e autoentendimento de natureza política, ideológica, mas também científica. Esses discursos não são obviamente produzidos em ilhas nacionais, eles fazem parte de um sistema amplo de produção e circulação de ideias, conhecimentos e conceitos como nação, cultura, raça, Estado, etc. Igualmente relevantes são instituições e estruturas legais que operam para além de um Estado-nação particular. Se, desde muito cedo, as construções da nacionalidade foram marcadas por essas instituições transnacionais (recorde-se o papel histórico das congregações religiosas), a partir da Segunda Guerra Mundial essa influência fica ainda mais evidente. A título de exemplo pode-se recordar aqui do impacto dos programas de "etnodesenvolvimento" introduzidos pelas agências internacionais de cooperação para redefinir o lugar dos indígenas e afrodescendentes nas nações andinas (WALSH, 2009), ou o papel da Fundação Ford para redesenhar a discussão sobre nacionalidade e racismo no Brasil (BOURDIEU; WACQUANT, 1999).[2]

IV) Interdependências legais: Ainda que o grosso das regulações e normas que afeta a vida das nações esteja ancorado no âmbito da constituição e dos dispositivos legais concernente a um Estado-nação particular, convenções e acordos internacionais criam igualmente constrições e definem as condições de expressão da nacionalidade. Ademais, as constituições nacionais, ainda que sejam ratificadas nacionalmente, são sempre produto de intenso diálogo e interação com a jurisprudência internacional.

Nos últimos anos, sob o manto de conceitos como juridificação transnacional ou constitucionalismo global, autores diversos vêm

---

[2] As interdependências entre a construção da nacionalidade e transformações globais não pode ser reduzida naturalmente à ideia de imperialismo cultural, como fizeram Bourdieu e Wacquant (1999). Trata-se de processos de influência que são desiguais na medida em que refletem as assimetrias políticas globais, mas que são de, algum modo, mútuos e interconectados. Assim, se é verdade, por exemplo, que as linhas de apoio do Banco Mundial à diversidade cultural ajudam a "reinventar" as nações latino-americanas como multiculturais, é igualmente verdade que os próprios movimentos indígenas, negros e de outras minorias pressionaram pela criação dessas mesmas linhas de fomento (esse argumento encontra-se desenvolvido de forma mais extensiva em Costa [2012]).

investigando de maneira sistemática as interdependências entre o direito nacional e internacional (BRUNKHORST, 2007; FISCHER-LESCANO; MÖLLER, 2012). Essas interpenetrações são, contudo, muito anteriores e remontam pelo menos à expansão colonial europeia quando no seio de acordos entre as distintas potências coloniais são cunhadas categorias como "índio", "quilombola", "crioulo", "mestiço", que ainda hoje marcam as negociações e mutações da nacionalidade nos países latino-americanos (GÓNGORA-MERA, 2012).

Estudar as construções e reconstruções da nacionalidade a partir dessas múltiplas interdependências seria certamente uma tarefa sem fim e quiçá metodologicamente impraticável, dada a quantidade de fontes e unidades analíticas que envolveria. Por isso, permita-me repetir, o objetivo deste modesto texto não é – e nem poderia ser – redesenhar o estudo da nacionalidade no Brasil. Para isso me faltariam competência e instrumentos. Minha empreitada é talvez trivial, busco tão-somente chamar a atenção para a dimensão transnacional da construção nacional. Na seção que se segue tomo um traço particular da construção da nacionalidade no Brasil, qual seja, o regime de coexistência com afrodescendentes no interior da nação, com o intuito de ilustrar como a forma de coexistência varia em conexão com transformações globais.[3]

Afrodescendentes e nacionalidade no Brasil

Em rasgos muito grosseiros podem ser identificados três grandes ciclos ou regimes de coexistência com os afrodescendentes no âmbito da nacionalidade brasileira, desde a abolição da escravatura em 1888. O primeiro regime que vai até os anos 1930 é a fase do nacionalismo racista. O segundo ciclo é marcado pela mestiçagem que vai se desenhando a partir dos anos 1930 e vigora sem grandes questionamentos até os anos 1990. Desde então, se inicia um novo regime, marcado por um elogio difuso da diversidade e crítica à mestiçagem homogeneizante e supressora das diferenças.

---

[3] A opção pela expressão "afrodescendente" não é seguramente livre de controvérsias, na medida em que outras formas de (auto)representação marcam a história dessas populações no Brasil. As estatísticas oficiais se referem, como se sabe, a pretos e pardos; os movimentos sociais preferem referir-se a negros e os próprios textos legislativos ou referentes a políticas públicas oscilam entre esses diferentes termos. Uso aqui a expressão "afrodescendente" pelo fato de ser o termo mais consagrado na bibliografia e nas estatísticas latino-americanas (ANTÓN *et al.*, 2009).

Uso o termo "regime"[4] aqui para qualificar os padrões de relações entre afrodescendentes e o conjunto da nação, entendendo que cada regime de coexistência contempla ao menos quatro dimensões:

- Discursos políticos, científicos ou populares através dos quais indivíduos ou grupos de indivíduos interpretam as relações sociais e se posicionam no âmbito delas.
- Marcos legais e institucionais (corpo de direitos multiculturais, legislação antidiscriminação, etc.).
- Políticas públicas (políticas migratórias, políticas compensatórias, como cotas, etc.).
- Modelos de convivência cotidiana (que podem ser integrativos ou segregadores).

Do pós-abolição à mestiçagem

O ciclo do nacionalismo racista é marcado não só no Brasil, mas como em toda a América Latina, entre outros, por dois grandes vínculos de interdependência transnacional, a imigração europeia e a circulação das teorias do racismo científico.

---

[4] Mesmo que não possa reconstruir a história teórica do conceito nesse texto, cabe identificar no debate contemporâneo pelo menos dois usos bastante distintos – num certo sentido opostos – de"regime". O primeiro privilegia desenvolvimentos positivos no sentido de apontar um alargamento da esfera da regulação política. Refere-se, assim, por exemplo, ao regime (interamericano ou global) dos direitos humanos ou do clima para caracterizar o conjunto de mecanismos existentes que permitem à comunidade internacional, de algum modo, coibir atos de violação dos direitos humanos ou do direito ambiental onde quer que eles sejam cometidos e independentemente do grau de tolerância de governos locais ou nacionais para com tais violações (ver, entre muitos outros: Haggard e Simmons [1987]). A segunda vertente contemporânea que busca recuperar o conceito remonta a Foucault (1994) e a seu conceito de *gouvernementalité*. "Regime" se refere aqui ao conjunto de discursos, instrumentos e práticas às quais o poder disciplinador recorre para "normalizar" sujeitos e interações sociais, de sorte a estender seu domínio e controle a todas as esferas da vida social. Essa segunda leitura da ideia de regime encontra-se elaborada, no âmbito dos estudos pós-coloniais, com particular acuidade pelo cientista político indiano P. Chatterjee (2007). Para ele, as tecnologias de governo transformaram os cidadãos em meros alvos de políticas públicas que são voltadas não para a constituição de sujeitos políticos autônomos mas para a supervisão e controle de todas as esferas da vida (para mais detalhes, ver Costa [2011a; 2011b]).

A partir da leitura de autores canônicos do determinismo biológico como Thomas Buckle (1821-1862), Friedrich Ratzel (1844-1904), Ernst Haeckel (1834-1919), Burnett Tylor (1832-1937), os nacionalistas latino--americanos entendem que a inexistência de uma "base racial comum" conformava importante obstáculo para constituir nações modernas nas Américas. Conforme se acreditava, havia fronteiras biológicas para que os chamados negros, indígenas e mestiços atingissem o grau de "civilização" em que se encontrava o europeu, afirmando assim o pressuposto da desigualdade racial irredutível entre os diferentes grupos humanos. O desafio de consolidação das nações latino-americanas era, portanto, conforme a visão do racismo científico dominante, duplo: homogeneizar e unificar a diversidade de *raças* presentes e, de algum modo, *purificar* a raça de forma a aproximá-la do padrão caucasiano supostamente encontrado na Europa (STEPAN, 1991; COSTA, 2006, cap. 6).

Sílvio Romero (1851-1914) e Oliveira Vianna (1883-1951) corporificam de forma paradigmática a recepção canônica do racismo científico no Brasil. Ambos não tinham dúvida da superioridade biológica do tipo "caucasiano" (ROMERO, 1906, 271s) e acreditavam que o branqueamento paulatino da população era a única alternativa possível para construir uma nação progressista nos trópicos (VIANNA, 1933).

A aposta no racismo científico apresenta, como era de se esperar, consequências graves para a coexistência com os afrodescendentes. Trata-se aqui, para usar os termos de Andrews (2004), de uma *war on blackness*. Conforme o autor:

> In all countries of the region, writers, politicians, and state planners wrestled with the problem of Latin America's racial inheritance. As firm believers in racial determinism, they had no doubts that the historical trajectories of individuals, nations, and people were irrevocably determined by their "racial" ancestry [...] The Latin American response to this dilemma was a bold, visionary, and ultimately quixotic effort to transform themselves from racial mixed, predominantly nonwhite societies into white republics populated by Caucasians and their descendents[5] (ANDREWS, 2004, p. 118).

---

[5] "Em todos os países da região, escritores, políticos e planejadores do Estado debatiam-se com o problema da herança racial latino-americana. Como decididos adeptos do determinismo racial, eles não tinham dúvidas de que as trajetórias históricas de indivíduos, nações e povos eram irrevogavelmente determinadas por sua ancestralidade 'racial' [...] A resposta latino-americana

A "guerra à negritude" adquire, no período entre 1880 a 1930, conforme a investigação de Andrews em diversos países da América Latina, contornos múltiplos e afeta os quatro níveis da convivência com os afrodescendentes destacados acima, quais sejam, o âmbito dos discursos, o marco legal, as políticas públicas e a convivência cotidiana. Com efeito, o desejo de superar a herança negra passa a orientar, em muitos países, as políticas migratórias e alimenta o objetivo de promover os casamentos "inter-raciais" de sorte que as gerações pudessem ir sucessivamente se branqueando.[6] Também no plano da reforma urbana como da política sanitária são adotadas medidas para a "higienização" das cidades, removendo-se negros e pobres para subúrbios distantes das áreas centrais. Similarmente, no campo da cultura e das práticas religiosas, busca-se obliterar a presença negra, através da repressão pelo Estado, como nos casos de Cuba e Brasil, de manifestações culturais e religiosas de origem africana vistas como o oposto da civilização europeia e cristã (ANDREWS, 2004, 122 ss).

A chegada de grandes fluxos de imigrantes nesse período representa a condição de possibilidade do regime nacionalista racista na medida em que alimentava o projeto do branqueamento pela mescla de sangue entre nativos e recém-chegados da Europa.

O regime de coexistência com a afrodescendência que vigora, portanto, nesse período é um regime de não coexistência. Isto é, o objetivo colimado não era encontrar formas de interação e relação com os afrodescendentes, mas encontrar meios de superar sua existência, fazendo com que sua presença cultural e sua presumida herança biológica pudessem ser absorvidas no seio da nação branca que se almejava construir. Sílvio Romero é talvez quem, no Brasil, mais explicitamente elaborou, a partir dos paradigmas do racismo científico e da aposta na imigração, uma estratégia clara de "absorção" dos negros (e indígenas) no corpo de uma nação branca. *Ipsis verbis*:

> a este dilema foi um engenhoso, visionário e, afinal, quixotesco esforço de transformar a si mesmos, de sociedades racialmente mescladas e predominantemente não-brancas em repúblicas povoadas por caucasianos e seus descendentes."

[6] Cabe registrar que para aqueles ideólogos nacionalistas que seguiam as vertentes do racismo científico que viam na "mistura de raças" o risco da "degeneração racial", do debilitamento físico e até mesmo da infertilidade das gerações futuras, a possibilidade do branqueamento paulatino era descartada. A saída ao "dilema racial" apontada aqui era a separação racial, de forma a permitir que os brancos, mantidos "racialmente" intactos, pudessem assumir o comando da nação (ver, por exemplo, Nina Rodrigues [1935]).

Dos três povos que constituíram a atual população brasileira, o que um rastro mais profundo deixou foi por certo o português; segue-se-lhe o negro e depois o indígena. À medida, porém, que a ação direta das duas últimas tende a diminuir, com a internação do selvagem e a extinção do tráfico dos pretos, a influência européia tende a crescer com a imigração e pela natural propensão para prevalecer o mais forte e o mais hábil. O mestiço é a condição para a vitória do branco, fortificando-lhe o sangue para habilitá-lo aos rigores do clima. É em sua forma ainda grosseira uma transição necessária e útil, que caminha para aproximar-se do tipo superior. (ROMERO, 1953, p. 149)

A mestiçagem como regime de coexistência

Os vínculos de interdependência mais evidentes que marcam o segundo ciclo de regime de coexistência com os afrodescendentes estão presentes no plano da política e da circulação global de ideias.

No âmbito político, o Brasil vai sendo identificado internacionalmente, a partir das primeiras décadas do século XX, como exemplo da coexistência harmônica e pacífica das diferentes raças e culturas, como aparece refletido em interpretações e discursos de atores tão diversos quanto chefes de governo e ativistas antirracistas norte-americanos (HELLWIG, 1992).

No plano das ideias, intelectuais brasileiros e também de outros países latino-americanos participam ativamente do processo de difusão das teorias culturalistas no debate internacional a partir das primeiras décadas do século XX. Assim, intelectuais como o cubano Fernando Ortiz Fernández (1881-1969) e o brasileiro Gilberto Freyre (1900-1987) diretamente com Franz Boas (1858-1942), antropólogo judeu-alemão radicado nos Estados Unidos e principal expoente da inflexão culturalista observada no começo do século passado. Conforme Boas, os distintos "graus de evolução" em que se encontravam as diferentes sociedades e grupos sociais deveriam ser explicados por fatores históricos e sociais e não pelo recurso a supostas diferenças raciais ou biológicas. Não obstante, o conceito de cultura é tratado de forma ambivalente, sugerindo que a pluralidade de culturas existente representa, de algum modo, estágios prévios da cultura iluminista europeia, chamada de civilização. Assim, o parâmetro usado para avaliar o "grau de evolução" das muitas formas de sociedade existentes é sua capacidade de produzir prosperidade material e professar o código de valores do que se entendia corresponder aos valores do europeu esclarecido (BOAS, 1969, 54ss). Por essa via, a condenação vigorosa e pioneira do racismo científico, como formulada por Boas, termina, num primeiro momento, prisioneira da armadilha etnocêntrica que marcava o *Zeitgeist*. Ou seja, o critério de hierarquização das diferentes sociedades desloca-se da biologia para a cultura, mas permanece assente na valoração prévia e externa do grau de *civilization* atingido (HOFBAUER, 2006).

As ambivalências do evolucionismo culturalista de Boas são transportadas para a reflexão dos intelectuais nacionalistas latino-americanos que, inspirados pelo antropólogo, rejeitam os axiomas do racismo científico para afirmar as virtudes das "nações mestiças", supostamente constituídas a partir do amálgama biológico e cultural de indígenas, europeus e africanos. Com efeito, os trabalhos canônicos de Gilberto Freyre (1998 [1933]) e Fernando Ortiz (1963), ao mesmo tempo que atestam a importância das diferentes contribuições étnicas que compõem as respectivas culturas nacionais, não ocultam que o sentido último da nação deveria ser promover a consolidação da civilização ocidental na América Latina e no Caribe.

O lugar que o discurso da mestiçagem, consolidado a partir dos anos 1930 no Brasil, concede aos afrodescendentes é igualmente ambíguo. De um lado, se valoriza seu papel como colonizador dos trópicos e sua participação na formação de uma nação unitária que congrega em si todas as diferenças culturais. Ao mesmo tempo, sua inclusão na nação pela via da mescla cultural e biológica representa, no âmbito do discurso da mestiçagem, seu desaparecimento como afrodescendente. Isto é, já não conta mais a afrodescendência, mas a pertença a uma nação de brasileiros que, se tudo der certo, seguirá o "programa civilizatório" europeu.

O projeto ideológico da mestiçagem ganhou contornos políticos e tornou-se fator fundamental de legitimação e até mesmo programa de governo em vários países da América Latina. Em muitos países, a retórica da nação tolerante às misturas e assimiladora das diferenças constituiu o cimento cultural-ideológico do qual se valeram líderes populistas como Getúlio Vargas no Brasil ou Lázaro Cárdenas del Rio no México. Serviu também como o principal argumento de legitimação das ações repressivas voltadas para "nacionalizar" minorias culturais ou étnicas (SEYFERT, 1997).

Não obstante, há que se ressaltar que, ainda que a mestiçagem, como projeto teórico e ideológico formulado a partir dos anos 1930, represente, evidentemente, um programa assimilacionista das diferenças culturais, a mestiçagem, como regime cotidiano de convivência intercultural, é extremamente multifacetada, admitindo padrões muito diversos de interação como mostram estudos desenvolvidos, entre outros, por Almeida (2000), Sansone (2003) e Wade (2005).

As investigações de Wade em torno da música popular na Colômbia, da religiosidade popular na Venezuela e do cristianismo popular no

Brasil parecem aqui particularmente sugestivas. Conforme seus achados, a mestiçagem, para além de discurso ou ideologia, representa uma experiência vivida (*lived experience*), da qual participam sujeitos concretos capazes de ressignificar a mestiçagem, emprestando a ela seus sentidos e interesses próprios:

> All this leads us to a view of mestizaje which is rather different form the usual image of the nationalist processes striving to create a homogeneous identity that eventually erases blackness and indigenousness in order to end up with a whitened mestizo who represents the irretrievable fusion of three racial origins. It leads instead to the image of mestizaje as the construction of a mosaic, which can be embodied in a single person or within a complex of religious practices, as well as within the nation. This mosaic is rather different from the mosaic of what might be call official multiculturalism, in which each "culture" is constrained within certain institutional boundaries, because the mosaic of mestizaje allows the permanent re-combination of elements in persons and practices[7] (WADE, 2005, p. 252).

Da mestiçagem à diferença: afrodescendentes nas representações contemporâneas da nacionalidade

As interdependências transnacionais que marcam as redefinições dos padrões de coexistência com os afrodescendentes no Brasil contemporâneo são múltiplas. Partindo das formas de interdependência sumarizadas na primeira parte deste artigo, gostaria de destacar as interdependências históricas, as interdependências

---

[7] "Tudo isso leva-nos a uma visão da mestiçagem bem diferente da imagem usual de processos nacionalistas voltados para criar uma identidade homogênea, os quais, efetivamente, apagam a negritude e a indigeneidade convergindo para o mestiço branqueado, representante da fusão definitiva das três raças originais. Ao invés disso somos conduzidos aqui à imagem da mestiçagem como a construção de um mosaico, o qual pode estar incorporado tanto numa única pessoa como no âmbito de um complexo mosaico de práticas religiosas ou no interior de uma nação. Este mosaico é bastante diferente daquilo que poderia ser chamado de multiculturalismo oficial no qual cada "cultura" é aprisionada dentro de certas fronteiras institucionais, visto que a mestiçagem permite a permanente recombinação de elementos em pessoas e práticas."

legais, as interdependências no âmbito das ideias e instituições e as interdependências econômicas associadas ao novo regime de relações entre os afrodescendentes e o conjunto da nação no Brasil.

As *interdependências históricas* que marcam os novos padrões de coexistência com os afrodescendentes são bastante evidentes, na medida em que todo o vocabulário político adotado tanto pelo Estado quanto pelo próprio Movimento Negro no Brasil está associado a construções que remetem ao período colonial e à escravidão. Categorias como negro, branco, pardo, mestiço são obviamente reinterpretadas e ressignificadas em cada época histórica. Não obstante, sua origem colonial é iniludível. A título de ilustração, alude-se aqui ao processo de reconhecimento de quilombos, o qual foi desencadeado pelo artigo 68 do Ato das Disposições Constitucionais Transitórias da Constituição de 1988. O artigo estabelece que:

> Aos remanescentes das comunidades dos quilombos que estejam ocupando suas terras é reconhecida a propriedade definitiva, devendo o Estado emitir-lhes os títulos respectivos. (BRASIL, 2005, p. 14)

Conforme a acurada reconstrução de Arruti, a categoria quilombo empregada no texto constitucional é

> caudatária de uma legislação repressiva de origem colonial que para ser eficaz se fazia genérica e exterior àqueles a quem designava, remete a um tipo de formação social histórica que, a princípio, teria desaparecido com a própria escravidão e que se caracterizou justamente pela busca de invisibilidade frente ao Estado. (ARRUTI, 2000, 103s)

Isto é, não se encontravam grupos na sociedade brasileira que reivindicassem por ocasião de promulgação da constituição a condição de remanescente de quilombo. Havia uma mobilização ainda muito incipiente de comunidades negras rurais nos estados do Pará e do Maranhão. Não obstante, os quilombos ocuparam (e continuam ocupando) um lugar de destaque no repertório político do Movimento Negro no Brasil, na medida em que simbolizam a resistência à exploração e à escravidão. Fica assim explicitado, nesse caso, que são interdependências históricas, a saber, a alusão a uma figura do direito colonial e a evocação política do quilombo como forma histórica de resistência à opressão, que contribuem para redefinir o lugar dos quilombos na construção da nacionalidade no Brasil.

No plano das *interdependências legais*, observa-se uma profunda institucionalização da defesa dos direitos humanos no plano global através de um conjunto variado de convenções e acordos, os quais oferecem novas garantias para os afrodescendentes no Brasil. Trata-se aqui, inicialmente, da defesa de direitos humanos de conteúdo universalista, conforme assegurado, por exemplo, pela Convenção Internacional para a Eliminação de Todas as Formas de Discriminação Racial (ICERD) acordada pelas Nações Unidas em 1969, e pelas ações da Comissão Interamericana de Direitos Humanos que, desde 2005, conta com uma relatoria especial para direitos de afrodescendentes (OLMOS GIUPPONI, 2010; COSTA; GONÇALVES, 2011). Igualmente fundamentais são os impulsos trazidos pela Conferência de Durban de 2001 que conferem legitimidade e visibilidade às chamadas políticas de ação afirmativa, permitindo que medidas como cotas étnicas ou raciais, antes experimentadas na Índia, China e Estados Unidos, passem a ser discutidas com vivo interesse em países como Brasil e Colômbia (GÓNGORA-MERA, 2012). Efetivamente, essas mudanças observadas no marco legal internacional levam a uma reformulação profunda da legislação brasileira tanto no que diz respeito à proteção contra a discriminação racial quanto no que se refere a superar as objeções à ação afirmativa.

Do ponto de vista dos direitos culturais, cabe destaque àquilo que Kymlicka (2007) chamou de "odisseia multicultural", qual seja, a mudança de paradigma das organizações multilaterais que passam, a partir dos anos 1980, a enfatizar em suas ações a proteção de minorias culturais. Marcos centrais da "odisseia multicultural" são a Convenção 169 da Organização Internacional do Trabalho de 1989 e a Declaração das Nações Unidas sobre Direitos de Povos Indígenas de 2007 (BRIGHTMAN, 2008).

A Convenção 169 da OIT garante direitos, àquela altura inéditos, aos povos indígenas e foi ratificada por praticamente todos os países latino-americanos. Ao longo dos anos, as garantias estabelecidas pela convenção foram sendo incorporadas à constituição e às políticas públicas de diferentes países da região, oferecendo novas oportunidades de reconhecimento para indígenas e outros grupos tratados como populações tradicionais ou originárias (BRIONES; KRADOLFER, 2008). A Convenção 169 estabelece a autoidentificação como critério central de reconhecimento da pertença cultural, influenciando a implementação, concretizada em 2003, da legislação brasileira de reconhecimento de quilombos (ARRUTI, 2009; FRENCH, 2009).

No plano das *interdependências entre instituições e ideias*, cabe destacar a circulação dos ideais de emancipação no âmbito do chamado Atlântico Negro (GILROY, 1993; 2009). Na forma como se reorganiza a partir de finais dos anos 1970, o Movimento Negro brasileiro segue a vocação internacionalista que o acompanha desde o abolicionismo. Inicialmente, os vínculos entre as lutas antirracistas no Brasil, nos Estados Unidos e em alguns países africanos são particularmente enfatizados. Nos últimos anos, o movimento aprofunda seus laços transnacionais, vivendo ainda um profundo processo de diferenciação interna. Suas ações, no âmbito de redes transnacionais de movimentos sociais, têm efeitos diversos para a reconstrução da nacionalidade e para o posicionamento dos afrodescendentes em seu âmbito. O Brasil, antes apresentado internacionalmente na alegoria da mistura harmônica de raças e culturas, passa, pelas mãos do Movimento Negro, a figurar no cenário mundial como democracia madura que enfrenta o desafio de proporcionar a igualdade substantiva a todos os seus cidadãos (GUIMARÃES, 2006).

Ao mesmo tempo, a pluralização do Movimento Negro, com o surgimento, por exemplo, de inúmeras associações de mulheres negras, deixa evidente que os afrodescendentes não constituem um sujeito político uniforme e homogêneo, ao contrário, são muitas e múltiplas as possibilidades de articulação da afrodescendência (ROLAND, 2000; WELLER, 2005).

Por último, cabe referir às *interdependências econômicas* envolvidas na reconstrução dos padrões de coexistência com os afrodescendentes no Brasil. Limito-me a mencionar, a título de ilustração, um aspecto particular desse vasto campo de investigação. Trata-se das possibilidades econômicas proporcionadas pelo reposicionamento do Brasil no âmbito dos processos de circulação cultural no Atlântico Negro. Conforme mostra a pesquisa cuidadosa de Patrícia Pinho (2008) sobre o turismo afro-americano na Bahia, o recôncavo baiano se transformou no palco privilegiado de reconstrução de uma África idealizada, na qual, sobretudo, afro-americanos buscam reencontrar, simbolicamente, os ancestrais dispersos pelo tráfico negreiro e as formas múltiplas de racismo e discriminação. Outras regiões do país se integram a outros circuitos de produção e difusão daquilo que se autorrepresenta como a cultura negra global. O Maranhão dos quilombos e do tambor de crioula reinventa o *reggae* e São Paulo passa a ser uma das referências mundiais para a cultura *hip hop*. Esses novos fenômenos, por um lado, modificam a maneira como os afrodescendentes brasileiros são representados internacionalmente. Por outro lado, essa nova inserção internacional redesenha a nacionalidade também por dentro, na medida em que confere um novo protagonismo cultural aos afrodescendentes. Esse protagonismo difere muito daquele que acompanha o processo de assimilação do samba e sua estilização como expressão-síntese da nacionalidade como observado no âmbito da prevalência do discurso da mestiçagem. As "tradições africanas" são, agora, reinventadas não como parte da nacionalidade, mas como expressão da cultura negra transnacional.

Conclusões

Busquei, neste breve ensaio, mostrar algo que é empiricamente muito visível, mas que a bibliografia disponível pouco explora, a saber, os nexos transnacionais de constituição da nacionalidade. Ao optar pelo conceito de interdependência, o intuito foi enfatizar que os processos observados no Brasil não são apenas reproduções ou reações a fatores de ordem internacional. Há nexos de determinação mútua entre o que se observa no Brasil e no contexto mundial.

Para ilustrar esses vínculos usei o exemplo dos regimes de coexistência com afrodescendentes observados desde a abolição da escravidão. O lugar dos afrodescendentes nesses regimes muda da condenação ao desaparecimento, como observado no período de vigência do nacionalismo racista, para uma posição ambivalente no marco do nacionalismo mestiço. Isto é, a mestiçagem recupera a história dos afrodescendentes para depois diluí-la no projeto da cultura nacional uniforme e do futuro moderno e "ocidental" desenhado para o país.

No quadro contemporâneo, interdependências transnacionais diversas redefinem o lugar dos afrodescendentes na nacionalidade. Mudanças legais e políticas obrigam a revisão do mito da democracia racial. Culturalmente, as expressões institucionalizadas desde Vargas como forma de inserção dos afrodescendentes, principalmente o samba e a capoeira, se globalizaram.[8]

Outras expressões, por sua vez, como o *hip hop* ou o *reggae*, passam a constituir formas privilegiadas de inserção dos afrodescendentes brasileiros no marco da "cultura negra" transnacional.

Ao reunir, de forma ainda pouco sistemática, esse conjunto de evidências, não pretendi delinear uma alternativa ao nacionalismo teórico e metodológico que dominam os estudos sobre nacionalidade. A intenção era apenas chamar a atenção para o que deixamos de fora quando tratamos a história pela lente nacional sem levar em conta o que acontece à volta.

---

[8] Apenas na Alemanha (quem diria!) estão cadastrados no *site* correspondente mais de quatrocentos grupos alemães de samba (<http://www.samba-online-de>).

Referências

ALENCASTRO, Luís F. *O trato dos viventes*: formação do Brasil no Atlântico Sul. São Paulo: Companhia das Letras, 2000.

ALMEIDA, Miguel V. *Um mar da cor da terra*: raça, cultura e política da identidade. Oeiras: Celta, 2000.

ANDERSON, Benedict. *Imagined Comunities*. London: Verso, 1983.

ANDREWS, George Reid. *Afro-Latin America, 1800-2000*. Oxford (UK): Oxford University Press, 2004.

ANTÓN, Jhon et al. *Afrodescendientes en América Latina y el Caribe*: del reconocimiento estadístico a la realización de derechos. Santiago (Chile): CEPAL, 2009.

ARRUTI, José Maurício. Direitos étnicos no Brasil e na Colômbia: notas comparativas sobre hibridização, segmentação e mobilização política de índios e negros. *Horizontes Antropológicos*, Porto Alegre, v. 6, n. 14, p. 93-123, 2000.

ARRUTI, José Mauricio. Políticas públicas para quilombos. Terra, saúde e educação. In: PAULA, Marilene de; HERINGER, Rosana (Org.). *Caminhos convergentes: estado e sociedade na superação das desigualdades raciais no Brasil*. Rio de Janeiro: Fundação Heinrich Böll, Actionaid Brasil, 2009. p. 75-110.

BOAS, Franz. *Race and Democratic Society*. New York: Biblo and Tannen, 1969.

BOURDIEU, Pierre; WACQUANT, Loïc. On the Cunning of Imperialist Reason. *Theory, Culture & Society*, New York, v. 16, n. 1, p. 31-58, 1999.

BRASIL. *Programa Brasil Quilombola*. Brasília: SEPPIR, 2005.

BRIGHTMAN, Marc. Strategic Ethnicity on the Global Stage: Identity and Property in the Global Indigenous Peoples' Movement, from the Central Guianas to the United Nations. *Bulletin: Société suisse des Américanistes/Schweizerische Amerikanisten-Gesellschaft, Genève*, v. 70, p. 21-29, 2008.

BRIONES, Claudia; KRADOLFER, Sabine. Dilemas y paradojas de la internacionalización de los movimientos indígenas en América Latina: una introducción. *Bulletin: Société suisse des Américanistes/Schweizerische Amerikanisten-Gesellschaft*, v. 70, p. 11-19, 2008.

BRUNKHORST, Hauke. Die Legitimationskrise der Weltgesellschaft Global Rule of Law: Global Constitutionalism und Weltstaatlichkeit. In: MATHIAS, Albert; STICHWEH, Rudolf (Hg.). *Weltstaat und Weltstaatlichkeit*: Beobachtungen globaler politischer Strukturbildung. Wiesbaden: VS Verlag für Sozialwissenschaften, 2007. p. 63-108.

CHAKRABARTY, Dispesh. Europa provinzialisieren. Postkolonialität und die Kritik der Geschichte. In: CONRAD, Sebastian; RANDERIA, Shalini (Hg.). *Jenseits des Eurozentrismus: postkoloniale Perspektiven in den Geschichts- und Kulturwissenschaften*. Frankfurt am Main: Campus, 2002. p. 283-312.

CHATTERJEE, Partha. *La nación en tiempo heterogéneo y otros estudios subalternos.* Lima: Instituto de Estudios Peruanos, 2007.

CONRAD, Sebastian; RANDERIA, Shalini. Einleitung. Geteilte Ge-schichten. Europa in einer postkolonialen Welt. In: CONRAD, Sebastian; RANDERIA, Shalini (Hg.). *Jenseits des Eurozentrismus*: Postkoloniale Perspektiven in den Geschichts- und Kulturwissenschaften. Frankfurt am Main: Campus, 2002. p. 9-49.

COSTA, Sérgio. *Dois Atlânticos.* Belo Horizonte: Ed. UFMG, 2006.

COSTA, Sérgio. Perspectivas y políticas sobre racismo y afrodescendencia en América Latina y el Caribe. In: HOPENHAYN, Martín; SOJO, Ana (Ed.). *Sentido de pertenencia en sociedades fragmentadas: América Latina en una perspectiva global.* Buenos Aires: Siglo XXI; Santiago de Chile: CEPAL, 2011a. p. 173-188.

COSTA, Sérgio. Researching Entangled Inequalities in Latin America: The Role of Historical, Social, and Transregional Interdependencies. *Working Paper Series*, Berlin, n. 9, p. 5-32, 2011. Disponível em: <http://www.desigualdades.net/bilder/Working_Paper/WP_Costa_Online.pdf>. Acesso em:

COSTA, Sérgio. Freezing Differences: Politics, Law, and the Invention of Cultural Diversity in Latin America. In: MASCAREÑO, Aldo; ARAÚJO, Kathya (Ed.). *Legitimization in World Society.* Fordham: Ashgate. p. 139-156.

COSTA, Sérgio; GONÇALVES, Guilherme L. Human Rights as Collective Entitlement? Afro-Descendants in Latin America and the Caribbean. *Zeitschrift für Menschenrechte: Journal for Human Rights*, Schwalbach, v. 5, n. 2, p. 52-71, 2011.

ESCOBAR, Arturo. *Territories of Difference*: Place, Movements, Life, Redes. Durham: Duke University Press, 2008.

FISCHER-LESCANO, Andreas; MÖLLER, Kolja. *Der Kampf um globale soziale Rechte: Zart wäre das Gröbste.* Berlim: Wagenbach, 2012.

FOUCAULT, Michel. *Dits et écrits.* Paris: Gallimard, 1994.

FRENCH, Jan H. *Legalizing Identities: Becoming Black or Indian in Brazil's Northeast.* Chapel Hill: University of North Carolina Press, 2009.

FREYRE, Gilberto. *Casa grande e senzala.* 36. ed. São Paulo/Rio Janeiro: Record, 1998.

GILROY, Paul. *Darker Than Blue: On the Moral Economies of Black Atlantic Cultures.* Cambridge (MA): Harvard University Press, 2009.

GÓNGORA-MERA, Manuel E. Law & Race beyond the State. Rethinking Race-Based Inequalities in Latin America from a Legal Historical Perspective. *DesiguALdades Working Paper Series*, Berlin, n. 18, 2012. Disponível em: <http://www.desigualdades.net/bilder/Working_Paper/18_WP_Gongora-Mera_online.pdf>. Acesso em: 21 out. 2013

GUDYNAS, Eduardo. Estado compensador y nuevos extractivismos. Las ambivalencias del progresismo sudamericano. *Nueva Sociedad*, Buenos Aires, v. 237, p. 128-146, 2012.

GUIMARÃES, Antonio S. Depois da democracia racial. *Tempo Social*, São Paulo, v. 18, n. 2, p. 269-287, 2006.

HAGGARD, Stephan; SIMMONS, Beth A. Theories of International Regimes. *International Organization*, Cambridge (MA), v. 41, n. 3, p. 491-517, Summer 1987.

HELLWIG, David (Ed.). *African-American Reflections on Brazil's Racial Paradise*. Philadelphia: Temple University, 1992.

HOFBAUER, Andreas. *Uma história de branqueamento ou o negro em questão*. São Paulo: UNESP, 2006.

KORZENIEWICZ, Roberto Patricio; MORAN, Timothy Patrick. *Unveiling Inequality. A World-Historical Perspective*. New York: Russell Sage Foundation, 2009.

KYMLICKA, Will. *Multicultural Odysseys*. Oxford (UK): Oxford University Press, 2007.

NINA RODRIGUES, Raimundo. *Os africanos no Brasil*. 2. ed. São Paulo: Companhia Editora Nacional, 1935.

OLIVEIRA VIANNA, Francisco José. *Evolução do povo brasileiro*. São Paulo: Companhia Editora Nacional, 1933.

OLMOS GIUPPONI, Belén M. La protección de las comunidades afro--descendientes en el Sistema Interamericano: reflexiones a la luz del caso de las comunidades Jiguamiadó y de Curbaradó. *Revista Electrónica Iberoamerica*, Madrid, v. 4, n. 2, p. 61-97, 2010.

ORTIZ FERNÁNDEZ, Fernando. *Contrapunteo cubano del tabaco y el azúcar: advertencia de sus contrastes agrarios, económicos, históricos y sociales, su etnografía y su transculturación*. Santa Clara: Universidad Central de las Villas, 1963.

PINHO, Patricia S. African-American Roots Tourism in Brazil. *Latin American Perspectives*, Riverside, v. 160, p. 70-86, 2008.

QUIJANO, Anibal. Coloniality and Modernity/Rationality. *Cultural Studies*, London, v. 21, n. 2-3, p. 168-178, 2007.

ROLAND, Edna. O movimento de mulheres negras brasileiras: desafios e perspectivas. In: GUIMARÃES, Antônio Sérgio Alfredo; HUNTLEY, Lynn (Org.). *Tirando a máscara: ensaios sobre racismo no Brasil*. São Paulo: Paz e Terra: 2000. p. 237-256.

ROMERO, Sílvio. *História da literatura brasileira*. Rio de Janeiro: José Olympio, 1953.

ROMERO, Sílvio. *A América Latina*: analyse do livro de igual título do Dr. M. Bomfim. Porto: Livraria Chardron de Lello & Irmão Editores, 1906.

SANSONE, Livio. *Blackness without Ethnicity*: *Constructing Race in Brazil*. Basingstoke: Palgrave Macmillan, 2003.

SEYFERTH, Giralda. A assimilação dos imigrantes como questão nacional. *Mana*, Rio de Janeiro, v. 3, n. 1, p. 95-131, 1997.

STEPAN, Nancy L. *The Hour of Eugenics: Race, Gender, and Nation in Latin America*. Ithaca/Londres: Cornell University Press, 1991.

THERBORN, Göran. Migration in Western Europe: The Old World Turning New? *Science*, Washington, v. 237 n. 4819, p. 1183-1188, 1987.

WADE, Peter. Rethinking Mestizaje: Ideology and Lived Experience. *Journal of Latin American Studies*, Cambridge (MA), v. 37, n. 2, p. 239-257, 2005.

WALSH, Catherine. *Interculturalidad, estado, sociedad: luchas (de) coloniales de nuestra época*. Quito: Universidad Andina Simon Bolivar, 2009.

WELLER, Wivian. A presença feminina nas (sub)culturas juvenis: a arte de se tornar visível. *Estudos Feministas*, Florianópolis, v. 13, n. 1, p. 107-126, 2005.

Mito de excepcionalidade? O caso da nação miscigenada brasileira

Monica Grin

O tema

Muito se há escrito sobre o caráter excepcional de fenômenos históricos ou culturais associados em geral à nações, a povos ou à religiões, a exemplo do chamado excepcionalismo americano (*american uniqueness*), cujo fundamento encontra-se nas experiências modernas de liberdade e de igualdade *vis à vis* o velho continente[1]; ou do mito da excepcionalidade judaica que distingue, de outros povos, a trajetória milenar do chamado "povo eleito",[2] ou povo sem nação, ou povo diaspórico[3].

---

[1] Tocqueville (2003) lista cinco valores que ele considera cruciais para o sucesso da America: liberdade, igualitarismo, individualismo, populismo e laissez-faire. Essas qualidades definiriam o *"American Creed"* que, ademais, significava ausência de estruturas feudais e hierárquicas, ou regimes monárquicos e aristocráticos, típicos do velho mundo.

[2] Paul Ricœur, comentando o livro *Zakhor* de Yerushalmi (1982), mostra como a tradição historicista foi um desastre para a história dos judeus, que se baseava em um encontro essencial do homem e do divino. A história seria apenas o palco no qual os homens respondem aos desafios lançados por Deus. A historiografia de final do século XIX normalizou a autoatribuída excepcionalidade da história do povo judeu. Segundo Ricœur (2007, p. 411): "A relação vertical entre a eternidade viva do desígnio divino e as vicissitudes temporais do povo eleito, que estava no princípio do sentido bíblico e talmúdico da história, cede lugar a uma relação horizontal de encadeamento causal e de validações pela história de todas as convicções veementes da tradição. Mais que os outros, os judeus piedosos ressentem o "fardo da história".

[3] Para uma crítica aos padrões de excepcionalidade da história judaica, ver Biale (1986).

Os excepcionalismos, como os acima mencionados, gozam hoje de pouca legitimidade fora de seus grupos de referência. Objetos de críticas contundentes são, em geral, considerados ideologias autorreferidas e homogêneas, que enfatizam diferenciais de virtudes, como grandeza, moralidade, heroísmo, honra, sacralidade, etc.

Há, contudo, versões de excepcionalismos cuja recepção, tanto por juízos ordinários, quanto analíticos, dependendo do contexto, ou da conjuntura de que se trate, revela-se altamente ambivalente: pode tanto ativar o gozo da virtude e da grandeza, quanto o dissabor da danação. Esse parece ser o caso de um poderoso mito brasileiro cujo argumento de excepcionalidade experimenta recorrente releituras: o mito da miscigenação ou mestiçagem racial no Brasil (também chamado mito da "democracia racial"), ora tonificado por suas virtudes de inclusão, harmonia e hibridismo; ora denunciado por estimular falsa consciência, encobrindo a "verdade" das desigualdades e tensões raciais na sociedade brasileira.

O "mito da nação miscigenada", mais conhecido como "mito da democracia racial", afirma-se historicamente em jogos de contrastes com outros contextos multirraciais. Mobiliza grandes adesões e forte sedução pelas suas potencialidades de integração e homogeneização nacional, sobretudo pelos rendimentos simbólicos que sugere. Todavia, produz desconforto, segundo seus críticos (FERNANDES, 1964; 1972; 1978; BASTIDE; FERNANDES, 1955; CARDOSO, 2003; HASENBALG, 1979; 1996; GUIMARÃES, 2006; 2003; SKIDMORE, 1994), pois comunica e ritualiza promessas que, longe de serem realizadas, paralisam a ação e mantêm o *status quo*.

Observa-se, portanto, dura e recorrente crítica que associa mitos de excepcionalidade a ideologias, sugerindo seu desmonte analítico e político em nome de alguma "verdade" ou realismo empírico que, por suposto, os mitos encobririam. Trata-se de depurar o mito e retirar dele o que não se "comprova" na história.[4]

Nesse caso, a crítica aos "mitos de excepcionalidade" sublinha, não raro, seu caráter ocioso, uma vez que mascarariam a "verdade", impedindo a tomada de consciência dos contextos morais, sociais, políticos e epistemológicos que o véu do "mito" por suposto encobriria.

Dessas considerações iniciais resulta o interesse do presente artigo: sugerir a análise dos estudos sobre miscigenação racial no Brasil realizados ao longo do século XX e começo do século XXI, considerando as tentativas de afirmação ou de desconstrução do tema da miscigenação

---

[4] Para um clássico tratamento do papel do mito na história, ver Veyne (1987).

conforme diferentes conjunturas de debates intelectuais no Brasil. Nesses termos, identifico alguns dos argumentos com os quais a crítica, tanto no passado como hoje, busca desmontar esse "mito de excepcionalidade" presente no imaginário nacional brasileiro. Ao final busco realçar o cenário intelectual transnacional que abriga as críticas que hoje rejeitam os "mitos de excepcionalidade" – especialmente pelas histórias ambíguas e particulares de interseção de fronteiras entre "raças" e etnias.

A despeito das críticas elaboradas ao "mito", especialmente desde os anos de 1950 com a pesquisa da UNESCO – agora mais do que nunca retomadas –, há uma tendência inversa observada no campo da pesquisa histórica mais recente. Tal tendência afirma que o fenômeno da miscigenação, tratado em sua expressão histórica e contingente, desde o período colonial, pode revelar rendimento descritivo, e mesmo analítico, longe das sedutoras ideologizações ou dos grandes esquemas historicistas e teleológicos que, desde a crítica de Florestan Fernandes, jogam fora o bebê com a água do banho. Sugiro, nesse ponto, que a crítica elaborada desde os anos 50 ao mito da nação miscigenada tem, inadvertidamente, obscurecido o fato histórico, cultural e social da miscigenação ao emoldurar esse fenômeno na categoria dos "mitos", tomado aqui como falseamento, como inverdade. De um lado, reduz-se a complexidade dos significados de "mito" e de outro reduz-se o rendimento analítico do fenômeno que no Brasil possui rica historicidade. Tratar o fenômeno da miscigenação como um tema histórico, nos seus próprios termos, tem sido um desafio para os estudos sobre escravidão e sobre o pós-abolição hoje no Brasil.

A expressão histórica da miscigenação, sobrepujada sistematicamente pela denúncia do mito, lança, ainda que de forma tímida, um desafio a historiografia brasileira. Há pouco mais de uma década, novas abordagens sobre o tema da miscigenação vêm mobilizando historiadores das áreas de escravidão e pós-abolição a reverem a miscigenação como fenômeno histórico altamente relevante para a compreensão dos complexos desenhos sociais e culturais nas circunstâncias históricas do período da escravidão e do pós-abolição. Aos poucos o tratamento histórico da miscigenação vai mostrando sua relevância para o debate historiográfico além de apenas reforçar molduras ideológicas. (GUEDES, 2007; MACHADO, 2009; RIOS; MATTOS, 2005; LIMA, 2003).

Por fim, arrisco a hipótese provisória de que o desconforto com a excepcionalidade da miscigenação, ao menos no caso brasileiro, iniciada nos anos 50, vem se manifestando mais enfaticamente em estudos cujos recortes analíticos são mais sociológicos. Trabalhos mais recentes em

Sociologia já falam no ocaso da miscigenação ou na "agonia do Brasil mestiço" (SANTOS, 2006; GUIMARÃES; CARDOSO, 2003).

Excepcionalismos ambivalentes: as representações da miscigenação no Brasil do pós-abolição

> *O problema de separar o mito da realidade, como se o primeiro fosse apenas um epifenômeno do segundo, é que isto nega o fato de que um constitui o outro, da mesma forma que a transgressão só pode existir em relação à lei. As idéias assimilacionistas, como as segregacionistas, produzem tanto realidade quanto elas disfarçam.*
>
> PETER FRY, 2005, P. 54

O tema da excepcionalidade da miscigenação racial, desde Von Martius (1845), abriga narrativas com juízos diferenciados sobre o fenômeno da miscigenação: há os que reconhecem o lugar altamente relevante da dinâmica da miscigenação para a compreensão da história do Brasil (Von Martius, Manoel Bonfim); há os que ressaltam os prejuízos da "mistura racial" para a formação da identidade brasileira (Gobineau, Sílvio Romero, Nina Rodrigues); os que instrumentalizam a miscigenação entre raças superiores e inferiores como forma de arianizar e melhorar o estoque eugênico da população brasileira (Oliveira Vianna, João Batista Lacerda); os que enfatizam as potencialidades da mistura como um diferencial que distingue positivamente o Brasil em relação à outras nações (Gilberto Freyre, Arthur Ramos, Donald Pierson); e os que a tomam como mecanismo de acomodação em uma sociedade estratificada, desigual e desorganizada socialmente, constituindo, ademais, um "mito cruel" (Florestan Fernandes, Roger Bastide e Costa Pinto). De tal modo que o cânone narrativo da miscigenação no Brasil tem alimentado uma espécie de ambivalência sobre como apreender seus significados históricos, sociológicos e simbólicos. Para seus críticos,[5] contudo, tal ambivalência tem inviabilizado a constituição de um saber sistemático capaz de produzir diagnósticos precisos sobre a dinâmica racial no Brasil. Ou seja, se a miscigenação é tratada como expressão de ontologia ambivalente acaba por estimular epistemologias também ambivalentes.

---

[5] Fernandes (1965), Skidmore (1993), Costa (2006), Telles (2003), Guimarães (1999), entre outros.

Segue-se que a crítica da miscigenação como expressão de excepcionalidade brasileira, ao identificar os limites da epistemologia nacionalista que produz sua figuração histórica e nacional, esvazia tal fenômeno de valor histórico quando decreta a sua irrelevância sociológica (Costa, 2006; Cardoso, 2008).

Estudos recentes, em clara retomada dos pressupostos sociológicos de Florestan Fernandes (Cardoso, 2008; Guimarães, 1999), têm demonstrado nítido mal estar com interpretações relativistas e com argumentos de excepcionalidade quanto ao tema das relações raciais e da miscigenação no Brasil. Estes consideram que muitos dos equívocos presentes na reprodução da versão de um Brasil miscigenado comprometem a identificação das causas do racismo, da inércia social desde a escravidão, das indefinições identitárias, das injustiças sociais, da ausência de cidadania, oportunidades e direitos aos negros na República brasileira (Cardoso, 2008). A miscigenação, nesses termos, seria pura plasticidade. Ela não comunicaria nada de edificante ou de crítico no cenário das relações raciais no Brasil em tempos de multiculturalismo (Soares, 1999).

A persistência da miscigenação como valor na sociedade brasileira deriva, conforme esses estudos, do "legado da excepcionalidade" que se desdobraria em ociosa positivação das ambiguidades entre os polos negro e branco da sociabilidade brasileira.

A indefinição dos lugares raciais no Brasil, devido à miscigenação, vem sendo objeto de crítica, por tornar a compreensão das relações raciais algo ambígua, sem rígidas definições classificatórias, necessárias à transformação das desigualdades raciais, a exemplo do que teria ocorrido em outros contextos multirraciais, como nos EUA com a introdução das *affirmative actions,* ou como na África do Sul com o fim do regime do *apartheid.*

A "excepcionalidade" como ambivalência, ainda sob régua crítica, pode se transformar, para alguns, em obstáculo epistemológico à universalização de questões que, tomadas através de outras matrizes epistemológicas, iluminaria formas de tensões e mesmo manifestações de sociabilidade menos excepcionais e paroquiais (Costa, 2006).

No *panteão* dos mitos construídos no Brasil, nenhum é mais hegemônico, abrangente e polêmico do que o mito da nação miscigenada, que alguns chamam "mito da democracia racial". A miscigenação é fenômeno que no Brasil remonta à colônia, mas que, até Gilberto Freyre, nos anos 1930, não gozaria de reputada representação, a um só tempo positiva e complexa. Tal viragem na representação do fenômeno da miscigenação convidaria apropriações políticas e ideológicas de maneira inédita na história republicana brasileira. Antes de Freyre, a miscigenação era um fato biológico e social disseminado – razão pela qual muitos viajantes sublinhavam, surpreendidos em seus relatos, a licenciosidade da mistura "racial" em diferentes regiões no Brasil – que promovia manumissão, mobilidade social e proteção patriarcal, mas também violência e exclusão em sociedade altamente hierarquizada e escravista, conforme demonstram pesquisas históricas.[6]

O desconforto com a disseminação da mistura "racial", com repercussão intelectual e pública, é fenômeno de fins do século XIX e não fenômeno recente que se inaugura com a crítica normalizadora de Florestan Fernandes à excepcionalidade do "mito da democracia racial".[7] O desconforto insinua-se primeiramente com o racialismo científico, tornado moda no Brasil em finais do século XIX (SCHWARZ, 1998; SKIDMORE, 1993). O estoque "racial" brasileiro visto pelas lentes críticas de linhagens teóricas do positivismo ao liberalismo, passando pelo darwinismo e spencerianismo, "denunciava" a falência de uma nação já bastante miscigenada e praticamente condenada pelos ideólogos da "raça" a perecer na periferia da civilização.

Os intelectuais da primeira República, proclamada, vale dizer, em contexto de lutas abolicionistas, irão se ocupar do tema racial desafiados pela necessidade de um novo desenho de identidade nacional, àquela altura basicamente mestiça. Sílvio Romero, Nina Rodrigues, Euclides da Cunha, Oliveira Vianna, entre outros, são representativos de diagnósticos que tanto condenam o Brasil pelo seu passado de misturas, de violação das "hierarquias raciais", quanto vislumbram na miscigenação uma tendência para prevalência paulatina da "raça" ariana, considerada superior, frente às "raças" negras e mestiças.

A mestiçagem, prática comum no Brasil desde o período colonial, condenada pelas raciologias científicas da passagem do século XIX para o XX, só ganhará representação positiva em *Casa-grande & senzala*, de Gilberto Freyre, livro publicado em 1933. A valorização da mestiçagem, como uma espécie de antirracismo "diferencial" frente ao racismo observado não apenas no Brasil, mas em outros contextos, assume ares de

---

[6] Guedes (2008), Machado (2008), Alarden (2009), Lima (2003), Paiva e Ivo (2008), entre outros.

[7] Refiro-me às críticas ao mito da democracia racial e à miscigenação que se iniciam mais sistematicamente com Florestan Fernandes nos anos 1950 e que adquirem tom de denúncia, como pleito político com implicações para as políticas públicas, a partir dos anos 1990.

ideologia nacional com um potencial de consenso quase imbatível (até porque em tese não promovia nenhuma raça em particular).

A contribuição do antropólogo pode ser observada se identificamos em sua obra um ponto de inflexão no contexto do debate intelectual, especialmente nos anos 1930, marcado por crenças racistas de branqueamento cujas sentenças sobre o futuro racial do Brasil revelavam-se sombrias. Freyre produz uma obra, para alguns, "balsâmica", que sob influência de Franz Boa culturaliza a "raça" e transforma a miscigenação em fundamento ontológico. O brasileiro *seria,* por natureza, misturado,

> [t]odo brasileiro, mesmo o alvo, de cabelo louro, traz na alma, quando não na alma e no corpo... a sombra ou pelo menos a pinta, do indígena ou do negro. No litoral, do Maranhão ao Rio Grande do Sul, e em Minas Gerais, principalmente do negro. A influência direta, ou vaga e remota, do africano. (FREYRE, 1987, p. 283)

Ora, em tela comparativa com outros contextos marcados pelo estigma da escravidão e pela crença na pureza racial, Freyre vislumbra um Brasil racialmente misturado e apaziguado, sugerindo ser essa a excepcionalidade positiva da cultura identitária brasileira. O argumento da excepcionalidade tornada positiva se insinua por toda a obra de Freyre, permitindo que se resgate o Brasil do limbo racialista, para um quase "paraíso" da miscigenação.

Segundo Freyre, essas misturas estão marcadas pela ambiguidade ou, nos termos do autor, por antagonismos em equilíbrio (ARAÚJO, 1994). Mesmo considerando a face altamente violenta e hierárquica das relações entre senhores e escravos, há um elemento potencialmente "conciliador" entre as duas pontas da estrutura social do regime escravista: a facilidade com que as "raças" se misturam. Segue-se, por esse raciocínio, que a escravidão baseada em "equilíbrio de antagonismos", conforme Freyre, produziria no contexto do pós-abolição relações raciais *não necessariamente* marcadas por ódio ou por conflito racial. Ou invertendo a sentença: se consideramos a existência de relações raciais não conflitivas no pós-abolição, podemos inferir – e essa é uma das teses mais criticadas de Freyre, como usualmente apontam seus críticos[8] – que a escravidão no Brasil possuiria natureza mais "branda".

---

[8] A matriz que inicia a crítica sistemática às teses de Freyre sobre a escravidão pode ser identificada em Caio Prado Jr. com a versão reificada do escravo. A versão crítica mais contundente, encontramos em Florestan Fernandes (*A Integração do Negro na Sociedade de Classes.* 3.ed., V. 1 e 2. São Paulo: Editora Ática, 1978, *op.cit.)*

Dois aspectos devem ser ressaltados, para melhor compreender essa virada interpretativa promovida por Freyre: I) que o argumento freyreano possui forte viés comparativo, sobretudo com o contexto norte-americano marcado, diferentemente do brasileiro, pela segregação racial oficial;[9] e II) que o contexto de mobilização do Movimento Negro no Brasil nos anos 1930 indica forte demanda por integração do negro à sociedade brasileira e Gilberto Freyre está atento a essa mobilização.[10] Não é à toa que muitos negros se filiam à Ação Integralista Brasileira nessa conjuntura[11] e que a Frente Negra, uma das primeiras organizações políticas dos negros no pós-abolição, terá como importante pleito a integração plena do negro à sociedade brasileira (GOMES, 2005). Em qualquer das interpretações/representações, quer sobre a escravidão, quer sobre o pós-abolição, o excepcionalismo das relações raciais no Brasil é evocado com inabalável convicção.

A escravidão e a sociedade patriarcal transformam-se para Freyre em fontes a partir das quais ele pretende compreender, por exemplo, por que no Brasil as relações raciais possuem caráter mais ameno do que nos Estados Unidos. A ambivalência, vista como excepcionalidade, é, para ele, o registro interpretativo mais adequado à escravidão no Brasil. Nesses termos, Freyre concilia, utilizando-se do fenômeno histórico da miscigenação, a mais perversa violência com intenso intercurso racial e sexual. A ambiguidade visível na coexistência entre afastamento e aproximação, violência sexual e afeto, máximo de exploração e proteção, marcaria a escravidão e se reproduziria, com outros ingredientes, no pós-abolição. "O escravo foi substituído pelo pária de usina; a senzala pelo mucambo; o senhor de engenho pelo usineiro ou pelo capitalista ausente" (FREYRE, 1987, p. LXXXIV).

A pergunta que se segue é: em que medida os dilemas identitários da modernidade em sua versão brasileira expressariam dinâmica simbólica e social alternativas àquelas da modernidade dos contextos centrais? Como vimos, a década de 1930, sobretudo a partir do governo Vargas,

---

[9] Interessante notar que a tradição de estudos históricos comparados sobre escravidão inicia-se nos EUA com Frank Tannembaum (*Slavery and Citizen,* 1946) que reconhece em Freyre importante influência.

[10] Freyre foi um dos organizadores do primeiro Congresso Nacional do Negro, realizado em Recife em 1934.

[11] Abdias do Nascimento, uma das maiores lideranças do Movimento Negro, ingressa no movimento integralista, tanto quanto Guerreiro Ramos, um dos maiores sociólogos brasileiros (<http://pt.wikipedia.org/wiki/A%C3%A7%C3%A3o_Integralista_Brasileira>).

promoveu um acerto de contas com diagnósticos contundentes, baseados em princípio racista, segundo os quais o estoque racial miscigenado do povo brasileiro tornava essa nação dos trópicos inviável devido à ausência de uma integridade genética, vale dizer, racialmente ariana, que pudesse garantir o percurso civilizatório do país. Um contradiscurso que operaria em chave antirracialista desloca da identidade racial para a identidade nacional o tema da miscigenação, transformando-o em poderoso fundamento da nova nacionalidade brasileira, também chamada brasilidade. Nessa perspectiva, o passado deixaria de determinar a origem étnica ou racial dos que quisessem se integrar a essa nova nacionalidade e o futuro tornar-se-ia, com efeito, o lugar de uma *brasilidade mestiça* imune às ameaças de segregação (GRIN, 2010).

O "mito da democracia racial", a brasilidade como congraçamento, como acolhimento e assimilação dos que desejassem a ela se integrar, produziria uma dupla mensagem: enorme eficácia simbólica da narrativa de inclusão e, ao mesmo tempo, poderosa essencialização da identidade miscigenada brasileira. Assim, ao ideal de homogeneidade identitária não se seguiria necessariamente uma aposta na igualdade social, tampouco na quebra das hierarquias sociais. A indiferença moral com os sujeitos da desigualdade social, muitos dos quais negros, não se traduzia necessariamente em mácula aos ideais dos que acreditavam ser o Brasil o país do futuro, vocacionado para uma verdadeira "democracia racial".

No contexto dos anos 1940, a condição de excepcionalidade do Brasil miscigenado se mantém e se consolida. A afirmação de uma autoimagem de país com vocação antirracista, especialmente frente aos racismos ariano e norte-americano, tinha sabor de congraçamento e autoestima cultural e nacionalista. A miscigenação já era um "mito nacional" e, como fundamento da brasilidade, torna-se uma orientação política para a definição da identidade nacional no contexto do Estado Novo e um recurso retórico de pressão pela compulsória assimilação cultural dos imigrantes, basicamente europeus vindos em diversas ondas imigratórias, entre os anos 1920 e 1940. Era proibida a exibição de estrangeirismo cultural e escolas e jornais que adotassem línguas estrangeiras eram fechados (LESSER, 1993). Impõe-se, assim, o mito da nação miscigenada: uma das mais poderosas narrativas de excepcionalidade construídas no Brasil.

Era, todavia, um mito ambivalente que propunha, como se fora ato de benevolência, a inclusão das culturas exógenas e de seus sujeitos portadores: os imigrantes. Tratava-se de incluí-los, abrigá-los, de certo modo "mastigando" suas culturas de origem, "abrasileirando-as" em troca da cidadania nacional. O argumento político da inclusão compulsória à brasilidade seria, pode-se dizer, imbatível. Qualquer tentativa do imigrante de se contrapor a tal proposta, ou seja, negar a "oferta" de inclusão, poderia sugerir traição (LESSER, 1993).

Enquanto a miscigenação, como representação, constitui-se, nas condições de sua emergência histórica, em uma poderosa arma antirracista de transposição de fronteiras raciais baseada em biologia, sua apropriação como princípio orientador e normativo de uma política de Estado mostrava-se paradoxalmente autoritária, especialmente com os estrangeiros em vias de adaptação ao país. Há, portanto, um componente autoritário nas formas como a miscigenação é disseminada como cultura nacional pelo Estado no contexto dos anos de 1930 e 1940.[12]

A miscigenação na conjuntura dos anos 1940 foi apropriada, pode-se dizer, de várias maneiras: tanto como variável fundamental nas definições de um nacionalismo mais estreito, quanto como fenômeno latino-americano de mestiçamento étnico e cultural frente ao binarismo racial e racista norte-americano. O hibridismo, a *mestizaje,* a miscigenação,[13] parecem traduzir as ideologias identitárias na América Latina, constituindo-se assim em mitos de excepcionalidade de escopo alargado, continental, do centro e sul-americanos em contraposição ao "purismo racial" norte-americano e ao racialismo europeu normalizado e naturalizado à época. O excepcionalismo da miscigenação latino-americana, nesse cenário, transpõe os limites da fronteira nacional, ope-

---

[12] É interessante observar que experiências de apropriação pelo Estado de categorias identitárias quase sempre as deturpam, tornando-as rígidas, pois, não raro, impõe compulsoriamente sua adoção. Isso vale para a experiência de apropriação pelo Estado Novo da ideia de miscigenação como orientação de política de identidade nacional, como para a recente institucionalização da raça pelo Estado brasileiro, especialmente no governo Lula através de órgãos do Estado e de leis como as de cotas raciais e a do Estatuto da Igualdade Racial (GRIN, 2010).

[13] O tema da mestiçagem não possui uma definição única, mostrando-se altamente polissêmico em suas apropriações e significados. Em seu significado corrente, é a mistura de seres humanos de origens diversas – indígenas, europeus, africanos e asiáticos. Do ponto de vista dos debates intelectuais, especialmente entre os séculos XIX e XX, na América Latina, diferentes funções foram sendo atribuídas à mestiçagem: intercâmbio entre povos, aliança, democracia racial e, em sentido negativo, degeneração, impureza, contaminação, contingentemente apropriadas em nome de ideologias, utopias e idealizações sobre o futuro da América Latina (LIMA, 2003). Vários intelectuais na America Latina atribuíram diferentes valores à mestiçagem desde o século XIX (Gobineau [1855], Romero [1888], Vasconcelos [1987], Freyre [1933], Vianna [1920], Freyre [1933], Ramos [1940], entre outros).

rando um alargamento simbólico dos mitos pan-americanos de misturas raciais, agora continentais, mais do que apenas nacionais ou paroquiais (WADE, 2005; GRUZINSKI, 2001).

Nos anos 1950 o idealismo da miscigenação será duramente atingindo pelos novos ventos que sopram das lutas anticolonialistas e da teoria da modernização com forte acento marxista. Observa-se um *turning point*, uma viragem paradigmática, que demarcará o início de uma batalha implacável contra o "mito da democracia racial" e contra a acomodação de conflitos que, em tese, dele resultaria. A verdadeira luta antirracista significava nessa conjuntura o desvelamento do mito. Esse seria um importante passo na luta contra as desigualdades raciais que, sob o véu do mito, não se revelava à consciência das suas maiores vítimas: os negros.

Vários fatores contribuiriam para essa viragem: o contexto de descolonização da África e as lutas anticoloniais; o movimento *negritude*[14] e suas influências na luta do Movimento Negro contra a discriminação racial no Brasil; a institucionalização da sociologia científica interessada em desvendar as razões da desigualdade racial, em oposição aos ensaísmos sociológicos das décadas anteriores, marcados por abordagens cultura-listas; e a teoria da modernização.

O antirracismo dos anos 1950 muda seu foco. Pretende ir além do esforço cultural, diplomático, intelectual e ensaístico dos anos 1940 (MAIO, 1996; 1999). Tratava-se de lutar contra um racismo mais profundo, um racismo imerso no próprio funcionamento da sociedade, inscrito em mecanismos rotineiros que perpetuariam a subordinação e inferiorização dos negros, sem que se nomeie os atores responsáveis. Essa discriminação, segundo seus formuladores, reproduz-se nas condições de moradia, na educação, na saúde, no mercado de trabalho e não necessariamente nas relações face a face entre "brancos" e "negros".

O argumento contido na tese do racismo institucional é que, mesmo que se lute contra as manifestações explícitas de racismo – segregação, opiniões racistas e insultos – na ausência de medidas de intervenção de política institucional, pouco estará se fazendo para debelar o racismo de consequências mais devastadoras, ou seja, o que promove a desigualdade social entre brancos e negros. Não importa tanto as intenções por detrás

---

[14] Negritude é um movimento de exaltação dos valores culturais dos povos negros. É a base ideológica que vai impulsionar o movimento anti-colonialista na África. Agregou escritores negros francófonos e também uma ideologia de valorização da cultura negra em países africanos ou com populações afro-descendentes expressivas que foram vítimas da opressão colonialista (<http://pt.wikipedia.org/wiki/Negritude>).

dos mecanismos rotineiros do racismo institucional. O que importa é a persistente desigualdade racial que dele resulta. O racismo institucional, nesses termos, transforma-se em fenômeno abstrato, sem agência, pois se assenta em mecanismos sistêmicos sem que se possa responsabilizar individualmente os atores racistas (WIEVIORKA, 2002).

Ainda nos anos 1950 e 1960, o cenário de desigualdades sociais abrigava-se analiticamente nos modelos da teoria da modernização, na sociologia da estratificação social e na perspectiva da economia política marxista, por meio do conceito de classes sociais. A manifestação de desconforto sociológico com dualismos e ambivalências, quer do "sistema" de relações raciais, quer das atitudes "raciais", aparece de forma inaugural e, ademais, contundente na sociologia de Florestan Fernandes. Para ele, "a confusão não procede do 'negro', mas das ambiguidades de nosso sistema de relações raciais e do próprio padrão assistemático, dissimulado e confluente, assumido pelo preconceito e pela discriminação raciais na sociedade brasileira" (FERNANDES, 1978, p. 102).

Florestan Fernandes inauguraria, por assim dizer, uma tradição de estudos raciais, segundo a qual a resolução dos dilemas sociais deve levar em consideração: a) as barreiras à incorporação da população de cor na ordem social competitiva e b) as resistências em admitir-se o negro ou mulato em pé de igualdade com os brancos na sociedade brasileira". Revelava assim seu incômodo com as ambiguidades das interações e representações raciais, especialmente as baseadas no mito da excepcionalidade da nação miscigenada.

Algumas décadas depois, esse Brasil é outro. O Brasil da década de 1970 encontrava-se sociologicamente "desvendado". A modernização já havia deixado suas perversas pegadas. A persistente desigualdade social se transfigura também em desigualdade racial, evidência dos diagnósticos estatísticos que associavam os não brancos aos mais pobres na pirâmide social brasileira (VALLE SILVA; HASENBALG; LIMA, 1999).

Da "democracia racial" desmistificada surgiriam novos atores "raciais", cuja maior reinvindicação era a afirmação e valorização da negritude como fundamento na luta contra o racismo e contra a desigualdade racial. Renasce o Movimento Negro, cuja ênfase na diferenciação, na racialização, representaria uma ameaça real, quase um réquiem ao congraçamento da mistura. Nesse novo contexto de afirmação racial, o mulato, de ícone da brasilidade, de evidência a um só tempo real e simbólica da mistura, transforma-se no elemento desagregador que impede a luta dos negros em direção a uma visibilidade que estaria além dos tons cromáticos da pele. Nesses novos tempos, o mulato é o obstáculo epistemológico (OLIVEIRA, 1974) que impede que se veja o mundo tal como ele realmente deveria ser: preto e branco. O mulato é aquele que impede o acerto de contas com uma história de escravidão e opressão. O mulato desmobiliza e impede a consciência racial e desqualifica a necessária indignação moral contra o persistente racismo à brasileira.

A trajetória do antirracismo encontrará, no contexto dos anos de 1970 e 1980, uma nova elaboração de natureza mais política preocupada em derrotar o último obstáculo à derrocada final do "mito da democracia racial" a fim de mobilizar a consciência da raça e das desigualdades raciais no Brasil. Trata-se do antirracismo promovido pelo ativismo negro. Este deveria persuadir os negros de que a miscigenação e a propalada democracia racial são mitos, são falácias que desviam a consciência do negro da sua própria raça. Para o ativismo negro, esses mitos eram o maior obstáculo contra a conscientização racial do negro, que impedia a sua luta e mobilização contra uma sociedade racista (OLIVEIRA, 1974).

Entre os anos 1970 e 1980, algumas das teses do ativismo negro vão se transformar em objeto de polêmica nos anos 1990. Essas teses não apenas se consolidaram na versão do diferencialismo negro nos anos 1990, como também garantiram uma moldura ideológica que realça "atores" abstratos e essencializados do racismo persistente: a **história** (a escravidão e o pós-abolição), **o Estado** e as **instituições sociais** em seus mecanismos de subordinação e reprodução de desigualdades, em resposta aos quais os negros deveriam ser reparados.

Trata-se de uma nova modalidade de antirracismo que será compreendida com maior eficácia se consideramos as transformações históricas por que vem passando a sociedade brasileira, especialmente sob influência de cenários internacionais nos quais se organizam novos mecanismos de identificação, diferenciação e condenação do racismo. Essas transformações operam desde a rearticulação do Movimento Negro, como vimos, à emergência de movimentos feministas, étnicos, quilombolas, religiosos, todos vistos como parte vitimada de um mundo cujas bandeiras são globalizadas, transnacionais, em sintonia com as mesmas diversidades e diásporas identificadas em outros contextos.

Humaniza-se o escravo e escraviza-se o liberto – o pós-abolição sem história

Novas leituras da escravidão, sobretudo a partir das pesquisas sobre quilombos e quilombolas, realizadas inicialmente pelo historiador Clóvis Moura (1988; 1977; 1981), identificariam heróis negros e resistências escravas, insubordinação, afirmação racial e modelos de comunidades afrodescendentes – os quilombos. A explicitação do conflito estaria não apenas no revisionismo histórico quanto ao papel do escravo – não mais passivo e submisso, sim revoltado e insubordinado – mas na própria criação do Movimento Unificado Negro (MNU) em 1978, que gozaria de influências do movimento Black Power e dos Panteras Negras dos EUA. O Movimento Negro se fortalece nos anos 1970 e 1980 e Zumbi torna-se o símbolo da resistência, não só escrava, mas também dos negros brasileiros, da liberdade e da luta contra o racismo.

Nessa mesma conjuntura o sociólogo Carlos Hasenbalg (1989) promove uma releitura da obra de Florestan Fernandes. A tese central de seu livro *Discriminação e desigualdades raciais no Brasil*, de 1979, é que o preconceito racial e a exploração de classe se articulam e são constitutivos da modernidade. O preconceito associado à exploração excluiria cada vez mais os negros das oportunidades de mercado e dos benefícios associados à educação. Para Hasenbalg as oportunidades no mercado e na educação estariam diretamente ligadas à cor da pele e à aparência, o que provaria ser o racismo constitutivo da sociedade e do mercado capitalistas. As suas teses foram relevantes para municiar o ativismo negro, particularmente por mostrar que a democracia racial era um mito, ou seja, um poderoso artifício utilizado pelas elites brancas para manter o negro alienado dos efeitos da discriminação que sofre.

A sociedade pensada de uma perspectiva racial, ao menos pelo Movimento Negro, e parte da *intelligentsia,* sugeria no contexto do centenário da abolição, em 1988, uma revisão dos pressupostos que informavam a escravidão e o lugar do escravo, a saber: sujeito passivo e deformado pelas vontades do senhor; escravo-coisa, desumanizado, sem valores, sem vontade e sem ideal. O quilombismo, tema clássico do historiador Clóvis Moura, é retomado por uma nova geração de historiadores cujas fontes pesquisadas revelariam um novo escravo. Combativo e ao mesmo tempo negociador; humanizado, com desejos e anseios; escravo que se rebela, mas não apenas como mera reação à violência do senhor ou do sistema. Tratava-se de reconhecer agora a agência dos escravos, "eles próprios agentes das transformações históricas durante a escravidão" (GOMES, 2003, p. 16). As produções mais recentes buscariam ampliar o leque de temas, questões e metodologias de pesquisa da história social da escravidão. Dedicam-se ao estudo da estrutura da família escrava, à compra de alforrias pelos escravos, aos processos de liberdade, aos significados da liberdade, ao debate legal desde o fim do tráfico, à estatística do tráfico, aos estudos sobre África na conjuntura da escravidão, aos estudos sobre o mestiçamento no contexto da escravidão, entre outros.[15]

A historiografia da escravidão ganhou um enorme impulso diante do amplo leque de possibilidades temáticas, teóricas, metodológicas e de produção de fontes que se abria e ainda se abre, transpondo tanto a tese dos "antagonismos em equilíbrio" do sistema de Freyre quanto a tese do "escravo-coisa" de Florestan Fernandes.

Todavia, os achados da pesquisa histórica que resultaram em novas histórias da escravidão, nas quais o escravo é um ator ativo, racional e estratégico, não se seguem nos estudos do pós-abolição. É como se o escravo, uma vez liberto, voltasse à estaca zero. O heroísmo, a família escrava, a compra de alforria, a astúcia do negociador, a sobrevivência criativa, a cultura, a religiosidade, todas essas dinâmicas parecem desaparecer para a literatura, sobretudo sociológica, em contexto republicano.[16]

A pesquisa histórica sobre o período do pós-abolição no Brasil permanece, em grande medida, atraída pela saga da violência, da vitimização, da marginalização do negro. Na ausência de pesquisa mais vigorosa, diversificada e qualificada, proliferam as interpretações ao sabor das agendas políticas, ao sabor do que convém salientar como fundamentação política e moral para pleitos de reparação. As perguntas pouco a pouco elaboradas por historiadores quanto à vida do liberto ou do negro, a saber, sobre suas formas de mobilidade social, sobre matrimônios inter-raciais, sobre a miscigenação como traço normalizado nos segmentos mais populares, sobre a diversificação das atividades no mercado, sobre novos contratos de trabalho, sobre participação política e capacidade de liderança local (política e religiosa), sobre formas de expressão cultural e artística, sobre organização familiar, sobre migração, formas de negociação e de integração social, parecem ameaçar as versões "vitimizadas" do negro. Essas se conformam à racionalidade do ativismo negro cujo pleito dirigido hoje ao Estado brasileiro deve ser, necessariamente, o da reparação, da compensação para os que foram desassistidos pelo Estado no pós-abolição.

A pesquisa histórica, a despeito dos constrangimentos daqueles que imaginam ser a história simples memória do que convém, tem realizado pouco a pouco a importante tarefa de explorar um passado ainda pouco conhecido nos seus próprios termos. E vem fazendo, ademais, retirando de seus ombros o peso de qualquer responsabilidade "moral", hoje

---

[15] Florentino e Góes (1997), Castro (1995), Pena (2001), Grinberg (1994), entre outros.

[16] O recente artigo de Adalberto Cardoso (2008) é emblemático nesse sentido.

cobrada pelos intelectuais que se mantêm aprisionados às grandes molduras teóricas, entre Gilberto Freyre e Florestan Fernandes. A cobrança moral e, porque não dizer ideológica, já há muito desastrosa para o debate historiográfico, tem tentado impor uma agenda cujo critério político é a reparação, e o princípio a culpa. Nesse processo busca fazer valer seu pleito, transformando o pós-abolição em algo ainda muito mais trágico e mais cruento do que fora a própria escravidão.

Conclusão

Conclui-se, portanto, que "o mito da excepcionalidade da nação miscigenada" não é apenas um artifício construído por sujeitos mal intencionados que dele se valem para encobrir uma sociedade verdadeiramente racista. Ao contrário, esse *mito* possui historicidade complexa que atravessa tempos e contextos, recriando-se à medida em que a "raça" insiste em se materializar seja como biologia, seja como cultura, seja como sujeito de direitos. Nesses termos, tanto o universalismo abstrato, quanto o pós--colonialismo e o multiculturalismo normativo revelam-se paradigmas frágeis de contenção dos racismos e racialismos que insistem em se reinventar historicamente.

O que se observa hoje no Brasil, conforme vimos ao longo do ensaio, são tentativas de se adotar políticas de promoção racial que pressupõem uma sociedade cujos atores se reconheçam como pertencentes a raças, consoante ao paradigma multiculturalista, e, nesse cenário, captura-se as histórias da escravidão e do pós-abolição como fortes aliadas para fundamentar reparações. Por essa via, os mitos de excepcionalidade, como o da nação miscigenada, encontram-se desacreditados, sem fôlego, deslocados simbólica e espacialmente de suas matrizes histórico-culturais, e dissolvidos no cerco da normalização multiculturalista de valorização da diferença étnico-racial, quer como reconhecimento do direito à diferença, quer como evidência de autenticidade identitária em oposição aos valores da miscigenação, da mistura, do hibridismo. Pode-se dizer que o Brasil da miscigenação encontra-se em processo de extinção simbólica.

A longa tradição de representação da miscigenação como mito de excepcionalidade consolidou, desde Florestan Fernandes, um veio crítico que se renova sistematicamente na reflexão sociológica brasileira. Enquanto a Sociologia, em sua agenda antirracista, tratou com rigor crítico a miscigenação, concluindo ser ela mais um mito, "um cadinho de raças", que falseia a realidade social (HASENBALG, 1996; GUIMARÃES, 1999; COSTA, 2006), suspeito que haja uma alternativa, um desafio historiográfico, que pode significar a retomada dos estudos sobre miscigenação em novos termos. Pode-se falar hoje de uma retomada dos estudos sobre a miscigenação, não mais como representação simbólica de tolerância racial ou como um ideal de democracia racial, denunciada sistematicamente tanto pela sociologia desde Florestan Fernandes quanto pela historiografia brasilianista desde os anos 1970 (SKYDMORE, 1993; LESSER, 1999; DÁVILA, 2003), mas como um fenômeno histórico como outro qualquer que merece ser estudado e pesquisado nos seus próprios termos.

A luta da Sociologia para caracterizar a miscigenação como um "mito" ocioso tem mobilizado, contrariamente, alguns historiadores para enfrentar o tema da miscigenação em perspectiva histórica, aquém e além das molduras interpretativas legadas por Gilberto Freyre e por Florestan Fernandes. Há hoje um conjunto de historiadores que, com alguma autonomia, vem concentrando esforços para compreender a historicidade do fenômeno da miscigenação (em suas continuidades e mudanças) em um contexto escravista, patriarcal e hierárquico, e depois pós-emancipatório, através de redes de interação, de agência e de inter-mediação, entre libertos e livres, brancos, pretos e pardos. Resta saber se o ocaso da miscigenação como mito de excepcionalidade poderá significar também a morte da miscigenação como fenômeno histórico e atual.

Referências

AÇÃO integralista Brasileira. In: WIKIPÉDIA: a enciclopédia livre. Disponível em: <http://pt.wikipedia.org/wiki/A%C3%A7%C3%A3o_Integralista_Brasileira>. Acesso em: 6 abr. 2012.

ALARDEN, Gabriel. *Liberdade negra nas paragens do Sul*. Rio de Janeiro: FGV, 2009.

ARAÚJO, Ricardo Benzaquen de. *Guerra e paz*: *Casa grande & senzala* e a obra de Gilberto Freyre nos anos 1930. Rio de Janeiro: Editora 34, 1994.

BASTIDE, Roger; FERNANDES, Florestan. Brancos e Negros *em São Paulo*. São Paulo: Cia. Editora Nacional, 1959.

BIALE, David. *Power & Powerlessness in Jewish History*. New York: Schocken Books, 1986.

CARDOSO, Adalberto. Escravidão e sociabilidade capitalista: um ensaio sobre inércia social. *Novos Estudos – CEBRAP*, São Paulo, n. 80, p. 70-89, São Paulo, mar. 2008.

CARDOSO, Fernando Henrique. *Capitalismo e escravidão no Brasil meridional*: o negro na sociedade escravocata do Rio Grande do Sul. Rio de Janeiro: Civilização Brasileira, 2003.

CASTRO, Hebe Maria Mattos de. *Das cores do silêncio: os significados da liberdade no sudeste escravista.* Rio de Janeiro: Arquivo Nacional, 1995.

CONGRESSO AFRO-BRASILEIRO, 1., nov. 1934, Recife. *Anais...*

COSTA, Sergio. *Dois Atlânticos:* teoria social, anti-racismo, cosmopolitismo. Belo Horizonte: Editora da UFMG, 2006.

FABREGAT, Claudio E. *El mestizaje en Iberoamérica.* Madrid: Alhambra Longman, 1987.

FERNANDES, Florestan. *A integração do negro à sociedade de classes.* Rio de Janeiro: MEC, 1964.

FERNANDES, Florestan. *A integração do negro na sociedade de classes: o legado da raça branca.* 3 ed. São Paulo: Ática, 1978. 2 v.

FERNANDES, Florestan. *A integração do negro nas sociedades de classes.* São Paulo: Dominus/USP, 1965. 2 v.

FERNANDES, Florestan. *O negro no mundo dos brancos.* São Paulo: Difusão Europeia do Livro, 1972.

FLORENTINO, Manolo; GOÉS, José Roberto. *A paz das senzalas: famílias escravas e trafico atlântico.* Rio de Janeiro, c. 1790-c. 1850. Rio de Janeiro: Civilização Brasileira, 1997.

GOMES, Flávio. *Negros e políticas (1888-1937).* Rio de Janeiro: Jorge Zahar, 2005.

GRINBERG, Keila. *Liberata: a lei da ambigüidade. As ações de liberdade na corte de apelação do Rio de Janeiro.* Rio de Janeiro: Relume Dumará, 1994.

GRUZINSKI, Serge. *O pensamento mestiço.* São Paulo: Companhia das Letras, 2001.

GUEDES, Roberto. *Egressos do cativeiro.* Rio de Janeiro: Mauad, 2008.

GUIMARÃES, Antonio Sérgio A. *Racismo e anti-racismo no Brasil.* São Paulo: Editora 34, 1999.

GUIMARÃES, Antonio Sergio. Depois da democracia racial. *Tempo Social: Revista de Sociologia da USP,* São Paulo, v. 18, n. 2, p. 269-287, nov. 2006.

GUIMARÃES, Antonio Sergio. Racial Democracy. In: SOUZA, Jesse; SINDER, Valter. *Imaging Brazil.* New York: Lexinton Books, 2003..

HASENBALG, Carlos. *Discriminação e desigualdades raciais no Brasil.* Rio de Janeiro: Relume Dumará, 1979.

HASENBALG, Carlos. *Discriminação e desigualdades raciais no Brasil.* Rio de Janeiro: Graal, 1989.

HASENBALG, Carlos. Entre o mito e os fatos: racismo e relações raciais no Brasil. In: MAIO, Marcos Chor; SANTOS, Ricardo Ventura (Org.). *Raça, ciência e sociedade*. Rio de Janeiro: Fiocruz/Centro Cultural Banco do Brasil, 1996. p. 235-249.

LESSER, Jeffrey. *Negotiating National Identity*. Durhan: Duke University Press, 1999.

LIMA, Ivana Stolze. *Cores, marcas e falas: sentidos da mestiçagem no Império do Brasil*. Rio de Janeiro: Arquivo Nacional, 2003.

LIMA, Nísia Trindade. Missões civilizatórias da República e interpretação do Brasil. *História, Ciências, Saúde – Manguinhos*, Rio de Janeiro, v. 5, p. 163-193, 1998. Suplemento.

MACHADO, Cacilda. *A trama das vontades*: negros, pardos e brancos na construção da hierarquia social no Brasil. Rio de Janeiro: Apicuri, 2008.

MOURA, Clóvis. *O negro: de bom escravo a mau cidadão*. Rio de Janeiro: Conquista, 1977.

MOURA, Clóvis. *Os quilombos e a rebelião negra*. São Paulo: Brasiliense, 1981.

MOURA, Clóvis. *Rebeliões da senzala – quilombos, insurreições, guerrilhas*. Porto Alegre: Mercado Aberto, 1988.

OLIVEIRA, Eduardo de Oliveira e. O mulato: um obstáculo epistemológico. *Argumento*, n. 1, p. 65-74, 1974.

PAIVA, Eduardo França; IVO, Isnara. *Escravidão, mestiçagem e histórias comparadas*. São Paulo: Annablume, 2008.

PASCUAL, Antonio Diodoro de; MANSFIELD, Charles. *Ensaio crítico sobre a viagem ao Brasil em 1852*. Rio de Janeiro: Typographia Universal Laemmert, 1861. Disponível em: <http://books.google.com.br/books?id=qhoIAAAAQ AAJ&printsec=frontcover&hl=pt-BR#v=onepage&q&f=false>. Acesso em: 6 abr. 2012.

PENA, Eduardo Spiller. *Pajens da Casa Imperial: jurisconsultos, escravidão e a Lei de 1871*. Campinas: Editora da Unicamp, 2001.

SKIDMORE, Thomas E. *Black into White: Race and Nationality in Brazilian Thought*. Durham: Duke University Press, 1993.

SKIDMORE, Thomas E. Raça e classe no Brasil: perspectiva histórica. In: *O Brasil visto de fora*. Rio de Janeiro: Paz e Terra, 1994.

SOARES, Luiz Eduardo. A duplicidade da cultura brasileira. In: SOUZA, Jessé (Org.). *O malandro e o protestante: a tese weberiana e a singularidade cultural brasileira*. Brasília: Editora UnB, 1999. p. 223-235.

SOUZA, Jessé (Org.). *Multiculturalismo e racismo*: uma comparação Brasil-Estados Unidos. Brasília: Paralelo 15, 1997.

TELLES, Edward. *Racismo à brasileira*: uma nova perspectiva sociológica. Tradução de Ana Arruda Callado, Nadjeda Rodrigues Marques e Camilla Olsen. Rio de Janeiro: Relume-Dumará: Ford Foundation, 2003.

TOCQUEVILLE, Alexis de. *Democracy in America*. London: Penguin Books, 2003.

VALLE SILVA, Nelson do; HASENBALG, Carlos; LIMA, Márcia. *Cor e estratificação social no Brasil*. 1. ed. Rio de Janeiro: Contracapa, 1999. v. 1.

VEYNE, Paul. *Acreditavam os deuses em seus mitos?* São Paulo: Brasiliense, 1987.

VON MARTIUS, Karl Friedrich. Phillipp. Como se deve escrever a história do Brasil. *Revista Trimestral de História e Geografia*, Rio de Janeiro, v. 6, n. 24, p. 389-411, 1845.

WADE, Peter. Rethinking Mestizaje: Ideology and Lived Experience. *Journal of Latin American Studies*, v. 37, Cambridge (MA), v. 37, n. 2, p. 239-257, 2005.

YERUSHALMI, Yosef. *Zakhor: Jewish History and Jewish Memory*. Seattle: University of Washington Press, 1982.

Três pensadores e uma nação mestiça na Coleção Brasiliana

Eduardo França Paiva

A inclusão dos textos seminais de Raimundo Nina Rodrigues (1982),[1] Gilberto Freyre (1996)[2] e Arthur Ramos (1951)[3] na Biblioteca Pedagógica Brasileira – Brasiliana, da Companhia Editora Nacional, proporcionou aos leitores ávidos de Brasil (do início do século XX e dos tempos posteriores) a compreensão apurada da história da formação do povo brasileiro e a reabilitação dos mestiços. No período das publicações, entre 1932 e 1940, as "raças" se transformaram em ponto fulcral para a (re)organização do mundo, a partir de doutrinas e de políticas eugênicas, dando prosseguimento a teorias elaboradas durante o século anterior e que cada vez mais angariavam adeptos. Entretanto, elas provocavam, também, e de maneira não menos importante, argumentos revisionistas e positivos. A partir daí houve releituras das histórias nacionais (sobretudo nas jovens nações americanas) impactando o entendimento das sociedades modernas como um todo. Houve os que passavam a negar a existência de "raças" humanas e a validade de seu emprego como categoria socio-lógica, como Franz Boas (2010),[4] os que idealizaram novas raças, como José Vasconcelos (1977),[5] e os que identificaram na mistura das "raças"

---

[1] Primeira edição parcial de 1906 e primeira edição completa de 1932.

[2] Primeira edição de 1936.

[3] Primeira edição de 1934, na Civilização Brasileira e segunda edição de 1940, na Coleção Brasiliana da Companhia Editora Nacional.

[4] Primeira edição de 1938. Ver também Castro, 2010.

[5] Primeira edição de 1925.

o nascimento de renovadas civilizações, como Gilberto Freyre.[6] Os três textos aqui enfocados compõem um retrato bastante representativo desse quadro intelectual que durante a segunda metade do século XIX e a primeira do século XX elegeu a "raça" como conceito central nos procedimentos de avaliação da evolução das nações, dos povos e das culturas e, por outro lado, como conceito contra o qual insurgiram alguns dos principais nomes do revisionismo cultural contemporâneo. *Os africanos no Brasil* (Nina Rodrigues), *Sobrados e mucambos; decadência do patriarcado rural e desenvolvimento do urbano* (Gilberto Freyre) e *O negro brasileiro* (Arthur Ramos) foram integrados à Coleção Brasiliana e desde então são referências importantíssimas para os estudos sobre "raças", culturas e miscigenação e sobre o pensamento social dessa época.

O Brasil e os mestiços

É uma longa história essa dos mestiços! Um dos capítulos mais importantes dela poderia receber o título "Américas" e um dos subtítulos mais instigantes o de "Brasil", tanto pelas histórias de mesclas biológicas e culturais, quanto pelas histórias das versões produzidas sobre essas mestiçagens ao longo dos séculos.

Desde os primórdios da conquista do Novo Mundo pelos ibéricos a questão dos mestiços/*mestizos* e das misturas entre povos e culturas esteve presente no cotidiano de autoridades e da população no geral e apareceu frequentemente na documentação: terminologia, taxionomias, ideias, representações, legislação, julgamentos, projetos, estratégias, tudo relacionado à presença, cada vez mais importante, dos mestiços americanos, muitos dos quais bastardos de conquistadores e índias e, mais tarde, deles ou de seus descendentes com negras, crioulas e mestiças. Houve sempre discursos desfavoráveis às mesclas, mas houve também os que as defendiam oficialmente, uma vez que produziam agentes colonizadores nascidos nos domínios americanos, dispostos a ocupar e proteger as terras e a (re)produzir nelas. A importância demográfica, cultural e política das populações mestiças americanas foi tal que desde o século XVI foi se conformando um léxico específico e extenso, que tentava dar conta da nova realidade, cujo impacto se estendia às outras três partes do mundo. Basta lembrar os deslocamentos populacionais dos demais continentes em direção às Américas e o que isso significou tanto nessas terras novas quanto nos locais de saída em massa. Nesse

---

[6] Inicialmente em Freyre (1990). Primeira edição de 1933.

movimento planetário transitaram pessoas e junto com elas culturas, saberes, crenças, formas de viver as mais distintas e boa parte de tudo isso se encontrou no território americano com o que já existia aí. Os resultados, muitos dos quais presentes entre nós, ainda merecem mais atenção por parte dos estudiosos, que, em alguma medida, confundem toda essa história espetacular com as perspectivas racialista, cientificista, eugênica e evolucionista dos séculos XIX e XX. Diante desse quadro, aumenta a relevância de voltarmos aos textos seminais incluídos com sabedoria na Coleção Brasiliana.

Antes de mergulharmos nos três textos, entretanto, é necessária uma advertência de caráter metodológico, que, creio, deve ser explicitada aqui. O tema das mestiçagens no mundo moderno e no contemporâneo precisa, necessariamente, ser estudado em perspectiva comparada, aproximando os processos ocorridos em regiões aparentemente muito apartadas entre si. É preciso reconhecer o fenômeno como essencialmente global e dependente das dinâmicas e movimentações demográficas, comerciais, políticas e culturais, que a partir do século XV se confundiram em seu escopo planetário, isto é, com sua extensão global e com a conexão entre os continentes. Não é possível pensar as mesclas processadas até os séculos XIX e XX sem se considerar o deslocamento maciço de africanos, europeus e, mais tarde, de asiáticos em direção às Américas. Por seu turno, só se pode compreender a revalorização das mestiçagens biológicas e culturais da primeira metade do século XX se tomarmos como contraponto o impacto do pensamento e das políticas eugênicas, assim como a ascensão do nazismo e do projeto de pureza racial e cultural ariana. Além disso, o *apartheid* vivido nos Estados Unidos, que se consolidavam como a nação mais poderosa do mundo, fomentou perspectivas teóricas contrárias às visões racialistas em voga.[7] Nesse período mais recente, no qual se insere a publicação dos três textos aqui enfocados, aos projetos eugênico e nazista fortemente implementados na Europa e nos Estados Unidos, sobretudo, se contrapuseram os modelos miscigenados americanos, principalmente os relativos ao Brasil (Gilberto Freyre e Arthur Ramos) e a Cuba (Fernando Ortiz [1978][8]), assim como as críticas boasianas ao racialismo, perspectivas que influenciaram fortemente as proposições e projetos da UNESCO, por exemplo. Os casos ibero-americanos, assim como as obras produzidas por pensadores da região sobre as mestiçagens não

---

[7] Um texto próximo a essa perspectiva é o de Martínez-Echazábal (1996).

[8] Primeira edição de 1940.

foram ainda estudados em conjunto e comparados e a importância para o mundo das experiências vivenciadas na formação das jovens e mestiças sociedades americanas ainda não foi devidamente mensurada, nem tampouco reconhecida. Nossas visões ainda eivadas de evolucionismo continuam classificando essas sociedades e seus cientistas em categoria inferior aos europeus e norte-americanos, ignorando, por exemplo, a estreita conexão e os contatos intensos entre pensadores e instituições de várias nacionalidades, o que ajudou a forjar os conceitos mais importantes dessa época. Assim, continuamos a pensar que os cientistas europeus, sobretudo, é que, partindo dos casos americanos, por exemplo, propuseram teorias e conceitos que teriam sido, em seguida, apropriados pelos colegas menos qualificados das Américas. É como se a Europa pensasse a América incapaz de entender-se cientificamente. Pois os três autores brasileiros aqui analisados, entre outros tantos que poderiam ser listados, encarnam bem a importância das obras inovadoras produzidas nas Américas e a repercussão que tiveram (e continuam tendo) no mundo acadêmico e político.

Os três brasileiros

Pode-se dizer desses autores, entre muitas outras coisas, que eles representavam perfeitamente o paradoxo da modernização brasileira naquelas décadas que finalizaram o Oitocentos e deram início ao século XX. Enquanto Nina Rodrigues subsidiava a tese da degenerescência tropical e da barbárie mestiça, o segundo tomo da tríade freyriana que sintetizava a história do Brasil reforçava a singularidade e a riqueza do hibridismo social e cultural brasileiro, antecipando, de forma pioneira, as análises sobre o tema, que começariam a ser feitas, de maneira sistemática, cinquenta anos mais tarde. Arthur Ramos, seguidor de Nina Rodrigues, mas autônomo intelectualmente, expressou na UNESCO, em 1949, o pensamento brasileiro sobre a formação do povo e das culturas, dos processos de mestiçagens e do sincretismo religioso no país, temas que vinha estudando desde o início da década de 1930. Deu visibilidade internacional ao caso brasileiro e aos arranjos históricos processados em torno das mestiçagens e sincretismos, algo bastante distinto da segregação dos negros norte-americanos e do arianismo nazista, problemas que chamavam a atenção de intelectuais renomados da época.

As obras dessa tríade de pensadores brasileiros sumariavam séculos de práticas escravistas e de miscigenação e, ainda que de formas distintas, colocavam esses aspectos em relevo no processo de formação da sociedade brasileira, alternando condenações e valorizações dos legados socioculturais recebidos pelo país. Certamente, não foram os únicos a se ocuparem do tema que alcançou importância ímpar nas discussões sobre a inclusão do Brasil e das jovens nações americanas no mundo moderno e civilizado. Mas as obras e as atuações dos três se destacaram. Eles mantiveram, desde jovens, contatos intelectuais com estudiosos estrangeiros, alguns renomados, e com prestigiadas instituições, o que desautoriza supostos isolamento e simplicidade do pensamento nacional diante da magnificência dos europeus e norte-americanos. A circulação dos três e de seus trabalhos no exterior também joga luz sobre algo ainda pouco estudado: a importância dos processos históricos americanos (particularmente, o brasileiro) e das definições político-culturais e intelectuais produzidas no seio desses processos de *raza*/raça, casta, "qualidade" e de misturas (nos sentidos biológico e cultural) para a elaboração de teorias racialistas, evolucionistas e geneticistas. Muito do que os trabalhos dos três brasileiros propunham em relação às raças, à miscigenação e às culturas, tanto as condenações quanto os elogios, vinha de repertórios político-culturais e intelectuais constituídos ao longo do período colonial e durante o século XIX americanos. Esses mesmos repertórios já vinham sendo apropriados por cientistas e pensadores europeus que estiveram na América e até pelos que não tiveram essa experiência. As ideias sobre degenerescência racial e as de positivação das mestiçagens devem muito a uma "agenda" americana, tanto na parte prática quanto na teórico-metodológica, vivenciada desde o século XVI por grupos sociais os mais distintos, por administradores, militares e eclesiásticos, cientistas, pensadores e artistas. Basta nos lembrarmos dos famosos quadros de castas, que se tornaram comuns a partir do final do século XVII na Nova Espanha e no Peru, bem como das definições (sem padronização) das "qualidades", dos discursos de autoridades com relação aos "tipos" sociais e do uso generalizado e cotidiano das categorias por toda a população do mundo ibero-americano. Há extensa documentação de variada natureza que atesta tudo isso, embora os estudiosos de hoje quase sempre tendam a iniciar essa história no século XIX. O fato é que as teorias da degenerescência e do novo modelo civilizacional para o mundo, elaboradas nos séculos XIX e XX, são fortemente tributárias da experiência americana e, ao contrário do que geralmente se pensa, não foram simplesmente criadas na Europa e nos Estados Unidos e importadas pelos incautos ibero-americanos. Tanto os textos de Nina Rodrigues quanto os de Gilberto Freyre e

Arthur Ramos traziam explícita e/ou implicitamente os ecos dessa longa e dinâmica história americana, assim como a de apropriações realizadas em diversas direções, e, ao mesmo tempo, contribuíram fortemente para explicações e revisões realizadas em suas respectivas épocas de atuação e *a posteriori* também.

A obra de Nina Rodrigues é absolutamente conectada às ideias racialistas e evolucionistas muito influentes em sua época e o que ele concluía era o que boa parte da ciência também propugnava: inferioridade de algumas "raças" em relação aos brancos e, particularmente, aos europeus. A perspectiva da civilização à francesa, igualmente comum entre pensadores e intelectuais do período, também foi modelo adotado pelo médico legista maranhense, também antropólogo, em um tempo em que havia muitas interseções entre essas áreas. É imbuído das verdades científicas de sua época, que fundia medições cranianas, psicologia social, antropologia física, raça e meio no qual se vivia que Rodrigues pôde afirmar, lastreado em opiniões similares divulgadas no mundo inteiro, que a

> raça negra no Brasil, por maiores que tenham sido os seus incontestáveis serviços à nossa civilização, por mais justificadas que sejam as simpatias de que a cercou o revoltante abuso da escravidão, por maiores que se revelem os generosos exageros dos seus turiferários, há de constituir sempre um dos fatores da nossa inferioridade como povo. Na trilogia do clima intertropical inóspito aos brancos, que flagela grande extensão do país; do negro que quase não se civiliza; do português rotineiro e improgressista, duas circunstâncias conferem ao segundo saliente preeminência: a mão forte contra o branco, que lhe empresta o clima tropical, as vastas proporções do mestiçamento que, entregando o país aos mestiços, acabará privando-o, por largo prazo pelo menos, da direção suprema da raça branca. E esta foi a garantia da civilização nos Estados Unidos. (RODRIGUES, 1982, p. 7)

Era pensamento tributário de velhos discursos e ideias sobre mestiços e misturas entre castas ou "qualidades", embora com uma diferença importante: durante o período colonial, a desconfiança com relação aos negros e mestiços baseava-se mais em questões morais, comportamentais, políticas e religiosas e menos em uma ideia de degenerescência biológica e de incapacidade de civilizar-se. Entretanto os inúmeros discursos que descredenciavam índios, negros, crioulos e mestiços no geral foram as matrizes, digamos, das ideias racialistas e eugênicas posteriores. Em 1732, por exemplo, o Conde das Galveias, governador da Capitania das Minas Gerais, afirmava que os negros e os mestiços forros eram insolentes, ainda que, ao mesmo tempo, uma espécie de mal necessário, uma vez que pagavam parcela significativa dos tributos cobrados da população.

> Senhor. O que se oferece dizer a Vossa Majestade em ordem aos negros forros é que estes ordinariamente são atrevidos, mas no mesmo tempo trabalham todos nas lavras do ouro, nas dos diamantes, nas roças e comumente faiscam para si de que se segue a Vossa Majestade a utilidade de seus quintos que seriam menos se eles não minerassem, o número desses como os não distingue a cor nem o serviço dos mais escravos não é fácil o saber-se porque não houve até agora quem o examinasse [...] os mulatos forros são mais insolentes porque a mistura que têm de brancos os enche de tanta soberba, e vaidade que fogem ao trabalho servil com que poderiam viver, e vive a maior parte deles como gente ociosa que escusa de trabalhar.[9]

Por sua vez, já no século XIX, um dos delatores da Inconfidência Mineira, o coronel Basílio Malheiro do Lago, deixou registrados em testamento feito em 1809 os seguintes comentários, iniciando com sua opinião sobre a plena capacidade de seu filho e terminando com sua impressão sobre as camadas populares do Brasil – escravos, libertos, livres pobres e mestiços:

> porque ele já agora na idade em que se acha de pouco mais de vinte anos, tem melhor capacidade que outros de quarenta ou mais anos, e não tem mais que o defeito de ser filho do Brasil.

> O meu escravo por nome Bernardo nação Mina, que é tratado pelo apelido de Malheiro deixo forro, e meu filho logo assim que eu falecer, lhe passe a sua carta de liberdade, e lhe peço que [...] lhe faça o bem que lhe poder fazer, e ao mesmo liberto Malheiro lhe peço nunca deixe meu filho, pois dou esta liberdade só para me mostrar agradecido da lealdade que lhe devo; ainda que estou bem persuadido, que não é serviço de Deus forrar escravos; por que a experiência tem mostrado que forrar escravos é fazer-lhes

---

[9] Arquivo Público Mineiro/Câmara Municipal de Ouro Preto, códice 35, f. 118-118v. A ortografia foi atualizada nessa transcrição parcial.

mal, porque com a liberdade, sem temor se pervertem em toda a casta de vícios, até terem fim desastrado [10]

Nina Rodrigues, entretanto, demonstrava estar atento às novas perspectivas antropológicas que já vinham sendo anunciadas na virada do século XIX para o XX. Muito atento às discussões sobre o tema e autônomo intelectualmente, ele, singularizando o caso brasileiro, proclamava a necessidade de se desenvolver estudos sobre os africanos no Brasil e sobre sua profunda influência em todas as áreas. Sua preocupação maior é que os africanos vivos estavam velhos e não demorariam morrer e os estudiosos no Brasil não se davam conta dessa perda iminente, nem do impacto negativo dela. Era necessário conhecer o passado e o presente do Brasil para se redirecionar a nação no caminho da civilização. Parecem-nos, hoje, absurdas e equivocadas essas posições, mas, não nos esqueçamos, eram elas nada descabíveis na época. Já aparecia em *Os africanos no Brasil* a importância da dimensão cultural no pensamento de Nina Rodrigues, o que o levava a algumas relativizações importantes, até mesmo precursoras, ainda que inseridas em certo norteamento evolucionista de seu olhar. Sempre focando o caso brasileiro e pensando no "colonizador" negro do Brasil, Rodrigues (1982, p. 16), imbuído da autoridade científica autoatribuída, afirmava que o "negro não é só uma máquina *econômica*; ele é antes de tudo, e malgrado sua ignorância, um objeto de *ciência*". Assim é que ele o enxerga, o defende da generalizada falta de interesse por parte dos cientistas brasileiros e o transforma em objeto principal de seu livro. E aparece já na introdução um primeiro esboço de relativização: a inferioridade do negro não era um dado natural, mas social. São esses os argumentos que se mesclavam entre o evolucionismo e um incipiente culturalismo:

> O critério científico da inferioridade da raça negra nada tem de comum com a revoltante exploração que dele fizeram os interesses escravistas dos norte-americanos. Para a ciência não é esta inferioridade mais do que um fenômeno de ordem perfeitamente natural, produto da marcha desigual do desenvolvimento filogenético da humanidade nas suas diversas divisões ou seções. "Os negros africanos, ensina Hovelacque [(1889, p. 458)], são o que são; nem melhores, nem piores do que os brancos; pertencem

[10] Arquivo Público Mineiro/Câmara Municipal de Sabará, códice 111, f. 85v-88v. A ortografia foi atualizada nessa transcrição parcial.

apenas a uma outra fase de desenvolvimento intelectual e moral."
(RODRIGUES, 1982, p. 5)

O que emergia timidamente no texto de Rodrigues prenunciava, visto de hoje, a tendência que se tornaria mais efetiva a partir do final do século XIX entre muitos pensadores e cientistas e que se poderia chamar generalizadamente de culturalismo. Elaborada desde a História da Arte, a Antropologia e a Sociologia, a tendência culturalista colocaria em xeque o próprio conceito de raça, assim como a infalibilidade cientificista do evolucionismo social e o dogmatismo hierárquico do modelo eurocêntrico (acentuadamente inglês e francês e menos alemão) de civilização. Novamente, os casos americanos assumem importância vital no seio dessas novas perspectivas explicativas, como realidade/modelo para reflexão e produtora de pensadores, cujas ideias tiveram impacto para muito além de suas respectivas fronteiras nacionais. Em contextos muito específicos como o das pós-independências ainda recentes e o da formação das jovens nações americanas é que se deve entender a emergência de obras que buscaram valorizar o resultado mestiçado das histórias das antigas colônias ibéricas. Daí formulações hoje clássicas como as apresentadas por Fernando Ortiz, José Vasconcelos e Gilberto Freyre, entre outros,[11] produzidas praticamente no mesmo período. Com objetivos nem sempre idênticos e com trajetórias pessoais muito diferenciadas esses três pensadores propuseram versões valorizadas e modelares sobre as miscigenações "racial" e cultural ocorridas em seus países, aos quais, até então, associava-se a degenerescência dos mestiços e dos "nacionais" e, por isso, o comprometimento do futuro das nações. Nesse esquema explicativo, não haveria chances de civilização para essas nações mestiçadas e foi contra esse quadro evolucionista e racialista que se colocaram os três intelectuais (entre outros), ainda que não abandonassem a crença na raça, na civilização e até mesmo, no caso de

---

[11] Ver também Bomfim (1997 [concluído em 1925; primeira edição de 1929]); Roquette-Pinto (1942; 1929; 1917; 1927). Entre textos publicados em período anterior e que exerceram influência sobre as explicações relativas às "raças", à miscigenação e à formação das nações americanas devem ser incluídos, entre outros, Bilbao (1864); Von Martius (1845); Romero (1888); Sarmiento (1915 [primeira edição de 1883]); Sierra (1986 [primeira edição de 1900-1902]). Ver ainda Vianna (1932) sobre a desigualdade das raças e a formação da nação. Para os autores hispano-americanos vali-me do texto ainda inédito de Bittencourt, *Leituras canônicas e tradição pátria: o pensamento hispano-americano oitocentista em três autores – Bilbao, Sarmiento e Sierra* (relatório de estágio pós-doutoral apresentado ao Programa de Pós-graduação em História da Universidade Federal de Minas Gerais, em 2011).

Vasconcelos, no apuramento genético. É em conjunto, comparativamente e de forma contextualizada, portanto, que a valorização dos modelos socioculturais ibero-americanos deve ser considerada e a emergência de pensamentos similares deve ser compreendida. Posteriormente à crise político-econômica que se seguiu à Primeira Guerra, em meio à ascensão do nazismo e das teorias eugênicas, diante da segregação "racial" nos EUA e da reconfiguração geográfica e política do mundo as jovens nações americanas tinham a oportunidade de propor sua configuração histórica como modelo social exitoso.

Em 1933 foi publicada uma das obras mais emblemáticas do esforço de positivação das mestiçagens americanas, cujo impacto segue hoje forte e, inclusive por isso, acabou se transformando em um dos clássicos das Ciências Sociais do século XX: *Casa grande & senzala*, de Gilberto Freyre. Tributário da nova antropologia cultural de Franz Boas (entre outras influências), com quem estudara nos Estados Unidos, Freyre inaugurava aí sua célebre trilogia síntese da história do Brasil: além de *Casa grande & senzala*, escreveria *Sobrados e mucambos* e *Ordem e progresso*, nos quais discorreria sobre os períodos colonial, do Império e da República. Já no primeiro dos volumes a marca culturalista boasiana aparecia fortemente impressa, embora, como já chamei a atenção, fosse conjugada com os conceitos aparentemente contrários de "raça" e "civilização". Nada excepcional, entretanto, para um período de muitas transições e de fortes rupturas.

De maneira geral, *Sobrados e mucambos*, publicado inicialmente em 1936, não diferia, nos argumentos, do título antecessor. As ideias essenciais sobre miscibilidade, mobilidade e aclimatabilidade, traços que teriam dado suporte à empresa colonial dos portugueses, já apareciam incorporadas aos "brasileiros" (desde o final do século XVII até a primeira metade do século XIX) que protagonizaram o segundo volume da trilogia. E foi assim que se fez a civilização mestiça brasileira, agora positivisada, ideal a ser adotado por outras sociedades, como suspeitou a UNESCO a partir dos anos 1950.[12]

Se em *Casa grande & senzala* Pernambuco e São Paulo tinham sido alçados à posição dos "dois grandes focos de energia criadora nos primeiros séculos da colonização, os paulistas no sentido horizontal, os pernambucanos no vertical" (FREYRE, 1990, p. 11), coube aos mineiros, no esquema de *Sobrados e mucambos*, o papel central no Brasil do século XVIII.

---

[12] Ver Maio (1999a; 1999b; 1996) e Maio e Santos (2010).

Minas Gerais foi outra área colonial onde cedo se processou a diferenciação intensa, às vezes em franco conflito com as tendências para a integração das atividades ou energias dispersas no sentido rural, Católico, castiçamente português. Da colonização por Paulistas afoitos, alguns, talvez descendentes de judeus, resultaram as primeiras gerações, também afoitas e independentes, de magnatas do ouro e animadores de cidades que tiveram um caráter especialíssimo em nossa formação. (FREYRE, 1990, p. 7)

Entretanto, no mesmo esquema, algo do vigor paulista anterior e muito do pernambucano perpassavam o período dos sobrados e mocambos na perspectiva de Gilberto Freyre, que concluía sobre o tema, ao final do primeiro capítulo:

Período de equilíbrio entre as duas tendências – a coletivista e a individualista – nele se acentuaram alguns traços mais simpáticos da fisionomia moral do brasileiro. O talento político de contemporização. O jurídico, de harmonização. A capacidade de imitar o estrangeiro e de assimilar-lhe os traços de cultura mais finos e não apenas os superficiais. De modo geral, o brasileiro típico perdeu asperezas paulistas e pernambucanas para abaianar-se em político, em homem de cidade e até em cortesão. (FREYRE, 1936, p. 22)

Com estilo inconfundível, Freyre resumia a história brasileira e o perfil do brasileiro a partir da positivização das mestiçagens biológicas e culturais, conjugando rupturas, indolências, adaptações, ascensão dos mulatos oitocentistas e também certa harmonia social. Claro está (e isso ainda é pouco explorado em nossa historiografia) que esse resultado advém das observações pessoais em seu Pernambuco natal, das pesquisas e percepções sobre as demais regiões do Brasil, de seu olhar cosmopolita de elite decadente do norte (em oposição à poderosa elite paulista). Também advém da comparação entre essas realidades e as vivenciadas por ele nos Estados Unidos do início do século XX e que se apresentavam com configuração exatamente contrárias. Muito de uma certa harmonia emprestada por Freyre ao Brasil produziu-se em comparação à segregação dos negros que pôde constatar nos Estados Unidos, à violência das relações sociais entre brancos e negros nesse país e, também, a partir de vozes que protestaram contra essa situação, sobretudo a de Franz Boas. Na formulação de Freyre constam essas realidades em contraste no que tangia aos formatos produzidos historicamente, os mecanismos menos aparentes e cotidianos de discriminação, as ideias defendidas e as práticas mais banais. Tratava-se da constatação e da descrição de situações brutalmente distintas, o que difere da acusação sempre incidente desde então de invenção de uma "democracia racial" à brasileira, produto menos das obras de Freyre e mais de leituras críticas feitas ao autor, sobretudo pelos marxistas, a partir dos anos 1940, que buscavam, no passado e no presente, sublinhar os conflitos, as lutas e os antagonismos em detrimento dos arranjos, adaptações e acordos.[13] Afinal, nessa perspectiva analítica e em seu esquema explicativo quase mecânico, sem o conflito e a luta abertos não haveria chance de revolução. Não era essa, definitivamente, a visão de Freyre, nem de antropólogos culturais, como Franz Boas.

Entre 1933 e 1936, datas das primeiras edições dos dois volumes da trilogia freyriana, foi publicado *O negro brasileiro*, de Arthur Ramos, outro médico legista com incursão antropológica que se dedicava à história da formação do povo brasileiro. Alagoano, Ramos dava prosseguimento à obra de Nina Rodrigues, a quem dedicava reconhecimento pela contribuição dada à história dos africanos no Brasil, embora não hesitasse em reconhecer aspectos criticáveis. *O negro brasileiro* representou seu ingresso no universo antropológico, viés que se acentuaria daí pra frente em sua obra. Ramos mudou bastante o enfoque de seu "mestre" intelectual, ainda que entrasse na seara dos grupos específicos de africanos que tinham vindo para o Brasil. Mas o tema mais importante não era esse e sim o das religiões e da religiosidade de africanos e de seus descendentes. Com uma perspectiva ainda fortemente evolucionista e racialista, *O negro brasileiro* (já aparece no texto os conceitos de "afro-brasileiro" e de "afro-baiano") não foi claramente definido pelo autor. Afinal, sobre quem Ramos estava falando? Esse negro, também tratado como "raça negra" e de "afro-brasileiro", era, para ele, o conjunto de africanos e de seus descendentes e antigos escravos, muito próximo da tradicional compreensão norte-americana do tema.

A miscigenação biológica foi tema pouco tratado por Ramos em seu livro. Entretanto, sobretudo depois de *Casa grande & senzala*, era difícil ignorar esse aspecto marcante da história dos brasileiros, que passara a ser valorizado e que já despertava a atenção de pesquisadores no Brasil e no exterior. Ramos não estava alheio a esse quadro e deu a ele novos contornos ao deslocar seu foco do mestiço para o sincrético e da cultura/civilização para a religião. Assim, foi possível ao autor dar

---

[13] Ver as discussões propostas por Guimarães (2006; 2002 [especialmente capítulos 2 e 3]).

continuidade aos aspectos inicialmente tratados por Nina Rodrigues ao mesmo tempo em que se conectava às perspectivas mais contemporâneas a ele, ainda que sob ângulo bastante particular. O sincretismo religioso brasileiro propugnado por Ramos influencia até hoje os estudos sobre a temática. Segundo o próprio autor, no apêndice publicado na segunda edição de 1940, o quadro de sincretismo religioso que ele elaborara é o que havia sido reproduzido em 1939 por Roger Bastide, então professor na Universidade de São Paulo (RAMOS, 1951, p. 367). A partir daí o sincretismo, particularmente o religioso – o conceito também foi empregado de forma mais ampla, inclusive como sinônimo de mestiçagem –, foi incluído definitivamente nas explicações sobre a formação do povo e da cultura brasileiros.

Ainda que eivado pelo racialismo e pelo evolucionismo, como já sublinhei, o pensamento de Ramos foi importante para a divulgação do caso brasileiro no exterior, mas, principalmente, para a formulação de políticas culturais pela UNESCO. A partir de 1949, como chefe do Departamento de Ciências Sociais dessa entidade, ele atuou diretamente na elaboração de uma agenda antirracista, que resultou na Primeira Declaração sobre Raça da UNESCO, de 1950. Além disso, seus esforços também contribuíram para que em 1950, em Florença, depois de sua morte, a UNESCO se decidisse pela célebre "opção Brasil", que consistiu em uma série de estudos sobre as relações "raciais" no Brasil. O modelo de relacionamento social entre brancos, negros e mestiços do Brasil, mais harmônico que o existente nos Estados Unidos (o que também foi confundido com a tal "democracia racial" brasileira) era o alvo das pesquisas, o que acentuou as vantagens da miscigenação à brasileira nos moldes freyrianos. Os resultados, muito conhecidos, importam menos aqui. O mais importante é mesmo sublinhar a ascensão internacional do pensamento brasileiro (e ibero-americano também) sobre a experiência de formação social baseada na importação maciça de africanos, no arranjo histórico que resultara na integração deles e de seus descendentes, na influência que exerceram no processo de formação do povo brasileiro, no fomento das mestiçagens biológicas e culturais e nas versões positivizadas de todo esse processo histórico.

A Coleção Brasiliana e os três autores

O esforço editorial de Fernando de Azevedo à frente da Coleção Brasiliana da Companhia Editora Nacional tinha como objetivo ajuntar textos seminais para a história do Brasil e para a melhor compreensão da formação da nação brasileira. Entre tantos outros incluídos não poderiam faltar três dos que explicaram essa história mirando os africanos, os mestiços e os negros (os índios desempenharam papel secundário ou quase nenhum nos textos). Tratava-se de tentar resolver no novo Brasil republicano os problemas passados da escravidão dos africanos e da mestiçagem a partir deles, que até *Casa grande & senzala* decretavam o atraso, a degenerescência, a barbárie e a incapacidade nacionais. Eram essas as grandes questões nacionais até o início do século XX e continuaram sendo depois de 1930, mesmo que a partir daí em outro sentido, isto é, no de ter sido superado o passado recente e degradante da escravidão e no de transformar a miscibilidade brasileira em fundamento da modernização nacional e em modelo de relação social a ser copiado. Eram a civilização e a nação mestiças que haviam saído do descrédito e que passavam a nortear o Brasil do futuro. Os leitores da Brasiliana puderam, assim, contar com o pensamento inovador e impactante desses três reinventores da nação brasileira, cuja atualidade é hoje atestada pelos debates que continuam a suscitar.

Referências

BILBAO, Francisco. *El evangelio americano*. Buenos Aires: Imprensa de la Sociedade Tipográfica Bonaerense, 1864.

BITTENCOURT, Libertad Borges. *Leituras canônicas e tradição pátria*: o pensamento hispano-americano oitocentista em três autores – Bilbao, Sarmiento e Sierra. Relatório de Estágio (Pós-graduação em História) – Faculdade de Filosofia e Ciências Humanas, Universidade Federal de Minas Gerais, Belo Horizonte, 2011.

BOAS, Franz. *A mente do ser humano primitivo*. Tradução de José Carlos Pereira. Petrópolis: Vozes, 2010.

BOAS, Franz. *Antropologia cultural*. Tradução de Celso Castro. 6. ed. Rio de Janeiro: Jorge Zahar, 2010.

BOMFIM, Manoel. *O Brasil na América*: caracterização da formação brasileira. 2. ed. Rio de Janeiro: Topbooks, 1997.

FREYRE, Gilberto. *Casa grande &senzala*: formação da família brasileira sob o regime da economia patriarcal. 27. ed. Rio de Janeiro: Record, 1990.

FREYRE, Gilberto. *Sobrados e mucambos*: introdução à história da sociedade patriarcal no Brasil. 9. ed. Rio de Janeiro: Editora Record, 1996.

GUIMARÃES, Antonio Sérgio Alfredo. *Classes, raças e democracia*. São Paulo: Editora 34, 2002.

GUIMARÃES, Antonio Sérgio Alfredo. Depois da democracia racial. *Tempo Social*: Revista de Sociologia da USP, São Paulo, v. 18, n. 2, p. 269-287, 2006.

HOVELACQUE, Abel. *Les nègres de l'Afrique sus-équatoriale*. Paris: Lecrosnier et Babé, 1889.

MAIO, Marcos Chor. O Projeto UNESCO e a agenda das Ciências Sociais no Brasil dos anos 40 e 50. *Revista Brasileira de Ciências Sociais*, São Paulo, v. 14, n. 41, p. 141-158, 1999a.

MAIO, Marcos Chor. Tempo controverso: Gilberto Freyre e o Projeto UNESCO. *Tempo Social*, São Paulo, v. 11, p. 111-136, 1999b.

MAIO, Marcos Chor; SANTOS, Ricardo Ventura (Org.). *Raça, ciência e sociedade*. Rio de Janeiro: FIOCRUZ/CCBB, 1996.

MAIO, Marcos Chor; SANTOS, Ricardo Ventura. Cientificismo e antirracismo no pós-2ª Guerra Mundial: uma análise das primeiras Declarações sobre Raça da UNESCO. In: MAIO, Marcos Chor; SANTOS, Ricardo Ventura. (Org.). *Raça como questão: história, ciência e identidades no Brasil*. Rio de Janeiro: FIOCRUZ, 2010. p. 145-170.

MARTÍNEZ-ECHAZÁBAL, Lourdes. O culturalismo dos anos 1930 no Brasil e na América Latina: deslocamento retórico ou mudança conceitual? In: MAIO, Marcos Chor; SANTOS, Ricardo Ventura (Org.). *Raça, ciência e sociedade*. Rio de Janeiro: FIOCRUZ/CCBB, 1996. p. 107-124.

ORTIZ, Fernando. *Contrapunteo cubano del tabaco y el azúcar*. Caracas: Biblioteca Ayacucho, 1978.

RAMOS, Arthur. *O negro brasileiro: etnografia religiosa*. 3. ed. São Paulo: Companhia Editora Nacional, 1951.

RODRIGUES, Nina. *Os africanos no Brasil*. 6. ed. São Paulo: Editora Nacional; Brasília: Editora Universidade de Brasília, 1982.

ROMERO, Sílvio. *Ethnographia brazileira: estudos críticos sobre Couto de Magalhães, Barbosa Rodrigues, Theophilo Braga e Ladisláo Netto*. Rio de Janeiro: Livraria Classica de Alves, 1888.

ROQUETTE-PINTO, Edgard. *Ensaios brasilianos*. São Paulo: Companhia Editora Nacional, 1942.

ROQUETTE-PINTO, Edgard. Nota sobre os typos antropologicos do Brasil. In: *Actas e trabalhos do primeiro congresso brasileiro de eugenia*. Rio de Janeiro: [s.n.], 1929.

ROQUETTE-PINTO, Edgard. Rondonia: anthropologia-ethnographia. *Archivos do Museu Nacional*. Rio de Janeiro: Museu Nacional, 1917.

ROQUETTE-PINTO, Edgard. *Seixos rolados*. Rio de Janeiro: Mendonça, Machado & C., 1927.

SARMIENTO, Domingo F. *Conflicto y armonías de las razas en América*. Buenos Aires: La Cultura Argentina, 1915.

SIERRA, Justo. *Evolución política del pueblo mexicano*. México: Editorial Porrua, 1986.

VASCONCELOS, José. *La raza cósmica: misión de la raza iberoamericana*. 5. ed. México: Espasa Calpe: 1977.

VIANNA, Francisco José Oliveira. *Raça e assimilação*. São Paulo: Companhia Editora Nacional, 1932.

VON MARTIUS, Karl Friedrich Phillipp. Como se deve escrever a história do Brasil. *Revista Trimestral de História e Geografia*, Rio de Janeiro, v. 6, n. 24, p. 389-411, 1845 *ou Jornal do Instituto Histórico e Geográfico Brasileiro,*n. 24

Direitos ancestrais indígenas, mediações culturais e horizontes políticos do presente

Gabriela Pellegrino Soares

Este texto é um desdobramento de um projeto de pesquisa que venho desenvolvendo, sobre o tema "Letramento e mediações culturais em *pueblos*[1] indígenas do centro-sul do México entre os anos 1870 e 1910".[2] A pesquisa enfoca as instâncias pelas quais as mudanças políticas em curso no século XIX impulsionaram práticas de leitura e de escrita entre as populações indígenas do centro-sul do México, particularmente nas regiões dos estados de Morelos e Oaxaca.

Para corresponder à instigante proposta deste livro, procurei neste artigo discutir questões que tenho trabalhado em relação ao México e, em incursões realizadas anteriormente, em relação também à Argentina e ao Peru. Os problemas que norteiam minhas análises sobre aquelas sociedades me parecem em grande medida comuns ao caso do Brasil, pois dizem respeito às formas pelas quais os índios responderam à conquista e à colonização nas Américas de modos variados. Ao lado da resistência pela guerra ou rebelião, essas populações buscaram brechas para apropriar-se de referenciais e instrumentos culturais e técnicos que pudessem lhes

---

[1] Optamos por manter o termo *pueblo* em espanhol, por indicar a condição jurídica particular que amparava as comunidades indígenas na América Espanhola no período colonial e, com redefinições que variaram em cada Estado Nacional, nas primeiras décadas após a independência.

[2] O projeto corresponde à minha Bolsa de Produtividade em Pesquisa do CNPq (2010-2012),e desdobra-se de um auxílio concedido pela FAPESP para que eu realizasse uma investigação de pós-doutorado no México.

servir no esforço de se recolocar, nos novos contextos e em novos termos, com vistas à sobrevivência e à afirmação social e identitária.

O argumento que gostaria de desenvolver é o de que as interpretações históricas que valorizam a agência indígena (ou seja, a história das estratégias indígenas para interagir com as formas de dominação cultural, política e econômica desde a Conquista, ao mesmo tempo se transformando e buscando proteger dimensões de seus modos próprios de vida e de sua cosmovisão), são interpretações que se alimentam e contribuem para um processo em curso nos dias de hoje, de reconhecimento e afirmação do direito dos povos indígenas à autodeterminação e de promoção das condições materiais e simbólicas para esse fim.

Como outros trabalhos que integram este livro, escolhi aqui enfocar questões mais gerais, que espero estarem bem alinhavadas, para sugerir algumas linhas de reflexão sobre as relações entre o passado e o presente, e entre a produção historiográfica e as tensões políticas contemporâneas.

A "agência indígena" como chave interpretativa

Nas últimas décadas, correntes da História e da Antropologia vêm se encontrando, a partir de movimentos no interior de cada uma das disciplinas, em um campo do conhecimento denominado de Etno--história. Para a Antropologia, grosso modo, isso decorre de um processo de distanciamento em relação a visões que *essencializavam* o índio, ao associá-lo a estruturas sociais e simbólicas "originais" e "puras". Ao contrário, essas correntes buscam hoje reconhecer e valorizar os chamados processos de *etnogênese*.[3]

A partir dos estudos de Frederick Barth, entre outros, entende-se hoje que as identidades são construções fluidas e cambiáveis, "que se constroem por meio de complexos processos de apropriações e ressignificações culturais nas experiências entre grupos e indivíduos que interagem" (ALMEIDA, 2010, p. 24).[4]

[3] Cada vez mais presente nessas abordagens, o termo "etnogênese" reporta à articulação entre processos endógenos de transformação e processos introduzidos pela presença europeia. Nessa dinâmica de (re)construção de identidades, a ênfase passa a recair sobre a ação consciente e criativa dos atores nativos, ação esta informada tanto por cosmologias arraigadas quanto por leituras do contexto colonial (MONTEIRO, 2007, p. 29). O mesmo texto integra a obra Monteiro (2001).

[4] De acordo com John Monteiro, ao repensar pressupostos teóricos a respeito das sociedades indígenas, a etnologia brasileira também passou a apropriar-se

Para a História, por sua vez, as renovações teóricas das últimas décadas impulsionaram uma revisão das narrativas que relegavam os índios a um segundo plano e os percebiam como simples vítimas do avanço inexorável da colonização e dos Estados Nacionais.[5] É essa perspectiva renovadora que marca, por exemplo, a ambiciosa coleção The Cambridge History of Native American People, publicada nos anos 1980 pela Cambridge University Press.

O que me parece particularmente interessante no momento presente é pensar como as mudanças em curso nos estudos acadêmicos voltados aos povos indígenas americanos têm ido ao encontro e contribuído para subsidiar grandes movimentações políticas e jurídicas no âmbito dos Estados Nacionais e dos principais fóruns de regulação internacional, no que concerne à definição e à promoção dos Direitos Indígenas.

É sobre essa fértil e complexa convergência que eu gostaria de lançar luz neste texto. Retomo aqui, de forma muito abreviada, dinâmicas de resistência e interação que venho observando na história das populações indígenas no México, e proponho contrapontos que me parecem interessantes de se traçar com o Brasil.

Como se sabe, a Coroa espanhola rapidamente se preocupou em implantar instâncias jurídicas destinadas a conter os abusos perpetrados pelos colonos em seus domínios na América.

Funcionários do rei no Vice-Reino da Nova Espanha assumiram a tarefa de formalizar, por escrito, a multidão de queixas indígenas encaminhadas à Audiência, aos Tribunais de Província, ao Conselho de Índias ou, a partir de sua instalação em 1592, ao Juzgado General de Indios. Já os dois primeiros vice-reis da Nova Espanha se empenharam em incentivar os indígenas para que lhes apresentassem pessoalmente suas denúncias e fizeram ao mesmo tempo divulgar entre os novos

---

das discussões pós-estruturalistas de autores como Renato Rosaldo e Marshall Sahlins, que salientavam o papel dinâmico da história na discussão das culturas, das identidades e das políticas indígenas (MONTEIRO, 2001, p. 6).

[5] Até a década de 1980, a história dos índios no Brasil resumia-se à crônica de sua extinção. Embora importante como denúncia, o perigo desse tipo de abordagem é investir numa imagem cristalizada dos índios, como habitantes de um passado longínquo ou de uma floresta distante, cuja esfera da sociabilidade se encontrava totalmente externa à esfera colonial. De acordo com John Monteiro, a imagem dos índios como eternos prisioneiros de formações isoladas e primitivas tem dificultado a compreensão de múltiplos processos de transformação étnica que ajudariam a explicar uma parte considerável da história cultural e social do país (MONTEIRO, 2001, p. 4-5).

súditos do Império, em línguas aborígenes, os canais de manifestação e denúncia abertos.

Ao longo do século XVI, as populações indígenas mesoamericanas contaram com uma gama de opções para levar adiante, por vias legais, contestações de todo tipo.[6] E isso contribuiu, segundo Friedrich Katz, para a diminuição das rebeliões indígenas entre o século XVII e meados do século XVIII. O estabelecimento dessas instâncias de apelação jurídica estimulou a proliferação de uma prática mobilizadora das comunidades indígenas, comunidades (ou *pueblos*) criadas pela Coroa para resguardar a autonomia política das populações nativas em meio ao genocídio (KATZ, 1990). Tal prática conferia centralidade aos documentos escritos, já que o recurso a testemunhos orais foi sendo gradualmente abandonado.

A partir de 1592 o Juzgado General de Indios, ativo desde então até 1820, passou a atuar como uma espécie de tribunal de primeira instância nos pleitos envolvendo indígenas.[7] As queixas eram em geral escritas por solicitadores em linguagem simples e direta, não especializada. O estilo adotado tornava possível que, em alguns casos, a própria parte redigisse a peça. O mais comum, no entanto, ainda que predominassem as petições escritas em primeira pessoa do singular ou do plural (quando em nome da comunidade), era comum que no final do texto constasse o esclarecimento de que peticionário não sabia ler ou escrever, e por isso não o assinava. Deparamo-nos aqui com o papel exercido pelos que chamo de mediadores – advogados, escrivães, curas, professores rurais –, que deram forma escrita aos casos apresentados por indígenas à Justiça ou a autoridades coloniais.[8]

---

[6] A propósito da hierarquia que articulava essas diferentes instâncias, ver Borah (1996).

[7] O funcionamento judicial do Juzgado General de Indios se encerrou quando as disposições da Constituição espanhola de 1812 se implantaram novamente no México, em 1820. A Constituição de Cádiz transformava os índios em cidadão pleno e, nesse sentido, suspendia a necessidade de tribunais especiais.

[8] Ocasionalmente, nos processos dos Fondos Civiles de Teposcolula e de Villa Alta reunidos no Archivo Histórico Judicial, em Oaxaca, o queixoso era o único que assinava a petição sem a presença explícita de mediadores. Esse foi o caso de um processo movido por índios mixtecos de uma mesma família, em 1825, reclamando que se encaminhassem ao prefeito do *pueblo* e ao padre a restituição das terras legadas por seus avós e tomadas pelos Mayordomos da Cofradía Nuestra Señora de Guadalupe. Um dos membros da família, Mariano Figueroa, assinou a petição pelos demais. AHJ, Oaxaca, Teposcolula, Civil, 0060, 0043, 1825.

Trabalho com a hipótese de que os *pueblos* indígenas do centro-sul do México fizeram largo uso mediado da escrita. Por um lado, com o apoio de homens letrados que se prestavam a essa mediação. Por outro, valendo-se de um aprendizado rudimentar da escrita, que se apresentava aos *pueblos* como uma possibilidade desde o século XVI, quando cédulas reais previram o pagamento de maestros de primeiras letras com recursos dos caixas das comunidades. Centenas e mais centenas de processos indicam que os *pueblos* reclamavam a presença de um professor que ensinasse às crianças o espanhol, a doutrina cristã e as primeiras letras. E apesar dos imensos obstáculos que existiam, a alfabetização não esteve de todo ausente do horizonte e das práticas culturais dessas populações.

Com a independência do México em 1821, desapareceram os tribunais especiais reservados aos índios, mas não a prática de apelar, agora aos tribunais da República, individualmente ou em nome do *pueblo,* em defesa de terras, para contestar impostos, disputar heranças, queixar-se dos *alcaldes,* dos dízimos da Igreja e assim por diante.

O regime republicano, porém, introduzia no léxico político mexicano orientações igualitárias incongruentes com as prerrogativas corporativistas que haviam pautado a vida dos *pueblos* indígenas até então. A Reforma Liberal dos anos 1850 pôs fim à posse comunitária da terra e o Estado delineou estratégias, pouco vigorosas, há que se dizer, para incorporar o índio como cidadão. As reivindicações de Emiliano Zapata na Revolução Mexicana só podem ser compreendidas à luz das tensões entre os velhos direitos e as pressões econômicas e políticas as quais, derivadas da modernização nacional, pesavam sobre os *pueblos* indígenas na passagem do século XIX ao XX. O assassinato de Zapata em 1919 simboliza um novo momento na relação entre Estado e populações indígenas no México, em que o índio passa a ser visto fundamentalmente como um camponês, que se integrava à nação pela chave de um pacto entre as classes sociais mediado pelo Estado. Do ponto de vista cultural, José Vasconcelos inaugura uma vigorosa política voltada à miscigenação.

No caso do Brasil, estudos como os realizados por autores como Manuela Carneiro da Cunha, John Monteiro e Maria Regina Celestino de Almeida, entre outros, indicam que as populações indígenas também moveram processos judiciais em defesa de seus interesses, escreveram cartas às autoridades políticas e negociaram os termos de tratados de paz.

À luz das evidências que reuni sobre o México, muitas questões estão para mim ainda em aberto em relação aos índios do Brasil colonial e independente, no que diz respeito aos procedimentos de redação dos documentos jurídicos e políticos, à natureza dos mediadores letrados e ao volume de textos produzidos por esses grupos.

Todavia, expresso aqui minha suposição de que essa prática tenha sido muito menos abundante comparativamente à Nova Espanha e depois ao México oitocentista, em virtude, sobretudo, dos níveis de integração entre populações indígenas e a ordem colonial e nacional.[9] Os *pueblos* indígenas inseriram-se nas dinâmicas econômicas, sociais e políticas do território mais amplo do Vice-Reino e mais tarde do Estado Nacional de forma muito distinta dos aldeamentos indígenas fomentados pela Coroa portuguesa na América e controlados especialmente pelos jesuítas na América portuguesa até o momento de sua expulsão.

Ainda assim, há importantes indícios desse tipo de expediente em diferentes momentos da história colonial e do Brasil independente.[10]

Antes da lei pombalina de 1755, que estabeleceu a liberdade incondicional do índio contra a escravização por guerra justa e por expedições de resgate, Juntas de Missões compostas por autoridades locais e religiosas haviam sido criadas em diferentes regiões da colônia para controlar e julgar a legitimidade dos casos de escravidão. As pesquisas que discutem a ação ambígua dessas Missões, que não raro fizeram concessões aos interesses dos colonos, ávidos por mão-de-obra, têm revelado, em contrapartida, a participação ativa dos próprios índios, que moveram ações e obtiveram ganhos de causa na demonstração da ilegitimidade de seu cativeiro.[11]

De acordo com Maria Regina Celestino de Almeida, os índios aldeados com frequência se envolveram nas contendas coloniais em torno dos regimes de trabalho e da posse da terra por meio de solicitações

---

[9] Para alguns exemplos de usos da escrita por indígenas no Brasil colonial, ver Monteiro (2001, p. 74-78).

[10] Esse processo não foi exclusivo das Minas Gerais e foi estudado por John Monteiro para o caso de São Paulo. Ao analisar a estrutura e a dinâmica da escravidão indígena em São Paulo nos dois primeiros séculos da colonização, o autor mostrou que, desde que a intromissão régia na região começou a se intensificar, sobretudo quando da chegada do primeiro ouvidor permanente, no final do século XVII, os próprios índios passaram a ser autores frequentes de petições e litígios, buscando a liberdade a partir de argumentos fundamentados no conhecimento da legislação em vigor. Perante a lei, o cativeiro dos índios era ilegal (MONTEIRO, 1994, p. 216).

[11] Sobre as Juntas das Missões no estado do Grão-Pará e Maranhão, ver Mello (2009).

que enviavam ao rei ou ao Conselho Ultramarino, na condição de súditos cristãos. Pois,

> apesar das condições limitadas e opressivas, os aldeamentos indígenas ofereciam aos índios algumas garantias e até privilégios se comparados com o tratamento oferecido às pessoas de condição inferior, como índios escravos e negros. Tinham direito à terra, embora uma terra bem mais reduzida do que a sua original; tinham direito a não se tornarem escravos, embora fossem submetidos ao trabalho compulsório; tinham direito a se tornar súditos cristãos, embora tivessem que se batizar e, em princípio, abdicar de suas crenças e costumes. As chefias tinham direito a títulos, cargos, salários e prestígio social. Dentro dessas condições portanto limitadas e restritas, os índios aldeados encontraram possibilidades de agir para fazer valer esse mínimo de direitos que a lei, apesar de oscilante, lhes garantia, e o fizeram até o século XIX. (ALMEIDA, 2010, p. 85-86)

Esses homens buscavam brechas em uma legislação oscilante e suscetível aos "usos e costumes", e compromissos de reciprocidade com a figura do monarca. Afinal, a lealdade e vassalagem ao rei engendrava, como contrapartida, alguns direitos e benefícios.[12]

Fica para mim o desafio de recuperar as condições de produção desses documentos escritos, e tenho mapeado algumas pistas nessa direção. Mas não podemos esquecer que a oralidade foi a base da obra evangelizadora dos jesuítas (ao lado do teatro, do uso de imagens e todo um gestual), mesmo quando catecismos foram escritos em língua tupi para apoiar seu trabalho.

Com a expulsão dos jesuítas e as reformas pombalinas em meados do século XVIII, de caráter assimilacionista no que dizia respeito às políticas voltadas aos índios, esses grupos sociais se fragilizaram. As vilas avançaram sobre as terras dos aldeamentos, os recém-instituídos diretores de aldeias fizeram com frequência uso arbitrário de seu poder

---

[12] De acordo com a historiadora, ainda que haja limitação das fontes, as petições e requerimentos das lideranças das aldeias às autoridades coloniais e ao rei fornecem pistas interessantes não só sobre a construção da memória dos índios aldeados – anos de serviços prestados ao rei e os grandes feitos, como defender fronteiras do reino luso – como também sobre a apropriação dos valores e glórias da sociedade colonial para enaltecer suas ações, angariar reconhecimento social e buscar explicação plausível para condição de aliados e subordinados dos portugueses (ALMEIDA, 2010, p. 87).

tutelar sobre os índios aldeados. Coibiram-se os costumes e rituais das populações autóctones, com vistas à sua progressiva miscigenação.

Ao longo do século XIX, o projeto assimilacionista conviveu com o contínuo avanço da fronteira sobre o sertão, em que prevaleciam o confronto e a lei do mais forte.

Há incontáveis casos de índios que se mobilizaram para reafirmar a permanência de suas aldeias e assegurar, institucionalmente, o controle sobre as terras que lhes haviam sido concedidas pela Coroa na época colonial. Mas a Lei de Terras de 1850, como sugeriu recentemente Vânia Losada Moreira no XVI Congresso da AHILA (Asociación de Historiadores Latinoamericanistas Europeos), não discutia o problema das terras indígenas (MOREIRA, 2011). Os velhos direitos e compromissos se desfaziam no âmbito do novo Estado Nacional que, embora monárquico, operava na chave da formação da unidade nacional.

Isolando-se em fugas para o mato, rearticulando-se em aldeamentos que congregavam etnias diversas e que precisavam ser continuamente reinventadas do ponto de vista identitário, miscigenando-se nos espaços em que se lhes era possível inserir, povos indígenas do Brasil chegaram ao século XX com um fôlego surpreendente para lutar por terras e direitos.

Direitos indígenas, direitos humanos na contemporaneidade

Saltemos no tempo. Dois documentos de alcance internacional têm pautado os debates sobre os direitos dos povos indígenas nas últimas décadas: a Convenção 169 da Organização Internacional do Trabalho (OIT, 1989) e a Declaração da Organização das Nações Unidas (ONU) sobre os Direitos dos Povos Indígenas (2007).[13] Ambos os documentos se basearam em um relatório produzido por

---

[13] Instrumentos jurídicos de força obrigatória (OIT) e política orientadora da ONU (Declaração) se concretizaram como consensos do tema que tratam. De acordo com Vanessa Corsetti Gonçalves Teixeira, foram discriminadas três situações distintas. A dos grupos que estavam relativamente isolados e precisavam garantir seus territórios para sobreviver como grupo; a dos grupos dominados por relações de trabalho capitalistas, e que precisavam recobrar o controle sobre os recursos produtivos; a dos grupos já desindianizados, que precisavam recuperar seu próprio ser, sua própria cultura. Para os três casos, fazia-se importante promover a unidade das populações indígenas e trabalhar na localização histórica e territorial desses povos em relação às estruturas e aos regimes dos Estados Nacionais (TEIXEIRA, 2009).

José Martinez-Cobo para a Subcomissão de Prevenção à Discriminação de Minorias da ONU, no início da década de 1970, relatório posteriormente ampliado pela ONU, que postulava o princípio da autoidentificação para definir os grupos indígenas e o direito desses grupos de continuar a existir.

De acordo com a página oficial do International Work Group for Indigeneous Affairs (IWGIA) – organização de direitos humanos fundada por antropólogos e ativistas de diferentes países em 1968 –, em meio aos debates e resoluções que tiveram lugar nas últimas décadas, o Direito Internacional passava a conceber comunidades, povos e nações indígenas como

> aqueles que, tendo uma continuidade histórica com as sociedades pré-invasão e pré-coloniais que se desenvolveram em seus territórios, se consideram diferentes de outros setores das sociedades que hoje prevalecem nesses territórios ou parte deste. Eles formam no presente setores não-dominantes da sociedade e estão determinados a preservar, desenvolver e transmitir às futuras gerações seu território ancestral, e sua identidade étnica, como base de sua experiência continuada como povos, em acordo com seus próprios padrões culturais, instituições sociais e sistemas jurídicos. (IWGIA, [s.d.])

Fazia-se pois importante promover a unidade das populações indígenas e trabalhar na localização histórica e territorial desses povos em face dos regimes e estruturas dos Estados Nacionais.

Indígenas e antropólogos tiveram participação ativa nesses fóruns de discussão, que enfocavam as formas de dominação econômica e cultural que seguiam ameaçando a condição indígena. Uma reunião da Faculdade Latino-Americana de Ciências Sociais (FLACSO) em parceria com a United Nations Educational, Scientific and Cultural Organization (UNESCO), realizada em 1981 sobre os temas do etnodesenvolvimento e etnocídio, contribuiu para encaminhar a reflexão sobre o princípio da autonomia cultural e da demarcação de territórios próprios no interior do Estado Nacional. Outras convenções ocorreram nesses anos, fortalecendo a perspectiva do direito fundamental à autodeterminação, que se ancorava na Carta de Autodeterminação dos Povos aprovada pela ONU em 1946 e na Declaração Universal dos Direitos do Homem, de 1948. Cada vez mais, os direitos indígenas encontravam um respaldo institucional e jurídico no âmbito dos direitos universais do homem, ou seja, dos Direitos Humanos.

As diretrizes orientadoras da ONU, que culminaram na Declaração dos Direitos dos Povos Indígenas de 2007, não gozavam, como não gozam, da força de lei nas esferas nacionais. Em vista dos descompassos existentes nesse domínio, os fóruns internacionais vêm buscando assegurar o compromisso dos Estados com "acordos mínimos".[14]

No caso do Brasil, como sabemos, a Constituição de 1988 representou um avanço notável no respaldo à formação de reservas indígenas. A recente criação da Reserva Raposa Serra do Sol, em Roraima, em causa representada frente ao Supremo Tribunal Federal pela advogada indígena Joênia Batista de Carvalho, significou uma importante vitória da mobilização em prol da recuperação de territórios ancestrais.

No caso do México, por outro lado, a repressão ao Exército Zapatista de Libertação Nacional, em Chiapas, movimento que teve início na década de 1990, com grande repercussão internacional, expressa a permanência de uma tônica política centralizadora que busca vincular os grupos indígenas às estruturas do Estado-nação desde a Revolução Mexicana no alvorecer do século passado. O México avançou no plano do multiculturalismo, com o favorecimento da educação bilíngue, por exemplo, mas não da autonomia política e territorial.

Os debates sobre o que significa construir um Estado intercultural ou multicultural estão hoje na ordem do dia nas sociedades que englobam parcelas indígenas, mas muito distantes de um consenso. Trata-se afinal, efetivamente, de uma agenda política recente (distinta daquela do indigenismo integracionista) mas que, com força renovada pelos acontecimentos das últimas décadas, se impõe aos governos latino-americanos.[15]

Nesses embates políticos e jurídicos, as Ciências Humanas desempenham um papel importante ao atuarem, entre outros sentidos, como instância legitimadora dos critérios de autoidentificação e das demandas políticas desses grupos sociais.

---

[14] Agradeço a conferência proferida sobre assunto em meu curso de História da América Independente II, em 12 de setembro de 2012, no Departamento de História da Universidade de São Paulo, pelas pós-graduandas do PROLAM e da Faculdade de Direito, respectivamente, Brisa Araújo e Vanessa Teixeira.

[15] Hoje, é possível notar uma busca do equilíbrio entre o indigenismo integracionista e a radicalização do discurso de restituição aos vencidos. Mas no plano cultural, o México tem avançado nas práticas de educação bilíngue e de valorização dos patrimônios culturais indígenas que convivem naquela sociedade. O Museu Nacional de Antropologia, na Cidade do México, controlado pelo poderoso Instituto Nacional de Antropologia e História, é expressão do lugar simbólico privilegiado conferido aos legados indígenas no país.

Considerações finais

Para concluir, gostaria de observar que, no século XIX, as populações indígenas procuraram reafirmar direitos conquistados durante a época colonial – direitos particularistas, corporativistas, baseados na condição específica de ser indígena, mestiço e de ser súdito das monarquias ibéricas –, em face das concepções universalistas dos liberalismos oitocentistas.[16] Na segunda metade do século XX, de alguma maneira, os Direitos Humanos postulados como universais pela ONU preveem o direito à autodefinição, à autodeterminação e à afirmação das particularidades. Estados Nacionais hoje regidos pelo princípio da cidadania e dos direitos iguais precisam buscar as ferramentas políticas e jurídicas que lhes permitam lidar com direitos desiguais, considerados legítimos.

Referendada pelas mudanças em curso na História e na Antropologia, a legitimação desses direitos repousa sobre critérios baseados em operações identitárias dinâmicas.[17] No momento atual, existe espaço para que constituam o argumento para reivindicações de territórios e de direitos. Os termos da negociação dependem, no meu entender, sobretudo da correlação de forças. Talvez porque no Brasil o índio nunca tenha deixado de ser visto como o outro, haja hoje mais espaço para que seja reconhecida e protegida, politicamente, sua diversidade.

Referências

ALMEIDA, Maria Regina Celestino de. *Metamorfoses indígenas: identidade e cultura nas aldeias coloniais do Rio de Janeiro*. Rio de Janeiro: Arquivo Nacional, 2003.

ALMEIDA, Maria Regina Celestino de. *Os índios na história do Brasil*. Rio de Janeiro: FGV, 2010.

---

[16] Não aprofundarei aqui a ampla discussão sobre os matizes do pensamento liberal nas sociedades latino-americanas no século XIX. Sublinho apenas que, embora as ideias liberais tenham sido largamente mobilizadas no México e no Brasil oitocentistas, as dinâmicas e os projetos políticos apresentam diferenças importantes nos dois países no período.

[17] A reconfiguração da noção dos direitos indígenas como direitos históricos – sobretudo territoriais – estimulou estudos que buscavam nos documentos coloniais os fundamentos históricos e jurídicos das demandas dos índios ou de seus defensores. O desenvolvimento da pesquisa nesta área reproduzia um processo desencadeado algumas décadas antes nos EUA – *Indians Claims Act* (1946) –, em que antropólogos subsidiavam as reivindicações territoriais de indígenas através de minuciosos levantamentos documentais (MONTEIRO, 2001, p. 6).

ARAÚJO, Brisa; TEIXEIRA, Vanessa. Conferência proferida no curso de História da América Independente II. São Paulo: Departamento de História da Universidade de São Paulo, 12 set. 2012.

BORAH, Woodrow. *El Juzgado General de Indios en la Nueva España*. México: Fondo de Cultura Económico, 1996.

CARNEIRO DA CUNHA, Manuela (Org.). *História dos índios no Brasil*. São Paulo: Companhia das Letras, 1992.

DOMINGUES, Ângela. *Quando os índios eram vassalos: colonização e relações de poder no Norte do Brasil na 2ª metade do século XVIII*. Lisboa: Comissão Nacional para as Comemorações dos Descobrimentos Portugueses, 2000.

FERNANDES, Florestan. Os Tupi e a reação tribal à conquista. In: FER-NANDES, Florestan. *Investigação etnológica no Brasil e outros ensaios*. Petrópolis: Vozes, 1975.

HILL, Jonathan (Org.). *History, Power and Identity: Ethnogenesis in the Américas, 1492-1992*. Iowa: University of Iowa Press, 1996.

IWGIA – International Work Group for Indigeneous Affairs. Apresenta informações sobre o IWGIA. Disponível em: <http://www.iwgia.org/culture--and-identity/identification-of-indigenous-peoples>. Acesso em: 30 set. 2011.

KATZ, Friedrich. *Revuelta, rebelión y revolución: la lucha rural en México del siglo XVI al siglo XX*. México: Era, 1990.

MELLO, Marcia Eliane. *Fé e império: as juntas das missões nas conquistas portuguesas*. Manaus: Editora da UFMA, 2009.

MONTEIRO, John Manuel. Apresentação. *Revista de História*, São Paulo, n. 154, p. 9-12, 2006. (Dossiê História dos Índios).

MONTEIRO, John Manuel. Entre o etnocídio e a etnogênese: identidades indígenas coloniais. In: FAUSTO, Carlos; MONTEIRO, John (Org.). *Tempos índios: histórias e narrativas do Novo Mundo*. Lisboa: Museu Nacional de Etnologia, 2007. p. 25-65.

MONTEIRO, John Manuel. *Negros da terra: índios e bandeirantes nas origens de São Paulo*. São Paulo: Companhia das Letras, 1994.

MONTEIRO, John Manuel. *Tupis, tapuias e historiadores*: estudos de história indígena e indigenismo. 2001. 233 f. Tese (Livre Docência em Etnologia) – Instituto de Filosofia e Ciências Humanas, Universidade Estadual de Campinas, Campinas, 2001. Disponível em: <http://www.ifch.unicamp.br/ihb/estudos/TupiTapuia.pdf>. Acesso em: 24 fev. 2012.

MOREIRA, Vânia Losada. Territorialidade indígena em tempo de reforma, Brasil e México entre 1750 e 1850: apontamentos sobre duas historiografias. *In: CONGRESO DE AHILA: LAS POBLACIONES INDÍGENAS EN LA CONSTRUCCIÓN Y CONFORMACIÓN DE LAS NACIONES E LOS*

ESTADOS EN LA AMÉRICA LATINA DECIMÓNICA, *16., San Fernando, Espanha, 7 set. 2011.*

PUNTONI, Pedro. *A guerra dos bárbaros: povos indígenas e a colonização do sertão no Nordeste do Brasil, 1650-1720.* São Paulo: Hucitec/Edusp, 2002.

RESENDE, Maria Leônia Chaves de. "Brasis coloniales": índios e mestiços nas Minas Gerais setecentistas. In: RESENDE, Maria Efigenia Lage; VILLALTA, Luiz Carlos. *As minas setecentistas.* Belo Horizonte: Autêntica; Companhia do Tempo, 2007. v. 1, p. 221-249.

SAMPAIO, Patrícia Maria Melo. *Espelhos partidos: legislação e desigualdade na colônia. Sertões do Grão-Pará, c. 1755-c. 1823.* 352 f. Tese (Doutorado em História) – Instituto de Ciências Humanas e Filosofia, Universidade Federal Fluminense, Niterói, 2001.

SCHWARTZ, Stuart; SALOMON, Frank. New Peoples and New Kinds of People: Adaptation, Readjustment, and Ethnogenesis in South American Indigenous Societies (Colonial Era). In: SCHWARTZ, Stuart; SALOMON, Frank. *The Cambridge History of the Native Peoples of the Americas.* Cambridge (MA): Cambridge University Press, 1999. v. 3.

SOARES, Gabriela Pellegrino. Letramento e mediações culturais em "pueblos" indígenas do centro-sul do México no século XIX. *História Revista,* Goiânia, v. 15, n. 1, p. 97-118, jan. -jun. 2010.

TEIXEIRA, Vanessa Corsetti Gonçalves. *O direito dos povos indígenas à terra e ao território na América Latina: uma proposta para a sua abordagem jurídica comparada.* 2009. 141 f. Dissertação (Mestrado em Direito) – Faculdade de Direito, Universidade de São Paulo, 2009.

VAINFAS, Ronaldo. *A heresia dos índios: catolicismo e rebeldia no Brasil colonial.* São Paulo: Companhia das Letras, 1999.

VENÂNCIO, Renato Pinto. Os últimos carijós: escravidão indígena em Minas Gerais: 1711-1725. *Revista Brasileira de História,* São Paulo, v. 17, n. 34, p. 165-182, 1997.

Os autores

Ângela de Castro Gomes
Departamento de História – Universidade Federal Fluminense – Brasil

Benito Bisso Schmidt
Departamento de História – Universidade Federal do Rio Grande do Sul – Brasil

Eduardo França Paiva
Departamento de História – Universidade Federal de Minas Gerais – Brasil

Eliana de Freitas Dutra
Departamento de História – Universidade Federal de Minas Gerais – Brasil

François Hartog
Centre de Recherches Historiques – École des Hautes Études en Sciences Sociales – França

Gabriela Pellegrino Soares
Departamento de História – Universidade de São Paulo – Brasil

Giselle Martins Venancio
Departamento de História – Universidade Federal Fluminense – Brasil

Ivana Parrela
Curso de Arquivologia – Universidade Federal de Minas Gerais – Brasil

Jean-Françoise Sirinelli
Centre d'Histoire – SciencesPo – França

Jean-Yves Mollier
Centre d'Histoire Culturelle des Sociétés Contemporaines – Université de Versailles Saint Quentin – França

Kátia Gerab Baggio
Universidade Federal de Minas Gerais – Brasil

Letícia Julião
Curso de Museologia – Universidade Federal de Minas Gerais – Brasil

Maria do Carmo Gomes
Centro de Estudos em Políticas Públicas – Fundação João Pinheiro – Brasil

Mônica Grin
Departamento de História – Universidade Federal do Rio de Janeiro – Brasil

Regina Horta Duarte
Departamento de História – Universidade Federal de Minas Gerais – Brasil

Sabina Loriga
Centre de Recherches Historiques – École des Hautes Études en Sciences Sociales – França

Sérgio Costa
Freie Universität Berlin – Alemanha

Seth Garfield
History Department – University of Austin – Estados Unidos

Temístocles Cezar
Departamento de História – Universidade Federal do Rio Grande do Sul – Brasil

Gabriela Pellegrino Soares
Departamento de História – Universidade de São Paulo – Brasil

Este livro foi composto com tipografia Bembo e impresso
em papel Off Set 75 g/m² na Gráfica Paulinelli.